KB061787

태청신감
太淸神鑑

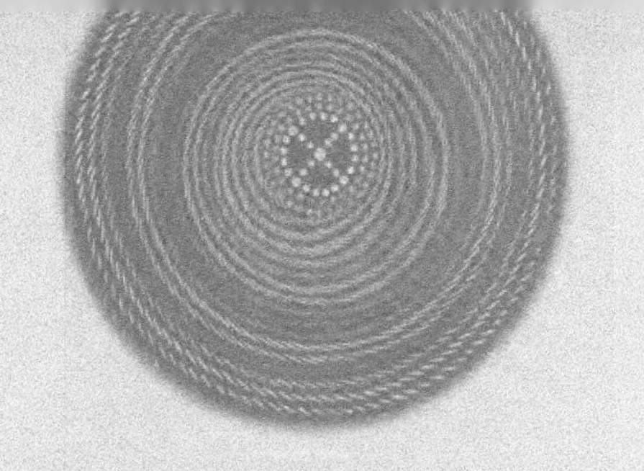

| 고전 관상서 |

태청신감
太淸神鑑

왕박王朴 찬撰
윤영채 옮김
추육영 감수

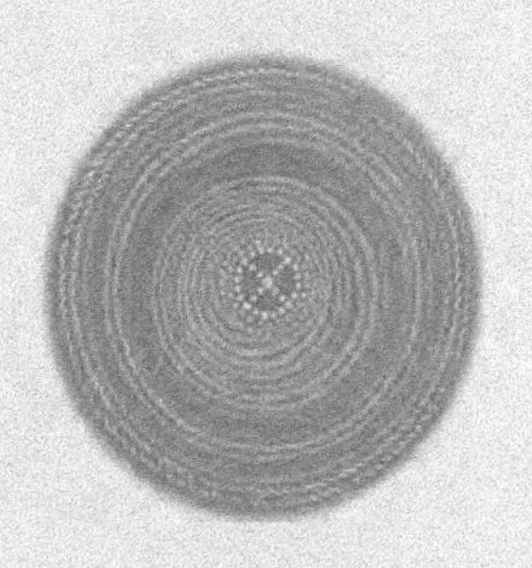

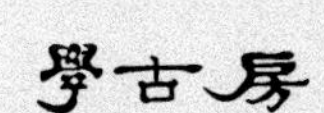

머리말

우리는 새해를 맞이할 때마다 "어떠한 것들과 인연되어 새로운 삶을 살게 될 것인가?"라는 막연한 기대감을 갖게 된다. 그러나 모든 사람들이 이러한 기대감을 충족하고 사는 것은 아니다. 새로운 삶의 변화를 원한다면 그에 따른 행동과 실천도 따라야 한다는 게 지론이다.

'일신우일신(日新又日新)'이라는 말이 있다. 글자 그대로 풀이하자면 나날이 새롭게 한다는 뜻에 국한되지만, 학자에게 '일신우일신'은 매일매일 한결같은 성실함으로 학문에 정진하라는 확장된 뜻으로 수용해야 하는 말이다. 이러한 마음 바탕으로 학문에 정성을 들여 쌓아올린 지식체계하에, 우리의 삶은 창의적이고 발전된 방향으로 거듭날 수 있게 되는 것이다.

역자가 관상학을 연구하고 강의하는 이유도 이러한 사유체계에서 비롯하였다. 최근 '관상(觀相)'을 학문적으로 깊이 이해하기 위해서 원전 해석에 대한 중요도가 더욱 부각되고 있다. 이러한 학문적 기류에 따라 역자도 관상학 원전을 번역하게 되었다. 이를 통해 선인들의 철학적 사유를 함께 공유하고 탐구할 수 있는 '학문의 장'으로 거듭나기를 바라는 바이다. 더불어 '고전관상학' 강의를 통해 철학적·역사적·문화적으로 관상학의 개념과 논리체계를 확립시키고자 노력하였다.

이러한 바람은 건륭(乾隆)황제 때 저술되어 『사고전서(四庫全書)』에 수장된 관상서들과의 인연으로 이어졌다. 우리에게 대표적으로 잘 알려진 고전상학서에는 『마의상법(麻衣相法)』과 『유장상법(柳莊相法)』이 있다. 이에 비해 덜 알려져 있지만 학술적 가치가 있는 고전 관상서에 사고전서본으로 자부(子部) 「술수류(術數類)」편에 『월파동중기(月波洞中記)』, 『옥관조신국(玉管照神局)』, 『태청신감(太淸神鑑)』이 존재한다.

이 세 권의 관상서 중 『태청신감』은 후주(後周)시대 왕박(王朴)이 찬술한 것으로서 제목에서의 '청(淸: 맑을 청)'은 뜻을 나타내는 수(水: 물 수)와 소리를 나타내는 청(靑: 푸를 청)이 합성된 형성 문자이다. 물 수 변에 푸를 청(水+靑)인 계묘(癸卯)의 물상으로 풀이된다. 계묘년 초부터 원전 해석에 많은 시간을 할애하여 새로운 고전 관상서를 접할 수 있도록 출간을 서둘렀다. 상학 고전으로서 『태청신감』을 독자들에게 소개하고 싶은 마음에 원문 번역 실력이 다소 부족함에도 불구하고 시도하였다.

『태청신감』을 번역하면서 가장 의미 있게 다가온 「심술론(心術論)」은 인간의 마음가짐에 대한 가르침으로 특히, 관상학을 대하는 철학적 관념이 「논덕(論德)」편에 다음과 같이 실려 있다. "위덕지선 위행지표(爲德之先, 爲行之表)." 이는 "덕이 먼저면 바른 행실로 드러난다." 그러므로 관상을 볼 때 외형적으로 드러나는 표상에 앞서 먼저 '덕'의 유무를 살피는 혜안이 필요하다. 무형(無形)의 상(相)인 심상(心相)의 중요성을 언급함으로써 관상을 보는 본질적인 관점에 대한 철학적인 해답을 제시한 것이다.

『태청신감』은 역자가 처음으로 도전한 고전문헌 번역서이고, 또한 난해한 원전 문구로 인해 해석의 미흡함이 엿보일 수 있다. 그러나 '일신우일신'의 마음으로 정성을 다하여 집필하였기에 다소 부족함이 보이더라도 독자들의 넓은 혜량(惠諒)을 구한다.

본 번역에 선한 영향력을 주신 선학자(先學者)들의 학문적 고뇌와 지덕(智德)에 깊은 감사의 마음을 전한다. 그리고 기꺼이 감수를 맡아주신 중국청도농업대학교 외국어대학의 추육영교수님과, 이 책이 출간될 수 있도록 물심양면으로 도와주신 학고방 하운근 사장님 이하 직원분들께도 감사의 마음을 표한다.

2024년 3월

爻帝 윤영채 배상

차례

太淸神鑑 卷三(태청신감 권삼)

太淸神鑑 卷四(태청신감 권사)

太淸神鑑 卷五(태청신감 권오)

太清神鑑 卷六(태청신감 권육)

提要

제 요

《欽定四庫全書》· 子部七 · 術數類五 · 明書相書之屬.
흠 정 사 고 전 서 자 부 칠 술 수 류 오 명 서 상 서 지 속

〈태청신감〉은 〈흠정사고전서〉 자부 7권, 술수류 5권의 명서와 관상서에 속한다.

《太淸神鑑》 六卷, 舊本題後周王樸[1]撰, 乃專論相法之書也.
태 청 신 감 육 권 구 본 제 후 주 왕 박 찬 내 전 론 상 법 지 서 야

〈태청신감〉 6권의 예전 본래 제목은 후주나라의 왕박이 지은 것으로 상법을 온전히 논한 책이다.

考朴事周世宗爲樞密使[2], 世宗用兵所向克捷, 朴之籌畫爲多.
고 박 사 주 세 종 위 추 밀 사 세 종 용 병 소 향 극 첩 박 지 주 획 위 다

왕박은 주나라 세종때 추밀사의 직위로 재직하였으며, 세종이 병사를 부려 승리를 구할 때 마다 왕박의 계책에 의지한 바가 많았다.

歐陽修《新五代史》[3] 稱: 「朴爲人明白多才智, 非獨當世之務,
구 양 수 신 오 대 사 칭 박 위 인 명 백 다 재 지 비 독 당 세 지 무

구양수가 〈신오대사〉에서 말하기를 「왕박은 사람이 총명하고 재주와 지혜가 많아 주어진 임무뿐 아니라,

---

1 왕박의 이름에서 박은 樸(통나무 박) 또는 朴(후박나무 박)이라고도 한다.

2 추밀원(樞密院)의 종2품 벼슬. 또는 그 벼슬아치.

3 『新五代史』 : 중국의 24사 중 하나이며, 사적을 기전체로 서술했다. 북송 인종이 구양수에게 편찬하

至於陰陽、律法莫不通焉」.
지 어 음 양 율 법 막 불 통 언

음양에서 율법까지 통달하지 않음이 없었다.」고 하였다.

薛居正《舊五代史》[4]亦謂:「樸多所該綜, 星緯聲律, 莫不畢殫」.
설 거 정 구 오 대 사 역 위 박 다 소 해 종 성 위 성 률 막 불 필 탄

설거정의 〈구오대사〉에서도 역시 「왕박은 많이 해박하여 별자리로부터 소리의 이치까지 모두 이르지 않음이 없었다.」고 하였다.

然皆不言其善於相法.
연 개 불 언 기 선 어 상 법

그러나 모두 왕박이 상법에 뛰어나다고 말하지는 않았다.

且此書前有自序, 稱: 離林屋洞下山三載,
차 차 서 전 유 자 서 칭 리 임 옥 동 하 산 삼 재

이 책 앞의 자서에서 말하기를 임옥동을 떠나 하산한지 3년 만에,

遍搜古今, 集成此書.
편 수 고 금 집 성 차 서

두루 고금의 책을 모으고 편집하여 이 책을 완성하였다고 한다.

考朴家世東平, 入仕中朝, 遊跡未嘗一至江左,
고 박 가 세 동 평 입 사 중 조 유 적 미 상 일 지 강 좌

살펴보건대 왕박의 집안은 대대로 동평에 살았고, 조정에 출사하여서는 강 좌측 지방에 간 자취가 없는데,

安得有隱居林屋山事? 其爲依托無疑.
안 득 유 은 거 림 옥 산 사 기 위 의 탁 무 의

어찌 임옥산에 은거할 일이 있었겠는가? 왕박의 이름이 의탁되었음에 의심할 바가 없다.

도록 지시해 1023년에 완성했다. 설거정의 《구오대사》와 구별하기 위해 《신오대사》로 지칭한다.

[4] 『舊五代史』: 송나라 설거정 등이 태종의 명을 받들어 梁(양), 당(唐), 晉(진), 漢(한), 周(주) 各代(각 대)의 역사를 편수한 책으로 모두 150권.

蓋朴以精通術數知名, 故世所傳奇異詭怪之事,
개 박 이 정 통 술 수 지 명 고 세 소 전 기 이 궤 괴 지 사

대개 왕박은 술수에 정통한 것으로 이름이 알려져, 세상에 전하는 기이하고 이상야릇한 일들이,

往往皆歸之於朴, 如王銍《默記》所載: 朴與周世宗微行,
왕 왕 개 귀 지 어 박 여 왕 질 묵 기 소 재 박 여 주 세 종 미 행

왕왕 모두 왕박에게 돌아갔다. 왕질의 〈묵기〉에 실린 것을 보면, 왕박이 주나라 세종과 미행을 할 때

中夜至五丈河旁, 見火輪小兒, 知宋將代周.
중 야 지 오 장 하 방 견 화 륜 소 아 지 송 장 대 주

한밤중 오장의 하방(황화강의 옆)에 이르러, 불수레의 작은 아이를 보고 송나라 장수가 주나라를 대신한 것으로 알았다.

其事絕誕妄[5]不可信, 而小說家頗樂道之,
기 사 절 탄 망 불 가 신 이 소 설 가 고 악 도 지

그 일은 허탄하고 망령되어 믿을 수 없는 것이지만, 오히려 소설가의 즐거운 도만 있어,

宜作此書者亦假朴名以行矣.
의 작 차 서 자 역 가 박 명 이 행 의

이 책을 지었으니 왕박의 이름을 빌려 간행함이 마땅하였다.

然其間所引各書篇目, 大都皆宋以前本;
연 기 간 소 인 각 서 편 목 대 도 개 송 이 전 본

그래서 그 사이에 인용한 각 서적의 편과 제목은 대부분 송나라 이전의 판본이다.

其綜核[6]數理, 剖晰義蘊, 亦多微中.
기 종 핵 수 리 부 석 의 온 역 다 미 중

모든 이치를 치밀하게 밝히어 올바르게 해석하였지만 부족함이 많다.

---

[5] 허탄(虛誕)하고 망령(妄靈)됨

[6] 치밀(緻密)하게 속속들이 뒤지어 밝힘.

疑亦出宋人, 非後來術士之妄談也.
의 역 출 송 인 비 후 래 술 사 지 망 담 야

또한 송나라 사람에게서 나옴을 의심하고도 있으니 후에 온 술사의 망령된 말은 아닐 것이다.

其書,《宋史 · 藝文志》不載, 諸家書目亦罕著錄,
기 서 송 사 예 문 지 부 재 제 가 서 목 역 한 저 록

이 태청신감 책은 〈송사·예문지〉에 실리지 않고 여러 사상가의 책 목록에도 또한 저술한 기록이 적은데,

惟《永樂大典》頗散見其文, 雖間有缺脫[7], 而綴拾排比[8],
유 영 락 대 전 파 산 견 기 문 수 간 유 결 탈 이 철 습 배 비

오직 〈영락대전〉에 문장이 흩어져 보이고 있으며, 비록 사이에 있어야 할 것이 결여되어 있지만 잃어버린 것을 차례로 엮어서,

猶可得十之七八, 謹哀輯成編, 厘爲六卷,
유 가 득 십 지 칠 팔 근 애 집 성 편 리 위 육 권

오히려 가히 10중에 7 · 8은 얻었다고 할 수 있다. 삼가 정성을 다하여 모아서 편을 이루니 고쳐 6권이 되었다.

朴之名則削而不題, 亦祛其僞焉.
박 지 명 즉 삭 이 부 제 역 거 기 위 언

왕박의 이름이 깎이게 제목으로 삼지 않고 또 거짓됨을 제거하였다.

乾隆四十六年九月恭校上.
건 륭 사 십 육 년 구 월 공 교 상

건륭 46년(1781) 9월 공손히 교정하여 올린다.

此爲《四庫全書》子部 術數類所收《太清神鑑》卷前提要,
차 위 사 고 전 서 자 부 술 수 류 소 수 태 청 신 감 권 전 제 요

이 책은 〈사고전서〉 자부 술수류에 수록된 〈태청신감〉 전권 제요로

---

[7] 있어야 할 것이 없어져 빠짐.

[8] 비례(比例)를 따라 나누어 몫을 지음.

紀昀等撰寫.
기 윤 등 찬 사

기윤 등이 써서 편찬하였다.

《叢書集成初編》及《守山閣叢書》本皆無末句.
총 서 집 성 초 편 급 수 산 각 총 서 본 개 무 말 구

〈총서집성초편〉과 〈수산각총서〉 본에는 모두 끝의 문구가 없다.

今據《四庫全書》補.
금 거 사 고 전 서 보

지금 〈사고전서〉에 근거하여 보충하였다.

原序

원 서

至神無體, 妙萬物以爲體; 至道無方, 鼓萬物以爲用.
지 신 무 체 묘 만 물 이 위 체 지 도 무 방 고 만 물 이 위 용

지극한 신은 형체가 없으니 만물을 오묘하게 하여 체(體)가 됨이요; 지극한 도는 방술이 없으니 만물을 북돋아 용(用)이 된다.

故渾淪未判, 一氣湛然; 太極纔分, 三才備位.
고 혼 륜 미 판 일 기 침 연 태 극 재 분 삼 재 비 위

고로 혼탁함에 빠져 아직 판단하지 못하고, 한 기운으로 잠기어 있음이요; 태극이 겨우 나뉘어 삼재가 자리를 갖추었다.

是以陰陽無私, 順萬物之理以生之, 天地無爲, 輔萬物之性以成之.
시 이 음 양 무 사 순 만 물 지 리 이 생 지 천 지 무 위 보 만 물 지 성 이 성 지

이러한 까닭에 음양은 사사로움 없이 만물의 이치에 따라 생겨나고, 천지는 자연 그대로 만물의 바탕이 갖추어짐으로써 돕는다.

夫人生居天地之中, 雖稟五行之英, 爲萬物之秀者, 其形未兆,
부 인 생 거 천 지 지 중 수 품 오 행 지 영 위 만 물 지 수 자 기 형 미 조

무릇 사람이 천지간에 태어나 살아가는데 비록 오행의 뛰어남을 받아서, 만물의 빼어난 것이 되었지만 그 형체는 조짐이 없고,

其體未分, 即夙具其美惡, 蘊其吉凶.
기 체 미 분 　 즉 숙 구 기 미 악 　 온 기 길 흉

그 실체를 구분하지 못하니 곧 좋고 나쁨이 갖추어진 것만을 따라 길흉을 간직하였다.

故其生也天地, 豈容巧于其間哉!
고 기 생 야 천 지 　 기 용 교 우 기 간 재

고로 천지에 생겨남에 어찌 교묘함을 그 사이에 용납할 수 있으랴!

莫非順其世, 循其理, 輔其自然而已.
막 비 순 기 세 　 순 기 리 　 보 기 자 연 이 이

그 세상에는 순종하지 않는 것이 없으니, 그 이치를 따라 이미 그 스스로 그러함에 도움이 되는 것이다.

故夙積其善, 則賦其形美而福祿也;
고 숙 적 기 선 　 즉 부 기 형 미 이 복 록 야

고로 일찍이 그 선을 쌓으면 곧 아름다운 그 형상을 받음으로써 복록을 얻음이요;

素積其惡, 則流其質凶而處夭賤.
소 적 기 악 　 즉 류 기 질 흉 이 처 요 천

평소 그 악을 쌓으면 곧 그 바탕이 흉해지니 요절하거나 천함을 자처한다.

此其灼然可知, 其確然不易也.
차 기 작 연 가 지 　 기 확 연 불 역 야

이에 그 확연함을 가히 알 수는 있지만 그것을 뚜렷하게 바꾸지는 못한다.

是以古之賢聖, 察其人則觀其形, 觀其形則知其性,
시 이 고 지 현 성 　 찰 기 인 즉 관 기 형 　 관 기 형 즉 지 기 성

이로써 옛 성현은 그 사람을 살핌에 그 형상을 보고, 본 그 형상으로 곧 그 성품을 알며,

知其性則盡知其心, 盡知其心則知其道.
지 기 성 즉 진 지 기 심 　 진 지 기 심 즉 지 기 도

그 성품을 안즉 그 마음을 모두 알게 되고, 그 마음을 모두 안즉 그 도를 아는 것이다.

觀形則善惡分, 識性則吉凶顯著.
관 형 즉 선 악 분　식 성 즉 길 흉 현 저

형상을 관찰하여 선악을 구분하고, 성정을 앎으로 길흉을 밝게 드러낼 수 있다.

且伏羲[9]日角, 黃帝龍顏、舜目重瞳, 文王四乳,
차 복 희　일 각　황 제 룡 안　순 목 중 동　문 왕 사 유

장차 복희(중국 전설상의 제왕)씨의 일각, 황제의 용안, 순임금의 눈은 눈동자가 2개이고, 문왕은 젖이 4개이니

斯皆古之瑞相見之間, 降之聖人也.
사 개 고 지 서 상 견 지 간　강 지 성 인 야

모두 고대의 상서로운 상으로 그 차이를 보여 성인으로 내려온 것이다.

其諸賢愚修短, 猶之指掌, 微毫絲末, 豈得逃乎!
기 제 현 우 수 단　유 지 지 장　미 호 사 말　기 득 도 호

그 모두의 어짊과 어리석음을 닦기에 모자라니 손바닥을 손가락으로 가리키는 것과 같아, 어찌 잔털과 실 끝에서 벗어날 수 있으리!

故相論形神之術, 自此而興焉, 其來極多;
고 상 론 형 신 지 술　자 차 이 흥 언　기 래 극 다

고로 상을 논함에 신의 형상에 관한 술수는 이로부터 일어나니, 그 전래됨이 지극히 많음이요;

9　중국 전설상의 제왕으로 삼황오제(三皇五帝)의 수위(首位)를 차지하며, 팔괘(八卦)를 처음으로 만들고 그물을 발명하여 고기잡이의 방법을 가르쳤다 함.

其論至冗, 許負[10]、袁天綱[11]、陶隱居[12]、李淳風[13]之後, 不可勝計,
기 론 지 용　허 부　원 천 강　도 은 거　이 순 풍　지 후　불 가 승 계

그 논의됨이 지극히 무익하여, 허부·원천강·도은거·이순풍 이후에 가히 헤아릴 수가 없을 지경이고,

然皆窮幽探賾, 得之至妙, 其或紊亂, 所說或異或同,
연 개 궁 유 탐 색　득 지 지 묘　기 혹 문 란　소 설 혹 이 혹 동

그리하여 모두 깊이 궁구하고 심오하게 탐구하여 지극히 오묘함을 얻으니, 그것이 혹 문란하거나 혹 설명이 다르기도 하고 같기도 한 바,

至使學者不能貫於一致.
지 사 학 자 불 능 관 어 일 치

가령 학자가 지극한 도를 능히 꿰지 못함과 같다.

余自樨歲潛心於此, 考古驗今, 無不徵效,
여 자 서 세 잠 심 어 차　고 고 험 금　무 부 징 효

나머지는 스스로 계수나무가 세월에 마음이 잠기듯 하고, 옛것을 살펴 지금에 검증하니 징효(드러나는 조짐)가 아님이 없었으며,

---

10 주나라 말 한신(韓信)의 상을 보아주고 권세와 재력을 누렸다는 허부(許負)의 ≪인륜식감(人倫識鑑)≫이 있다.

11 袁天綱은 益州成都 출신으로 수대 말에서 당대 초까지 생존했던 인물이다. 『구당서(舊唐書)』에 "수 대업(隋大業, 605~618) 중 벼슬이 자관령(資官令)이었다."는 기록이 보이고, 『신당서(新唐書)』에는 상술(相術)에 능통했던 인물로 나타난다. 무덕(武德) 초, 605년(煬帝 1)에 낙양에 왔을 때 두엄(杜淹), 왕규(王珪), 위정치(韋挺就)의 관상을 보았다는 기록이 있고, 측천무후(則天武后)와 그 아들의 관상을 보았다는 기록이 있다. 수·당대에 걸쳐 관상가로 유명했던 것으로 보인다.

12 도은거(陶隱居) : 중국 남북조시대의 학자인 도홍경(陶弘景, 456 ~ 536)의 호(號)이다.

13 이순풍(李淳風, 602~670) 당나라 태종 때의 천문학자. 혼천의(渾天儀)를 제작하여 별을 관측했고, 태사령이 되어 인덕력(麟德曆)을 편찬했으며, 오조(五曹), 손자(孫子) 등의 옛 산서(算書)를 주해했으며 ≪진서(晉書)≫, ≪오대사(五代史)≫의 율력지(律曆志)를 지음.

遂特離林屋洞下山三載, 遍搜古今, 考之極玄者,
수 특 리 림 옥 동 하 산 삼 재　편 수 고 금　고 지 극 현 자

마침내 홀로 임옥동을 떠나 하산하여 3년 만에, 두루 고금(옛것과 지금의 것)의 책을 찾아 지극히 현묘한 것을 살피어,

集成一家之書, 目之曰:《太清神鑑》,
집 성 일 가 지 서　목 지 왈　태 청 신 감

일가의 책으로 집성하였으니 제목으로 가로되 〈태청신감〉이고,

以其至大至明, 形無不鑑; 至清至瑩, 象無不分.
이 기 지 대 지 명　형 무 불 감　지 청 지 형　상 무 불 분

이로써 그 지극히 크고 지극히 밝아 형상이 거울을 비추지 않음이 없음이요; 지극히 맑고 밝아 모양이 구분되지 않음이 없었다.

然未足奪天地賦形之機, 亦可盡人之性形耳.
연 미 족 탈 천 지 부 형 지 기　역 가 진 인 지 성 형 이

그리하여 하늘과 땅에서 받은 모양의 기틀을 빼앗음에 족하지 않고, 또한 모두 사람의 성품과 형상을 들음에 다함이 옳다.

謹序.
근 서

삼가 서문을 쓰다.

太清神鑑 卷一

(태청신감 권일)

說歌

설 가

道爲貌兮天與形, 默授陰陽稟性情.
도 위 모 혜 천 여 형　묵 수 음 양 품 성 정

도의 이르는 모양은 하늘과 형상이 같고, 묵묵히 음양을 받아 성정이 수여된다.

陰陽之氣天地眞, (《人倫風鑑》云:「陰陽之氣氛氳.」)
음 양 지 기 천 지 진　인 륜 풍 감 운　음 양 지 기 분 온

음양의 기는 천지에 진실하니, (《인륜풍감》에 이르기를「음양의 기는 기운이 성하다.」하였다.)

化出塵寰[1]幾樣人.
화 출 진 환 기 양 인

티끌 세계에 사람의 모양이 몇 가지로 이루어져 나왔다.

五嶽四瀆皆有神, 金木水火土爲分.
오 악 사 독 개 유 신　금 목 수 화 토 위 분

오악과 사독에 모두 신이 있으니 금목수화토로 구분된다.

君須識取造化理, 相逢始可論人倫.
군 수 식 취 조 화 리　상 봉 시 가 론 인 륜

군자는 모름지기 조화로운 이치를 취함으로 알고, 인륜을 옳게 논함으로 만남의 시작을 삼는다.

---

[1] 티끌의 세계(世界).

貴人骨格定奇異, 看之乃爲神仙鄰,
귀 인 골 격 정 기 이 간 지 내 위 신 선 린

귀인의 골격은 기이하게 정해지고, 이에 신선과 이웃됨을 볼 수 있으며,

若非古怪即清秀, 若非端正即停勻.
약 비 고 괴 즉 청 수 약 비 단 정 즉 정 균

만약 고괴하지 않으면 청수하고, 만약 단정하지 않으면 균일함에 밀린다.

(《人倫風鑑》云:「丰姿不嫩仍端異.」)
인 륜 풍 감 운 봉 자 불 눈 잉 단 이

(《인륜풍감》에 이르기를「예쁜 모양은 어린 것에서 기인한 것이 아니니 생각이 다르다.」하였다.)

骨格灑落松上鶴(清), 頭角挺特眞麒麟(古).
골 격 쇄 락 송 상 학 (청) 두 각 정 특 진 기 린 (고)

골격은 물을 뿌려 먼지를 씻어 내린 소나무 위의 학으로(맑음), 머리에 솟아 있는 높은 뿔은 특별한 기린의 참모습이다(옛스러움).

森森修竹鎖流水(秀), 峨峨[2]怪石收閒雲[3](怪).
삼 삼 수 죽 쇄 류 수 (수) 아 아 괴 석 수 한 운 (괴)

빽빽한 숲에 대나무가 흐르는 물에 잠겨 닦여져 있으며(빼어남), 아스라이 높은 괴석에 한가로운 구름이 거두어진다(괴이함).

崑山片玉[4]已琢出(端), 南海明珠[5]光照室(異).
곤 산 편 옥 이 탁 출 (단) 남 해 명 주 광 조 실 (이)

곤륜산의 옥 조각이 이미 다듬어져 나오고(단정함), 남해에 밝은 구슬빛이 집을 비춘다(기이함).

---

2 산이나 큰 바위 같은 것이 아슬아슬하게 치솟은 모양.

3 높다란 하늘에 한가히 오락가락하는 구름.

4 「곤륜산에서 나는 한 조각의 옥」이라는 뜻으로, 인물을 얻기가 이 옥을 구하는 것처럼 어려움을 비유해 이르는 말.

5 고운 빛이 나는 아름다운 구슬. 방합(蚌蛤) 속에서 생긴 진주.

夭桃[6]繁杏媚春華[7], 可憐容易摧風日(嫩).
요 도 번 행 미 춘 화 가 련 용 역 최 풍 일 (눈)

어린 복숭아와 예쁜 살구꽃이 화려한 봄에 아양 떨듯이, 가련한 용모로 바꾸어 바람에 나부껴서 해를 가린다(연약함).

坐中初看似昻藏, 熟視稍覺無晶光.
좌 중 초 간 사 앙 장 숙 시 초 각 무 정 광

앉아 있으면 처음에는 밝음이 감추어진 것과 같이 보이나, 가만히 생각하여 보면 점차 밝은 빛이 없음을 깨닫는다.

語言泛泛失倫序, 擧動碌碌多倉忙.
어 언 범 범 실 륜 서 거 동 록 록 다 창 망

말의 순서를 잃어 굼뜨며, 행동이 고르지 않아 창망함이 많다.

若人賦得此形相, 薄祿爲官不久長.
약 인 부 득 차 형 상 박 록 위 관 난 구 장

만약 사람이 이런 형상을 얻어 받으면 녹이 적고 관직을 오래 하지 못한다.

坐中初見似塵俗, 熟視[8]稍覺多淸涼, 議論琅琅[9]悉可聽,
좌 중 초 견 사 진 속 숙 시 초 각 다 청 량 의 론 낭 랑 실 가 청

앉아서 처음 보면 속세의 먼지와 같고, 가만히 생각하면서 보면 맑고 깨끗함이 더욱 좋음을 점차 깨달으니, 논의가 낭낭하여 모두 들을만하다.

容止悠悠[10]而細長, 若人賦得此形相, 高名美譽攬金章.
용 지 유 유 이 세 장 약 인 부 득 차 형 상 고 명 미 예 람 금 장

몸가짐이 침착하여 가늘고 길으니, 만약 사람이 이러한 형상을 얻으면 높은 이름과 아름다운 영예로 금장을 쥐게 된다.

---

6 「아름답게 꽃이 핀 복사나무」라는 뜻으로, 젊고 예쁜 여자의 얼굴을 이르는 말.

7 봄 경치의 화려한 볼품.

8 눈여겨 자세하게 들여다봄.

9 쇠와 옥(玉)이 서로 부딪쳐 나는 소리.

10 침착하고 여유가 있는 모양.

更看面部何氣色, 數中惟有火多殃.
갱 간 면 부 하 기 색　수 중 유 유 화 다 앙

다시 얼굴 부위에 어떤 기색을 관찰하여 헤아리는 중에 오직 적색이면 재앙이 많다.

青多憂饒黑多病, 白多破財黄乃昌.
청 다 우 요 흑 다 병　백 다 파 재 황 내 창

청색이면 근심이 많고 흑색이면 병이 많으며, 백색이면 재물의 깨어짐이 많고 황색이면 이에 창성한다.

湛然沉靜無瑕翳, 青雲[11]萬里看翱翔.
담 연 침 정 무 하 예　청 운　만 리 간 고 상

깊이 빠진 연후에 맑게 가라앉으면 옥에 티가 없고, 높은 이상이 만리에 비상하여 노닒을 본다.

富貴貧賤生處定, 但把形神來取正, 一部吉兮吉必生,
부 귀 빈 천 생 처 정　단 파 형 신 래 취 정　일 부 길 혜 길 필 생

부귀와 빈천은 태어나면서 정해지니, 단지 형과 신에서 바르게 취하여 한 부분이라도 길하면 반드시 길함이 생기고,

一部凶兮凶必應.
일 부 흉 혜 흉 필 응

한 부분이 흉하면 반드시 흉함에 응한다.

部位吉凶各有主, 存神定意詳觀聽,
부 위 길 흉 각 유 주　존 신 정 의 상 관 청

부위의 길흉은 각기 주관함이 있으니, 존재하는 신이 결정한 뜻을 자세하게 보고 들어야 하고,

妙理不過於五行, 當究五行之正性.
묘 리 불 과 어 오 행　당 구 오 행 지 정 성

오묘한 이치는 오행을 지나치지 않으니, 마땅히 오행으로 바른 성품을 궁구해야 한다.

11　높은 이상이나 벼슬을 가리키는 말.

木瘦金方乃常談, 水圓土厚何須競.
목 수 금 방 내 상 담　수 원 토 후 하 수 경

목형은 여위고 금형은 항상 모남을 말하며, 수형은 둥글고 토형은 두터우니 모름지기 어찌 다투겠는가?

不露不粗不枯槁[12], 三停大體求相稱.
불 로 부 조 불 고 고　삼 정 대 체 구 상 칭

드러남이 없고 거칠지 않으며 마르고 야위지 않으니, 삼정은 대체로 서로 어울림을 구한다.

火形有祿終須破, 奔走貧寒多阻挫.
화 형 유 녹 종 수 파　분 주 빈 한 다 조 좌

화형의 형세는 녹이 끊어지고 반드시 깨어지니, 분주히 움직여도 가난과 추위로 막힘과 좌절이 많다.

(《人倫風鑑》云:「惟有火形尖更露, 縱饒得祿終多破.」)
인 륜 풍 감　운　유 유 화 형 첨 갱 로　종 요 득 록 종 다 파

(〈인륜풍감〉에 이르기를「오직 화형의 형상이 뾰족하게 다시 노출되면 비록 넉넉할지라도 끝내는 녹의 깨어짐이 많다.」하였다.)

雖因神秀暫榮華, 四十之上亦難過.
수 인 신 수 잠 영 화　사 십 지 상 역 난 과

비록 신이 빼어남으로 인하여 잠깐의 영화가 있을지라도 40세 이상을 지나기가 역시 어렵다.

其餘相法固非一, 天收地斂終無失,
기 여 상 법 고 비 일　천 수 지 렴 종 무 실

그 나머지 상법은 오로지 한 가지가 아니고, 하늘이 거두고 땅이 저장하여 마침내 잃지 않아서,

氣和神定最有常, 骨聳額寬根本實.
기 화 신 정 최 유 상　골 용 액 관 근 본 실

기가 조화롭고 신이 안정되어 최상의 법도가 있으니, 뼈가 솟고 이마가 넓어 근본이 실하다.

---

12 초목이 말라 물기가 없음. 야위어서 파리함.

腰背端如萬斛舟, 瞻視顧盼如星斗,
요 배 단 여 만 곡 주　첨 시 고 반 여 성 두

허리와 등이 만곡을 실은 배와 같이 단정하면 눈을 휘둘러보아 북두성을 돌아보는 것과 같다.

肉隱骨中骨隱體, 色隱神中神隱眸,
육 은 골 중 골 은 체　색 은 신 중 신 은 모

살이 뼈에 숨어 있는 중에 뼈는 몸에 숨어 있고, 색이 신에 숨어 있는 중에 신은 눈동자 속에 숨어 있으며,

若人賦得此形相, 定知不是尋常流.
약 인 부 득 차 형 상　정 지 불 시 심 상 류

만약 사람이 이와 같은 형상을 얻어 받으면 평범한 부류라는 생각이 옳지 않음을 알고 바로잡아야 한다.

氣宇[13]汪洋有容物, 智量深遠多權謀,
기 우　왕 양 유 용 물　지 량 심 원 다 권 모

기개와 도량이 바다처럼 넓으면 사물의 용납됨이 있고, 지혜의 도량이 멀고 깊어 권세와 지략이 많으며,

動作令人不可料, 時通亦自爲公侯.
동 작 령 인 불 가 료　시 통 역 자 위 공 후

몸의 움직임을 사람으로 하여금 헤아리지 못하게 하니, 시대를 통하여 또한 스스로 공후가 된다.

易喜易怒屬淺薄, 易驕易滿屬輕浮,
이 희 이 노 속 천 박　이 교 이 만 속 경 부

쉽게 기뻐하며 쉽게 분노하면 속되어 천박하고, 쉽게 교만하고 쉽게 충만하면 속되어 가벼우며,

---

[13] 기개와 도량을 말함.

淺薄輕浮神不定, 一生自是常常憂.
천 박 경 부 신 부 정 　일 생 자 시 상 상 우

천박하고 가벼워 신이 안정되지 못하니, 이로부터 한평생을 근심한다.

欲知富貴何所致?
욕 지 부 귀 하 소 치

부귀가 어디서부터 이르는지 알고 싶은가?

馬面 (《人倫風鑑》 作馬耳) 牛頭聳鼻梁, 有聲有韻骨格清,
마 면 　인 륜 풍 감 　작 마 이 　우 두 용 비 량 　유 성 유 운 골 격 청

말의 얼굴(〈인륜풍감〉에는 '말 귀'라 함)과 소머리에 콧마루가 솟으면 소리에 여운이 있고 골격이 맑으며,

有頤有面含神光, (《人倫風鑑》云: 「起坐昂昂多神氣.」)
유 이 유 면 함 신 광 　인 륜 풍 감 　운 　기 좌 앙 앙 다 신 기

턱이 있고 얼굴에 신광을 머금고 있음에 (〈인륜풍감〉에 이르기를 「일어서거나 앉음이 높으면 신령스런 기운이 많다.」 하였다.)

欲知貧者何所分? 面帶塵埃眼目昏, 出語三言不辨兩,
욕 지 빈 자 하 소 분 　면 대 진 애 안 목 혼 　출 어 삼 언 불 변 량

가난한 자를 알고자 한다면 어찌 구분해야 하는가? 얼굴에 먼지가 낀 듯하고 눈이 혼미하며, 세 마디의 나오는 말 중 둘을 구분하지 못하고,

凹 (《人倫風鑑》 作凸) 胸削背仍高臀.
요 　인 륜 풍 감 　작 철 　흉 삭 배 잉 고 둔

가슴이 움푹 들어갔고 (〈인륜풍감〉에는 나왔다고 함) 등은 깎였으며 엉덩이가 높다.

赤脈縱橫貫雙眼, 殺人偷盜身無存.
적 맥 종 횡 관 쌍 안 　살 인 투 도 신 무 존

붉은 실핏줄이 가로 세로로 두 눈을 관통하면 살인을 하고 남몰래 도둑질하여 몸을 보전하지 못한다.

人生具體皆相同, 貴賤相近有西東.
인 생 구 체 개 상 동　귀 천 상 근 유 서 동

사람이 나서 몸을 갖추는 것은 모두 서로 같지만 귀천은 서와 동에 있어 서로 가까울 뿐이다.

沖和[14]而上主清輕, 認其清者宜高崇.
충 화　이 상 주 청 경　인 기 청 자 의 고 숭

부드럽게 조화됨은 맑고 가벼움의 요지로, 그 맑음을 아는 자가 마땅히 숭고하다.

滯伏而下主重濁, 認其濁者皆凡庸[15].
체 복 이 하 주 중 탁　인 기 탁 자 개 범 용

막혀서 굴복하여 아래가 주가 되면 무겁고 탁하니, 그 탁한 것을 평범하고 변변하지 못한 사람으로 인식한다.

清濁一分知貴賤, 貴賤不離清濁中.
청 탁 일 분 지 귀 천　귀 천 불 리 청 탁 중

맑고 탁함을 한 번에 구분하는 것은 귀천을 아는 것으로, 귀천은 맑고 탁한 중에 있어서 분리되지 않는다.

大道無形故無相, 此理元來本至公.
대 도 무 형 고 무 상　차 리 원 래 본 지 공

큰 도는 형상이 없으므로 상도 없으니, 이러한 원리는 본래부터 지극히 공평하다.

(《人倫風鑑》云:「吉凶生於一念中.」)
인 륜 풍 감　운　길 흉 생 어 일 념 중

(〈인륜풍감〉에 이르기를 「길흉은 하나의 생각에서 생겨난다.」 하였다.)

人能移惡歸諸善, 自然可以消災凶;
인 능 이 악 귀 제 선　자 연 가 이 소 재 흉

사람은 능히 악을 옮기어 모두 선으로 돌아가게 하여, 자연히 재앙과 흉함을 소멸함으로써 옳음이요;

14　부드럽게 조화(調和)함.

15　평범(平凡)하고 변변하지 못한 사람.

人能安分委天命, 自然可以濟窮通. (《人倫風鑑》云:
인 능 안 분 위 천 명 자 연 가 이 제 궁 통 인 륜 풍 감 운

사람이 능히 분수를 알아 천명에 맡기면, 자연히 궁구하고 통함을 지나 옳음에 이른다. (〈인륜풍감〉)에 이르기를

「自然可以起凡庸, 叔敖[16]陰德故所勸, 上相[17]相心今孰同.」)
자 연 가 이 기 범 용 숙 오 음 덕 고 소 권 상 상 상 심 금 숙 동

「자연히 평범하게 쓰는 것으로 일어남이 옳고, 손숙오가 음덕을 권하였던 바, 상공의 상과 마음으로 무르익어 한 가지이다.」 하였다.)

予作此詩眞有理, 寄言賢者[18]莫匆匆 (《人倫風鑑》､《洞玄經》同).
여 작 차 시 진 유 리 기 언 현 자 물 총 총 인 륜 풍 감 통 현 경 동

내가 이 시를 짓는 것은 진실로 이유가 있으니, 현자의 말을 의탁함에 소홀히 여기지 마라. (〈인륜풍감〉·〈통현경〉도 같다.)

又歌
우 가

受氣成形, 三才[19]俱備, 淸則富貴, 濁則災否.
수 기 성 형 삼 재 구 비 청 즉 부 귀 탁 즉 재 부

기를 받아 형상을 이루고 삼재를 갖추니, 맑은즉 부귀하고 탁한즉 재앙으로 막힌다.

---

16 손숙오(孫叔敖, 연대미상)는 중국 춘추 시대 초나라의 관료이다. 어릴 때 양두사(兩頭蛇)를 묻었다는 일화로 유명하다. 초장왕(楚莊王)때 책사로 일하여 부국강병을 이루었다.

17 영의정(領議政)을 말함.

18 어질고 총명하여 성인(聖人)의 다음가는 사람.

19 음양설에서 만물을 제재(制裁)한다는 뜻으로, 하늘(=天)과 땅(=地)과 사람(=人).

但看貴人, 神清氣爽, 眉目秀媚, 骨要堅隆.
단 간 귀 인　신 청 기 상　미 목 수 미　골 요 견 륭

다만 귀한 사람을 보면 정신이 맑고 기운이 시원하며, 눈썹과 눈이 빼어나게 아름답고, 뼈는 굳세고 큰 것을 요한다.

骨肉相繼, 骨謂之君, 肉謂之臣.
골 육 상 계　골 위 지 군　육 위 지 신

뼈와 살은 서로 이어져 있으니, 뼈를 임금이라 일컫고 살은 신하라 일컫는다.

骨過於肉, 君過於臣, 此乃貴人, 長壽無迍.
골 과 어 육　군 과 어 신　차 내 귀 인　장 수 무 둔

뼈가 살을 지나는 것은 임금이 신하를 지나는 것과 같으니, 이러하면 귀인에 이르고 오래 사는데 머뭇거림이 없다.

龍骨呑虎, 生必豪富; 虎骨呑龍, 一世貧窮.
용 골 탄 호　생 필 호 부　호 골 탄 용　일 세 빈 궁

용골이 호골을 경시하면 태어나 반드시 부호요; 호골이 용골을 경시하면 한세상 빈궁하다.

下短上長, 富貴吉昌; 上短下長, 遍走他鄕.
하 단 상 장　부 귀 길 창　상 단 하 장　편 주 타 향

아래(하반신)가 짧고 위(상반신)가 길면 부귀가 길하게 창성함이요; 위가 짧고 아래가 길면 두루 타향을 떠돈다.

面黑身白, 位至相國; 身黑面白, 賣盡田宅.
면 흑 신 백　위 지 상 국　신 흑 면 백　매 진 전 택

얼굴이 검고 몸이 희면 나라의 재상 지위에 이름이요; 몸이 검고 얼굴이 희면 밭과 집을 다 팔아 없앤다.

面粗身細, 一生富貴; 面細身粗, 貧困而孤.
면 조 신 세　일 생 부 귀　면 세 신 조　빈 궁 이 고

얼굴이 거칠고 몸이 가늘면 한평생 부귀함이요; 얼굴이 가늘고 몸이 거칠면 빈곤하고 외롭다.

額聳而隆, 不受貧窮; 額方面廣, 有田有莊.
액 용 이 륭 불 수 빈 궁 액 방 면 광 유 전 유 장

이마가 솟고 높으면 가난과 궁함을 받지 않음이요; 이마가 모나고 얼굴이 넓으면 가지런한 밭이 있다.

額骨而高, 必爲僧道.
액 골 이 고 필 위 승 도

이마의 뼈가 높으면 반드시 승려나 도사가 된다.

額上有紋, 早年艱辛, 若是女子, 夫位難停.
액 상 유 문 조 년 간 신 약 유 여 자 부 위 난 정

이마에 주름살이 있으면 일찍이 고생하고, 만약 여자라면 남편의 지위가 정해지기가 어렵다.

額窄眉深, 賣盡資金. 額有伏犀, 不富則貴.
액 착 미 심 매 진 자 금 액 유 복 서 불 부 즉 귀

이마가 좁고 눈썹이 깊으면 자금을 다 팔아 없앤다. 이마에 복서골이 있으면 부유하지는 않지만 귀하다.

眉秀而清, 四海聞名. 眉如初月, 衣食不缺.
미 수 이 청 사 해 문 명 미 여 초 월 의 식 불 결

눈썹이 빼어나고 맑으면 세상에 이름을 드날린다. 눈썹이 초승달과 같으면 의식에 부족함이 없다.

眉骨而高, 長受波濤. 眉有旋紋, 父母不停.
미 고 이 고 장 수 파 도 미 유 선 문 부 모 부 정

눈썹 뼈가 높으면 오래도록 세파를 받는다. 눈썹에 소용돌이치는 물 모양의 무늬가 있으면 부모가 머무르지 못한다.

八字眉分, 一生孤貧. 眉頭相連, 壽短不延.
팔 자 미 분 일 생 고 빈 미 두 상 연 수 단 불 연

눈썹이 팔(八)자로 나누어지면 한평생 외롭고 가난하다. 눈썹 머리가 서로 연결되면 수명이 짧아 늘이지 못한다.

眉生纖毛, 上壽[20]堅牢. 眉硬如錐, 晩歲饑栖.
미 생 섬 모 상 수 견 뢰 미 경 여 추 만 세 기 서

눈썹에 가는 털이 나면 굳고 단단하여 수명이 가장 높다. 눈썹이 송곳과 같이 강하면 늙어서까지 굶주리고 산다.

兩眼藏神, 富貴高名. 魚尾插額, 位至相國[21].
양 안 장 신 부 귀 고 명 어 미 삽 액 위 지 상 국

양 눈에 신이 감추어지면 부귀하고 이름이 높다. 어미가 이마를 찌르면 상국의 지위에 이른다.

睛色有黃, 爲人不良, 若是紅紫, 刀劍中亡.
정 색 유 황 위 인 불 량 약 시 홍 자 도 검 중 망

눈동자 색이 황색으로 있으면 사람됨이 불량하고, 만약 이에 홍자색이면 칼이나 검으로 죽는다.

斜視[22]如流, 爲性奸偷. 三角有光, 賊性難防.
사 시 여 류 위 성 간 투 삼 각 유 광 적 성 난 방

사시로 물 흐르듯 하면 성품이 간사하고 교활하다. 삼각안에 광채가 있으면 도적의 천성으로 방비하기 어렵다.

四白羊睛, 殺子不停. 反視鬥睛, 爲性不平.
사 백 양 정 살 자 부 정 반 시 투 정 위 성 불 평

사백안에 양의 눈동자면 자식을 죽이는 것으로 그치지 않는다. 뒤집혀 보여 싸우는 눈동자면 성품이 바르지 않다.

睛露瞼高, 促壽不超. 鼻頭圓紅, 不受貧窮.
정 로 검 고 촉 수 불 초 비 두 원 홍 불 수 빈 궁

눈동자가 드러나고 눈꺼풀이 높으면 수명이 재촉됨에 뛰어넘지를 못한다. 코끝이 둥글고 홍색이면 가난과 궁함을 받지 않는다.

---

20 사람의 수명(壽命)을 상(上), 중(中), 하로 나눌 때, 가장 많은 나이로서, 100세를 말함. 또는 100세 이상(以上)된 노인(老人).

21 영의정(領議政), 좌의정(左議政), 우의정(右議政)의 총칭(總稱).

22 양쪽(兩-) 눈의 방향(方向)이 같은 방향(方向)이 아니어서, 정면(正面)을 멀리 바라보았을 때에 양쪽눈의 시선(視線)이 평행(平行)하게 되지 아니하는 상태(狀態). 눈을 모로 뜨거나 곁눈질로 봄.

若要清貴, 年壽通隆. 鼻梁曲陸, 一生孤獨.
약 요 청 귀　연 수 통 륭　비 량 곡 륙　일 생 고 독

만약 맑고 귀함을 원한다면 연상과 수상이 통하고 두터워야 한다. 콧등이 굽고 두터우면 한평생 고독하다.

鼻如鷹嘴, 啄人腦髓. 鼻梁骨橫, 賣盡田園.
비 여 응 취　탁 인 뇌 수　비 량 골 횡　매 진 전 원

코가 매부리와 같으면 사람의 뇌수를 쫀다. 콧등의 뼈가 가로지르면 밭과 동산을 다 팔아 없앤다.

(《人倫風鑑》云:「破盡平生.」)
인 륜 풍 감　운　파 진 평 생

(〈인륜풍감〉에 이르기를「평생을 다해 깨뜨린다.」하였다.)

鼻有縱紋, 剋子不停. 鼻頭青紫, 晚年窮死.
비 유 종 문　극 자 부 정　비 두 청 자　만 년 궁 사

코에 세로로 주름이 있으면 아들을 극하여 머무르지 못한다. 코끝이 청자색이면 노년에 궁하게 죽는다.

口紫而方, 廣買田莊. (《人倫風鑑》云:「口如吹火, 孤寒獨坐.」)
구 자 이 방　광 매 전 장　인 륜 풍 감　운　구 여 취 화　고 한 독 좌

입이 자색이면서 모지면 넓고 가지런한 밭을 산다. (〈인륜풍감〉에 이르기를「입이 불을 부는 것과 같으면 외롭고 춥게 홀로 앉아 있는다.」하였다.)

口上有紋, 失約無成. 口薄而輕, 親業如傾.
구 상 유 문　실 약 무 성　구 박 이 경　친 업 여 경

입 위에 주름이 있으면 약속을 잊어버려 이룸이 없다. 입이 엷고 가벼우면 물려받은 직업이 기울어진 것과 같다.

露齒結喉, 走遍他州. 耳有垂珠, 富貴雙居.
노 치 결 후　주 편 타 주　이 유 수 주　부 귀 쌍 거

치아가 드러나고 결후가 있으면 타향으로 두루 돌아다닌다. 귀에 수주가 있으면 부귀가 쌍으로 있게 된다.

(《人倫風鑑》云:「衣祿有餘.」)
인 륜 풍 감 운 의 록 유 여

(〈인륜풍감〉에 이르기를「옷과 녹에 남음이 있다.」하였다.)

輪廓皆成, 一世豐榮. (《人倫風鑑》云:
윤 곽 개 성 일 세 풍 영 인 륜 풍 감 운

이륜과 이곽(귀 바퀴와 둘레)이 모두 갖추어지면 한세상 풍요롭고 영화롭다.(〈인륜풍감〉에 이르기를

「耳內生毫, 壽永年高. 耳生黑子, 多招是非.」)
이 내 생 호 수 영 년 고 이 생 흑 자 다 초 시 비

「귀 안에 털이 나면 수명이 길고 나이가 많다. 귀에 검은 점이 생기면 많은 시비를 불러들인다.」하였다.)

鼻梁耳返, 賣盡田產. 耳如箭翅, 貧窮破祖.
비 량 이 반 매 진 전 산 이 여 전 시 빈 궁 파 조

콧마루와 귀가 뒤집어지면 밭과 자산을 다 팔아 없앤다. 귀가 화살 날개와 같으면 빈궁하여 사당을 깨뜨린다.

耳聳而朝, 富貴年高. 髮疏而細, 位過兩制[23].
이 용 이 조 부 귀 년 고 발 소 이 세 위 과 양 제

귀가 솟고 모이면 부귀하고 오래 산다. 머리카락이 드물고 가늘면 지위가 양제를 지난다.

髮粗如麻, 貧窮可嗟. 女人髮拳, 剋夫連綿.
발 조 여 마 빈 궁 가 차 여 인 발 권 극 부 연 면

머리카락이 거칠어 삼과 같으면 가난하고 궁하여 가히 탄식한다. 여인의 머리카락이 주먹 같으면 연이어 남편을 이긴다.

婦人髮黃, 遍走他鄉. 手如噀血, 衣食不缺.
부 인 발 황 편 주 타 향 수 여 손 혈 의 식 불 결

부인의 머리카락이 황색이면 타향을 두루 돌아다닌다. 손이 피를 뿜는 것처럼 붉으면 의식에 부족함이 없다.

---

23 내지제고(內知制誥)와 외지제고(外知制誥)를 아울러 이르는 말.

手軟如綿, 衣食自然. 手紋如絲, 必爲賢士.
수 연 여 면　의 식 자 연　수 문 여 사　필 위 현 사

손이 솜과 같이 부드러우면 의식이 자연스럽다. 손금이 실과 같으면 반드시 현명한 선비가 된다.

手紋橫生, 不聚資金. 紋如鐵斧, 法死眾覩.
수 문 횡 생　불 취 자 금　문 여 철 부　법 사 중 도

손금이 가로로 나 있으면 자금이 모이지 않는다. 손금이 쇠도끼 같으면 법으로 무리가 죽는 것을 본다.

(《人倫風鑑》云: 「紋如戈矛, 法死不留.」)
인 륜 풍 감　운　문 여 과 모　법 사 불 류

(〈인륜풍감〉에 이르기를 「손금이 창과 같으면, 법으로 죽어 머무르지 못한다.」 하였다.)

手上露筋, 一世艱辛. 聲如破鑼, 田產消磨.
수 상 로 근　일 세 간 신　성 여 파 라　전 산 소 마

손에 힘줄이 드러나면 한세상 힘들게 고생한다. 목소리가 깨진 바라와 같으면 밭과 자산이 사라져 없어진다.

聲鴨聲喑, 家計[24]如傾. 聲如大鐃 一世波濤.
성 압 성 암　가 계　여 경　성 여 대 요 일 세 파 도

목소리가 오리 소리 같으면 집안 살림이 기울어지는 것과 같다. 목소리가 큰 징과 같으면 한세상 세파가 있다.

舌上有紋, 牛馬成群. 舌如紅蓮, 廣有田園.
설 상 유 문　우 마 성 군　성 상 홍 연　광 유 전 원

혀 위에 주름이 있으면 말과 소가 무리를 이룬다. 혀가 붉은 연꽃과 같으면 넓은 밭과 동산을 소유한다.

---

[24] 집안 살림의 수입(收入)과 지출(支出)의 상태(狀態).

舌短脣長, 晩歲荒忙. 足下有紋, 大旺子孫.
설 단 순 장　만 세 황 망　족 하 유 문　대 왕 자 손

혀가 짧고 입술이 길면 노년이 거칠고 바쁘다. 발바닥에 주름이 있으면 자손이 크게 번창한다.

足有龜紋, 一世清名. 足下黑子, 富貴賢士.
족 유 구 문　일 세 청 명　족 하 흑 자　부 귀 현 사

발에 거북이 주름이 있으면 한세상 이름을 날린다. 발바닥에 검은 점이 있으면 부귀하며 어진 선비이다.

曲背駝腰, 子孫不超. 鴨步鵝行, 富貴家榮.
곡 배 타 요　자 손 불 초　압 보 아 행　부 귀 가 영

등이 굽고 허리가 낙타와 같으면 자손이 뛰어나지 않는다. 오리걸음에 거위처럼 다니면 부귀하여 가정이 영화롭다.

(《人倫風鑑》云: 「富貴清名.」) 行若蛇行, 親業如傾.
인 륜 풍 감　운　부 귀 청 명　행 약 사 행　친 업 여 경

(〈인륜풍감〉에 이르기를 「부귀하고 이름을 날린다.」 하였다.) 다닐 때 만약 뱀처럼 가면 부모로부터 물려받은 가업이 기운다.

蛇胸鵲筋, (《人倫風鑑》云: 「蛇骨鵲筋.」) 貧窮賤人.
사 흉 작 근　인 륜 풍 감　운　사 골 작 근　빈 궁 천 인

뱀 가슴에 까치 근육이면 (〈인륜풍감〉에 이르기를 「뱀 골격에 까치 근육이다.」 하였다.) 빈궁하여 천한 사람이다.

頭大有肩, 富貴長年. 頭大無肩, 晩歲孤寒.
두 대 유 견　부 귀 장 년　두 대 무 견　만 세 고 한

머리가 크고 어깨도 있으면 부귀하게 오래 산다. 머리가 크나 어깨가 없으면 말년이 외롭고 춥다.

身大頭小, 壽數極夭. 三停不宜, 不爲貴格.
신 대 두 소　수 수 극 요　삼 정 불 의　불 위 귀 격

몸이 크고 머리가 작으면 목숨이 극함에 이르러 일찍 죽는다. 삼정이 마땅하지 않으면 귀한 격이라고 할 수 없다.

南人北形, 富貴高名. 北人南形, 產業如傾.
남인북형 부귀고명 북인남형 산업여경

남쪽 사람이 북쪽 형상이면 부귀하고 이름이 높다. 북쪽 사람이 남쪽 형상이면 가산과 가업이 기울어지는 것과 같다.

男人聲雌, 破卻家貲. 女人聲雄, 夫主不停.
남인성자 파각가재 여인성웅 부주부정

남자가 여자 목소리를 내면 집안의 자산을 뒤집어 깨뜨린다. 여자가 남자 목소리를 내면 남편이 주인으로 머물지 못한다.

眼下乾枯, 定殺五夫. 齒露聲雄, 殺夫貧窮.
안하건고 정살오부 치로성웅 살부빈궁

눈 아래가 마르고 수척하면 다섯 남편의 죽음이 정해져 있다. 치아가 드러나고 목소리가 남자 같으면 남편이 죽고 빈궁해진다.

更若有鬚, 不可同居. 形容如鬼, 殺夫不已.
갱약유수 불가동거 형용여귀 살부불이

다시 만약 수염이 있으면 가히 같이 살 수가 없다. 얼굴 모양이 귀신과 같으면 남편을 죽이는 것에서 그치지 않는다.

面如哭形, 家業不成. 面上生靨, 夫位高判.
면여곡형 가업불성 면상생엽 부위고판

얼굴이 우는 형상이면 가업을 이루지 못한다. 얼굴에 보조개가 생기면 남편의 지위가 높은 판관에 이른다.

形寒額尖, 夫位須死. 若是男子, 亦復如此.
형한액첨 부위수사 약시남자 역부여차

형상이 차갑고 이마가 뾰족하면 남편의 지위가 마땅히 죽음에 이른다. 만약 남자가 이렇다면 역시 또한 이와 같다.

人中黑子, 主養他子. 口上生者, 吐血而死.
인중흑자 주양타자 구상생자 토혈이사

인중에 검은 점이 있으면 주로 다른 사람의 아들을 기른다. 검은 점이 입 위에 생긴 자는 피를 토하고 죽는다.

淚堂生痣, 子孫難繼. 黑子口傍, 是非難防.
누 당 생 지　자 손 난 계　흑 자 구 방　시 비 난 방

누당에 검은 사마귀가 생기면 자손이 이어지기 어렵다. 입 주위에 검은 점이 있으면 시비를 막기 어렵다.

蘭臺生者, 富貴壽長. 眼下並紋, 子息難成.
난 대 생 자　부 귀 수 장　안 하 병 문　자 식 난 성

난대에 생긴 자는 부귀하고 오래 산다. 눈 아래에 나란히 주름이 있으면 자식을 이루기 어렵다.

縱理入口, 餓死不久. 法令入頤, 一生富貴.
종 리 입 구　아 사 불 구　법 령 입 이　일 생 부 귀

늘어진 주름이 입으로 들어가면 오래지 않아 굶어 죽는다. 법령이 턱으로 들어가면 한평생 부귀하다.

紋入承漿, 壽限高强. 令紋傍口, 財帛[25]難守.
문 입 승 장　수 한 고 강　령 문 방 구　재 백　난 수

주름이 승장으로 들어가면 수명의 한계가 높고 강하다. 법령 주름이 입 주위에 있으면 재물과 비단을 지키기 어렵다.

鼻準有紋, 溺水而死. 骨怯神怯, 三犯須傾.
비 준 유 문　익 수 이 사　골 겁 신 겁　삼 범 수 경

코의 준두에 주름이 있으면 물에 빠져 죽는다. 뼈가 약하고 정신이 약하면 세 번 법을 어겨 틀림없이 기운다.

形重骨剛, 壽命延長. 三停隆直, 富貴無敵.
형 중 골 강　수 명 연 장　삼 정 융 직　부 귀 무 적

형상이 무겁고 뼈가 강하면 수명이 길게 연장된다. 삼정이 솟고 곧으면 부귀함에 맞수가 없다.

行步身斜, 破親亡家. 腦有玉枕, 九十爲定.
행 보 신 사　파 친 망 가　뇌 유 옥 침　구 십 위 정

다니고 거닐 때 몸이 기울면 친족이 파산하여 망한 집이다. 머리에 옥침골이 있으면 90세가 정해지게 된다.

---

[25] 재물(財物)과 피륙.

鼻梁不正, 四十絕命. 鼻曲脣掀, 壽夭不延.
비 량 부 정　사 십 절 명　비 곡 순 흔　수 요 불 연

콧마루가 바르지 않으면 40세에 목숨이 끊어진다. 코가 굽고 입술이 들려져 있으면 수명이 연장되지 않아 요절한다.

(《人倫風鑑》云: 「孤獨如夢.」)
인 륜 풍 감　운　고 독 여 몽

(〈인륜풍감〉에 이르기를 「꿈같이 고독하다.」 하였다.)

肥人結喉, 壽短不留. 帶殺雙兼, 惡死居前.
비 인 결 후　수 단 불 류　대 살 쌍 겸　악 사 거 전

살찐 사람이 결후가 있으면 수명이 짧아 머무르지 못한다. 두 가지 살기를 아우른 띠가 있으면 거함에 앞서 나쁘게 죽는다.

有胸有背, 富貴無窮. 有背無胸, 晩歲孤窮.
유 흉 유 배　부 귀 무 궁　유 배 무 흉　만 세 고 궁

가슴이 있고 등이 있으면 부귀가 끝이 없다. 등이 있고 가슴이 없으면 말년이 외롭고 궁핍하다.

(《人倫風鑑》云: 「有胸無背, 貧賤如流.」)
인 륜 풍 감　운　유 흉 무 배　빈 천 여 류

(〈인륜풍감〉에 이르기를 「가슴이 있고 등이 없으면 빈천이 물과 같이 흐른다.」 하였다.)

聲音如嘲, 貧賤不貴. 身小聲雄, 位至三公.
성 음 여 조　빈 천 불 귀　신 소 성 웅　위 지 삼 공

목소리가 비웃는 것 같으면 빈천하여 귀하지 않다. 작은 몸에 목소리가 크면 지위가 삼공에 이른다.

身大聲小, 早歲折夭. 此法秘之, 如金如寶.
신 대 성 소　조 세 절 요　차 법 비 지　여 금 여 보

몸이 큰데 목소리가 작으면 이른 나이에 요절한다. 이러한 법을 감추고 있으니 금과 같이 여기고 보물과 같이 여기라.

(《人倫風鑑》、《千字文》 同上.)
인 륜 풍 감　　천 자 문　동 상
(〈인륜풍감〉·〈천자문〉도 위와 같다.)

相法妙決

상 법 묘 결

相人形貌有多般, 須辨三停端不端.
상 인 형 모 유 다 반　수 변 삼 정 단 부 단
관상에서 사람 형상의 모습은 흔히 여러 가지로 많으니, 반드시 삼정이 단정한지 단정하지 않은지를 분별해야 한다.

五嶽四瀆要相應, 或長或短不須論.
오 악 사 독 요 상 응　혹 장 혹 단 불 수 론
오악과 사독은 서로 응함을 원하니 혹 길고 혹 짧음은 모름지기 논할 필요가 없다.

額要闊兮鼻要直, 口分四字多衣食.
액 요 활 혜 비 요 직　구 분 사 자 다 의 식
이마는 넓은 것을 원하고 코는 곧은 것을 원하며, 입이 넉 사자로 분명하면 의식이 넉넉하다.

頭圓似月照天庭, 眉目彎彎多學識.
두 원 사 월 조 천 정　미 목 만 만 다 학 식
머리는 달을 닮아 둥글어 천정을 비추고, 눈썹과 눈은 활을 당기듯 굽어야 학식이 많다.

眉頭昂而性必剛, 縱理重重入天倉.
미 두 앙 이 성 필 강　종 리 중 중 입 천 창
눈썹머리가 솟으면 성품이 반드시 강직하고, 늘어진 주름이 거듭되면 천창으로 들어간다.

下視之人多毒害, 羊睛四白定孤孀.
하 시 지 인 다 독 해　양 정 사 백 정 고 상

아래로 내려다보는 사람은 해악이 많고, 양의 눈동자에 사백안이면 외로운 과부로 정해진다.

鼻頭屈曲多孤獨, 項短結喉神不足.
비 두 굴 곡 다 고 독　항 단 결 후 신 부 족

콧머리가 굽으면 홀로 외로움이 많고, 목이 짧고 결후가 있으면 신이 부족하다.

男面似女女似男, 心慳藏事多淫欲.
남 면 사 여 여 사 남　심 간 장 사 다 음 욕

남자 얼굴이 여자와 비슷하고 여자가 남자와 비슷하면 마음을 망설이고 일을 감추며 음란한 욕망이 많다.

眼眇雖小有精神, 更觀黑白須分明.
안 묘 수 소 유 정 신　갱 관 흑 백 수 분 명

애꾸눈으로 비록 작지만 정과 신이 있다면 다시 보아 흑백이 모름지기 분명해야 한다.

遠視有威近秀媚, 披緇學道好音聲.
원 시 유 위 근 수 미　피 치 학 도 호 음 성

멀리 보아 위엄이 있고 가까이 보아 빼어나게 아름다우면 승복을 걸치고 좋은 음성으로 도를 배운다.

眼睛黑少白多惡, (《玉管照神》云: 「黑白分明定知略.」)
안 정 흑 소 백 다 악　옥 관 조 신 운　흑 백 분 명 정 지 략

눈동자에 검은자가 적고 흰자가 많으면 나쁘고, (〈옥관조신〉에 이르기를 「흑백이 분명하면 지략이 정해진다.」 하였다.)

眉長眼細足人情.
미 장 안 세 족 인 정

눈썹이 길고 눈이 가늘면 인정이 넉넉하다.

眼睛若露脣皮反，男憂惡死女憂產.
안 정 약 로 순 피 반 남 우 악 사 여 우 산

눈동자가 만약 드러나고 입술피부가 뒤집히면 남자는 근심으로 나쁘게 죽고 여자는 출산의 걱정이 있다.

若是頭圓須出家，(《玉管照神》云:
약 시 두 원 수 출 가 옥 관 조 신 운

만약 이와 같이 머리가 둥글면 모름지기 집을 나가며, (〈옥관조신〉에 이르기를

「若還不是出家人，在私必定遭天難.」)
약 환 불 시 출 가 인 재 사 필 정 조 천 난

「만약 돌이켜보아 집을 나간 사람이 아니면 사사로이 하늘의 어려움을 만나는 것이 반드시 정해진다.」 하였다.)

耳無輪廓多破散，(《玉管照神》云:
이 무 윤 곽 다 파 산 옥 관 조 신 운

귀에 이륜과 이곽이 없으면 파산이 많고, (〈옥관조신〉에 이르기를

「耳無輪廓破紋多，細小無珠命短薄.」)
이 무 륜 곽 파 문 다 세 소 무 주 명 단 박

「귀에 이륜과 이곽이 없으면서 깨지는 주름이 많고, 가늘고 작아 수주가 없으면 명이 짧고 엷다.」 하였다.)

耳若聳長有輪廓，衣食自然終不薄.
이 약 용 장 유 윤 곽 의 식 자 연 종 불 박

귀가 만약 솟고 이륜과 이곽이 있으면 의식이 자연히 끝내는 적지 않다.

(《玉管照神》云:「身與腰相應著，忽若偏時終薄落.」)
옥 관 조 신 운 신 여 요 상 응 착 홀 약 편 시 종 박 락

(〈옥관조신〉에 이르기를 「몸과 허리가 서로 응착되어 있으면 갑자기 치우칠 때 엷게 떨어져 마치는 것과 같다.」 하였다.)

頭大身小性慳貪, 身大頭小多消索.
두 대 신 소 성 간 탐　신 대 두 소 다 소 삭

머리가 크고 몸이 작으면 성품이 인색하고 탐욕스러우며, 몸이 크고 머리가 작으면 찾아도 사라짐이 많다.

坐要端兮立要直, 不直不端無見識[26].
좌 요 단 혜 입 요 직　부 직 부 단 무 견 식

앉음에 단정함을 요하고 서 있으면 곧음을 요하니, 바르지 않고 단정하지 않으면 문견과 학식이 없다.

先笑後語定非良, 不言不語人難測.
선 소 후 어 정 비 량　불 언 불 어 인 난 측

먼저 웃고 뒤에 말하면 어질지 않은 것으로 정하고, 말하지 않고 이야기하지 않으면 사람을 헤아리기 어렵다.

面上看來眉不同, 一上一下形如蟲.
면 상 간 래 미 부 동　일 상 일 하 형 여 충

얼굴 위를 봄에 눈썹이 같지 않아서 하나는 위에 하나는 아래에 있는 형상이면 벌레와 같다.

如此之人若與交, 眷屬[27]之人亦不利.
여 차 지 인 약 여 교　권 속　지 인 역 불 리

이와 같은 사람과 만약 사귀면 집 식구들까지 역시 불리하다.

仔細看之須尋古, 但看金木水火土.
자 세 간 지 수 심 고　단 간 금 목 수 화 토

자세히 보고자 한다면 모름지기 옛것을 찾는데 다만 금목수화토를 보라.

相刑相剋定取形, 若也相生須得地.
상 형 상 극 정 취 형　약 야 상 생 수 득 지

상형과 상극을 형상에서 취하여 정하고, 만약 상생이면 반드시 노정을 얻는다.

---

[26] 문견(聞見)과 학식(學識).

[27] 자기 집에 딸린 식구.

人中斜曲主橫死[28], 上脣牽露多辛苦.
인 중 사 곡 주 횡 사　　상 순 견 로 다 신 고

인중이 비뚤어 굽어있으면 주로 횡사하고 윗입술이 당겨져 드러나면 고생이 많다.

左眼小而右眼高, 父母必定幼年抛.
좌 안 소 이 우 안 고　　부 모 필 정 유 년 기

왼쪽 눈이 작고 오른쪽 눈이 높으면 부모로부터 어릴 때 반드시 버려지게 된다.

右眼小而左眼反, 家財宮中多破散.
우 안 소 이 좌 안 반　　가 재 궁 중 다 파 산

오른쪽 눈이 작고 왼쪽 눈이 뒤집어지면 집의 재산이 집 안에서 깨어지고 흩어짐이 많다.

更須看眼與單重, 再拜[29]父母添宗族[30].
갱 수 간 안 여 단 중　　재 배　　부 모 첨 종 족

또한 모름지기 눈을 보건데 하나만 무겁다면 부모에게 두 번 절을 함으로 일가를 더하게 된다.

南人似北多富貴, 北人似南只有名.
남 인 사 북 다 부 귀　　북 인 사 남 지 유 명

남쪽 사람이 북쪽 사람 같으면 부귀가 많고, 북쪽 사람이 남쪽 사람 같으면 단지 이름만 있다.

有背自然能負荷, 學堂學館廣中親.
유 배 자 연 능 부 하　　학 당 학 관 광 중 친

등이 있으면 자연히 짐을 능히 지니, 학당(배우는 곳)과 학관(배우는 기관)이 친족 안으로 넓다.

---

28 뜻밖의 재앙에 걸리어 죽음.

29 두 번 하는 절.

30 동성동본(同姓同本)의 일가(一家).

何須眉目定其貴, 先看骨兮又次看肉.
하 수 미 목 정 기 귀　선 간 골 혜 우 차 간 육

모름지기 눈썹과 눈에서 그 귀함이 정해지니, 먼저 뼈를 보고 또 그 다음 살을 본다.

骨肉兩般事更別, 淸亦貴兮濁亦貴, 眞濁眞淸方始貴.
골 육 양 반 사 갱 별　청 역 귀 혜 탁 역 귀　진 탁 진 청 방 시 귀

뼈와 살 두 가지 일을 다시 구별하여, 맑아도 또한 귀하고 탁하여도 또한 귀하니, 진실로 탁하고 진실로 맑아야 비로소 귀하여진다.

若還認得濁中淸, 早當食祿歸官位.
약 환 인 득 탁 중 청　조 당 식 록 귀 관 위

만약 돌이켜 인식함에 탁한 가운데 맑음을 얻으면 일찍이 식록을 주관하니 마땅히 관리의 지위로 돌아오게 한다.

淸怕浮而濁怕實, 更怕眉尾粗是一.
청 파 부 이 탁 파 실　갱 파 미 모 조 시 일

맑으면 뜰까 두렵고 탁하면 차오를까 두려우니, 또한 두려운 것의 하나는 눈썹꼬리가 거친 것이다.

(《玉管照神》､《陳搏先生袖裏金》 同.)
옥 관 조 신　진 단 선 생 수 리 금　동

(〈옥관조신〉·〈진단선생수리금〉도 같다.)

又云: 面圓人亦好, 更審聲音語須小.
우 운　면 원 인 역 호　갱 심 성 음 어 수 소

또 이르기를 얼굴이 둥근 사람이 역시 좋으나, 다시 말로 이야기함에 모름지기 삼가는지를 살핀다.

如此之人若與交, 面前背後心難料.
여 차 지 인 약 여 교　면 전 배 후 심 난 료

이와 같은 사람과 더불어 사귀면 눈의 앞과 등 뒤의 마음을 헤아리기 어렵다.

大凡相法識根源, 金木水火土相連.
대 범 상 법 식 근 원　금 목 수 화 토 상 연
대저 상법의 근본 원리를 안다는 것은 금목수화토가 서로 연결되어 있음이다.

相尅相刑多破敗, 忽若相生富有年.
상 극 상 형 다 파 패　홀 약 상 생 부 유 년
상극과 상형은 깨뜨려 패함이 많으나, 만약 갑자기 상생하면 여러 해에 부유하다.

神秘論
신 비 론

人之所稟在精神, 以火爲神水爲精.
인 지 소 품 재 정 신　이 화 위 신 수 위 정
사람이 품부 받은 바가 정과 신에 있으니, 화로써 신이 되며 수는 정이 된다.

火本藏心心爲志, 精備而後神方生.
화 본 장 심 심 위 지　정 비 이 후 신 방 생
화는 본래 마음에 감추어져 있으니 뜻은 마음이 되고, 정(精)이 갖추어진 이후에 신(神)을 본떠서 생긴다.

神生而後形方備, 形備而後色方明.
신 생 이 후 형 방 비　형 비 이 후 색 방 명
신이 생긴 이후에 형을 본떠 갖추어지고, 형이 갖춰진 이후에 색을 본떠 밝아진다.

是知色隨形所生, 氣乃逐聲各有形.
시 지 색 수 형 소 생　기 내 축 성 각 유 형
이에 형에서 생긴 바를 따라 색을 알게 되고, 기는 이에 소리를 따라 각기 형이 있다.

有形不如有骨, 有骨不如有神,
유 형 불 여 유 골　유 골 불 여 유 신

형이 있는 것은 뼈가 있는 것만 못하고, 뼈가 있는 것은 신이 있는 것만 못하며,

有神爭如有氣, 神之得氣旺於春.
유 신 쟁 여 유 기　신 지 득 기 왕 어 춘

신이 있는 것이 어찌 기가 있는 것만 하겠으며, 신이 기를 얻으면 봄보다 왕성하다.

大都神氣賦於人, 神氣若油人若燈.
대 도 신 기 부 어 인　신 기 약 유 인 약 등

대개 신과 기가 사람에게 부여될 때 신과 기는 기름과 같고 사람은 등잔과 같다.

神安自然精可實, 油清然後燈方明.
신 안 자 연 정 가 실　유 청 연 후 등 방 명

신이 편안하면 자연히 정이 실한 것이 옳고, 기름이 맑은 연후에 등이 사방으로 밝다.

夜宿此心如寂寂[31], 日居於眼覺惺惺.
야 숙 차 심 여 적 적　일 거 어 안 교 성 성

밤에 잘 때 이에 마음이 적적하면 낮에 있어 영리한 눈으로 깨닫는다.

有時又有清中濁, 有時又有濁中清.
유 시 우 유 청 중 탁　유 시 우 유 탁 중 청

때로 또 맑음이 있는 중에 탁함이 있고, 때로 또 탁함이 있는 중에 맑음이 있다.

更兼風韻細數藏, 坐久凝然[32]力轉强.
갱 겸 풍 운 세 수 장　좌 구 응 연　력 전 강

다시 풍류와 운치를 겸한 미미한 재주를 감추고, 오래 앉아 있어도 단정하고 진중하여 힘이 더욱더 강하다.

---

31 외롭고 쓸쓸함.

32 단정하고 진중(鎭重)한 모양(模樣).

如此之人堪立事, 輕浮淺薄便尋常.
여 차 지 인 감 입 사　경 부 천 박 변 심 상

이와 같은 사람은 일을 세워 감당할만 하며, 가볍게 떠서 움직이면 천박하여 항상 편한 것만을 찾는다.

其次更看形與骨, 骨細皮膚軟而滑.
기 차 갱 간 형 여 골　골 세 피 부 연 이 활

그 다음은 다시 형과 더불어 뼈를 보는데, 뼈가 가늘면 피부가 부드럽고 매끄러워야 한다.

要觀生就與未就, 旋有旋生終可久.
요 관 생 취 여 미 취　선 유 선 생 종 가 구

긴요하게 보아야 할 것은 태어나면서부터 이룰 것과 이루지 못할 것으로, 돌아 있다가 돌아 태어나니 마침내 오래 사는 것이다.

或然未好已先盈, 花未開而實已生.
혹 연 미 호 이 선 영　화 미 개 이 실 이 생

혹 분명 좋지 않으나 이미 먼저 차면 아직 꽃이 피기 전에 이미 열매가 생긴 것이다.

老人不欲似後生[33], 老者應須要老成.
노 인 불 욕 사 후 생　노 자 응 수 요 노 성

노인은 후생으로 이어지는 걸 바라지 않으니, 노인은 모름지기 늙어 긴요하게 이루어지는 것에 응해야 한다.

男子不欲帶女相, 女人不欲似男形.
남 자 불 욕 대 여 상　여 인 불 욕 사 남 형

남자는 여자의 상처럼 꾸미고자 하면 안 되고, 여자는 남자 형상과 닮고자 하면 안 된다.

陰反爲陽夫早死, 老懷嫩色壽星傾.
음 반 위 양 부 조 사　노 회 눈 색 수 성 경

음이 반대로 양이 되면 남편이 일찍 죽고, 늙은이가 어린 여자를 품으면 수명의 별이 기울어진다.

---

[33] 오는 세상(世上)에 다시 태어날 삶.

丈夫女子兩般評, 女要柔兮男要剛.
장 부 여 자 양 반 평 여 요 유 혜 남 요 강

장부와 여자는 두 가지를 평해야 하는데, 여자는 부드러움을 요하고 남자는 강함을 요한다.

女人屬陰本要靜, 未言先笑定非良.
여 인 속 음 본 요 정 미 언 선 소 정 비 량

여인은 음에 속하여 본래 고요함을 요하고, 말을 안 하고 먼저 웃으면 어질지 않음이 정해져 있다.

良人有威而少媚, 媚婦有媚而少威.
양 인 유 위 이 소 미 미 부 유 미 이 소 위

어진 사람은 위엄이 있으나 아양이 적고, 아름다운 아내는 아양은 있으나 위엄이 적다.

令人一見便生侮, 所以居身在至微.
령 인 일 견 변 생 모 소 이 거 신 재 지 미

우두머리인 사람을 한 번 보아 문득 업신여김이 생겨나면 거하는 바로써 몸에 미천함이 존재하여 이르기 때문이다.

木要瘦兮金要方, 水肥土厚火尖長.
목 요 수 혜 금 요 방 수 비 토 후 화 첨 장

목은 여위어야 하고 금은 모나야 하며, 수는 살쪄야 하고 토는 두터워야 하며 화는 뾰족하게 길어야 한다.

形體相生最爲吉, 若然相剋定爲殃.
형 체 상 생 최 위 길 약 연 상 극 정 위 앙

형체가 상생이면 가장 길하고, 만약 상극이면 재앙에 이르는 것이 정해진다.

金得金, 剛毅深. 木得木, 資財足. 水得水, 才學貴.
금 득 금 강 의 심 목 득 목 자 재 족 수 득 수 재 학 귀

금형이 금을 얻으면 강직함이 깊다. 목형이 목을 얻으면 재물이 족하다. 수형이 수를 얻으면 배운 재주로 귀하다.

火得火, 威武[34]播. 土得土, 多倉庫.
화 득 화 위 무 파 토 득 토 다 창 고

화형이 화를 얻으면 위세와 무력을 퍼뜨린다. 토형이 토를 얻으면 창고와 곳간이 많다.

金不金, 反沈吟[35]. 木不木, 多孤獨. 水不水, 多官鬼.
금 불 금 반 침 음 목 불 목 다 고 독 수 불 수 다 관 귀

금형이 금이 아니면 도리어 속으로 깊이 생각한다. 목형이 목이 아니면 고독이 많다. 수형이 수가 아니면 관귀(官鬼)가 많다.

火不火, 多凶禍. 土不土, 多辛苦. (已上形論)
화 불 화 다 흉 화 토 불 토 다 신 고 이 상 형 론

화형이 화가 아니면 흉한 재앙이 많다. 토형이 토가 아니면 고생이 많다. (이미 위에서 형상을 논함)

只於形體本先瘦(木), 次後初肥最爲要. (水生木)
지 어 형 체 본 선 수 목 차 후 초 비 최 위 요 수 생 목

다만 (목의) 형상에서 몸은 먼저 여윈 것을 근본으로 하고, 그 뒤에 비로소 살찌게 함이 가장 중요하다. (수가 목을 생함)

若然始瘦又枯乾, 木帶金兮災愈繁.
약 연 시 수 우 고 건 목 대 금 혜 재 유 번

목형이 만약 처음에 여위었으나 또 마르고 건조하면 목이 금을 띠어 재앙이 점점 번성하게 된다.

一如形體本方正, 次後背隆最爲應. (土生金)
일 여 형 체 본 방 정 차 후 배 륭 최 위 응 토 생 금

하나 같이 형체의 근본은 방정해야 하고, 그 다음 등이 큰 것에 가장 감응하게 된다. (토가 금을 생함)

---

[34] 위세(威勢)와 무력(武力).

[35] 속으로 깊이 생각함.

若然始方卻又尖, 金見火兮實爲灾.
약 연 시 방 각 우 첨 금 견 화 혜 실 위 재

만약 처음 모난 것을 물리쳤는데 다시 뾰족하다면 금이 화를 보는 것이니 열매로 익어서 재앙이 된다.

初中最好末生灾, 腰臀都小步不開.
초 중 최 호 말 생 재 요 둔 도 소 보 불 개

초중년이 가장 좋아도 말년에 재앙이 생기는 것은 허리와 엉덩이가 모두 작아 걸음이 벌어지지 않아서이다.

初中不好末主好, 腹肚初生懸壁倒.
초 중 불 호 말 주 호 복 두 초 생 현 벽 도

초중년은 좋지 않고 말년이 주로 좋은 것은 복부가 본래 생겨날 때 벽에 거꾸로 매달려 있어서이다.

有臀有背能負荷, 無背無臀空老大.
유 둔 유 배 능 부 하 무 배 무 둔 공 노 대

엉덩이가 있고 등이 있으면 능히 짐을 질 수 있고, 등이 없고 엉덩이가 없으면 늙어서 크게 헛된다.

看前雖好未爲好, 看後須好好到老.
간 전 수 호 미 위 호 간 후 수 호 호 도 로

앞을 보아 비록 좋다 하여도 좋은 것이 아니고, 모름지기 뒤를 보아 좋은 것이 늙음에 이르러 좋다.

馬上大兮馬下小, 更兼藏氣與藏神, 八座三台官豈小.
마 상 대 혜 마 하 소 갱 겸 장 기 여 장 신 팔 좌 삼 태 관 기 소

말 위에서는 크나 말 아래서는 작고, 다시 겸하여 기와 신을 감추면 팔좌 삼태(삼공)의 관직으로 어찌 작겠는가.

有財之人面似方, 有土之人多在背. (守土)
유 재 지 인 면 사 방 유 토 지 인 다 재 배 수 토

재물이 있는 사람은 얼굴이 모나고, 토형인 사람의 등은 두텁게 존재한다. (토를 지킴)

其在清資並極貴, 面似月兮身似貝.
기 재 청 자 병 극 귀 면 사 월 혜 신 사 패

그 깨끗한 재물이 있으면 아울러 극히 귀하여, 얼굴은 달과 같고 몸은 보화(貝)와 같다.

有時擧眼隨身起, 有時接語[36]如身轉.
유 시 거 안 수 신 기 유 시 접 어 여 신 전

제 때에 있어 눈을 들어 몸을 일으켜 따르니, 제 때가 있어 서로 말을 주고받음에 몸을 부리는 것과 같다.

近觀有媚遠無威, 久視方明初似晦.
근 관 유 미 원 무 위 구 시 방 명 초 사 회

가까이 보아 아양이 있으면 멀리서는 위엄이 없고, 오래 보아 사방이 밝으면 처음에 어두운 것과 같다.

更有一法何所謂, 只有鋒鋩[37]始爲貴.
갱 유 일 법 하 소 위 지 유 봉 망 시 위 귀

다시 어떤 한 가지 방법으로 어찌 이르겠는가? 다만 예리한 기질이 있으니 비로소 귀하다.

器宇瀟洒風韻美, 如此之人豈常類.
기 우 소 쇄 풍 운 미 여 차 지 인 기 상 류

기량이 맑고 깊이 흘러 풍류와 운치가 아름다우니, 이와 같은 사람이 어찌 평범한 무리겠는가?

信知顴骨有四般, 入耳無邊壽數寬.
신 지 권 골 유 사 반 입 이 무 변 수 수 관

믿어 알아보면 광대뼈가 4개로 선회하여 있으니, 귀로 들어가 가장자리가 없으면 수명이 계산에서 멀어진다.

---

36 서로 말을 주고받음.

37 예리한 기질(氣質)이나 기력(氣力)을 비유적으로 이르는 말.

插上天倉須兩府, 髮鬢之下當守土.
삽 상 천 창 수 양 부　발 빈 지 하 당 수 토

천창 위에 꽂히면 모름지기 양쪽의 관청이니, 머리털과 귀밑 털 아래의 토를 지킴이 마땅하다.

清奇古怪秀異端, 七者爲身亦合論.
청 기 고 괴 수 이 단　칠 자 위 신 역 합 론

맑고, 기이하며, 옛스럽고, 괴이하며, 빼어나고, 특이하며, 단정한 일곱 가지는 몸과 또한 합쳐서 논해야 한다.

清而無神爲之寒, 奇而無神安有官?
청 이 무 신 위 지 한　기 이 무 신 안 유 관

맑으나 신이 없으면 차갑게 되고, 기이하나 신이 없이 벼슬을 한다면 편안하겠는가?

古若無神爲之俗, 怪若無神乃主辱,
고 약 무 신 위 지 속　괴 약 무 신 내 주 욕

만약 옛스러우나 신이 없으면 속되고, 만약 괴이하나 신이 없으면 이에 주로 욕된다.

秀而無神爲之薄, 異若無神多削弱,
수 이 무 신 위 지 박　이 약 무 신 다 삭 약

빼어나나 신이 없으면 엷은 것이고, 기이하나 만약 신이 없으면 많이 깎여 약한 것이며,

端而無神謂之粗, 七者有神爲衆殊.
단 이 무 신 위 지 조　칠 자 유 신 위 중 수

단정하나 신이 없으면 거칠다 하고, 일곱 가지 신이 있으면 뛰어난 무리가 된다.

遠視之人心必遠, 視高之人心必高,
원 시 지 인 심 필 원　시 고 지 인 심 필 고

멀리 보는 사람은 마음도 반드시 심오하고, 높이 보는 사람은 마음도 반드시 크며,

視平之人心必善, 下斜偷視主凶豪.
시 평 지 인 심 필 선　하 사 투 시 주 흉 호

공평하게 보는 사람의 마음은 반드시 착하고, 아래로 비스듬히 깔보면 주로 흉악한 호걸이다.

眼睛若露終凶死, 精神矍鑠[38]亦徒勞.
안 정 약 로 종 흉 사 정 신 확 삭 역 도 로

눈동자가 만약 노출되면 마침내 흉하게 죽고, 정신의 기력이 정정하다 하여도 또한 헛된 노력이다.

須知眉平眼又平, 必然爲道又爲僧.
수 지 미 평 안 우 평 필 연 위 도 우 위 승

모름지기 눈썹과 눈이 평평하면 반드시 도사가 되거나 승려가 된다.

紫衣師號如何得? 伏犀骨肉頂中生.
자 의 사 호 여 하 득 복 서 골 육 정 중 생

자색 옷 입은 스승의 호칭을 어찌 얻을 수 있는가? 복서골에 살이 정수리 중간에 생겨야 한다.

眉眼多生神殺現, 縱爲僧道不成名.
미 안 다 생 신 살 현 종 위 승 도 불 성 명

눈썹과 눈에 신살이 많이 생겨 나타나면 설령 승려나 도사일지라도 이름을 이루지 못한다.

少年得第踏青雲[39], 眉目分明氣骨清.
소 년 득 제 답 청 운 미 목 분 명 기 골 청

소년에 급제를 만나 청운을 밟으니, 눈썹과 눈의 기운이 분명하고 뼈가 맑다.

眉目分明氣骨俗, 只有文章豈有名?
미 목 분 명 기 골 속 지 유 문 장 기 유 명

눈썹과 눈에 기운이 분명한데 뼈가 속되면 다만 문장으로 어찌 이름이 있겠는가?

更有一般行尸肉, 須看肩高與頭縮.
갱 유 일 반 행 시 육 수 간 견 고 여 두 축

또 일반적으로 장사지낸 시체의 살은 마땅히 어깨 높은 것과 더불어 머리가 오그라들었는지를 살펴야 한다.

---

[38] (늙은이 기력(氣力)이) 정정(亭亭)함.

[39] 높은 이상(理想)이나 벼슬을 가리키는 말.

要知南人面似北, 身大而肥有水色.
요 지 남 인 면 사 북 신 대 이 비 유 수 색

중요하게 알아야 하는 것은 남쪽 사람의 얼굴이 북쪽 사람의 얼굴과 같으면 몸이 크고 살이 쪄서 수형의 색이 있음이다.

欲知北體似南人, 體厚形小氣薄清.
욕 지 북 체 사 남 인 체 후 형 소 기 박 청

알고자 하는 것은 북쪽 사람의 몸이 남쪽 사람과 같으면 몸이 두텁고 형상이 작아 기운이 엷고 맑은 것이다.

南人似北終須富, 北人似南終享榮.
남 인 사 북 종 수 부 북 인 사 남 종 향 영

남쪽 사람이 북쪽 사람과 같으면 끝내는 반드시 부유해지고, 북쪽 사람이 남쪽과 같으면 마침내 영화를 누린다.

富人不過厚其形, 貴者當論人不過厚其形, 貴者當論骨與神.
부 인 불 과 후 기 형 귀 자 당 론 인 불 과 후 기 형 귀 자 당 론 골 여 신

부유한 사람은 그 형상이 두터운 것에 지나지 않고, 귀한 자는 마땅히 그 형상이 두터운 것에 지나지 않은 사람임을 논해야 하며, 귀한 자는 마땅히 뼈와 더불어 신을 논해야 한다.

貴在於眼富在耳, 貴人同富誤於人.
귀 재 어 안 부 재 이 귀 인 동 부 오 어 인

귀함은 눈에 있고 부유함은 귀에 있는데, 귀한 사람이 같이 부유할 수 있으니 사람을 의혹하게 함이다.

不貴似貴終須貴, 不貧似貧終須貧.
불 귀 사 귀 종 수 귀 불 빈 사 빈 종 수 빈

귀하지 않으나 귀한 것 같으면 끝내는 반드시 귀해지고, 가난하지 않으나 가난한 것 같으면 끝내는 반드시 가난해진다.

貧中得貴因何識? 看取驛馬先生骨.
빈 중 득 귀 인 하 식　간 취 역 마 선 생 골

가난한 가운데 귀함을 얻는 이유를 어찌 알 수 있는가? 역마는 먼저 뼈의 생김을 살펴 취한다.

富中反賤又何分? 胸高骨寒神太昏.
부 중 반 천 우 하 분　흉 고 골 한 신 태 혼

부유한 중에 반하여 천한 것이 또한 어느 부분인가? 가슴이 높고 뼈가 차가우면 신이 크게 어둡다.

借問相中何取壽? 認取聲名骨又秀.
차 문 상 중 하 취 수　인 취 성 명 골 우 수

빌려 묻기를 관상 가운데 어찌 수명을 취하는가? 인식하여 취함에 명성은 뼈가 또한 빼어나야 한다.

若或氣短骨又露, 四十之前壽必故.
약 혹 기 단 골 우 로　사 십 지 전 수 필 고

만약 혹 기운이 짧고 뼈가 다시 드러나면 40세 이전의 목숨에 반드시 연고가 있다.

耳要白兮口要紅, 眉清目秀鼻如筒,
이 요 백 혜 구 요 홍　미 청 목 수 비 여 통

귀는 흰색을 요하고 입은 홍색을 요하며, 눈썹은 맑고 눈은 빼어나야 하며, 코는 대통 같아야 하고,

更兼六府相朝揖, 富貴一生到老終.
갱 겸 육 부 상 조 읍　부 귀 일 생 도 노 종

다시 겸하여 육부가 서로 알현하여 읍(인사하는 예)하듯 하면 부귀가 한평생 늙어 마칠 때까지 이른다.

鼻梁深兮山根折, 少哭尊親並骨肉[40].
비 량 심 혜 산 근 절　소 곡 존 친 병 골 육

콧마루가 두터우나 산근이 끊어지면 젊어서 부모와 아울러 골육으로 울게 된다.

---

40 혈통(血統)이 같은 부자(父子), 형제(兄弟).

弟兄無一眉粗短, 耳無輪廓主無兒.
제 형 무 일 미 조 단 이 무 륜 곽 주 무 아

형제 하나 없어도 눈썹이 거칠고 짧으며, 귀에 이륜과 이곽이 없으면 주로 아이가 없다.

更有一法須要識, 結喉露齒主妨妻.
갱 유 일 법 수 요 식 결 후 노 치 주 방 처

다시 하나의 법이 있음에 모름지기 중요한 지식은 결후와 치아가 드러나면 주로 아내를 방해한다.

大凡須看氣與色, 色浮皮外氣居皮. (皮外者色, 皮內者氣.)
대 범 수 간 기 여 색 색 부 피 외 기 거 피 피 외 자 색 피 내 자 기

무릇 모름지기 기와 더불어 색을 살피면 색은 피부 밖에 떠 있고 기는 피부에 있다. (피부 밖에 있는 것이 색이고, 피부 안에 있는 것이 기이다.)

來時如繭去牽絲, 去似馬尾將欲撒.
내 시 여 견 거 견 사 거 사 마 미 장 욕 살

기와 색이 오는 때는 누에고치가 실을 끌고 가는 것 같고, 말이 꼬리가 장차 흩어져 떨어지는 것과 같다.

爲福定隨日影去, 爲災直須終日聚.
위 복 정 수 일 영 거 위 재 직 수 종 일 취

복은 해의 그림자를 따라가듯 정해지고, 재앙은 바로 모름지기 하루를 끝낼 때 모인다.

不拘青黑與紅黃, 但認發之在何處.
불 구 청 흑 여 홍 황 단 인 발 지 재 하 처

청색은 흑색과 더불어 홍색과 황색에 구애받지 않으니, 단지 인식할 것은 일어난 곳이 어디인지 살핀다.

若能依部以看之, 足知爲善與爲悲.
약 능 의 부 이 간 지 족 지 위 선 여 위 비

만약 능히 따르는 부위로써 본다면 착하게 되는 것과 더불어 슬프게 되는 것을 족히 알아야 한다.

稱意之人何所識? 看取三光並五澤.
칭 의 지 인 하 소 식　간 취 삼 광 병 오 택

일컫는 뜻에 부합되는 사람을 어떤 바로 아는가? 삼광과 오택을 취하여 살핀다.

(三光, 兩目上, 鼻金聳, 兩耳珠. 準頭爲澤, 印堂兩金并地閣.)
삼 광　양 목 상　비 금 용　양 이 주　준 두 위 택　인 당 양 금 병 지 각

(삼광은 두 눈 위, 코에 솟은 금, 두 귀의 구슬(수주인 귓불)이다. 준두는 연못이 되며, 인당과 두 금이 합하여 지각이다.)

若還諸事不如心, 其位自然皆暗黑.
약 환 제 사 불 여 심　기 위 자 연 개 암 흑

만약 돌아오는 모든 일이 마음 같지 않으면 그 부위가 자연히 모두 어둡고 검다.

形滯之人行步重, 神滯之人聲必硬, 色滯之人面塵埃.
형 체 지 인 행 보 중　신 체 지 인 성 필 경　색 체 지 인 면 진 애

형이 막힌 사람은 가는 걸음이 무겁고, 신이 막힌 사람은 반드시 소리가 굳으며, 색이 막힌 사람은 얼굴에 먼지와 티끌이 묻은 것 같다.

飛禽走獸有數般, 莫將禽向獸中看.
비 금 주 수 유 수 반　막 장 금 향 수 중 간

나는 새와 달리는 짐승이 몇 차례 선회함에 있어, 우두머리가 없다면 새가 향한 짐승 중에 살핀다.

瘦長但向禽中取, 短肥之人以獸觀.
수 장 단 향 금 중 취　단 비 지 인 이 수 관

야위고 길면 다만 새가 향한 중에 취하고, 짧고 살찐 사람은 짐승으로 본다.

似虎之人取其項, 似犀之人取其背, 鳳要眼長鶴身削,
사 호 지 인 취 기 항　사 서 지 인 취 기 배　봉 요 안 장 학 신 삭

호랑이를 닮은 사람은 그 목덜미를 취하고, 코뿔소를 닮은 사람은 그 등을 취하며, 봉황은 긴 눈이 중요하고, 학은 몸이 깎이며,

似禽不嫌身瘦小, 似獸若肥最爲要.
사 금 불 혐 신 수 소 사 수 약 비 최 위 요

새를 닮으면 몸이 야위어 작은 것을 싫어하지 않고, 만약 짐승과 닮았다면 살찐 것이 가장 중요하다.

禽肥必定不能飛, 獸若瘦兮安能走?
금 비 필 정 불 능 비 수 약 수 혜 안 능 주

새가 살찌면 반드시 능히 날지 못함이 정해지고, 짐승이 만약 야위었다면 능히 편안하게 달리겠는가?

吁嗟流俗不知因, 要知飛走取其形.
우 차 류 속 부 지 인 요 지 비 주 취 기 형

탄식이 흘러 속됨으로 인하여 알지 못하니, 중요하게 알아야 하는 것은 날고 달리는 것을 그 형상으로 취함이다.

若入正形須大貴, 依稀相似出羣人.
약 입 정 형 수 대 귀 의 희 상 사 출 군 인

만약 들어가 바른 형상이면 모름지기 크게 귀하나, 서로 같은 무리에서 나온 사람에게는 의지하기 희박하다.

日角龍文雖謂奇, 所謂不吉仍何爲?
일 각 룡 문 수 위 기 소 위 불 길 잉 하 위

일각에 아무리 용문이 기이하게 있어도, 이른바 길함으로 인하지 않음이 어찌 있겠는가?

三尖五露不入相, 所爲若善福相隨.
삼 첨 오 로 불 입 상 소 위 약 선 복 상 수

삼첨(세 가지 뾰족한 것)과 오로(다섯 가지 드러난 것)에 들지 않는 상이면 이르는 바와 같이 선과 복이 서로 따른다.

若不以心而論相, 是將人事逆天時.
약 불 이 심 이 론 상 시 장 인 사 역 천 시

만약 상을 논함에 마음으로서가 아니면 이는 장차 사람의 일과 하늘의 때를 거역하는 것이다.

若還人心相應相, 相遂心生信有之.
약 환 인 심 상 응 상 　상 수 심 생 신 유 지

만약 사람의 마음으로 돌아와 서로 응한 상이면 상은 드디어 마음이 생기고 믿음이 있게 된다.

大凡微妙不難識, 要在心通與眼力.
대 범 미 묘 불 난 식 　요 재 심 통 여 안 력

무릇 미묘한 것을 어렵지 않게 인식하니, 중요한 것은 마음이 통한 것과 더불어 눈의 힘에 있다.

但將此論細推之, 長短於中無不得. (《人倫風鑑》同).
단 장 차 론 세 추 지 　장 단 어 중 무 부 득 　　인 륜 풍 감 　동

다만 장차 이를 논함에 자세히 그것을 받들면 길고 짧은 중에 얻지 못함이 없다. (〈인륜풍감〉도 같다).

成和子統論

성 화 자 통 론

成和子曰: 予常內收視反聽, 一無所有.
성 화 자 왈 　여 상 내 수 시 반 청 　일 무 소 유

성화자가 가로되 내가 항상 안으로 거두어 보고 되풀이하여 들어도 하나도 있는 바가 없다.

縱觀萬物, 見富貴貧賤之不同, 未委其誰與之耶?
종 관 만 물 　견 부 귀 빈 천 지 부 동 　미 위 기 수 여 지 야

설령 만물을 볼지라도 부귀빈천이 같지 않음을 보니, 아직 자세하지 않은 그것을 누구와 더불어 하겠는가?

議者曰: 必造物與之也.
의 자 왈 필 조 물 여 지 야

주장하는 자가 가로되 반드시 조물주가 참여하였느니라.

見吉凶壽夭之或異, 未委其誰與之耶? 議者曰: 必造物與之也.
견 길 흉 수 요 지 혹 이 미 위 기 수 여 지 야 의 자 왈 필 조 물 여 지 야

길흉과 수요가 혹 차이나는 것을 보아, 자세하지 않은 그것을 누구와 더불어 하겠는가? 주장하는 자가 가로되 반드시 조물주가 참여하였느니라.

如是則物爲其所者, 固碌碌矣, 而造物者豈眞聽之也.
여 시 즉 물 위 기 소 자 고 녹 록 의 이 조 물 자 기 진 청 지 야

이러한즉 만물을 이루는 그것이 단단하고 하잘 것 없어, 조물주가 어찌 진실로 들을 수 있겠느냐?

求其端, 方其理, 是豈偶然哉!
구 기 단 방 기 리 시 기 우 연 재

그 실마리를 구하고 그 이치를 모방함이, 이 어찌 우연이겠는가!

其所以不同者, 皆出於自運自化, 故有造物者主之而已.
기 소 이 부 동 자 개 출 어 자 운 자 화 고 유 조 물 자 주 지 이 이

마땅한 바로써 같지 않은 것은 모두 스스로 움직이고 스스로 변화하여 나오니, 고로 조물주가 있어 이미 그것을 주관할 따름이다.

若夫於其一無所有, 則內焉與道同體,
약 부 어 기 일 무 소 유 즉 내 언 여 도 동 체

대저 소유하는 바가 하나도 없다면 곧 안으로는 도와 더불어 한 몸이고,

外焉與造化者同功, 而造物者又焉能去之也?
외 언 여 조 화 자 동 공 이 조 물 자 우 언 능 거 지 야

밖으로는 더불어 조화로운 자의 공과 한 가지이니, 그리하여 조물주가 또 능히 떠나지 않겠는가?

且具形於天地之間, 爲形相異, 生死榮辱, 循環無端.
차 구 형 어 천 지 지 간　위 형 상 이　생 사 영 욕　순 환 무 단

또 하늘과 땅 사이에 형상이 갖추어지나 서로 다른 형상이 된다. 생사와 영욕은 순환하여 끝이 없다.

(《玉管照神》云:「不能見道, 所以出生入死如循環然,
옥 관 조 신　운　불 능 견 도　소 이 출 생 입 사 여 순 환 연

(〈옥관조신〉에 이르기를「능히 도를 보지 못하면 출생하여 죽음에 들어가는 바와 같이 순환하는 게 자연스러우니,

故造物者得而主之也.」)
고 조 물 자 득 이 주 지 야

고로 조물주가 주관한다.」하였다.)

其間不失其本, 可以語道, 爲貴人其庶幾焉.
기 간 불 실 기 본　가 이 어 도　위 귀 인 기 서 기 언

그 사이 그 근본을 잃지 않으면 가히 도라 말하고, 그 여럿은 귀인이 된다.

如知所謂貴人者, 何求其故? 有自來也.
여 지 소 위 귀 인 자　하 구 기 고　유 자 래 야

아는 바와 같이 귀인이라 일컬을 수 있는 자는 그 연유를 어떻게 구하는가? 스스로 오고 있다.

希夷子問成和子曰:「請言其來所自.」
희 이 자 문 성 화 자 왈　청 언 기 래 소 자

희이자가 성화자에게 물어 가로되「그것이 스스로 오는 바 말씀을 청합니다.」

成和子曰:「其來有五: 有自修行中來者, 有神仙中來者,
성 화 자 왈　기 래 유 오　유 자 수 행 중 래 자　유 신 선 중 래 자

성화자가 가로되「그 돌아오는 다섯 가지에는 스스로 수행 중에 온 자도 있고, 신선 중에 온 자도 있으며,

有星辰中來者, 有神祇中來者, 有精靈中來者.」
유 성 진 중 래 자　유 신 지 중 래 자　유 정 령 중 래 자

성신(별) 중에 온 자도 있고, 신지(신을 공경함) 중에 온 자도 있으며, 정령 중에 온 자도 있다.」

希夷子曰:「可以形相別乎?」
희 이 자 왈　가 이 형 상 별 호

희이자가 가로되「가히 형상으로써 서로 구별할 수 있는가?」

成和子曰:「可. 形貌清古, 擧動恭謹, 性善氣平,
성 화 자 왈　가　형 모 청 고　거 동 공 근　성 선 기 평

성화자가 가로되「가능하다. 형상의 모양은 맑고 옛스러우며, 거동이 공손하게 삼가고, 성품이 좋고 기운이 고르며,

言極至理[41], 雖在朝廷, 常有山林之趣, 此修行中來者.
언 극 지 리　수 재 조 정　상 유 산 림 지 취　차 수 행 중 래 자

말이 지극한 도리에 미치니, 비록 조정에 있어도 항상 산 숲의 정취가 있으므로 이는 수행 중에 온 자이다.

形貌灑落[42], 擧動風雅, 性惠氣和, 言涉方術,
형 모 쇄 락　거 동 풍 아　성 혜 기 화　언 섭 방 술

형상의 모습이 깨끗함을 이루고 거동에 풍치와 고상함이 있으며, 성품이 은혜롭고 기가 조화롭고 말은 방술(방사의 술법)을 섭렵하니,

雖在朝廷, 常有修煉之志, 此神仙中來者.
수 재 조 정　상 유 수 련 지 지　차 신 선 중 래 자

비록 조정에 있어도 항상 수련(익히고 단련하는)의 뜻이 있으니, 이는 신선 중에 온 자이다.

41　지극(至極)히 당연(當然)한 도리(道理).

42　(기분이나 몸이)개운하고 깨끗함.

形貌顯赫, 擧動嚴肅, 性明氣直, 言涉造化,
형 모 현 혁　거 동 엄 숙　성 명 기 직　언 섭 조 화

형상의 모양이 높이 드러나 빛나고 거동이 엄숙하며, 성품이 밝고 기가 바르고 말이 조화롭게 이르니,

雖在朝廷, 常有脫塵之意, 此星辰中來者.
수 재 조 정　상 유 탈 진 지 의　차 성 신 중 래 자

비록 조정에 있어도 항상 속세를 벗어나고자 하는 뜻이 있으면 이는 성신(별)에서 온 자이다.

形貌奇異, 擧動急速, 性靈氣剛, 言涉威猛,
형 모 기 이　거 동 급 속　성 령 기 강　언 섭 위 맹

형상의 모양이 기이하고 거동이 빠르며, 성품이 신령하고 기운이 굳세며 말이 위엄과 용맹에 이르니,

雖在朝廷, 常有祭祀之敬, 此神祇中來者.
수 재 조 정　상 유 제 사 지 경　차 신 지 중 래 자

비록 조정에 있어도 항상 공경하게 제사 지냄이 있으며, 이는 신지 중에 온 자이다.

形貌醜怪, 擧動强惡, 性酷氣暴, 言涉浮邪,
형 모 추 괴　거 동 강 악　성 혹 기 폭　언 섭 부 사

형상의 모양이 추하고 기괴하며, 거동이 강하고 나쁘며, 성품이 독하여 기가 사납고 말이 떠서 간사함에 이르니,

雖在朝廷, 常有殺伐[43]之心, 此精靈中來者.
수 재 조 정　상 유 살 벌　지 심　차 정 령 중 래 자

비록 조정에 있어도 항상 그 마음이 살벌하여, 이는 정령 중에 온 자이다.

五者之中, 神祇精靈以威武爲貴者,
오 자 지 중　신 지 정 령 이 위 무 위 귀 자

다섯 가지 중에 신지와 정령으로써 위엄과 무력으로 귀하게 된 자는

---

[43] 거동이나 분위기가 거칠고 무시무시함.

其性稍從善或增積善根, 亦可進乎道也.
기 성 초 종 선 혹 증 적 선 근 역 가 진 호 도 야

그 성품이 점차 선을 따르고 혹 선의 근본을 더 쌓게 되니, 또한 도로 나아가는 것이 옳다.

夫人生在世, 固多般矣, 或爲碌碌仕宦, 或爲區區四民;
부 인 생 재 세 고 다 반 의 혹 위 녹 록 사 환 혹 위 구 구 사 민

대저 사람이 태어나 세상에 있어 일반적으로 굳어짐이 많으니,
혹 돌같이 하찮은 환관 벼슬이 되고, 혹 제각기 다른 사민(일반국민)이 됨이요;

或進或退, 或得或失; 或多歡樂, 或多憂惱;
혹 진 혹 퇴 혹 득 혹 실 혹 다 환 락 혹 다 우 뇌

혹 나아가고 혹 물러나고, 혹 얻고 혹 잃음이요; 혹 기쁨과 즐거움이 많고 혹 근심과 번뇌가 많음이요;

或初貧窮而終富貴, 或始富貴而終貧窮;
혹 초 빈 궁 이 종 부 귀 혹 시 부 귀 이 종 빈 궁

혹 초기에 빈궁하나 끝내는 부귀하고, 혹 처음에 부귀하나 끝내는 빈궁함이요;

或始貴而終賤, 或始賤而終貴;
혹 시 귀 이 종 천 혹 시 천 이 종 귀

혹 처음에 귀하나 끝내는 천하고, 혹 처음은 천하나 끝내는 귀함이요;

或富貴而夭, 或貧賤而壽;
혹 부 귀 이 요 혹 빈 천 이 수

혹 부귀하나 요절하고 혹 가난하나 장수함이요;

或生於東南而旺於西北, 或生於西北而死於東南;
혹 생 어 동 남 이 왕 어 서 북 혹 생 어 서 북 이 사 어 동 남

혹 동남에서 태어나 서북에서 왕성하고, 혹 서북에서 태어나 동남에서 죽음이요;

以至婚姻、飮食、交遊、聚會不期而致,
이 지 혼 인 음 식 교 류 취 회 불 기 이 치

혼인·음식·교류·모임에 이르러 기약하지 않고 이루어짐이

如響答聲皆緣所作而受報, 未嘗有毫髮之差,
여 향 답 성 개 연 소 작 이 수 보 미 상 유 호 발 지 차

마치 메아리가 소리에 답하듯 모두 인연을 지은 바 보답을 받고, 가는 털 끝만한 차이가 있음을 경험하지 못하니,

昧者由之而不知也.」
매 자 유 지 이 부 지 야

어두운 자로 말미암아 알지 못하는 도다.」

希夷子問成和子曰:「可以形相分別, 使昧者可以避惡趨善,
희 이 자 문 성 화 자 왈 가 이 형 상 분 별 사 매 자 가 이 피 악 추 선

희이자가 성화자에게 물어 가로되「가히 형상으로 서로 분별하여, 우매한 자로 하여금 악을 피하고 선을 추구하게 한다면

是亦明之一端也.」
시 역 명 지 일 단 야

이 또한 명확한 한 가지 일의 단서이다.」

成和子曰:「事有所行, 理有所言, 苟使人避惡而趨善,
성 화 자 왈 사 유 소 행 이 유 소 언 구 사 인 피 악 이 추 선

성화자가 가로되「일에는 행동하는 바가 있고 이치에는 말한 바가 있으니, 진실로 사람으로 하여금 악을 피하고 선을 추구하게 하면

當得陰報, 非惟凶咎自遠, 亦可以證來世之果.
당 득 음 보 비 유 흉 구 자 원 역 가 이 증 래 세 지 과

마땅히 음덕의 보답을 얻을 것이니, 흉과 허물을 스스로 멀다 생각하지 말고, 또한 내세의 결과로써 증명함이 옳다.

報不深則形貌偏枯, 氣色雜碌, 骨雖起而不聳,
보 불 심 즉 형 고 편 고 기 색 잡 록 골 수 기 이 불 용

치붙어 깊지 않은즉 형상의 모양이 치우쳐 마르고, 기색이 잡스럽고 번잡하며, 뼈가 비록 일어나도 솟지 못하고,

正面雖開而無肉, 或碌碌仕宦.
정 면 수 개 이 무 육　혹 녹 록 사 환

얼굴이 바르더라도 열려있고 살이 없으면 혹 하잘것없는 환관 벼슬이다.

或眉疏而眼秀, 氣稍淸則爲士.
혹 미 소 이 안 수　기 초 청 즉 위 사

혹 눈썹은 드문데 눈이 빼어나면 기가 점점 맑은즉 선비가 된다.

或皮粗, 或肉重、或氣混濁, 則爲農爲商.
혹 피 조　혹 육 중　혹 기 혼 탁　즉 위 농 위 상

혹 피부가 거칠고, 혹 살이 무겁거나 혹 기가 섞여 혼탁하면 곧 농사를 짓거나 장사를 한다.

骨巧而肉薄, 則爲工.
골 교 이 육 박　즉 위 공

뼈가 공교하고 살이 엷으면 곧 장인이 된다.

或氣散而色沉, 故爲四民.
혹 기 산 이 색 침　고 위 사 민

혹 기가 흩어지고 색이 가라앉으면 고로 사민(일반 국민)이 된다.

進退得失之不常, 蓋因形相之不全.
진 퇴 득 실 지 불 상　개 인 형 상 지 부 전

나아가고 물러남에 얻고 잃음이 항상 같지 않음은 모두 형상이 온전치 않음에 기인한다.

骨氣渾厚, 精神閑暇者, 多歡樂.
골 기 혼 후　정 신 한 가 자　다 환 락

뼈 기운이 온전히 두터워 정신이 한가한 자는 환락(기쁨과 즐거움)이 많다.

骨氣淸薄, 精神露見者, 多憂惱.
골 기 청 박　정 신 노 현 자　다 우 뇌

뼈의 기운이 맑고 엷으며 신이 드러나 보이는 자는 근심과 번뇌가 많다.

形神正而氣色不開者, 始貧而後富.
형 신 정 이 기 색 불 개 자 시 빈 이 후 부

형과 신이 바르나 기색이 열려 있지 않은 자는 처음에는 가난하나 뒤에는 부자이다.

氣色嫩而形神不藏者, 始富而後貧.
기 색 눈 이 형 신 부 장 자 시 부 이 후 빈

기색이 예쁘나 형과 신이 감추어 있지 않은 자는 처음에는 부유하나 뒤에는 가난하다.

五嶽相朝而未開, 五星分明而未出者, 始賤終貴.
오 악 상 조 이 미 개 오 성 분 명 이 미 출 자 시 천 종 귀

오악이 서로 모여 있으나 아직 열리지 않고, 오성이 분명한데 아직 나오지 않은 자는 처음에는 천하지만 끝내는 귀하다.

五嶽磊落[44]而俱走, 五星分明而跼促, 始貴而終賤.
오 악 뇌 락 이 구 주 오 성 분 명 이 국 촉 시 귀 이 종 천

오악이 돌무더기를 이루어 함께 달아나고, 오성이 분명하나 구부러져 재촉하면 처음에는 귀하나 끝내는 천하다.

部位峻急, 氣色嫩而面光, 故富貴而夭.
부 위 준 급 기 색 눈 이 면 광 고 부 귀 이 요

부위가 준엄하고 급하며, 기색이 예쁘고 얼굴이 빛나면 고로 부귀하나 요절한다.

部位開伏, 氣色燥而深沉, 故貧賤而壽.
부 위 개 복 기 색 조 이 심 침 고 빈 천 이 수

부위가 열려 엎드려 있고, 기색이 말라 깊게 가라앉아 있으면 고로 빈천하나 오래 산다.

頤頷連地閣, 而龍宮門常有潤色, 生東南而必旺於西北.
이 함 연 지 각 이 용 궁 문 상 유 윤 색 생 동 남 이 필 왕 어 서 북

턱이 지각에 연결되어 있고, 용궁문의 색이 항상 윤택하면 동남에서 나서 반드시 서북에서 왕성해진다.

---

[44] 마음이 활달하여 작은 일에 거리낌이 없음.

神光散入邊地, 而山林常有潤色, 雖生西北必定死東南.
신 광 산 입 변 지　이 산 림 상 유 윤 색　수 생 서 북 필 정 사 동 남

신광이 흩어져 변지에 들어가고, 산림에 항상 윤택한 색이 있으면 비록 서북에서 나더라도 반드시 동남에서 죽음이 정해진다.

亦有西北之人旺於東南, 東南之人死於西北,
역 유 서 북 지 인 왕 어 동 남　동 남 지 인 사 어 서 북

또한 서북에 있는 사람이 동남에서 왕성하면 동남 사람은 서북에서 죽으니,

其驗者, 山林邊地之氣色, 但由青黃黑白赤,
기 험 자　산 림 변 지 지 기 색　단 유 청 황 흑 백 적

그 증험이라는 것은 산림과 변지의 기색으로, 단지 청황흑백적색으로 말미암아

休囚衰旺而推之, 乃可見矣.
휴 인 쇠 왕 이 추 지　내 가 견 의

휴(휴식) 인(갇힘) 쇠(쇠함) 왕(왕성함)으로 옮아감을 이에 가히 볼 수 있다.

故婚姻之遠近貴賤, 就魚尾龍宮氣色看之.
고 혼 인 지 원 근 귀 천　취 어 미 용 궁 기 색 간 지

고로 혼인의 멀고 가까움과 귀천은 어미와 용궁(눈)을 따르며 기색을 살펴야 한다.

食祿之遠近榮枯[45], 就官祿[46]驛馬看之.
식 록 지 원 근 영 고　취 관 록　역 마 간 지

식록의 멀고 가까움과 영화와 쇠망은 관록으로 나아감에 역마를 살핀다.

大凡氣色紅黃者爲吉, 黑白者凶, 發深則近, 發淺則遠.
대 범 기 색 홍 황 자 위 길　흑 백 자 흉　발 심 즉 근　발 천 즉 원

대개 기색은 홍색과 황색이 길하고, 흑색과 백색이면 흉하니 깊게 일어난즉 가깝고, 얕게 일어난즉 멀다.

---

45 번영(繁榮)과 쇠망(衰亡).

46 관위(官位)와 녹봉(祿俸).

氣色和則聚會交遊多喜氣, 色暴則交流聚會多惡.
기 색 화 즉 취 회 교 유 다 희 기 색 폭 즉 교 류 취 회 다 악

기색이 조화로운즉 모임과 교류에 기쁜 기운이 많고, 기색이 사나운즉 모임과 교류에 매우 나쁘다.

以至曆清要[47]、遭貶責、受戮辱者, 若雖在眸子之瞭眊,
이 지 력 청 요 조 폄 책 수 륙 욕 자 약 수 재 모 자 지 료 모

맑은 요직을 지나옴에 이르고 폄하와 책망을 만나고 죽임과 욕됨을 받는 것이, 만약 비록 눈동자의 밝고 어두움과

精神之秀媚, 未有不由用心之太過也.」
정 신 지 수 미 미 유 불 유 용 심 지 태 과 야

정신의 수려함과 아름다움에 있지만 지나치게 마음 쓰는 것에 말미암지 않음이 없다.」

希夷子曰:「至理之論, 不出與此. 竊見世人或以五行取形,
희 이 자 왈 지 리 지 론 불 출 여 차 절 견 세 인 혹 이 오 행 취 형

희이자가 가로되「지극한 이치로 논하면 이와 더불어 나타나지 않는다. 남몰래 보면 세상 사람이 혹 오행으로써 형상을 취하는데,

或以飛走取形, 未知孰是? 分三主、九曜、十二宮,
혹 이 비 주 취 형 미 지 숙 시 분 삼 주 구 요 십 이 궁

혹 날짐승과 들짐승으로 형상을 취한다면 누가 이를 알겠는가? 삼주로 구분·구요·십이궁으로,

亦不可以見定說, 可得聞乎?」
역 불 가 이 견 정 설 가 득 문 호

또한 정설로 봄으로써 불가하다면 가히 들어 얻겠는가?」

成和子曰:「人稟五行而生, 飮天之和, 食地之德,
성 화 자 왈 인 품 오 행 이 생 음 천 지 화 사 지 지 덕

성화자가 가로되「사람은 오행을 받아 생겨나니, 하늘의 조화를 머금고, 땅의 덕을 기름이

---

47 청환(清宦)과 요직(要職).

未有不由乎五行.
미 유 불 유 호 오 행

오행에 말미암지 않음이 없다.

因而取稟, 須識五行之性, 故能理其說而載於形.
인 이 취 품 수 식 오 행 지 성 고 능 이 기 설 이 재 어 형

그로 인하여 품수받아 취함으로 모름지기 오행의 성품을 알고, 고로 능히 그 말씀으로 다스려 형상에 싣는다.

以飛走取形, 則議物理自然之意,
이 비 주 취 형 즉 의 물 리 자 연 지 의

날짐승과 들짐승의 형상을 취하면 즉 만물의 이치를 자연의 뜻에 의논함이고,

如《易》之取象, 旣以天地、風雷、水火、
여 역 지 취 상 기 이 천 지 풍 뢰 수 화

역에서 모양을 취함과 같으니, 이미 하늘과 땅·바람과 우레·물과 불·

山澤之八物以象八卦, 又以牛、馬、龍、雞、豕、雉、狗、
산 택 지 팔 물 이 상 팔 괘 우 이 우 마 용 계 시 치 구

산과 연못의 여덟 가지 사물이 팔괘의 모양으로서, 다시 소·말·용·닭·돼지·꿩·개·

羊以配之, 其爲物也微, 其取類也大. 以飛走取形亦如之.
양 이 배 지 기 위 물 야 미 기 취 류 야 대 이 비 주 취 형 역 여 지

양으로 짝 지우니, 그 사물은 작지만 그 무리를 취하면 크다. 날짐승과 들짐승으로써 형상을 취하는 것 또한 이와 같다.

其物之爲貴者, 莫過虯龍、鸞鳳、龜鶴、獅子、狻猊之類,
기 물 지 위 귀 자 막 과 규 룡 난 봉 구 학 사 자 준 예 지 류

그 사물이 귀한 것이 되는 것은 규룡(뿔 없는 용)과 용·난새와 봉황·거북이와 학·사자와 준예의 무리에 지나지 않아,

有飛有蟠, 有病有懶;
유 비 유 반 유 병 유 뢰

날고 있어 빙 감아 존재하고, 병이 있어 혐오스럽게 존재함이요;

其次則麟、虎、猿、猴、犀、象、牛、馬.
기 차 즉 린 호 원 후 서 상 우 마

그에 버금가는 동물인즉 기린·호랑이·원숭이·성성이·코뿔소·코끼리·소·말이 있다.

凡此十類者之中均爲物也, 自有不同.
범 차 십 류 자 지 중 균 위 물 야 자 유 부 동

무릇 이 열 가지 무리가 고른 사물로 이루어지니 자연히 한 가지로 존재하지 않는다.

故虯龍一類, 有飛有蟠, 有病有懶.
고 규 룡 일 류 유 비 유 반 유 병 유 뢰

고로 규룡과 용은 한 무리로서 날고 있어 빙 감아 존재하고, 병이 있어 혐오스럽게 존재한다.

鸞鳳一類, 有翶有翔, 有孤有飢,
난 봉 일 류 유 고 유 상 유 고 유 기

난새와 봉황은 한 무리로서 비상하고 빙빙 돌아 나는 것이 있고, 외로움과 굶주림이 있으며,

虬龍則巖岩巉而身長, 鸞鳳則端正而眼細.
규 룡 즉 암 암 참 이 신 장 난 봉 즉 단 정 이 안 세

규룡과 용은 곧 가파른 바위같이 몸이 길고, 난새와 봉황은 곧 단정하고 눈이 가늘다.

虬則小, 龍則大, 鳳爲雄兮鸞爲雌.
규 즉 소 용 즉 대 봉 위 웅 혜 난 위 자

규룡은 즉 작고 용은 즉 크며, 봉황은 수컷이 되고 난새는 암컷이 된다.

骨格似而神氣不正, 則取其飛蟠、病懶、翶翔、
골 격 사 이 신 기 부 정 즉 취 기 비 반 병 뢰 고 상

골격이 같으나 신기가 바르지 않으면 즉 그 날아서 빙 감고 병들어 혐오스러우며 비상하고 빙빙 돌아 날며

孤飢之勢以況之.
고 기 지 세 이 황 지

외롭고 굶주린 기세로써 상황을 취한다.

鶴則清瘦而脛長, 龜則清古而眼皺.
학 즉 청 수 이 경 장 　구 즉 청 고 이 안 추

학은 곧 맑고 여위면서 정강이가 길고, 거북이는 곧 맑고 옛스러우며 눈에 주름이 있다.

二者靈物, 其形相類, 不求貴達亦當得道.
이 자 영 물 　기 형 상 류 　불 구 귀 달 역 당 득 도

둘은 신령스러운 동물로 그 형상이 서로 비슷하나, 귀함과 현달함을 구하지 못하면 또한 도를 얻음이 마땅하다.

獅子則昂藏, 狻猊則小於獅子也.
사 자 즉 앙 장 　산 예 즉 소 어 사 자 야

사자는 곧 뜻이 높음을 감추어야 하고, 준예는 곧 사자보다는 작아야 한다.

猿臂長而面圓, 猴則面瘦而眼圓, 牛則行緩, 馬則驟而急.
원 비 장 이 면 원 　후 즉 면 수 이 안 원 　우 즉 행 완 　마 즉 취 이 급

원숭이의 팔은 길고 얼굴은 둥글며, 원숭이는 곧 얼굴이 여위면서 눈이 둥글고, 소는 곧 느리게 가고, 말은 곧 빠르게 달린다.

其大略如此, 然正形故難得也, 此特取其可貴者而言.
기 대 략 여 차 　연 정 형 고 난 득 야 　차 특 취 기 가 귀 자 이 언

아마도 대략 이와 같으니 자연히 바른 형상을 얻기 어려운 까닭에, 이것은 특히 그 귀한 것을 옳게 취한다는 말이다.

以至麋、鹿、彪、豹、狐、鼠、鶴、鴿、雞、犬、豬、羊、鵝、
이 지 미 　록 　표 　표 　호 　서 　학 　합 　계 　견 　저 　양 　아

큰사슴·사슴·범·표범·여우·쥐·학·집비둘기·닭·개·돼지·양·거위에 이르기까지

鴨之類, 凡有生有性者, 皆可得以取象, 非博物玄機之士,
압 지 류 　범 유 생 유 성 자 　개 가 득 이 취 상 　비 박 물 현 기 지 사

오리 종류는 무릇 날 때부터 성품이 있는 무리이니, 모두 옳게 얻음으로써 모양을 취하고, 깊은 만물의 오묘한 기교를 선비가 아니면

能觸類而推之, 亦難知矣.
능 촉 류 이 추 지 역 난 지 의
능히 무리에 접촉하여 그것을 옮기니 또한 알기 어렵다.

蓋取形又不須全似, 但以耳目、口鼻、行步[48],
개 취 형 우 불 수 전 사 단 이 이 목 구 비 행 보
대개 형상(동물)을 취함에 또한 모름지기 온전히 같을 수 없고, 다만 귀와 눈으로써·입과 코·다니는 걸음이,

趨向[49]得其髣髴皆是也.
추 향 득 기 방 불 개 시 야
마음 쏠리어 따라감에 견주어 비슷하게 얻으면 모두 옳다고 인정하는 것이다.

嗚呼! 知人難於知天矣.
오 호 지 인 난 어 지 천 의
아하! 사람을 아는 것이 하늘을 아는 것보다 어렵다.

天有寒暑之可期, 人有傾危則在於反覆之間;
천 유 한 서 지 가 기 인 유 경 위 즉 재 어 반 복 지 간
하늘의 추위와 더위는 기약할 수 있으나, 사람에 있어 기울어져 위태로운 것은 즉 반복하는 사이에 있음이요;

天有晦明之可見, 人有容貌則在於深厚之間;
천 유 회 명 지 가 견 인 유 용 모 즉 재 어 심 후 지 간
하늘에는 어둠과 밝음이 있어 가히 볼 수 있으나, 사람의 용모는 곧 깊고 두터움 사이에 있음이요;

天有旦暮之可數, 人則有朝秉權要, 暮爲逐客,
천 유 단 모 지 가 수 인 즉 유 조 병 권 요 모 위 축 객
하늘은 해가 뜨는 것과 저무는 것을 가히 계산할 수 있지만, 사람은 아침에 권력을 잡아 얻었다가, 해 질 무렵 객으로 쫓겨나며,

---

48 어떤 목적지까지 걸어서 가거나 다녀옴.

49 마음에 쏠리어 따라감.

朝處蒿萊而暮致青雲者, 實難知也.
조 처 호 래 이 모 치 청 운 자 실 난 지 야

아침에 쑥과 명아주(흐트러진 잡초) 속에 거처하나 해 질 무렵에는 청운(높은 벼슬)에 이르니 진실로 알기가 어렵다.

惟用心若鑒之士, 則眞僞不可逃也.
유 용 심 약 감 지 사 즉 진 위 불 가 도 야

생각하건데 마음을 씀이 만약 거울과 같은 선비라면 곧 진위(진실과 거짓)를 가히 벗어나지 않는다.

面有九曜: 鼻屬金, 眼屬木, 耳屬水, 口屬火, 面屬土,
면 유 구 요 비 속 금 안 속 목 이 속 수 구 속 화 면 속 토

얼굴에 있는 아홉 개 빛남은 금성에 속하는 코, 목성에 속하는 눈, 수성에 속하는 귀, 화성에 속하는 입, 토성에 속하는 얼굴이며,

左顴骨爲羅, 右顴骨爲計, 眉爲紫氣, 人中屬月孛是也.
좌 권 골 위 라 우 권 골 위 계 미 위 자 기 인 중 속 월 패 시 야

나후성에 속하는 왼쪽 관골, 계도성에 속하는 오른쪽 관골, 자기성에 속하는 눈썹, 월패에 속하는 인중이다.

三主或自下而上爲言者, 或自上而下爲言者,
삼 주 혹 자 하 이 상 위 언 자 혹 자 상 이 하 위 언 자

삼주는 혹 아래서부터 위가 됨을 말하는 것과 혹 위로부터 아래가 됨을 말하는 것으로,

皆不足取, 以形之屬分可以無疑.
개 부 족 취 이 형 지 속 분 가 이 무 의

모두 취하여도 부족하니 형상을 나누어 속하게 함으로써 의심할 것이 없다.

夫水生於天一, 金則生於地四, 金水形神者,
부 수 생 어 천 일 금 즉 생 어 지 사 금 수 형 신 자

무릇 물은 하늘에서 첫 번째로 나오고, 금은 즉 땅에서 네 번째로 나오니, 금수의 형과 신이라는 것은

當自天庭至印堂爲初主, 印堂至準頭爲中主,
당 자 천 정 지 인 당 위 초 주 　인 당 지 준 두 위 중 주

마땅히 천정으로부터 인당에 이르기까지 초년을 주관하고, 인당에서 준두에 이르기까지 중년을 주관하며,

準頭至地閣爲末主.
준 두 지 지 각 위 말 주

준두에서 지각까지가 말년을 주관한다.

土者, 興中央之正色, 發於中宮.
토 자 　흥 중 앙 지 정 색 　발 어 중 궁

토라는 것은 중앙에서 바른 색을 일으키고 중궁(코)에서 드러난다.

如土形人, 自準頭至印堂爲初主, 印堂至天庭爲中主,
약 토 형 인 　자 준 두 지 인 당 위 초 주 　인 당 지 천 정 위 중 주

토와 같은 형상인 사람은 준두에서 인당에 이르기까지 초년을 주관하고, 인당에서 천정에 이르기까지 중년을 주관하며,

準頭至地閣爲末主.
준 두 지 지 각 위 말 주

준두에서 지각에 이르기까지 말년을 주관한다.

更有兼形, 則取其多爲主, 又焉能逃此哉?
갱 유 겸 형 　즉 취 기 다 위 주 　우 언 능 도 차 재

다시 형상과 겸하여 있어 곧 그 많은 것을 주로 취하게 되는데, 또한 어찌 능히 지금 벗어나겠는가?

或曰面有十二宮: 印堂爲命宮, 天倉、地庫爲財帛宮,
혹 왈 면 유 십 이 궁 　인 당 위 명 궁 　천 창 　지 고 위 재 백 궁

혹 가로되 얼굴에 있는 십이궁에 인당은 명궁이 되고, 천창·지고가 재백궁이 되며,

龍虎額角頭爲兄弟宮, 日月角爲父母宮, 三陰三陽爲男女宮,
용 호 액 각 두 위 형 제 궁 　일 월 각 위 부 모 궁 　삼 음 삼 양 위 남 녀 궁

용호와 머리의 액각은 형제궁이 되고, 일월각은 부모궁이 되며, 삼음삼양이 남녀궁이 되고,

懸壁爲奴僕宮, 魚尾爲妻妾宮, 神光年壽爲疾厄宮,
현 벽 위 노 복 궁 어 미 위 처 첩 궁 신 광 연 수 위 질 액 궁

현벽은 노복궁이 되며, 어미가 처첩궁이 되고, 신광과 연수가 질액궁이 되며,

山林邊地爲遷移宮, 正面爲官祿宮.
산 림 변 지 위 천 이 궁 정 면 위 관 록 궁

산림과 변지가 천이궁이 되고, 정면은 관록궁이 된다.

精神地角福堂爲福德宮.
정 신 지 각 복 당 위 복 덕 궁

정신과 지각과 복당은 복덕궁이 된다.

相貌則總而言也, 取形之理分三主、九曜、十二宮之法, 無以易此.」
상 모 즉 총 이 언 야 취 형 지 리 분 삼 주 구 요 십 이 궁 지 법 무 이 역 차

상의 모양을 즉 종합하여 말함에 형상을 취하여 분류하는 이치는 삼주·구요·십이궁의 법이니, 이로써 바꿀 수 없다.」

希夷子曰: 「人生天地之間, 不止於百千萬億數,
희 이 자 왈 인 생 천 지 지 간 부 지 어 백 천 만 억 수

희이자가 가로되 「사람이 하늘과 땅 사이에 태어나, 백천만 억의 수에 그치지 않고,

其立身以殊, 豈可遍言之也?
기 립 신 이 수 기 가 편 언 지 야

그 몸을 세움으로써 죽으니 어찌 가히 보편적으로 말하겠는가?

能廣此意以觀人, 知窮易象, 乃可得也, 何得一爲喻?」
능 광 차 의 이 관 인 지 궁 역 상 내 가 득 야 하 득 일 위 유

능히 넓은 이 의미로써 사람을 살피고, 모양을 바꾸어 다 알면 이에 가히 얻는 것이니, 어찌 한 번의 깨우침으로 얻을 수 있겠는가?」

成和子曰: 「幽深微妙, 天之機也; 造化變移, 天之理也.
성 화 자 왈 유 심 미 묘 천 지 기 야 조 화 변 이 천 지 리 야

성화자가 가로되 「그윽하고 깊고 자세하고 오묘함은 하늘의 기교이고, 조화의 변화로 옮기는 것은 하늘의 이치이다.

論天理以應人可也, 泄天之機以惑人, 天必罰之.
논 천 리 이 응 인 가 야 설 천 지 기 이 혹 인 천 필 벌 지

하늘의 이치를 논함으로써 사람에 응함이 옳고, 하늘의 기교가 알려짐으로써 사람을 미혹하게 하면 하늘이 반드시 이를 벌한다.

然而皇天無私, 惟德是輔, 惟善人是爲.
연 이 황 천 무 사 유 덕 시 보 유 선 인 시 위

그러나 황천은 사사롭지 않아 생각하면 덕으로 도우니, 오로지 착한 사람만이 이에 이른다.

由是而觀, 則禍福無不自己求之者.
유 시 이 관 즉 화 복 무 불 자 기 구 지 자

이로 말미암아 볼 때 곧 화와 복은 스스로 이것을 구하지 않음이 없다.

人有常言, 雖有窮困而通, 否極而泰.
인 유 상 언 수 유 궁 곤 이 통 부 극 이 태

사람에 있어 항상 말함에 비록 곤궁하나 통하고, 극진하지 않아도 편안하다.

居困之時, 不能致命遂志, 焉可求通?
거 곤 지 시 불 능 치 명 수 지 언 가 구 통

괴롭게 거할 때 능히 목숨을 다해 뜻을 따르지 않으면 어찌 가히 통함을 구하겠는가?

居否之時, 不能修德避難, 焉可求泰?
거 부 지 시 불 능 수 덕 피 난 언 가 구 태

부정하게 살 때 능히 덕을 닦아 어려움에서 벗어나지 못하면 어찌 가히 편안함을 구하겠는가?

此《易》所謂貴乎藏器於身, 待時而動之, 君子也.
차 역 소 위 귀 호 장 기 어 신 대 시 이 동 지 군 자 야

이는 역에서 이른바 귀함은 몸의 그릇에 저장되었으니, 때를 기다리면서 움직이면 군자가 된다.

低視而心暗藏, 氣愚而色不和, 小人也.」
저 시 이 심 암 장 기 우 이 색 불 화 소 인 야

낮아 보이도록 마음을 깊숙이 감추고, 기가 어리석으며 색이 조화되지 않으면 소인이다.」

(已上與《玉管照神》論五種相法同.)
이 상 여 옥 관 조 신 논 오 종 상 법 동

(이미 위와 더불어 〈옥관조신〉에서 논한 다섯 종의 상법과 같다.)

太清神鑑 卷二

(태청신감 권이)

雜說上篇

잡 설 상 편

大貴之相有三: 曰聲、曰神、曰氣.

대 귀 지 상 유 삼 왈 성 왈 신 왈 기

크게 귀한 상에는 세 가지가 있다. 가로되 소리·신·기라 일컫는다.

蓋聲淸則神淸, 神淸則氣淸.

개 성 청 즉 신 청 신 청 즉 기 청

대개 소리가 맑은즉 신이 맑고, 신이 맑은즉 기가 맑다.

驗此三者, 其形骨次之.

험 차 삼 자 기 형 골 차 지

이 세 가지를 증험하니 형상과 뼈는 그 다음이다.

是以古者方伎之妙, 有聞人之聲韻而知其必貴者, 得之於神也.

시 이 고 자 방 기 지 묘 유 문 인 지 성 운 이 지 기 필 귀 자 득 지 어 신 야

이로써 옛 방술의 오묘한 것은 사람의 소리를 들음에 있어 반드시 그 귀함을 아는 것이니 신에서 이를 얻는다.

有察人之喜怒操守而知其必貴者, 得之於氣也.

유 찰 인 지 희 노 조 수 이 지 기 필 귀 자 득 지 어 기 야

사람의 기쁨과 노여움, 지조를 살펴 고귀해야 함을 아는 것은 그 기에서 얻을 수 있다.

故聲欲響潤而長, 神欲精粹而藏, 氣欲舒緩而靜. 反此者, 不貴也.
고 성 욕 향 윤 이 장 　신 욕 정 수 이 장 　기 욕 서 완 이 정 　반 차 자 　불 귀 야

고로 소리는 울림이 윤택하면서 길어야 하고, 신은 정이 순수하여 감추고자 하며, 기는 느리게 펴지면서 고요하고자 한다. 이와 반대인 것은 귀하지 않다.

若夫有聲而有神氣不應, 則其貴必遲;
약 부 유 성 이 유 신 기 불 응 　즉 기 귀 필 지

만약 소리가 있으나 신과 기가 있어 응하지 않으면 곧 그 귀함은 반드시 더딘 것이요;

有神而氣怯聲破, 則其貴不遠;
유 신 이 기 겁 성 파 　즉 기 귀 불 원

신이 있으나 기가 겁을 내고 소리가 깨지면 곧 그 귀함이 먼 것이요;

有氣而神聲慢, 未可言貴也.
유 기 이 신 성 만 　미 가 언 귀 야

기가 있으나 신과 소리가 거만하면 아직 귀함을 말할 수 없다.

此三者幽而難明, 玄而難測, 惟意所解, 口莫能宣也.
차 삼 자 유 이 난 명 　현 이 난 측 　유 의 소 해 　구 막 능 선 야

이 세 가지는 그윽하여 밝히기 어렵고 심오하여 헤아리기 어려우니, 오직 뜻으로 풀이해야 하는 바, 입으로 능히 밝히지 마라.

雜說中篇

잡 설 중 편

成形而不可變, 體具而不可移.
성 형 이 불 가 변 　체 구 이 불 가 이

형상이 이루어지면 가히 변화하기 어려우니, 몸이 갖추어지면 바꾸는 것이 불가하다.

大凡形體, 惟在完滿隆厚、清潤崇重[1]、平正[2]華秀、不貴則富也.
대범형체 유재완만융후 청윤숭중 평정 화수 불귀즉부야

대개 몸의 형상은 오직 온전하게 가득 차며 높고 두터우며 맑고 윤택하며 높고 무거우며 고르고 바르며 빛나고 빼어남이 있으면 귀하지 않은즉 부유하다.

若怪而粗、古而露、清而寒、秀而薄者, 皆非美相也.
약괴이조 고이로 청이한 수이박자 개비미상야

만약 괴이하고 거칠며, 옛스러우면서 드러나고, 맑으면서 차갑고, 빼어나면서 엷은 것은 모두 좋은 상이 아니다.

古人論部位之法, 額、準頭、地角、左右顴爲五嶽,
고인논부위지법 액 준두 지각 좌우권위오악

옛 사람이 논한 부위의 법칙에서 이마·준두·지각·좌우 관골은 오악이 되고,

以眼、口、鼻、耳爲四瀆, 以上下分九州, 十二辰.
이안 구 비 이위사독 이상하분구주 십이진

눈·입·코·귀로써 사독이 되며, 위 아래로써 구주와 십이진을 나누었다.

由此觀之, 則一形之微, 其所該也大, 又焉可深淺而論哉!
유차관지 즉일형지미 기소해야대 우언가심천이론재

이로 말미암아 살펴봄에 곧 한 형상의 정교함은 아마도 갖추어야 할 바가 큰데, 또한 어찌 깊고 얕음으로 논하는 것이 옳은가!

故上自天子, 下至自庶人, 其五臟六腑、百骸九竅之形皆同,
고상자천자 하지자서인 기오장육부 백해구규지형개동

고로 위에 천자(하늘을 다스리는 사람)로부터 아래로 서인(서민)에 이르기까지, 그 오장육부·백해(온 몸의 모든 뼈)와 구규(아홉 구멍)의 형상이 모두 같아도

然其所以爲形則異也.
연기소이위형즉이야

틀림없이 그것은 형상이 되는 바로써 곧 다르다.

---

1 존중(尊重)하고 숭배(崇拜)함.

2 공평(公平)하고 정직(正直)함.

若辨析之, 須於三停五行中先觀其妙, 次求其部位氣色,
약 변 석 지　수 어 삼 정 오 행 중 선 관 기 묘　차 구 기 부 위 기 색

만약 분별하여 나누면 모름지기 삼정과 오행 중에서 그 미묘함을 먼저 살피고, 이어서 그 부위의 기색을 구하며,

左顧右盼, 尋根揣本, 則貴賤貧富、吉凶壽夭, 灼然可見矣.
좌 고 우 반　심 근 췌 본　즉 귀 천 빈 부　길 흉 수 요　작 연 가 견 의

왼쪽으로 돌아보고 오른쪽으로도 돌아보아 근본을 찾아 헤아려서, 곧 귀천과 빈부·길흉과 수요를 자연히 명백하게 볼 수 있다.

雜說下篇

잡 설 하 편

形體身骨, 相之根本也.
형 체 신 골　상 지 근 본 야

형체와 몸의 뼈는 상의 근본이다.

氣色, 相之枝葉也.
기 색　상 지 지 엽 야

기색은 상의 지엽(가지와 잎)이다.

根本固則枝葉繁, 根本枯則枝葉謝,
근 본 고 즉 지 엽 번　근 본 고 즉 지 엽 사

근본이 단단한즉 지엽이 번성하고 근본이 마른즉 지엽이 쇠퇴하며,

論相所以先究形體身骨而後氣色也.
논 상 소 이 선 구 형 체 신 골 이 후 기 색 야

상을 논하는 바로써 먼저 몸의 형상과 몸의 뼈를 연구한 후에 기색이다.

夫氣舒則色暢, 氣恬則色靜, 氣通則光潤華明見於色,
부 기 서 즉 색 창　기 념 즉 색 정　기 통 즉 광 윤 화 명 현 어 색

무릇 기가 펴진즉 색이 화창하고 기가 평안한즉 색이 고요하며, 기가 통한즉 빛이 윤택하여 밝게 빛나는 색으로 보이니

此皆氣色之善也.
차 개 기 색 지 선 야

이는 모두 좋은 기색이다.

氣偏則色焦, 氣滯則色枯, 氣蔽則憔悴暗黑見於色, 此皆氣色之凶也.
기 편 즉 색 초　기 체 즉 색 고　기 폐 즉 초 췌 암 흑 현 어 색　차 개 기 색 지 흉 야

기가 치우친즉 색을 태우고, 기가 막힌즉 색이 마르며, 기를 가린즉 색이 초췌하고 어두운 흑색으로 보이니 이는 모두 흉한 기색이다.

若夫形如枯木, 心如死灰, 淡然[3]不與世俱,
약 부 형 여 고 목　심 여 사 회　담 연　불 여 세 구

대저 형상은 마른 나무와 같고, 마음이 죽은 재와 같으면, 욕심이 없고 깨끗하여 세상과 함께 하지 않으니,

此又至人之相, 不可以氣而論也.
차 우 지 인 지 상　불 가 이 기 이 론 야

이 또한 지극히 사람의 상을 기로써 논함이 불가하다.

(以上三篇與《玉管照神局 · 雜說》同)
이 상 삼 편 여　옥 관 조 신 국　잡 설　동

(이상 3편은 〈옥관조신국·잡설〉과 같음)

[3] 욕심이 없고 깨끗함.

金書寶印上篇

금 서 보 인 상 편

形以淸奇古怪者, 須得神與氣合.
형 이 청 기 고 괴 자 수 득 신 여 기 합

형상이 맑음으로써 기이하고 고괴한 자는 마땅히 신과 더불어 기를 합쳐 얻어야 한다.

若神氣不爽, 則孤露(古)、塵俗(怪)、寒薄、輕沉、非貴相也.
약 신 기 불 상 즉 고 로 고 진 속 괴 한 박 경 침 비 귀 상 야

만약 신과 기가 맑지 않으면 곧 외롭게 드러나고(예스러움), 속세의 티끌 같으며(기이함) 차갑고 엷으며 가볍게 잠기면 귀한 상이 아니다.

得淸如寒冰, 奇如美玉, 古如蒼巖之老松, 怪如泰山之磐石,
득 청 이 한 빙 기 여 미 옥 고 여 창 암 지 노 송 괴 여 태 산 지 반 석

맑음을 차가운 얼음과 같이, 기이함을 아름다운 옥과 같이, 옛스러움을 푸른 바위의 노송(오래된 소나무)과 같이, 괴이함을 큰 산의 반석과 같이 얻으면

雜之千萬人中, 見而異之者, 乃淸奇古怪之貴相.
잡 지 천 만 인 중 견 이 이 지 자 내 청 기 고 괴 지 귀 상

천만의 사람 중에 섞여도 다른 자로 보이니, 이는 맑고 기이하며 옛스럽고 고괴하여 귀한 상이다.

凡有此相, 必須操修過人[4], 功業隆重, 聲聞天下也.
범 유 차 상 필 수 조 수 과 인 공 업 융 중 성 문 천 하 야

무릇 이러한 상이 있으면 반드시 마땅히 잡아 과인으로 단련하니, 공로와 업적이 높고 무거워 이름이 천하에 들린다.

---

4 보통 사람보다 뛰어난 사람.

形有五寬、五短、五慢、五露、五急、五藏.
형 유 오 관 오 단 오 만 오 로 오 급 오 장

형상에는 오관·오단·오만·오로·오급·오장이 있다.

何謂五寬? 曰氣色, 曰行坐, 曰飮食, 曰言語, 曰喜怒.
하 위 오 관 왈 기 색 왈 행 좌 왈 음 식 왈 언 어 왈 희 노

무엇을 오관이라 일컫는가? 가로되 기와 색이라 하고, 행함과 앉는 것이고, 마시고 먹는 것이고, 말과 이야기라 하고, 기쁨과 노여움이다.

全此五者, 必遠大.
전 차 오 자 필 원 대

이 다섯 가지가 온전한 자는 반드시 원대하다.

何謂五短? 曰頭、曰手、曰足、曰脛、曰身.
하 위 오 단 왈 두 왈 수 왈 족 왈 경 왈 신

무엇을 오단이라 일컫는가? 가로되 머리·손·발·정강이·몸이다.

全此五者, 中流之相也.
전 차 오 자 중 류 지 상 야

이 다섯 가지가 온전한 자는 중간 부류의 상이다.

何謂五慢? 曰神、曰性、曰情、曰氣、曰行.
하 위 오 만 왈 신 왈 성 왈 정 왈 기 왈 행

무엇을 오만이라 일컫는가? 가로되 정신·성품·정·기·행이다.

全此五者, 壽而發於遲也.
전 차 오 자 수 이 발 어 지 야

이 다섯 가지가 온전한 자는 장수하나 늦게 발흥한다.

何謂五露? 曰眉、耳、鼻、齒、眼.
하 위 오 로 왈 미 이 비 치 안

무엇을 오로라 일컫는가? 가로되 눈썹·귀·코·치아·눈이다.

全此五者, 清烈孤貴異顯之相也.
전 차 오 자 청 열 고 귀 이 현 지 상 야

이 다섯 가지가 온전한 자는 맑고 대단하여 외로우나 귀하므로 다르게 나타나는 상이다.

神露路死夭折.
신 로 로 사 요 절

신이 드러나면 길에서 요절하여 죽는다.

何謂五急? 神、氣、性、皮、骨, 發早而易喪也.
하 위 오 급 신 기 성 피 골 발 조 이 이 상 야

무엇을 오급이라 일컫는가? 신·기·성품·피부·뼈이니 일찍 발하면 쉽게 죽는다.

何謂五藏? 視藏, 神言藏, 聲見藏, 色思藏, 息聽藏氣.
하 위 오 장 시 장 신 언 장 성 견 장 색 사 장 식 청 장 기

무엇을 오장이라 일컫는가? 보이는 것을 감추고, 말의 정신을 감추며, 보이는 소리를 감추고, 생각의 색의 감추며, 듣는 것을 쉬어 기를 감추는 것이다.

全此五者, 清貴遠大之器也.
전 차 오 자 청 귀 원 대 지 기 야

이 다섯 가지가 온전한 자는 맑고 귀하여 원대한 그릇이다.

前此六說中, 有可採宜更致思, 定有所得.
전 차 육 설 중 유 가 채 의 갱 치 사 정 유 소 득

이에 앞선 여섯 가지 말씀 중에 가히 마땅히 가릴만한 것이 있는지 다시 생각해 보면 얻을 바가 정해져 있다.

五惡殺: 兩眉短尖, 眼常如淚, 此爲卒暴殺;
오 악 살 양 미 단 첨 안 상 여 루 차 위 졸 폭 살

오악살은 양쪽 눈썹이 짧아 뾰족한 것이고, 늘 우는 것 같은 눈이면 이에 졸폭살(사납게 죽는 살)이 됨이요;

鼻折, 準頭曲斜, 羊視, 此名自吊殺;
비절 준두곡사 양시 차명자조살

코가 꺾이고 준두가 굽어 비스듬하며, 양이 엿보듯 하면 이에 자조살(스스로 죽음에 이르는 살)이라 이름함이요;

目睛黃, 動口不合脣, 此爲扛屍殺;
목정황 동구불합순 차위강시살

눈동자가 누렇고 움직이는 입과 입술이 합하지 않으면 이에 강시살(시체를 지고 가는 살)이 됨이요;

肉橫四起, 暴露不檢, 此名凶暴殺;
육횡사기 폭로불검 차명흉폭살

살이 사방으로 가로질러 일어나고, 갑자기 드러나 봉인할 수 없으면 이에 흉폭살(흉하고 폭력적인 살)이라 이름함이요;

眼中赤筋, 眊反强視, 此名鬪亡殺.
안중적근 모반강시 차명투망살

눈동자 가운데 실핏줄이 있고, 흘겨 거꾸로 강하게 보면 이에 투망살(싸우게 하여 망하는 살)이라 이름함이요;

苟有一焉, 皆不能善終. 常以此言爲當也.
구유일언 개불능선종 상이차언위당야

적어도 하나만 있어도 모두 능히 좋게 마치지 못한다. 항상 이 말로써 마땅하게 된다.

金書寶印下篇

금 서 보 인 하 편

山川麗秀而氣不同, 此人之生, 其形性所以有厚薄、
산 천 수 려 이 기 부 동　차 인 지 생　기 형 성 소 이 유 후 박

산천이 수려한데 기가 같지 않아, 지금 태어난 사람의 그 형상과 성품이 있는 바로써 두터움과 엷음·

輕重、淸濁之異也. 故閩山淸聳, 人俗於骨;
경 중　청 탁 지 이 야　고 민 산 청 용　인 속 어 골

가볍고 무거움·맑고 탁함이 다르다. 고로 민산이 깨끗하게 솟았으니 사람의 풍속은 뼈에 있음이요;

南水平而土薄, 人俗於情; 北土重厚, 人俗於鼻;
남 수 평 이 토 박　인 속 어 정　북 토 중 후　인 속 어 비

남쪽의 물은 평평하고 땅이 엷으니, 사람의 풍속은 정에 있음이요; 북쪽의 땅은 무겁고 두터우니, 사람의 풍속은 코에 있음이요;

淮水泛濁, 人俗於重.
회 수 범 탁　인 속 어 중

회수(淮河)는 범람하여 혼탁하니, 사람의 풍속은 무거움에 있다.

若宋人俗於口, 蜀人俗於眼, 魯人俗於軒昂[5], 江東江西人俗於色.
약 송 인 속 어 구　촉 인 속 어 안　노 인 속 어 헌 앙　강 동 강 서 인 속 어 색

만약 송나라[河南] 사람의 풍속이 입에 있다면, 촉나라[四川] 사람의 풍속은 눈에 있고, 노나라[山東] 사람의 풍속은 좋은 체격으로 풍채에 있으며, 강동과 강서 사람의 풍속은 색에 있다.

5　풍채(風采)가 좋고 의기(意氣)가 당당함.

如此類者, 皆風土致異故也, 論相而及於此者, 幾於神乎!
여 차 류 자 개 풍 토 치 이 고 야 논 상 이 급 어 차 자 기 어 신 호

이와 같은 종류의 것은, 모두 풍토가 보내는 것이 다른 까닭으로, 상을 논함에 이에 영향을 미치는 것은 신의 기미이도다!

唐舉論相, 不好言形而好論色, 不好言聲而好言氣, 余以爲深意也.
당 거 논 상 불 호 언 형 이 호 논 색 불 호 언 성 이 호 언 기 여 이 위 심 의 야

당거는 상을 논함에 형상을 말하는 것을 좋아하지 않고 색을 논하는 걸 좋아하였으며, 말하는 소리를 좋아하지 않고 말의 기를 좋아하니, 나머지로써 깊은 뜻이 된다.

蓋形聲一定而不變, 所以易色氣屢變而不一,
개 형 성 일 정 이 불 변 소 이 이 색 기 루 변 이 불 일

모든 형상과 소리는 일정하여 변하지 않으나, 색과 기는 쉽게 자주 변하는 까닭에 한결같지 않으니,

所以難若唐公者, 是故欲精其難能也.
소 이 난 약 당 공 자 시 고 욕 정 기 난 능 야

그러한바 어려움이 이와 같아 당거공이라는 자도 이러한 까닭에 정통하고자 함에 아마도 능히 어려웠다.

常得渠所著論氣色之文.
상 득 거 소 저 논 기 색 지 문

일찍이 크게 얻은바 기색을 논하여 글로 저술하였다.

夫人之氣色, 皆發於心、縈於肺、觸於肝、散於腎、暢於脾,
부 인 지 기 색 개 발 어 심 영 어 폐 촉 어 간 산 어 신 창 어 비

무릇 사람의 기색은 모두 심장에서 발하고 폐에 얽히며 간에 닿고 콩팥에서 흩어지며 비장에서 퍼지니,

故氣色光而神靜血通, 飮食流暢喜之也.
고 기 색 광 이 신 정 혈 통 음 식 유 창 희 지 야

고로 기색이 빛나면서 신이 고요하고 피가 통하면 음식이 막힘없이 흐르니 기쁘다.

氣色昏則心亂血滯, 飮食脹逆憂之也.
기 색 혼 즉 심 난 혈 체 음 식 장 역 우 지 야

기색이 어두운즉 마음이 어지러워 혈이 막혀서, 음식이 창자를 거스르니 근심스럽다.

喜憂之侯, 外見則浮如薄雲之濛日, 內見則隱如圭璧之有瑕,
희 우 지 후 외 현 즉 부 여 박 운 지 몽 일 내 현 즉 은 여 규 벽 지 유 하

기쁨과 근심의 맞이함이 밖에서 나타난즉 엷은 구름이 떠서 해를 흐릿하게 하고, 안에서 나타난즉 둥근 옥의 모서리에 티가 숨어 있는 것과 같으며,

或盈而慘舒, 或發露藏息, 長者如絲, 細者如毛,
혹 영 이 참 서 혹 발 로 장 식 장 자 여 사 세 자 여 모

혹 가득하여 참혹함을 드러내고, 혹 발하여 드러남에 숨을 감추면 긴 것은 실과 같고 가는 것은 터럭과 같으며,

圓如粟, 長如麥, 斜如倚竿, 皆氣色之現也.
원 여 속 장 여 맥 사 여 의 간 개 기 색 지 현 야

둥글기는 좁쌀과 같고 길기는 보리와 같으며, 비스듬히 낚싯대를 의지한 것 같으면 모두 기색으로 드러난 것이다.

極致目力, 徹旦而視之, 憂喜足徵矣.
극 치 목 력 철 단 이 시 지 우 희 족 징 의

지극히 눈에 힘을 다하여 해돋을 무렵에 꿰뚫어보면 근심과 기쁨의 징조로 족하다.

面部一百二十位

면 부 일 백 이 십 위

人生也, 雖有善惡之形而貴賤未可分, 雖有吉凶之色而禍福莫可詳.
인 생 야 수 유 선 악 지 형 이 귀 천 미 가 분 수 유 길 흉 지 색 이 화 복 막 가 상

사람이 태어나 비록 좋고 나쁜 형상이 있지만, 귀천이 아직 구분되지 않으니 비록 길흉의 색이 있어도 화복에는 상세함이 없다.

是以聖人以一面之形, 分百二十之部. 上應三才, 下配五嶽,
시 이 성 인 이 일 면 지 형 분 백 이 십 지 부 상 응 삼 재 하 배 오 악

이로써 성인의 얼굴 한 면에 형상을 120부위로 나누었다. 위로는 삼재에 응하고 아래로는 오악에 견주어,

俯仰[6]天地之位, 辯別內外之方,
부 앙 천 지 지 위 변 별 내 외 지 방

아래를 굽어보고 위를 우러러본 천지의 위치로, 안팎의 방위를 구별하고,

見其形則知其貴賤, 察其色則驗其吉凶也.
견 기 형 즉 지 기 귀 천 찰 기 색 즉 험 기 길 흉 야

그 형상을 본즉 그 귀천을 알고, 그 색을 살핀즉 그 길흉을 증험할 수 있다.

其謂至賾至深, 莫可得而隱也.
기 위 지 색 지 심 막 가 득 이 은 야

그 일컬음이 지극히 심오하고 지극히 깊으니 숨어 얻을 수 없다.

---

[6] 아래를 굽어봄과 위를 쳐다봄.

且天中者, 最中之位, 以象人主, 所以威制萬方,
차 천 중 자 최 중 지 위 이 상 인 주 소 이 위 제 만 방

또한 천중이라는 것은 제일 가운데 위치하여 임금의 형상으로, 만방을 위엄으로써 제어하는 까닭에

故刑獄[7]在旁, 兵衛[8]在後, 公卿前列, 府庫[9]左右.
고 형 옥 재 방 병 위 재 후 공 경 전 열 부 고 좌 우

고로 형벌과 감옥을 곁에 널리 두어 병사가 뒤에서 지키고 있고, 공경이 앞에 줄지어 있으며 부고(창고)가 좌우에 있다.

精舍爲神靈之府, 故動於眉睫[10]之上.
정 사 위 신 령 지 부 고 동 어 미 첩 지 상

정사는 신령한 관청이 되니 고로 눈과 눈썹 위에서 움직인다.

學堂爲聰明之館, 故近於耳門之前.
학 당 위 총 명 지 관 고 근 어 이 문 지 전

학당은 총명의 관사가 되니 고로 이문(귀 앞) 앞 가까이에 있다.

目者受色福, 故妻兒俱列於目下.
목 자 수 색 복 고 처 아 구 열 어 목 하

눈이라는 것은 색의 복을 받으니 고로 처자식이 눈 아래에 함께 줄지어 있다.

財者爲人之貪, 故盜賊依於金匱.
재 자 위 인 지 탐 고 도 적 의 어 금 궤

재물이라는 것은 사람의 탐욕이 되니 고로 도적은 금궤를 따른다.

---

7 형벌(刑罰)과 뇌옥(牢獄).

8 경비의 임무를 맡은 병사.

9 문서나 재물을 넣어 곳간으로 지은 집.

10 눈썹과 눈. 미목(眉目).

山林近於仙路, 弓弩[11]落於邊方.
산 림 근 어 선 로　궁 노　낙 어 변 방
산림은 신선이 되는 길과 가까우니 활과 쇠뇌는 변방에 떨어져 있다.

承漿近口, 日角居天.
승 장 근 구　일 각 거 천
승장은 입 가까이에 있고, 일각은 하늘(이마)에 있다.

且上停者又爲天, 曰主祿; 中停者又爲人, 曰主壽;
차 상 정 자 우 위 천　왈 주 록　중 정 자 우 위 인　왈 주 수
또한 상정이라는 것은 다시 하늘이 되니 가로되 녹을 주관함이요; 중정이라는 것은 다시 사람이 되어 가로되 수명을 주관함이요;

下停者又爲地, 曰主富.
하 정 자 우 위 지　왈 주 부
하정이라는 것은 다시 땅이 되니 가로되 부를 주관한다.

三部亦爲三主: 上停初主, 中停中主, 下停末主.
삼 부 역 위 삼 주　상 정 초 주　중 정 중 주　하 정 말 주
삼부는 또한 삼주가 되니 상정은 초년을 주관하고, 중정은 중년을 주관하며, 하정은 말년을 주관한다.

故上停豐滿, 初年福祿;中停隆厚, 中年成立;
고 상 정 풍 만　초 년 복 록　중 정 융 후　중 년 성 립
고로 상정이 풍만하면 초년에 복록이 있음이요; 중정이 높고 두터우면 중년에 성립됨이요;

下停缺陷者, 晩年破散.
하 정 결 함 자　만 년 파 산
하정에 결함이 있는 자는 만년에 파산한다.

---

[11] 활과 쇠뇌(여러 개의 화살이나 돌을 잇 따라 쏘는 큰 활).

大體吉凶貴賤, 無所不攝, 今略擧此數端, 可皆以此求之.
대 체 길 흉 귀 천 　무 소 불 섭 　금 략 거 차 수 단 　가 개 이 차 구 지

대체로 길흉과 귀천은 다스리지 못하는 바가 없고, 이제 간략하게 이 몇 가지 단서를 제시하니 가히 모두 이로써 구하라.

中央直下一十三位

중 앙 직 하 일 십 삼 위

天中

천 중

主過事又主官祿. 高起直者, 初年得官.
주 과 사 우 주 관 록 　고 기 직 자 　초 년 득 관

천중은 주로 지나온 일로 다시 관록을 주관한다. 높이 일어나 곧은 자는 초년에 관직을 얻는다.

平滿者, 宜遠行有官祿. 缺陷者, 主刑獄死.
평 만 자 　의 원 행 유 관 록 　결 함 자 　주 형 옥 사

고르게 가득찬 자는 마땅히 멀리 가야 관록이 있다. 결함이 있는 자는 주로 형벌로 감옥에서 죽는다.

天庭

천 정

主三公貴品之部. 若有骨起者, 當爲卿監.
주 삼 공 귀 품 지 부 　약 유 골 기 자 　당 위 경 감

천정은 주로 삼공으로 귀한 품계의 부위이다. 만약 뼈가 일어난 자는 마땅히 경감(관청의 벼슬)이 된다.

骨起而兩邊玄角應之, 必任宰輔. 有黑痣缺陷, 主刑死.
골 기 이 양 변 현 각 응 지 필 임 재 보 유 흑 지 결 함 주 형 사

뼈가 일어나면서 양쪽 가장자리의 현각과 응하면 반드시 재상을 맡는다. 검은 사마귀와 결함이 있으면 주로 형벌로 죽는다.

一名天牢[12], 主貴人之牢, 亦名鴻臚寺[13], 亦名四方館.
일 명 천 뢰 주 귀 인 지 뢰 역 명 홍 로 사 역 명 사 방 관

일명 천뢰라 하고 귀인의 감옥일을 주관하며, 또한 홍로사라고 이름하고 또한 사방관이라 이름한다.

骨陷色惡, 不宜此處任官.
골 함 색 악 불 의 차 처 임 관

뼈가 함몰되고 색이 나쁘면 이곳의 관직을 맡음이 마땅치 않다.

司空
사 공

主天官[14]三公[15]之部一. 骨起光澤者, 當任三公九卿[16], 色惡不吉.
주 천 관 삼 공 지 부 일 골 기 광 택 자 당 임 삼 공 구 경 색 악 불 길

사공은 주로 천관 삼공의 한 부위이다. 뼈가 일어나고 빛이 윤택한 자는 마땅히 삼공과 구경을 맡고, 색이 나쁘면 길하지 않다.

---

12 천뢰(天牢)는 별자리 이름으로 자미원(紫薇垣)에 속하는 현재 큰곰자리의 일부.

13 청나라 관청의 하나로 제사와 의전을 담당하던 기관이다. 국빈을 머물게 하는 일을 관장하는 부서, 속국의 사신들이 베이징에 들어와 황제가 친임(親任)하는 행사에 참여하게 되면, 미리 홍노시에 가서 의전을 익혀야 했다. 한漢나라 명제明帝 영평永平 13년에 마등摩騰과 축법란竺法蘭이라는 서역지방 출신의 두 스님이 이 홍려시에 머무른 까닭으로 인하여 훗날 절 이름에 '시寺'자를 넣었는데 그것이 오늘날 결국 '사寺'가 되어 절을 의미하는 뜻으로 쓰이게 되었다.

14 「육조(六曹) 중(中)의 으뜸」이라는 뜻으로, 이조(吏曹)의 별칭(別稱).

15 삼공(三公) 중국 주(周)나라와 원(元)나라, 명(明)나라, 청(淸)나라의 태사(太師), 태부(太傅), 태보(太保), 진(秦)이나 전한(前漢)의 승상(丞相), 태위(太尉), 어사대부(御史大夫), 대사마(大司馬), 대사공(大司空), 대사도(大司徒), 후한(後漢)이나 당(唐)나라, 송(宋)나라의 태위(太尉), 사공(司空), 사도(司徒)의 세 벼슬 이름.

16 구경(九卿)은 황실과 중앙 정부의 정사를 처리하던 관직으로 삼공 바로 아래의 최고위직. 태상(太常), 광록훈(光祿勳), 위위(衛尉), 태복(太僕), 정위(廷尉), 대홍로(大鴻臚), 종정(宗正), 대사농(大司農), 소부(少府)가 이

中正
중 정

主群僚之事. 詳品人物之司, 亦主官位高下進退.
주 군 료 지 사 상 품 인 물 지 사 역 주 관 위 고 하 진 퇴

중정은 많은 관리들의 일을 주관한다. 인물의 품계를 자세히 살피는 것을 맡고, 또한 관직의 지위고하와 진퇴를 주관한다.

骨起色潤澤, 主官不歇滅.
골 기 색 윤 택 주 관 불 헐 멸

뼈가 일어나고 기색이 윤택하면 주로 관직이 비거나 없어지지 않는다.

印堂
인 당

主天印兩士. 亦名揚闕庭, 掌符璽[17]之官.
주 천 인 양 사 역 명 양 궐 정 장 부 새 지 관

인당은 천인과 양사를 주관한다. 또한 양궐정이라 이름하고 부절과 옥새를 맡은 관직이다.

方寸起而瑩者, 二千石守. 方寸平而靜者, 三品任官, 不離闕庭.
방 촌 기 이 영 자 이 천 석 수 방 촌 평 이 정 자 삼 품 임 관 불 리 궐 정

사방의 일촌이 일어면서 밝은 자는 이천석을 지킨다. 사방의 일촌이 고르고 안정된 자는 삼품의 관리를 맡아 대궐의 뜰을 떠나지 않는다.

方寸陷者, 亦主富貴. 眉連接不廣, 一生無祿.
방 촌 함 자 역 주 부 귀 미 연 접 불 광 일 생 무 록

사방의 일촌이 빠진 자는 또한 주로 부귀하다. 눈썹이 이어 붙어 넓지 않으면 한평생 녹이 없다.

에 속함.

[17] 부새(符璽)는 國璽, 국권의 상징으로 국가적 문서에 사용하던 임금의 도장.

當傍有黑痣瘢痕, 事或不吉也.
당 방 유 흑 지 반 흔 사 혹 불 길 야

마땅히 곁에 검은 사마귀나 흠집이 있으면 일함에 혹 길하지 않다.

山根
산 근

主有勢. 斷絶主多厄無兄弟. 狹薄而低者, 並無勢力.
주 유 세 단 절 주 다 액 무 형 제 협 박 이 저 자 병 무 세 력

산근은 권세가 있음을 주관한다. 끊어져 나뉘면 주로 재앙이 많고 형제가 없다. 좁고 엷으면서 낮은 자는 아우르는 세력이 없다.

眉鼻上亦名玉衡. 又廷中平滿或有奇骨伏起者, 招國祖之喜.
미 비 상 역 명 옥 형 우 정 중 평 만 혹 유 기 골 복 기 자 초 국 조 지 희

눈썹과 코 위를 또한 옥형이라 이름한다. 다시 마당의 가운데가 고르게 가득 차며 혹 기이한 뼈가 엎드렸다가 일어난 자는 국조로 불리는 기쁨이 있다.

但衡上依依上侵, 則名聞朝野.
단 형 상 의 의 상 침 즉 명 문 조 야

단지 옥형의 위에 기대어 위를 침노하면 곧 이름이 조정과 민간에서 들린다.

若陷窪而目得見者, 則情淺識露, 謀事難成.
약 함 와 이 목 득 견 자 즉 정 천 식 로 모 사 난 성

만약 산근이 웅덩이와 같이 꺼져 있으면서 눈이 분명하게 보이는 자는 곧 뜻이 얕고 식견이 드러나, 꾀하는 일을 이루기 어렵다.

年上
연 상

主己身之疾病. 骨肉起, 一生無疾患. 陷缺者, 主惡死.
주 기 신 지 질 병 골 육 기 일 생 무 질 환 함 결 자 주 악 사

연상은 자기 몸의 질병을 주관한다. 뼈와 살이 일어나면 한평생 질환이 없다.
움푹 파여 이지러진 자는 주로 나쁘게 죽는다.

有黑痣者, 主貧苦.
유 흑 지 자 주 빈 고

검은 사마귀가 있는 자는 주로 가난하여 고생스럽다.

壽上
수 상

主命之長短, 事之吉凶. 陷缺者, 無壽.
주 명 지 장 단 사 지 길 흉 함 결 자 무 수

수상은 생명의 장단과 일의 길흉을 주관한다. 움푹 파여 이지러진 자는 장수하지 못한다.

又名怪部, 靑色赤黑交錯[18], 怪兆也.
우 명 괴 부 청 색 적 흑 교 착 괴 조 야

또한 괴부라 이름하니, 청·적·흑색과 교착되면 기이한 조짐이다.

應林木爲怪, 應欄櫪、牛馬爲怪, 應井竈、釜鳴、井沸爲怪.
응 림 목 위 괴 응 난 력 우 마 위 괴 응 정 조 부 명 정 비 위 괴

임목에 응하면 기이하게 되고, 난력(외양간과 말구유)에 응하면 소와 말이 괴이하며, 정조(우물과 부엌)에 응하면 가마솥이 울고 우물이 끓어 기이하게 된다.

準頭
준 두

主富貴貧賤, 百事吉凶. 端正圓平直充滿者, 富貴有官.
주 부 귀 빈 천 백 사 길 흉 단 정 원 평 직 충 만 자 부 귀 유 관

준두는 부귀와 빈천, 모든 일의 길흉을 주관한다. 단정하고 둥글고 고르며 곧고 충만한 자는 부귀와 관직이 있다.

---

18 서로 뒤섞여서 얼크러짐.

準頭齊者, 心性慈; 準頭分, 妨剋兒.
준 두 제 자　심 성 자　준 두 분　방 극 아

준두가 가지런한 자는 심성이 자비로움이요; 준두가 나누어지면 자식을 극하여 방해한다.

左爲蘭臺, 右爲廷尉, 成就平好者, 聰明見識.
좌 위 난 대　우 위 정 위　성 취 평 호 자　총 명 견 식

왼쪽은 난대가 되고 오른쪽은 정위가 되니, 고르고 좋은 자는 성취하고 총명하며 문견과 학식이 있다.

人中
인 중

主人心性, 亦主子孫. 深直端廣者, 忠信有子孫.
주 인 심 성　역 주 자 손　심 직 단 광 자　충 신 유 자 손

인중은 사람의 심성을 주관하고 또한 자손을 주관한다. 깊고 곧고 바르고 넓은 자는 충성과 신의의 자손이 있다.

中蹇而短者, 夭命孤獨貧. 有黑痣女人當自嫁.
중 건 이 단 자　요 명 고 독 빈　유 흑 지 여 인 당 자 가

가운데가 오그라들고 짧은 자는 고독하고 가난하여 일찍 죽는 명이다. 검은 사마귀가 있는 여인은 마땅히 스스로 시집을 간다.

正口
정 구

主信文. 充實平正棱成者, 有信行. 薄弱缺陷者多詐妄.
주 신 문　충 실 평 정 릉 성 자　유 신 행　박 약 결 함 자 다 사 망

정구는 신임과 문장을 주관한다. 충실하고 고르며 모서리가 바르게 있는 자는 믿고 다닐 수 있다. 엷고 약한 결함이 있는 자는 속여 망령됨이 많다.

有黑痣者主貴, 吉利.
유 흑 지 자 주 귀　길 리

검은 사마귀가 있는 자는 주로 귀하고 길하여 이롭다.

承漿
승 장

主飮酒. 如有黑痣, 不宜飮酒, 醉而當死.
주 음 주 여 유 흑 지 불 의 음 주 취 이 당 사

승장은 음주를 주관한다. 검은 사마귀와 같은 것이 있으면 음주가 마땅치 않고, 취하면 마땅히 죽는다.

平滿者, 一飮五斗, 常朝酒食.
평 만 자 일 음 오 두 상 조 주 식

고르게 가득찬 자는 한 번에 다섯 말을 마시며 항상 모여서 술을 먹는다.

一名藥部, 主服藥. 色暗服葯不得力.
일 명 약 부 주 복 약 색 암 복 약 부 득 력

일명 약부라 하며 복약(약을 먹음)을 주관한다. 색이 어두우면 약을 먹어도 힘을 얻지 못한다.

地閣
지 각

主地土屋宅. 平厚者多田宅而富. 狹薄者卽主貧苦.
주 지 토 옥 택 평 후 자 다 전 택 이 부 협 박 자 즉 주 빈 고

지각은 토지와 집을 주관한다. 고르고 두터운 자는 밭과 집이 많아 부유하다. 좁고 엷은 자는 곧 주로 가난하여 괴롭다.

頦頤主貧富, 圓厚平澤者富; 尖陷者貧窮; 長者主剋害骨肉.
해 이 주 빈 부 원 후 평 택 자 부 첨 함 자 빈 궁 장 자 주 극 해 골 육

해이(아래턱)는 빈부를 주관한다. 둥글게 두터우며 고르게 윤택한 자는 부유함이요; 뾰족하게 빠진 자는 빈궁함이요; 긴 자는 골육을 극하여 해롭다.

天中橫列八位

천 중 횡 렬 팔 위

天嶽

천 악

一名理嶽. 主刑厄. 平滿者, 不犯刑獄[19].

일 명 이 악 주 형 액 평 만 자 불 범 형 옥

천악은 일명 이악이라고 한다. 형벌과 재앙을 주관한다. 고르게 가득찬 자는 형벌과 뇌옥을 범하지 않는다.

缺陷及色惡者, 多遭獄厄.

결 함 급 색 악 자 다 조 옥 액

결함과 더불어 색이 나쁜 자는 감옥과 재앙을 많이 만난다.

左廂

좌 상

主丞相. 平滿者吉利. 骨起與伏犀相連者, 當入宰輔.

주 승 상 평 만 자 길 리 골 기 여 복 서 상 연 자 당 입 재 보

좌상은 승상을 주관한다. 고르게 가득찬 자는 길하여 이롭다. 뼈가 일어나 복서골과 서로 연결된 자는 마땅히 재상에 든다.

陷缺坎壈[20]者, 亦多灾厄.

함 결 감 람 자 역 다 재 액

결함으로 뜻을 얻지 못한 자는 또한 재앙과 액이 많다.

---

[19] 형벌(刑罰)과 뇌옥(牢獄).

[20] 일이 뜻대로 안되어 마음이 답답함.

內府
내 부

主金玉財寶. 骨起平滿, 家累珠玉, 身復仁孝[21].
주 금 옥 재 보　골 기 평 만　가 루 주 옥　신 복 인 효

내부는 금과 옥의 재화와 보배를 주관한다. 뼈가 일어나고 고르게 가득 차면 집안에 구슬과 옥이 거듭 쌓여 몸이 회복되고 어질어 효도한다.

缺陷者, 淫蕩消折, 亦獄死.
결 함 자　음 탕 소 절　역 옥 사

결함된 자는 음탕하여 꺾여서 소멸되고, 또한 감옥에서 죽는다.

高廣
고 광

主方伯之座. 豐起者, 當任刺史. 平, 吉利.
주 방 백 지 좌　풍 기 자　당 임 자 사　평　길 리

고광은 방백의 자리를 주관한다. 풍륭하게 일어난 자는 마땅히 자사를 맡는다. 고르면 길하여 이롭다.

有黑痣, 少喪父母.
유 흑 지　소 상 부 모

검은 사마귀가 있으면 어려서 부모상을 당한다.

陽尺
양 척

主近佐之官. 肉骨豐起, 位佐郡之職.
주 근 좌 지 관　육 골 풍 기　위 좌 군 지 직

양척은 관청 가까이에서 보좌를 주관한다. 살과 뼈가 풍성하게 일어나면 지위가 관청을 보좌하는 직책이다.

---

21 인자(仁慈)와 효행(孝行).

缺陷者, 主官歇滅. 有黑痣者, 客死他鄉.
결 함 자 주 관 헐 멸 유 흑 지 자 객 사 타 향

결함이 있는 자는 주로 관직을 그만두어 없어진다. 검은 사마귀가 있는 자는 타향에서 객사한다.

武庫
무 고

主兵甲[22]之吏. 骨肉起者, 宜任兵之官.
주 병 갑 지 리 골 육 기 자 의 임 병 지 관

무고는 병갑의 아전을 주관한다. 뼈와 살이 일어난 자는 마땅히 병의 관을 맡는다.

若有瘢疵缺陷者, 不宜任此職, 亦從軍[23]之敗.
약 유 반 자 결 함 자 불 의 임 차 직 역 종 군 지 패

만약 흉터와 흑반과 결함이 있는 자는 마땅히 이 직분을 맡지 못하고, 또한 종군(군대를 따라 싸움터에 나감)하여도 패한다.

有黑痣, 兵死. 赤色主鬥傷. 黃色不宜受寄尸兵.
유 흑 지 병 사 적 색 주 투 상 황 색 불 의 수 기 시 병

검은 사마귀가 있으면, 전쟁에서 죽는다. 적색이면 주로 싸우다 상처를 입고, 황색이면 마땅히 병사의 시체를 맡길 수 없다.

輔角
보 각

主郡守之位. 骨起而色明者, 主任藩府. 一名弓弩.
주 군 수 지 위 골 기 이 색 명 자 주 임 번 부 일 명 궁 노

보각은 군수를 주관하는 자리이다. 뼈가 일어나고 색이 밝은 자는 주로 번부(관청을 지키는 것)를 맡는다. 일명 궁노(활과 쇠뇌)이다.

---

22 여러 가지 병기(兵器)와 갑주(甲冑).

23 군대(軍隊)를 따라 싸움터로 나감.

有黑痣主兵死. 微黑主退官失祿, 赤色暴病或爭競官職.
유 흑 지 주 병 사 미 흑 주 퇴 관 실 록 적 색 폭 병 혹 쟁 경 관 직

검은 사마귀가 있으면 주로 전쟁에서 죽는다. 어두운 흑색이면 주로 관직에서 물러나 녹을 잃고, 적색이면 사나운 질병이나 혹 관직을 다툰다.

輔骨大卽官大, 輔骨小卽官小. 如無骨, 不可求官.
보 골 대 즉 관 대 보 골 소 즉 관 소 여 무 골 불 가 구 관

보골이 크면 곧 관직이 크고, 보골이 작으면 곧 관직도 작다. 뼈가 없는 것과 같으면 관직을 가히 구할 수 없다.

邊地(者)
변 지 자

主邊郡之職, 亦主遠行吉凶. 肉起吉利.
주 변 군 지 직 역 주 원 행 길 흉 육 기 길 리

변지라는 것은 주로 변방 고을의 직책으로, 또한 먼 길을 감에 길흉을 주관한다. 살이 일어나면 길하여 이롭다.

邊地骨峻起者, 主護御之權. 黑色不能遠行.
변 지 골 준 기 자 주 호 어 지 권 흑 색 불 능 원 행

변지골이 높게 일어난 자는 임금을 호위하는 권세가 있다. 흑색이면 능히 멀리 가지 못한다.

陷者爲奴僕使. 有黑痣色惡者, 不問男女皆客亡.
함 자 위 노 복 사 유 흑 지 색 악 자 불 문 남 녀 개 객 망

꺼진 자는 노복(사내종)으로 부려진다. 검은 사마귀가 있어 색이 나쁜 자는 남녀를 불문하고 모두 객사한다,

天庭橫列八位

천 정 횡 렬 팔 위

日角

일 각

主公侯之坐. 充滿洪直骨起者, 主御前常坐.

주 공 후 지 좌 충 만 홍 직 골 기 자 주 어 전 상 좌

일각은 공후의 자리를 주관한다. 가득 차고 넓으며 뼈가 곧게 일어난 자는 주로 어전(임금 앞)에 항상 앉는다.

光澤, 行人避道.

광 택 행 인 피 도

빛이 윤택하면 행인이 길을 피한다.

天府

천 부

一名王府, 主入朝否泰[24]. 是故天府枯燥, 有官而無道.

일 명 왕 부 주 입 조 비 태 시 고 천 부 고 조 유 관 이 무 도

천부는 일명 왕부라고 하고, 조정에 들어가 비태를 주관한다. 이러한 까닭으로 천부가 마르면 관직에 있어도 길이 없다.

房心

방 심

[24] 막힌 운수와 터진 운수. 곧 불행과 행복.

主師侍之位. 骨起者爲人之師.
주 사 시 지 위　골 기 자 위 인 지 사
방심은 주로 스승을 관장하는 자리이다. 뼈가 일어난 자는 사람의 스승이 된다.

骨起而黃色光澤者爲國師. 色惡者非時, 主病.
골 기 이 황 색 광 택 자 위 국 사　색 악 자 비 시　주 병
뼈가 일어나고 황색으로 빛이 윤택한 자는 국사(한나라의 스승)가 된다. 색이 나쁜 자는 제 때가 아닌데 주로 질병이 있다.

上墓
상 묘

左右主父母之位. 骨起者宜父母; 光澤, 子孫滿堂.
좌 우 주 부 모 지 위　골 기 자 의 부 모　광 택　자 손 만 당
상묘는 좌우 부모를 주관하는 자리이다. 뼈가 일어난 자는 마땅한 부모요; 빛이 윤택하면 자손이 집에 가득하다.

黑痣缺陷主溺死. 色枯燥者, 父母不能葬.
흑 지 결 함 주 익 사　색 고 조 자　부 모 불 능 장
검은 사마귀와 결함이 있으면 주로 물에 빠져 죽는다. 색이 마른 자는 부모를 능히 장사지내지 못한다.

四煞
사 살

主手足妨之病, 四時煞害之事. 黃色, 憂傷損. 黑色被賊引.
주 수 족 방 지 병　사 시 살 해 지 사　황 색　우 상 손　흑 색 피 적 인
사살은 손발에 장애가 되는 질병으로 사계절에 죽이고 해하는 일을 주관한다. 황색이면 다쳐서 상함을 근심한다. 흑색이면 도둑을 끌어들여서 당한다.

縮缺骨起皆憂煞害. 平滿光澤者, 一生不被害.
축 결 골 기 개 우 살 해　평 만 광 택 자　일 생 불 피 해
수축되고 이지러져 뼈가 일어나면 모두 죽이고 해함을 근심한다. 고르게 가득 차고 빛이 윤택한 자는 한평생 해를 입지 않는다.

戰堂
전 당

主征戰事. 色斑惡者, 戰不還. 色好平滿戰勝.
주 정 전 사　색 반 악 자　전 불 환　색 호 평 만 전 승

전당은 싸워 정복하는 일을 주관한다. 색이 얼룩져 나쁜 자는 전쟁에서 돌아오지 못한다. 색이 좋고 고르며 가득 차면 전쟁에서 이긴다.

缺陷兵死, 骨起爲將.
결 함 병 사　골 기 위 장

결함이 있으면 싸우다 죽고 뼈가 일어나면 장수가 된다.

驛馬
역 마

主乘騎之事. 色澤者如乘馬去, 缺陷者無乘馬之祿.
주 승 기 지 사　색 택 자 여 승 마 거　결 함 자 무 승 마 지 록

역마는 말 타는 일을 주관한다. 색이 윤택한 자는 말을 타고 가는 것과 같고, 결함이 있는 자는 말을 탈 녹이 없다.

色惡者, 乘馬有死.
색 악 자　승 마 유 사

색이 나쁜 자는 말을 타다 죽는다.

弔庭
조 정

主喪亡之事. 吊庭白如梨花, 父母死.
주 상 망 지 사　조 정 백 여 이 화　부 모 사

조정은 상을 당해 죽는 일을 주관한다. 조정이 배꽃과 같은 백색이면 부모가 죽는다.

微白即披服. 及黑痣, 喪服多時矣.
미 백 즉 피 복　급 흑 지　상 복 다 시 의

옅은 백색이면 바로 옷을 입고, 검은 사마귀가 함께하면 상복을 입는 때가 많다.

司空橫列八位

사 공 횡 렬 팔 위

額角

액 각

主公卿之位. 缺陷一生無官. 骨起, 爲公卿.

주 공 경 지 위　결 함 일 생 무 관　골 기　위 공 경

액각은 공경의 지위를 주관한다. 결함이 있으면 한평생 벼슬이 없다. 뼈가 일어나면 공경이 된다.

一名額中. 色紅黃者大吉. 黑色主死. 色惡主厄.

일 명 액 중　색 홍 황 자 대 길　흑 색 주 사　색 악 주 액

일명 액중이라 한다. 홍황색인 자는 크게 길하다. 흑색이면 주로 죽는다. 색이 나쁘면 주로 재앙이 있다.

向人叩頭, 赤色發如豆, 主刀兵死.

향 인 고 두　적 색 발 여 두　주 도 병 사

사람을 향하여 머리를 조아리고, 적색이 발하여 팥과 같으면 주로 칼로 싸우다 죽는다.

上卿

상 경

主正卿之位. 亦主家鄉. 骨肉起而常光澤, 爲官必親御座.

주 정 경 지 위　역 주 가 향　골 육 기 유 상 광 택　위 관 필 친 어 좌

상경은 주로 정경의 지위를 주관한다. 또한 집과 고향을 주관한다. 뼈와 살이 일어나고 항상 빛이 윤택하면 관직이 반드시 임금 가까이 이른다.

色惡遠離家鄉.
색 악 원 리 가 향

색이 나쁘면 집과 고향을 멀리 떠난다.

少府
소 부

主府寺之位. 骨起者任府寺. 色惡有官, 主失職.
주 부 시 지 위 골 기 자 임 부 시 색 악 유 관 주 실 직

소부는 부시(관청)을 주관하는 자리이다. 뼈가 일어난 자는 부시를 맡는다. 색이 나쁘면 벼슬에 있어도 주로 실직하게 된다.

右府黃起, 貴人徵名, 不出季月[25]應之.
우 부 황 기 귀 인 징 명 불 출 계 월 응 지

우부(오른쪽 소부)에 황색이 일어나면 귀인으로 이름이 불리는데, 계월(네 철의 마지막 달)에 드러나지 않아도 이에 응한다.

交朋
교 붕

主朋友之位. 骨起及色紅黃者, 交友輔强.
주 붕 우 지 위 골 기 급 색 홍 황 자 교 우 보 강

교붕은 친구의 자리를 주관한다. 뼈가 일어나고 더불어 홍황색인 자는 벗을 돕는데 힘쓴다.

缺陷者一生寡合. 色惡, 與朋友爭競[26]. 色青, 外婦相愛.
결 함 자 일 생 과 합 색 악 여 붕 우 쟁 경 색 청 외 부 상 애

결함이 있는 자는 한평생 화합함이 없다. 색이 나쁘면 친구와 더불어 다투고 겨루게 된다. 청색이면 외첩과 서로 사랑한다.

---

[25] 일 년(一年) 가운데 마지막 달. 곧, 음력(陰曆) 12월.

[26] 어떤 일에 관하여 우열(優劣)이나 승패(勝敗) 따위를 겨룸.

色赤, 外婦求離. 色白, 妻有分離[27].
색 적 외 부 구 리 색 백 처 유 분 리

적색이면 외첩과 이별을 구한다. 백색이면 처와 분리됨이 있어 이별한다.

道上
도 상

主出行之位亦名衡上. 骨起, 一生常在道路.
주 출 행 지 위 역 명 형 상 골 기 일 생 상 재 도 로

도상은 출행의 자리를 주관하며 또한 형상이라 이름한다. 뼈가 일어나면 한평생 도로에 있게 된다.

平滿, 一生不出遊. 缺陷及色如馬肝, 主客死道傍.
평 만 일 생 불 출 유 결 함 급 색 여 마 간 주 객 사 도 방

고르게 가득 차면, 한평생 나가 놀지 않는다. 결함과 더불어 말의 간과 같은 색이면 주로 길가에서 객사한다.

交額
교 액

主福祿之位. 骨起肉起及色好者, 主有福德.
주 복 록 지 위 골 기 육 기 급 색 호 자 주 유 복 덕

교액은 복록을 주관하는 자리이다. 뼈와 살이 일어나고 더불어 색이 좋은 자는 주로 복덕이 있다.

黑痣者吉. 色惡及陷缺者, 一生不崇福德.
흑 자 자 길 색 악 급 함 결 자 일 생 불 숭 복 덕

검은 사마귀가 있는 자는 길하다. 색이 나쁘고 더불어 결함된 자는 한평생 복덕이 높지 않다.

---

27 서로 나뉘어서 떨어지거나 떨어지게 함.

重眉
중 미

主勇怯之位. 骨肉如重眉, 主有勇富貴.
주 용 겁 지 위 골 육 여 중 미 주 유 용 부 귀

중미는 용기와 겁냄을 주관하는 자리이다. 뼈와 살이 중미와 같으면 주로 용기 있고 부귀하다.

缺及色惡, 皆主怯弱貧賤.
결 급 색 악 개 주 겁 약 빈 천

이지러지고 더불어 나쁜 색이면 모두 약하여 겁을 내고 빈천하다.

山林
산 림

主野積之象. 山林廣厚必多藏蓄, 又多勢力.
주 야 적 지 상 산 림 광 후 필 다 장 축 우 다 세 력

산림은 들에 쌓인 모양을 주관한다. 산림이 넓고 두터우면 반드시 감추어 쌓아두는 것이 많고 또한 세력이 많다.

淺薄無勢力, 不可委任大事. 一名崖色.
천 박 무 세 력 불 가 위 임 대 사 일 명 애 색

얕고 엷으면 세력이 없고 가히 큰일을 위임하지 않는다. 일명 애색이라 한다.

有黑痣入山林主被蟲傷, 亦名四季天子.
유 흑 지 입 산 림 주 피 충 상 역 명 사 계 천 자

검은 사마귀가 있으면 산림에 들어가서 주로 벌레로 상처를 입는다. 또한 사계천자라 이름한다.

即看兵馬强壯、四方人物美惡. 色黑四方有賊.
즉 간 병 마 강 장 사 방 인 물 미 악 색 흑 사 방 유 적

곧 병마의 강함과 장성함 그리고 사방의 좋고 나쁜 인물을 본다. 산림이 흑색이면 사방에 도적이 있다.

黃色四方安靜. 凡人色黑不宜遠行.
황 색 사 방 안 정　범 인 색 흑 불 의 원 행

산림이 황색이면 사방이 안정되어 있다. 평범한 사람인데 색이 검으면 마땅히 멀리 갈 수 없다.

中正橫列九位

중 정 횡 렬 구 위

龍角

용 각

爲顯貴[28]之位. 有骨肉端美, 從眉上積起涉額如龍角者,
위 현 귀　지 위　유 골 육 단 미　종 미 상 적 기 섭 액 여 용 각 자

용각은 귀함이 높게 드러나는 자리이다. 뼈와 살이 단정하고 아름다우며, 눈썹 위를 따라 쌓여 일어나서 거닐 듯한 이마로 용각과 같은 자는

主爲使相, 女人爲后妃. 若形盤薄狀如蚯蚓者, 心多妬忌也.
주 위 사 상　여 인 위 후 비　약 형 반 박 상 여 구 인 자　심 다 투 기 야

주로 사상(중국 송나라 때 벼슬)이 되며, 여인은 왕후가 된다. 만약 형상이 엷은 소반 모양으로 지렁이 같은 자는 마음에 시기와 질투가 많다.

虎角

호 각

28　지위(地位)가 드러나게 높음.

將帥之位. 當主兵權. 一名疑路, 主行之象也.
장 수 지 위　당 주 병 권　일 명 의 로　주 행 지 상 야

호각은 장수의 지위이다. 마땅히 병권을 주관한다. 일명 의로라 하며 주로 다니는 모양이다.

色好宜行, 色惡愼出, 黑痣者, 行不還.
색 호 의 행　색 악 신 출　흑 지 자　행 불 환

색이 좋으면 마땅히 가야 하고, 색이 나쁘면 나감에 신중해야 하고, 검은 사마귀가 있는 자는 가서 돌아오지 않는다.

牛角
우 각

主權貴之位. 骨起如角者, 使相之權.
주 권 귀 지 위　골 기 여 각 자　사 상 지 권

우각은 권위와 귀함을 주관하는 자리이다. 뼈가 일어나 뿔과 같은 자는 사상의 권세가 있다.

輔角
보 각

乃職制之位. 骨大者官職大, 骨小者官職小.
내 직 제 지 위　골 대 자 관 직 대　골 소 자 관 직 소

보각은 이에 직제(직무나 직위에 관한 제도)의 자리이다. 뼈가 큰 자는 관직이 크고 뼈가 작은 자는 관직이 작다.

缺陷者, 終身無祿.
결 함 자　종 신 무 록

결함이 있는 자는 몸이 다할 때까지 녹이 없다.

玄角
현 각

主官祿之位. 骨起有角者全祿. 無角者不可求官.
주 관 록 지 위 골 기 유 각 자 전 록 무 각 자 불 가 구 관

현각은 관록을 주관하는 자리이다. 뼈가 일어나 뿔이 있는 자는 녹이 온전하다. 뿔이 없는 자는 관직을 가히 구하지 못한다.

釜戟
부 극

主金吾之位. 骨肉起者, 有兵革[29]之權.
주 금 오 지 위 골 육 기 자 유 병 혁 지 권

부극은 금오(의금부)를 주관하는 자리이다. 뼈와 살이 일어난 자는 병혁의 권한이 있다.

色好, 武選清顯. 陷缺者兵死.
색 호 무 선 청 현 함 결 자 병 사

색이 좋으면 무관에 뽑히어 깨끗한 명성이 있다. 결함이 있는 자는 싸움터에서 죽는다.

華蓋
화 개

主邪正[30]之事. 深厚主壽, 有官. 短促刑獄少壽.
주 사 정 지 사 심 후 주 수 유 관 단 촉 형 옥 소 수

화개는 사정(그릇됨과 올바름)의 일을 주관한다. 깊고 두터우면 주로 장수하고 관직이 있다. 짧고 재촉하면 형을 받아 감옥에 가고 수명이 적다.

淺薄殃邪. 一名厄門. 有惡色、黑痣及平落, 主暴死.
천 박 앙 사 일 명 액 문 유 악 색 흑 지 급 평 락 주 폭 사

얕고 엷으면 재앙으로 어긋난다. 일명 액문이라 한다. 나쁜 색이 있고 검은 사마귀가 떨어져 평평함에 이르면 주로 사납게 죽는다.

---

29 전쟁에 쓰는 총검, 화포(火砲), 핵병기(核兵器) 따위 온갖 기구.

30 그릇됨과 올바름.

一名皮部, 乾枯者, 主經商銷折[31].
일 명 피 부　건 고 자　주 경 상 소 절

일명 피부라 하고, 마른 자는 주로 경영하는 상업이 쇠하여 꺾인다.

福堂
복 당

主福祿之事. 豐厚者有官祿, 無災富壽.
주 복 록 지 사　풍 후 자 유 관 록　무 재 부 수

복당은 복록의 일을 주관한다. 넉넉하고 두터운 자는 관록이 있고, 재앙이 없으며 부유하고 장수한다.

狹薄者貧夭、無官, 一生又遭非橫之災.
협 박 자 빈 요　무 관　일 생 우 조 비 횡 지 재

좁고 얇은 자는 가난하여 요절하고 관직이 없으며, 한평생 또한 갑작스럽게 나쁜 재앙을 만난다.

郊外
교 외

主出行之事. 若惡色不可遠行, 骨起者一生不可出遊.
주 출 행 지 사　약 악 색 불 가 원 행　골 기 자 일 생 불 가 출 유

교외는 나가 돌아다니는 일을 주관한다. 만약 색이 나쁘면 멀리 가는 것이 불가하고, 뼈가 일어난 자는 한평생 나가서 노님에 불가하다.

有黑痣陷缺者他鄉死矣.
유 흑 지 함 결 자 타 향 사 의

검은 사마귀에 결함이 있는 자는 타향에서 죽는다.

31　풀이 죽고 의기가 꺾임.

印堂橫列八位

인 당 횡 렬 팔 위

家獄

가 옥

主刑厄之事. 平滿潤澤者, 一生不徒囚. 一名頻路.

주 형 액 지 사 평 만 윤 택 자 일 생 부 도 수 일 명 빈 로

가옥은 형벌과 재앙의 일을 주관한다. 고르게 가득 차고 윤택한 자는 한평생 죄수의 무리에 들지 않는다. 일명 빈로라 한다.

若是常不潔者, 主多憂. 陷缺者, 獄死.

약 시 상 불 결 자 주 다 우 함 결 자 옥 사

만약 이에 항상 깨끗하지 않은 자는 주로 근심이 많다. 결함이 있는 자는 감옥에서 죽는다.

蠶室

잠 실

主女工之事. 平滿光靜, 家內宜蠶. 陷缺, 無田蠶.

주 여 공 지 사 평 만 광 정 가 내 의 잠 함 결 무 전 잠

잠실은 여자의 정교한 일을 주관한다. 고르게 가득 차고 빛나 깨끗하면 집 안에서 마땅히 양잠을 한다. 결함이 있으면 누에 밭이 없다.

色惡, 妻妬不良[32].

색 악 처 투 불 량

색이 나쁘면 처가 질투를 하고 불량하다.

---

[32] 행실(行實)이나 성질(性質) 따위가 나쁨.

林平
임 평

主僊道之位. 骨肉起及色常光澤者, 修道德[33].
주 선 도 지 위 골 육 기 급 색 상 광 택 자 수 도 덕

임평은 신선의 도를 주관하는 자리이다. 뼈와 살이 일어나고 색이 함께하여 항상 빛이 윤택한 자는 도와 덕을 닦는다.

或急或惡缺陷者, 服藥[34]死.
혹 급 혹 악 결 함 자 복 약 사

혹 급하거나 혹은 나쁘게 결함이 있는 자는 복약으로 죽는다.

精舍
정 사

主僧道之位. 平滿色澤, 釋慧有成. 缺陷色惡者, 釋無成.
주 승 도 지 위 평 만 색 택 석 혜 유 성 결 함 색 악 자 석 무 성

정사는 승려와 도사를 주관하는 자리이다. 고르게 가득 차고 색이 윤택하면 불교의 해석을 사리에 밝게 완성한다. 결함이 있고 색이 나쁜 자는 불교의 해석을 완성하지 못한다.

嬪門
빈 문

主宮嬪之位. 豐潤色好者, 妻婦吉慶. 缺陷者, 妻婦厄.
주 궁 빈 지 위 풍 윤 색 호 자 처 부 길 경 결 함 자 처 부 액

빈문은 집의 아내를 주관하는 자리이다. 풍륭하고 윤택하며 색이 좋은 자는 처와 부인에게 길한 경사가 있다. 결함이 있는 자는 처와 부인에게 재앙이 있다.

劫門
겁 문

---

33 사람으로서 지켜야 할 도리(道理).

34 약(藥)을 먹음.

主劫盜之位. 骨起肉豐及色好者, 永不被盜.
주 겁 도 지 위　골 기 육 풍 급 색 호 자　영 불 피 도

겁문은 도둑의 위협을 주관하는 자리이다. 뼈가 일어나고 살이 넉넉하고 좋은 색이 함께 하는 자는 영원히 도둑의 피해가 없다.

有黑痣常被劫. 發惡色, 劫賊.
유 흑 지 상 피 겁　발 악 색　겁 적

검은 사마귀가 있으면 늘 위협을 당한다. 나쁜 색이 발하면 도둑의 위협이 있다.

青路
청 로

主私路出入. 色瑩澤好者, 出入則吉.
주 사 로 출 입　색 영 택 호 자　출 입 즉 길

청로는 사사로운 길의 출입을 주관한다. 색이 밝고 윤택하게 좋은 자는 출입함에 곧 길하다.

色惡者, 不宜出入, 則有厄難.
색 악 자　불 의 출 입　즉 유 액 난

색이 나쁜 자는 출입이 마땅하지 않으니 곧 재앙과 어려움이 있다.

巷路
항 로

主公路出入. 色澤淨平者, 出入則獲福祿.
주 공 로 출 입　색 택 정 평 자　출 입 즉 획 복 록

항로는 공적인 도로의 출입을 주관한다. 색이 윤택하며 깨끗하게 고른 자는 출입함에 곧 복록을 얻는다.

色惡者, 出入則有凶惡也.
색 악 자　출 입 즉 유 흉 악 야

색이 나쁜 자는 출입함에 곧 흉악함이 존재한다.

山根橫列十位

산 근 횡 렬 십 위

太陽

태 양

主口舌喜慶[35]. 色惡主鬪訟. 有黑痣, 常憂爭競.

주 구 설 희 경 　 색 악 주 투 송 　 유 흑 지 　 상 우 쟁 경

태양은 구설과 기쁜 경사를 주관한다. 색이 나쁘면 주로 송사로 다툰다. 검은 사마귀가 있으면 항상 근심으로 다투고 겨룬다.

色好, 男得好婦, 女得好夫.

색 호 　 남 득 호 부 　 여 득 호 부

색이 좋으면 남자는 좋은 부인을 얻고, 여자는 좋은 남편을 얻는다.

中陽

중 양

主家室之事. 青色, 夫妻欲離. 黑色主病.

주 가 실 지 사 　 청 색 　 부 처 욕 리 　 흑 색 주 병

중양은 집과 방의 일을 주관한다. 청색이면 남편과 처가 떨어지려고 한다. 흑색이면 주로 병든다.

赤色夫妻鬥競. 其色好得暴財之吉.

적 색 부 처 투 경 　 기 색 호 득 폭 재 지 길

적색이면 남편과 처가 싸워 겨룬다. 그 색이 좋으면 갑자기 재물을 얻어 길하다.

---

35 매우 기쁜 경사.

少陽
소 양

主災厄. 顯色有厄, 平靜少災, 靑色起入目者憂.
주 재 액　현 색 유 위　평 정 소 재　청 색 기 입 목 자 우

소양은 재앙을 주관한다. 색이 나타나면 재앙이 있고, 고르고 깨끗하면 재앙이 적으며, 청색이 일어나 눈으로 들어간 자는 근심이 있다.

色顯, 鞭箠之厄.
색 현　편 추 지 위

소양에 색이 나타나면 채찍으로 맞는 재앙이 있다.

外陽
외 양

主相謀之事. 黑色, 主被人枉謀. 靑色, 被寃枉死.
주 상 모 지 사　흑 색　주 피 인 왕 모　청 색　피 원 왕 사

외양은 서로 모색하는 일을 주관한다. 흑색이면 주로 사람의 사특한 계략에 당한다. 청색이면 원통한 일을 당하여 죽는다.

魚尾
어 미

一名盜部. 主盜賊之事. 有黑色爲盜所害.
일 명 도 부　주 도 적 지 사　유 흑 색 위 도 소 해

어미는 일명 도부라 한다. 도적의 일을 주관한다. 검은색이 있으면 도둑으로부터 해를 당한다.

色好一生不被盜. 陷缺是賊人也. 色惡被引也.
색 호 일 생 불 피 도　함 결 시 적 인 야　색 약 피 인 야

색이 좋으면 한평생 도둑의 피해가 없다. 결함이 있으면 무릇 도둑질하는 사람이다. 색이 나쁘면 피해를 끌어들인다.

奸門
간 문

主奸私之事. 有黑痣, 爲奸盜所害.
주 간 사 지 사　유 흑 지　위 간 도 소 해

간문은 간사한 일을 주관한다. 검은 사마귀가 있으면 간사한 도둑으로부터 해를 당한다.

奸門有肉起, 婬穢不避親疏[36].
간 문 유 육 기　음 예 불 피 친 소

간문에 살이 일어나 있으면 음탕함과 더러움을 가까이 함에 피하지 않는다.

色黑坐受奸刑發, 色好得美婦.
색 흑 좌 수 간 형 발　색 호 득 미 부

색이 검게 앉으면 간음이 드러나 형벌을 받고, 색이 좋으면 아름다운 부인을 얻는다.

天倉
천 창

主食祿之位. 平滿圓成肉豐, 主食祿.
주 식 록 지 위　평 만 원 성 육 풍　주 식 록

천창은 식록을 주관하는 자리이다. 고르게 가득 차고 원만하게 이루어져 살이 넉넉하면 식록을 주관한다.

此中不滿, 縱得官, 常得貧任.
차 중 불 만　종 득 관　상 득 빈 임

이 천창의 가운데가 가득 차지 않으면 늦게 관직을 얻어도 늘 구차한 일만 맡는다.

一名軍門. 有黑痣陷缺者, 有軍中之難也.
일 명 군 문　유 흑 지 함 결 자　유 군 중 지 난 야

일명 군문이라 한다. 검은 사마귀나 결함이 있는 자는 군대 안에서 어려움이 있다.

36　친함과 친하지 아니함.

天井
천 정

主財帛之位. 平滿, 富盛. 有痣, 井厄.
주 재 백 지 위　평 만　부 성　유 지　정 액

천정은 재물을 주관하는 자리이다. 고르게 가득 차면 재물이 풍성하다. 사마귀가 있으면 우물에 재앙이 있다.

天門
천 문

主開闔祥占之事. 又名地戶. 發好色, 主吉慶之事.
주 개 합 상 점 지 사　우 명 지 호　발 호 색　주 길 경 지 사

천문은 열고 닫음에 상서로움을 점치는 일을 주관한다. 또한 지호라고 이름한다. 좋은 색이 일어나면 주로 경사스런 일로 길하다.

發惡色, 主婦人與爭訟.
발 악 색　주 부 인 여 쟁 송

나쁜 색이 일어나면 주로 부인과 더불어 송사로 다툰다.

玄中
현 중

主修行之路. 在天門之後, 近耳也. 豐廣者學道有成.
주 수 행 지 로　재 천 문 지 후　근 이 야　풍 광 자 학 도 유 성

현중은 수행의 길을 주관한다. 천문의 뒤에 있고 귀에 가깝다. 넉넉하고 넓은 자는 도를 배워 이룸이 있다.

有黑痣不可出家, 主虛誕而無成也.
유 흑 지 불 가 출 가　주 허 탄 이 무 성 야

검은 사마귀가 있으면 출가를 할 수 없고, 주로 허망하게 속아 이루는 것이 없다.

年上橫列十位

연 상 횡 렬 십 위

夫坐

부 좌

女左爲夫坐, 男右爲妻坐, 主夫妻吉凶之位.

여 좌 위 부 좌 남 우 위 처 좌 주 부 처 길 흉 지 위

부좌는 여자의 왼쪽은 남편 자리가 되고, 남자의 오른쪽은 처의 자리가 되어, 남편과 처의 길흉을 주관하는 자리이다.

光澤端滿者, 男有好婦, 女有好夫.

광 택 단 만 자 남 유 호 부 여 유 호 부

빛나고 윤택하며 끝이 가득 차면 남자에게는 좋은 부인이 있고, 여자에게는 좋은 남편이 있다.

有黑痣者, 男主妨妻, 女主妨夫.

유 흑 지 자 남 주 방 처 여 주 방 부

검은 사마귀가 있으면 남자는 주로 처를 방해하고, 여자는 주로 남편을 방해한다.

長男

장 남

主長男之位. 定長男好惡. 黑痣, 主妨長男.

주 장 남 지 위 정 장 남 호 악 흑 지 주 방 장 남

장남은 장남을 주관하는 자리이다. 장남의 좋고 나쁨을 정한다. 검은 사마귀가 있으면 주로 장남을 방해한다.

中男
중남

主中男之位. 定中男之吉凶.
주중남지위 정중남지길흉

중남은 중남을 주관하는 자리이다. 중남의 길흉을 정한다.

非時發赤色如豆者, 不出一月, 共婦鬥竟也.
비시발적색여두자 불출일월 공부투경야

제 때가 아닐 때 적색이 일어나 팥과 같은 자는 한 달이 지나지 않아 부인과 함께 다투게 된다.

小男
소남

主小男之位. 定小男好惡. 婦人有黑痣, 則主妨夫.
주소남지위 정소남호악 부인유흑지 즉주방부

소남은 소남을 주관하는 자리이다. 소남의 좋고 나쁨을 정한다. 부인에게 검은 사마귀가 있으면 곧 주로 남편을 방해한다.

外男
외남

主外子亦主孫息之位. 如有黑痣害父母. 一名外宅.
주외자역주손식지위 여유흑지해부모 일명외택

외남은 주로 서자와 또한 바깥 손자를 주관하는 자리이다. 검은 사마귀가 있다면 부모에게 해가 있다. 일명 외택이라 한다.

色平滿好者, 男得貴家之妻, 女得貴家之夫.
색평만호자 남득귀가지처 여득귀가지부

색이 고르게 가득 차서 좋은 사람은 남자가 귀한 집안의 처를 얻고, 여자는 귀한 집안의 남자를 얻는다.

目下都名房中春, 若三月青黃色者有子之象.
목 하 도 명 방 중 춘　약 삼 월 청 황 색 자 유 자 지 상

눈 아래를 모두 방중춘이라 이름하고, 만약 삼월에 청황색인 자는 자식이 있을 징후이다.

男有黃色者生女, 女有黃色者生男.
남 유 황 색 자 생 녀　여 유 황 색 자 생 남

남자가 황색인 자는 딸을 낳고, 여자가 황색인 자는 아들을 낳는다.

白色子死. 赤色子厄. 皆以四時氣推之. 有黑痣憂子災.
백 색 자 사　적 색 자 액　개 이 사 시 기 추 지　유 흑 지 우 자 재

백색이면 자식이 죽는다. 적색이면 자식에게 재앙이 있다. 모두 사계절의 기운으로 추측한다. 검은 사마귀가 있으면 자식의 재앙으로 근심한다.

目下端平光澤, 生男女尤多.
목 하 단 평 광 택　생 남 녀 우 다

눈 아래가 단정하고 고르며 빛이 윤택하면 아들과 딸을 더욱 많이 낳는다.

金匱
금 궤

主金銀之位. 平滿光澤者主積金銀. 枯陷者主財乏.
주 금 은 지 위　평 만 광 택 자 주 적 금 은　고 함 자 주 재 핍

금궤는 금과 은을 주관하는 자리이다. 고르게 가득 차서 빛이 윤택한 자는 주로 금과 은이 쌓인다. 마르고 움푹 파인 자는 주로 재물의 결핍이 있다.

有黑痣主有財被盜.
유 흑 지 주 유 재 피 도

검은 사마귀가 있으면 주로 재물을 도둑맞는다.

盜賊
도 적

主偸盜之位. 平滿者, 不被盜賊. 發惡色即是賊.
주 투 도 지 위　평 만 자　불 피 도 적　발 악 색 즉 시 적

도적은 도둑을 주관하는 자리이다. 고르게 가득찬 자는 도둑을 맞지 않는다. 나쁜 색이 발하면 곧 이에 도둑질이다.

內禁
내 금

主內禁口舌之事. 平滿者, 一生不說人長短.
주 내 금 구 설 지 사　평 만 자　일 생 불 설 인 장 단

내금은 내금(궁궐 안)에서 구설의 일을 주관한다. 고르게 가득찬 자는 한평생 사람의 장단점을 말하지 않는다.

缺陷有黑痣, 常懷毁謗.
결 함 유 흑 지　상 회 훼 방

결함이나 검은 사마귀가 있으면 늘 비방하고 헐뜯을 생각을 한다.

遊軍
유 군

主邊遠之職. 平澤色美者, 宜任邊遠之官. 色惡不宜遠行.
주 변 원 지 직　평 택 색 미 자　의 임 변 원 지 관　색 악 불 의 원 행

유군은 먼 변방의 직책을 주관한다. 고르고 윤택하며 색이 아름다운 자는 마땅히 먼 변방에서 관직을 맡는다. 색이 나쁘면 멀리 가는 것이 마땅하지 않다.

書上
서 상

主學堂之位. 若不潔淨或有黑痣缺陷者, 主無學問.
주 학 당 지 위　약 불 결 정 혹 유 흑 지 결 함 자　주 무 학 문

서상은 학당을 주관하는 자리이다. 만약 깨끗하고 말끔하지 않으며 혹 검은 사마귀나 결함이 있는 자는 주로 학문이 없다.

壽上橫列十位

수상횡렬십위

甲匱

갑궤

一名財府, 主財帛之庫. 平滿光澤者, 一生足財.

일명재부 주재백지고 평만광택자 일생족재

갑궤는 일명 재부라 하며 재물과 비단 창고를 주관한다. 고르게 가득 차고 빛이 윤택한 자는 한평생 재물이 충족된다.

若陷缺色翳者, 一生乏財帛.

약함결색예자 일생핍재백

만약 결함이 있고 색이 그늘진 자는 한평생 재물과 비단의 결핍이 있다.

往來

왕래

主行人之位. 色澤紅黃者, 行人不出月內.

주행인지위 색택홍황자 행인불출월내

왕래는 행인을 주관하는 자리이다. 색이 윤택하고 홍황색인 자는 행인이 한 달 안에 나가지 않는다.

枯燥者, 行人不來.

고조자 행인불래

마른 자는 행인이 오지 않는다.

堂上

당상

主六親之位. 色紅黃, 主親戚相聚之喜. 色白, 主喪父母兄弟.
주 육 친 지 위 색 홍 황 주 친 척 상 취 지 희 색 백 주 상 부 모 형 제

당상은 육친을 주관하는 자리이다. 홍황색이면 주로 친척이 서로 모이는 기쁨이 있다. 백색이면 주로 부모형제 상을 당한다.

端正
단 정

看人難易之位. 色枯燥缺陷者, 性難. 色澤端正者, 主性易也.
간 인 난 이 지 위 색 고 조 결 함 자 성 난 색 택 단 정 자 주 성 이 야

단정은 사람의 어렵고 쉬움을 보는 자리이다. 색이 시들고 마르며 결함이 있는 자는 꺼려지는 성품이다. 색이 윤택하고 단정한 자는 주로 성품이 평온하다.

姑姨
고 이

主姑姨之位. 左看姑, 右看姨. 骨起肉色好者, 姑姨美好.
주 고 이 지 위 좌 간 고 우 간 이 골 기 육 색 호 자 고 이 미 호

고이는 고모와 이모를 주관하는 자리이다. 왼쪽을 고모로 보고 오른쪽을 이모로 본다. 뼈가 일어나고 살색이 좋은 자는 고모와 이모의 미모가 좋다.

枯燥則姑姨多病. 缺陷者無姑姨.
고 조 즉 고 이 다 병 결 함 자 무 고 이

시들고 마르면 곧 고모와 이모에게 병이 많다. 결함이 있는 자는 고모와 이모가 없다.

權勢
권 세

主權勢之位. 端圓豐澤者有權勢. 隳毁者無勢權.
주 권 세 지 위 단 원 풍 택 자 유 권 세 휴 훼 자 무 세 권

권세는 권세를 주관하는 자리이다. 단정하고 둥글며 넉넉하고 윤택한 자는 권세가 있다. 무너지고 훼손된 자는 권세가 없다.

兄弟
형 제

主兄弟多少之位. 右爲姐妹之位.
주 형 제 다 소 지 위　우 위 저 매 지 위

형제는 형제의 많고 적음을 주관하는 자리이다. 오른쪽이 누이의 자리가 된다.

左偏高, 妨兄姐; 右偏高, 妨弟妹.
좌 편 고　방 형 저　우 편 고　방 제 매

왼쪽이 치우치게 높으면 형과 누이를 방해함이요; 오른쪽이 치우치게 높으면 남동생과 누이동생을 방해한다.

端闊光澤者, 兄弟强衆. 兩頰如雞子, 單身一世.
단 활 광 택 자　형 제 강 중　양 협 여 계 자　단 신 일 세

단정하고 넓으며 빛이 윤택한 자는 형제가 강한 무리이다. 양쪽 빰이 달걀과 같으면 한 세상 단 혼자의 몸이다.

外孫
외 손

主外孫之位. 看平滿光澤色, 定外孫多少、吉凶.
주 외 손 지 위　간 평 만 광 택 색　정 외 손 다 소　길 흉

외손은 외손을 주관하는 자리이다. 고르게 가득 차고 빛이 윤택한 색으로 분별하여, 외손자의 많고 적음과 길흉을 정한다.

命門
명 문

主壽命長短. 骨起入耳必百歲不死, 有黑痣, 火燒.
주 수 명 장 단　골 기 입 이 필 백 세 불 사　유 흑 지　화 소

명문은 수명의 장단을 주관한다. 뼈가 일어나 귀로 들어가면 반드시 백세에도 죽지 않고, 검은 사마귀가 있으면 화재로 불태운다.

赤痣, 兵死. 色惡常疾病患.
적지 병사 색악상질병환

붉은 점은 전쟁에서 죽는다. 색이 나쁘면 항상 질병으로 근심한다.

學堂
학당

主學識之位. 骨隆端色淨潔者, 文學聰明.
주학식지위 골륭단정정결자 문학총명

학당은 학문과 식견을 주관하는 자리이다. 뼈가 높고 단정하며 색이 맑고 깨끗한 자는 글을 배움에 총명하다.

骨陷色枯黑痣瘢疵者, 無學問也.
골함색고흑지반자자 무학문야

뼈에 결점이 있고 색이 마르며 검은 사마귀와 반점과 흉터가 있는 자는 학문이 없다.

準頭橫列八位
준두횡렬팔위

號令
호령

主號令之位. 端淨分明者, 主施設號令, 衆數咸服.
주호령지위 단정분명자 주시설호령 중수함복

호령은 호령을 주관하는 자리이다. 단정하고 깨끗함이 분명한 자는 주로 호령하여 베푸니, 몇몇 무리가 모두 복종한다.

若無出令, 人終慢之. 一名壽部, 長而美、重而分, 主壽高遠.
약무출령 인종만지 일명수부 장이미 중이분 주수고원

만약 명령을 내지 못하면, 사람이 끝내는 거만해진다. 일명 수부라 하는데 길면서 아름답고, 무겁게 나뉘면 주로 수명이 멀고 높다.

上竈
상조

主宅舍之位. 平滿主好宅舍. 陷缺無屋可住.
주택사지위 평만주호택사 함결무옥가주

상조는 주택을 주관하는 자리이다. 고르게 가득 차면 주로 좋은 집에서 산다. 결함이 있으면 가히 거주할 집이 없다.

宮室
궁실

主人房室之位. 天子曰掖庭. 色惡及缺陷者, 主妻婦病危厄.
주인방실지위 천자왈액정 색악급결함자 주처부병위액

궁실은 사람의 방을 주관하는 자리이다. 천자가 가로되 액정이라 한다. 색이 나쁘고 더불어 결함이 있는 자는 주로 아내의 병으로 위태로운 재앙이 있다.

宮室則主嬪妃疾厄.
궁실즉주빈비질액

궁실은 곧 주로 아내에게 질병의 재앙이 있다.

典御
전어

主僕使之位. 看奴婢多少. 平滿, 一生不乏奴婢.
주복사지위 간노비다소 평만 일생불핍노비

전어는 부리는 종을 주관하는 자리이다. 노비의 많고 적음을 본다. 고르게 가득 차면 한평생 노비가 모자라지 않는다.

陷缺枯燥, 一生無奴婢.
함 결 고 조 일 생 무 노 비

결함이 있고 마르면 한평생 노비가 없다.

囷倉
균 창

主食祿之位. 平滿, 主有祿食. 缺陷饑餓死.
주 식 록 지 위 평 만 주 유 녹 식 결 함 기 아 사

균창은 식록을 주관하는 자리이다. 고르게 가득 차면 주로 식록이 있다. 결함이 있으면 굶어 죽는다.

發青色者, 主憂官災.
발 청 색 자 주 우 관 재

청색이 일어난 자는 주로 관직의 재앙으로 근심한다.

後閣
후 각

主寄居之位. 骨肉豐起, 一生不寄住.
주 기 거 지 위 골 육 풍 기 일 생 부 기 주

후각은 기거(빌붙어 삶)를 주관하는 자리이다. 뼈와 살이 넉넉하게 일어나면 한평생 남의 집에 몸을 의지하고 살지 않는다.

缺陷, 定他鄉之館也.
결 함 정 타 향 지 관 야

결함이 있으면 타향에 집이 정해진다.

中門
중 문

主富祿之位. 平滿無黑痣者, 主家道富, 缺陷, 一生無祿而貧.
주부록지위 평만무흑지자 주가도부 결함 일생무록이빈

중문은 부유함과 녹을 주관하는 자리이다. 고르게 가득 차고 검은 사마귀가 없는 자는 주로 집의 바탕이 부유하고, 결함이 있으면 한평생 녹이 없어 가난하다.

兵人
병인

主兵使之位. 平滿者, 有兵驅使[37]. 缺陷急惡, 無兵使用也.
주병사지위 평만자 유병구사 결함급악 무병사용야

병인은 부리는 병사를 주관하는 자리이다. 고르게 가득찬 자는 병사를 몰아 부림이 있다. 결함이 있어 급하게 나쁘면 병사를 부려 쓰지 못한다.

人中橫列八位
인중횡렬팔위

井部
정부

主田宅之位. 平滿者, 宜田宅. 缺陷者, 一生無宅居止.
주전택지위 평만자 의전택 결함자 일생무택거지

정부는 밭과 집을 주관하는 자리이다. 고르게 가득찬 자는 마땅히 밭과 집이 있다. 결함이 있는 자는 한평생 머무르며 살 집이 없다.

---

37 (사람이나 동물(動物)을) 몰아서 부림.

有黑子, 溺死.
유 흑 자 익 사
검은 점이 있으면 물에 빠져 죽는다.

帳子
장 자

主帳厨之位. 豐潤, 主有廚帳. 窄狹主乏厨帳.
주 장 주 지 위 풍 윤 주 유 주 장 착 협 주 핍 주 장
장자는 장막과 부엌을 주관하는 자리이다. 넉넉하고 윤택하면 주로 부엌과 장막이 있다. 좁아 협소하면 주로 부엌과 장막에 결핍이 있다.

細厨
세 주

主飲食之位. 平滿者足. 缺陷乏膳.
주 음 식 지 위 평 만 자 족 결 함 핍 선
세주는 음식을 주관하는 자리이다. 고르게 가득찬 자는 충족된다. 결함이 있으면 음식이 부족하다.

發惡色爲食死. 白色咽酒食致死. 黑痣餓死. 黃色暴死.
발 악 색 위 식 사 백 색 인 주 식 치 사 흑 지 아 사 황 색 폭 사
나쁜 색이 일어나면 음식으로 죽는다. 백색이면 술과 음식으로 죽음에 이른다. 검은 사마귀는 굶어 죽는다. 황색이면 갑자기 죽는다.

內閣
내 각

主闈閣之位. 豐滿者闈閣深遠. 色惡閨閣淺穢, 缺陷亦然.
주 위 각 지 위 풍 만 자 위 각 심 원 색 악 규 각 천 예 결 함 역 연
내각은 쪽문과 문설주를 주관하는 자리이다. 넉넉하게 가득찬 자는 쪽문과 문설주가 깊고 멀다. 색이 나쁘면 규방의 문설주가 얕고 거칠며, 결함이 있어도 또한 그렇다.

小吏
소 리

主看多少, 有無.
주 간 다 소 유 무

소리는 주로 작은 관직이 많고 적음과 있고 없음을 가린다.

妓堂
기 당

主妓樂多少, 女妾有無之數.
주 기 악 다 소 여 첩 유 무 지 수

기당은 주로 기생과 풍류의 많고 적음과 여자 첩의 있고 없음을 헤아린다.

媵妾
잉 첩

主妾媵多少. 平滿, 家足妓妾之樂.
주 첩 잉 다 소 평 만 가 족 기 첩 지 락

잉첩은 첩과 잉첩(첩에 딸려있는 시녀)의 많고 적음을 주관한다. 고르게 가득 차면 집에 기생과 첩의 즐거움으로 만족한다.

嬰門
영 문

主醫學之位. 若缺陷蒙翳, 亦不喜服藥.
주 의 학 지 위 약 결 함 몽 예 역 불 희 복 약

영문은 의학을 주관하는 자리이다. 만약 결함이 있으며 어둡고 그늘지면 또한 약을 복용해도 좋지 않다.

正口橫列八位

정 구 횡 렬 팔 위

玄璧

현 벽

主珍寶之位. 高峻色美, 家蓄金玉. 色惡缺陷, 金玉散失矣.

주 진 보 지 위　고 준 색 미　가 축 금 옥　색 악 결 함　금 옥 산 실 의

현벽은 진귀한 보물을 주관하는 자리이다. 높고 준엄하며 색이 아름다우면 집에 금과 옥이 쌓인다. 색이 나쁘고 결함이 있으면 금과 옥이 흩어져 잃어버린다.

門閨

문 규

主閨闈之事, 亦主閨閣深淺. 色惡者, 閨幃有變.

주 규 위 지 사　역 주 규 각 심 천　색 악 자　규 위 유 변

문규는 주로 규방(안방)의 일로, 또한 규방 문설주의 깊고 얕음을 주관한다. 색이 나쁜 자는 안방의 휘장에 변고가 있다.

比鄰

비 린

主鄰宅之位. 平滿色好者, 良鄰. 陷缺色惡者, 有黑痣, 多鄰有惡人.

주 린 택 지 위　평 만 색 호 자　량 린　함 결 색 악 자　유 흑 지　다 린 유 악 인

비린은 이웃집을 주관하는 자리이다. 고르게 가득 차고 색이 좋은 자는 좋은 이웃을 둔다. 결함이 있고 색이 나쁜 자 및 검은 사마귀가 있으면 이웃에 악인이 많다.

惡巷

악 항

主里巷之位. 如惡色發者, 出入被劫. 骨肉起者無賊害.
주 리 항 지 위　여 악 색 발 자　출 입 피 겁　골 육 기 자 무 적 해

악항은 마을과 길거리를 주관하는 자리이다. 나쁜 색이 일어난 자는 나가고 들어갈 때 위협을 당한다. 뼈와 살이 일어난 자는 도적의 피해가 없다.

客舍
객 사

主賓客之位. 平滿端好者, 好賓客. 缺陷者, 不喜見人.
주 빈 객 지 위　평 만 단 호 자　호 빈 객　결 함 자　불 희 견 인

객사는 손님을 주관하는 자리이다. 고르게 가득 차고 단정하며 좋은 자는 손님을 좋아한다. 결함이 있는 자는 사람 보기를 기뻐하지 않는다.

兵闌
병 란

主走使之位. 缺陷者家無走使.
주 주 사 지 위　결 함 자 가 무 주 사

병란은 달리는 심부름을 주관하는 자리이다. 결함이 있는 자는 집에 심부름할 자가 없다.

家食
가 식

主穀食之位. 平滿色美, 足食. 缺陷色惡, 虛名;
주 곡 식 지 위　평 만 색 미　족 식　결 함 색 악　허 명

가식은 곡식을 주관하는 자리이다. 고르게 가득 차고 색이 아름다우면 음식이 충족된다. 결함이 있고 색이 나쁘면 헛된 이름이요;

商旅主興販[38]好惡.
상 려 주 흥 판　호 악

장사를 벌여놓아 흥정으로 판매의 좋고 나쁨을 주관한다.

---

[38] 물건을 흥정하여 파는 일.

山頭
산 두

主路之位. 平滿者, 出入無險難. 缺陷者, 多災也.
주 로 지 위　평 만 자　출 입 무 험 난　결 함 자　다 재 야

산두는 길을 주관하는 자리이다. 고르게 가득찬 자는 나가고 들어옴에 험난하지 않다. 결함이 있는 자는 재앙이 많다.

承漿橫列六位
승 장 횡 렬 육 위

祖舍
조 사

主父母田宅. 平滿光澤者, 足祖業. 缺陷者, 無田宅.
주 부 모 전 택　평 만 광 택 자　족 조 업　결 함 자　무 전 택

조사는 부모의 밭과 집을 주관한다. 고르게 가득 차고 빛이 윤택한 자는 조상대에서 내려온 가업이 족하다. 결함이 있는 자는 밭과 집이 없다.

有黑痣, 主棄祖移居.
유 흑 지　주 기 조 이 거

검은 사마귀가 있으면 주로 조상을 버리고 거주지를 옮긴다.

外院
외 원

主牛馬莊田. 平滿, 足莊田牛馬. 陷缺者, 無.
주 우 마 장 전　평 만　족 장 전 우 마　함 결 자　무

외원은 소와 말 장전(귀족의 사유지)을 주관한다. 고르게 가득 차면 장전과 소와 말이 충족된다. 결함이 있는 자는 없다.

色惡者, 牛馬損矣.
색 악 자　우 마 손 의

색이 나쁜 자는, 소와 말의 손해가 있다.

下墓
하 묘

主墓田之位. 平滿色潤主有墓. 陷缺色枯者, 積代不葬.
주 묘 전 지 위　평 만 색 윤 주 유 묘　함 결 색 고 자　적 대 부 장

하묘는 묘전(무덤과 밭)을 주관하는 자리이다. 고르게 가득 차고 색이 윤택하면 주로 무덤이 있다. 결함이 있고 색이 마른 자는 대대로 매장하지 못한다.

野土
야 토

主雞犬牛羊多少、子孫進益之類.
주 계 견 우 양 다 소　자 손 진 익 지 류

야토는 닭과 개, 소와 양의 많고 적음을 주관하며 자손이 이러한 종류로 나아가 이익이 된다.

荒丘
황 구

主外國之類. 平滿光澤者, 宜外國遊行天子巷.
주 외 국 지 류　평 만 광 택 자　의 외 국 유 행 천 자 항

황구는 외국의 종류를 주관한다. 고르게 가득 차고 빛이 나며 윤택한 자는 마땅히 외국의 천자항에서 유학한다.

此中平滿, 主外國來朝.
차 중 평 만 주 외 국 내 조

이에 황구의 가운데가 고르게 가득 차면 주로 외국에서 조정으로 온다.

欽庫
흠 고

主車行之位. 方滿, 主宜乘車. 缺陷, 乘車騎有厄.
주 거 행 지 위 방 만 주 의 승 거 결 함 승 거 기 유 액

흠고는 수레바퀴의 행적을 주관하는 자리이다. 모지고 가득 차면 주로 마땅히 수레를 탄다. 결함이 있으면 타는 수레와 말에 재앙이 있다.

地閣橫列七位

지 각 횡 렬 칠 위

下舍
하 사

主外宅多少. 平滿, 多外宅. 缺陷有黑痣者, 貧而無外宅也.
주 외 댁 다 소 평 만 다 외 택 결 함 유 흑 지 자 빈 이 무 외 택 야

하사는 밖에 있는 집의 많고 적음을 주관한다. 고르게 가득 차면 밖에 집이 많다. 결함과 검은 사마귀가 있는 자는 가난하여 외부에 집이 없다.

奴婢
노 비

主奴婢之位. 平滿者多奴婢. 缺陷黑痣, 一生奴婢乏使.
주 노 비 지 위 　평 만 자 다 노 비 　결 함 흑 지 　일 생 노 비 핍 사

노비는 노비를 주관하는 자리이다. 고르게 가득찬 자는 노비가 많다. 결함과 검은 사마귀가 있으면 한평생 부릴 노비가 부족하다.

碓磨
대 마

主碓磑磨坊之位.
주 대 애 마 방 지 위

대마는 방아와 맷돌로 찧는 가게를 주관하는 자리이다.

坑塹
갱 참

主厄難之位. 有痣者主墮坑險死.
주 액 난 지 위 　유 지 자 주 타 갱 험 사

갱참은 재앙과 어려움을 주관하는 자리이다. 사마귀가 있는 자는 주로 구덩이에 떨어져 험하게 죽는다.

陂塘
피 당

主池塘之數. 平滿者, 足陂澤. 缺陷者, 無田湖.
주 지 당 지 수 　평 만 자 　족 피 택 　결 함 자 　무 전 호

피당은 연못과 저수지의 수량을 주관한다. 고르게 가득찬 자는 방죽과 연못이 풍족하다. 결함이 있는 자는, 밭에 호수가 없다.

有黑痣, 主涉江湖而死. 發惡色者, 憂口舌.
유 흑 지 　주 섭 강 호 이 사 　발 악 색 자 　우 구 설

검은 사마귀가 있으면 강과 호수를 건너다 죽는다. 나쁜 색이 일어난 자는 구설로 근심한다.

鵝鴨
아 압

主蓄禽養之利、看多少之數.
주 축 금 양 지 리 간 다 소 지 수

아압은 날짐승을 길러 이로움이 쌓이는 것을 주관하고, 많고 적음을 셈하여 본다.

大海
대 해

主水死之位. 赤色溺死. 黑色失屍, 黃色宜涉江湖矣.
주 수 사 지 위 적 색 익 사 흑 색 실 시 황 색 의 섭 강 호 의

대해는 물에서 죽는 것을 주관하는 자리이다. 적색이면 물에 빠져 죽는다. 흑색이면 시체를 잃어버리고 황색이면 마땅히 강과 호수를 건널 수 있다.

二儀相應
이 의 상 응

肅肅出乎天, 赫赫發乎地,
숙 숙 출 호 천 혁 혁 발 호 지

엄숙하고 고요함은 하늘에서 나오고, 빛나는 모양은 땅에서 일어나니,

兩者交通已成, 和而萬物生焉.
양 자 교 통 이 성 화 이 만 물 생 언

둘은 서로 통하여 이미 이루었고 조화로워 만물을 낳는다.

此乾坤二儀之應也, 故能富萬物, 盛德[39]大業, 無所不至矣.
차 건 곤 이 의 지 응 야　고 능 부 만 물　성 덕　대 업　무 소 부 지 의

이는 하늘과 땅 두 가지 법도에 응한 것이니, 고로 능히 만물이 풍부하고, 성덕의 대업에 이르지 못할 바가 없다.

且人之二儀[40]者, 亦有像焉.
차 인 지 이 의　자　역 유 상 언

또한 사람에게 이의(음과 양, 하늘과 땅)란 것은, 또한 본뜬 형상이 있도다.

以頭爲天, 以頦爲地. 又以天庭象天, 地角象地.
이 두 위 천　이 해 위 지　우 이 천 정 상 천　지 각 상 지

머리로써 하늘이 되고 턱으로써 땅이 된다. 또한 천정으로써 하늘의 모양이고, 지각은 땅의 모양이다.

此兩位欲得豐滿相朝, 上下相應, 故亦能富貴福祿矣.
차 양 위 욕 득 풍 만 상 조　상 하 상 응　고 역 능 부 귀 복 록 의

이 두 자리는 넉넉하여 가득함을 얻고자 서로 모여, 위와 아래가 서로 응하니 고로 능히 또 부귀와 복록이 있다.

---

39 크고 훌륭한 덕.

40 양(陽)과 음(陰). 또는 하늘과 땅.

五嶽

오 악

五嶽者, 上應天之五星, 下鎭地之五方, 高峻敦厚,
오 악 자　상 응 천 지 오 성　하 진 지 지 오 방　고 준 돈 후

오악이라는 것은 위로는 하늘의 오성에 응하고, 아래로는 땅의 오방(사방과 그 가운데)을 진압하며, 높고 준엄하며 두터워

所以卓然立與乾坤之內者, 以其相資而成天地之大也.
소 이 탁 연 입 여 건 곤 지 내 자　이 기 상 자 이 성 천 지 지 대 야

뛰어난 바로써 건(하늘)과 곤(땅) 안에 있는 것과 같이 서 있으니, 그로써 하늘과 땅이 서로 의지하여 크게 이룬다.

人亦有所象焉, 故額爲衡嶽, 欲得方而廣;
인 역 유 소 상 언　고 액 위 형 악　욕 득 방 이 광

사람도 또한 모양이 있는 바, 고로 이마는 형산이 되어 모나면서 넓음을 얻고자 함이요;

頷爲恒嶽, 欲得圓而厚;
함 위 항 악　욕 득 원 이 후

턱은 항산이 되어 둥글며 두터움을 얻고자 함이요;

左顴爲泰嶽, 右顴爲華嶽, 左右欲得圓而正;
좌 권 위 태 악　우 권 위 화 악　좌 우 욕 득 원 이 정

왼쪽 관골은 태산이 되고, 오른쪽 관골은 화산이 되어 좌우가 둥글고 바름을 얻고자 함이요;

鼻爲嵩嶽, 欲得高而峻.
비 위 숭 악　욕 득 고 이 준

코는 숭산이 되어 높고 준엄함을 얻고자 한다.

故五嶽須要豐隆而相朝, 高峻而不陷, 乃相之貴矣.
고 오 악 수 요 풍 륭 이 상 조　고 준 이 불 함　내 상 지 귀 의

고로 오악은 반드시 풍성하게 솟아 서로 모여야 하며, 높고 준엄하며 꺼지지 않아야 이에 귀한 상이다.

(《人倫風鑑》同).
인 륜 풍 감　동

(〈인륜풍감〉도 같다).

四瀆
사 독

地之四瀆者, 所以相朝以接其流通, 人之形貌亦有像焉.
지 지 사 독 자　소 이 상 조 이 접 기 유 통　인 지 형 모 역 유 상 언

땅에서 사독이라는 것은 서로 모이는 바로써 흘러 통하여 접해야 하고, 사람 형상의 모습에도 또한 본뜬 모양이 있다.

且鼻爲濟, 目爲河, 耳爲江, 口爲淮.
차 비 위 제　목 위 하　이 위 강　구 위 회

우선 코는 제독이 되고, 눈은 하독이 되며, 귀는 강독이 되고, 입은 회독이 된다.

故四瀆欲得端直清大、明淨流暢、涯岸成就者,
고 사 독 욕 득 단 직 청 대　명 정 유 창　애 안 성 취 자

고로 사독은 단정하고 곧으며 맑고 크게 얻고자 하며, 밝고 깨끗하게 막힘없이 흐르고, 물가에 기슭을 이루어 취하는 자는

則應於神, 故貴而多智也. 若夫醜而不端則爲愚人.
즉 응 어 신　고 귀 이 다 지 야　약 부 추 이 부 단 즉 위 우 인

곧 신에 응한 것으로 고로 귀하고 지혜가 많다. 만약 무릇 추하면서 단정하지 않으면 곧 어리석은 사람이 된다.

毁而陷者, 則爲賤類也. (《人倫風鑑》同).
훼 이 함 자　즉 위 천 류 야　인 륜 풍 감　동

훼손되고 꺼진 자는 곧 천한 부류가 된다. (〈인륜품감〉도 같다).

五官
오 관

五官者, 目爲監察官, 鼻爲審辨官, 口爲出納官,
오 관 자　목 위 감 찰 관　비 위 심 변 관　구 위 출 납 관

오관이라는 것에서 눈은 감찰관이 되고, 코는 심변관이 되며, 입은 출납관이 되고,

耳爲採聽官, 眉爲保壽官.
이 위 채 청 관　미 위 보 수 관

귀는 채청관이 되며, 눈썹은 보수관이 된다.

五者欲清而秀, 豐而隆. 或一官好則貴十年.
오 자 욕 청 이 수　풍 이 륭　혹 일 관 호 즉 귀 십 년

오관이 맑고 빼어나려면 넉넉하면서 높아야 한다. 혹 1관이 좋으면 곧 10년이 귀하다.

或有缺陷者及醜惡者, 凶.
혹 유 결 함 자 급 추 악 자　흉

혹 결함이 있는 자는 추악한 것에 미치니 흉하다.

六府

육 부

兩目上爲二府, 兩輔角爲四府, 兩顴骨爲六府.
양 목 상 위 이 부 양 보 협 위 사 부 양 권 골 위 육 부

양쪽 눈 위는 2부가 되고, 양쪽 보각은 4부가 되며, 양쪽 관골이 6부가 된다.

六府者, 欲得平滿光而瑩.
육 부 자 욕 득 평 만 광 이 영

육부라는 것은 고르게 가득 차고 밝은 빛을 얻고자 한다.

若一府好乃富十年. 或有缺陷疵瘢黑痣者, 凶也.
약 일 부 호 내 부 십 년 혹 유 결 함 자 반 흑 지 자 흉 야

만약 한 부위가 좋으면 이에 10년은 부유하다. 혹은 결함이나 흉터자국과 검은 사마귀가 있는 자는 흉하다.

五行所生

오 행 소 생

木爲仁, 主英華茂秀, 定貴賤也.
목 위 인 주 영 화 무 수 정 귀 천 야

목은 인이 되어, 영화로움과 무성하여 빼어남을 주관하며 귀천을 결정한다.

火爲禮, 主勢威猛烈, 定剛柔也.
화 위 예 주 세 위 맹 렬 정 강 유 야

화는 예가 되어, 기세와 위엄과 맹렬함을 주관하며 강함과 부드러움을 정한다.

金爲義, 主誅伐刑法、厄難灾危, 定壽夭也.
금 위 의 주 주 벌 형 법 액 난 재 위 정 수 요 야

금은 의가 되어, 형벌로 치는 형법과 액의 어려움과 재앙의 위태로움으로 장수와 요절을 정한다.

水爲智, 主聰慧明敏, 定賢愚也.
수 위 지 주 총 혜 명 민 정 현 우 야

수는 지가 되어, 총명하고 슬기로움과 밝고 영리함을 주관하며 현명함과 어리석음을 정한다.

土爲信, 主要德載萬物, 定貧富也.
토 위 신 주 요 덕 재 만 물 정 빈 부 야

토는 신이 되어, 만물을 싣는 중요한 덕을 주관하며 가난과 부유함을 정한다.

五臟所出

오 장 소 출

肝出爲眼, 又主筋脈爪甲.
간 출 위 안 우 주 근 맥 조 갑

간에서 나와 눈이 되어 다시 힘줄과 맥박과 손발톱을 주관한다.

心出爲舌 又主血氣毛髮.
심 출 위 설 우 주 혈 기 모 발

심에서 나와 혀가 되어, 다시 혈기와 모발을 주관한다.

肺出爲鼻 又主皮膚喘息.
폐 출 위 비 우 주 피 부 천 식

폐에서 나와 코가 되어, 다시 피부와 천식을 주관한다.

脾出爲脣, 又主肉.
비 출 위 순 우 주 육

비에서 나와 입술이 되어, 다시 살을 주관한다.

腎出爲耳, 又主骨齒也.
신 출 위 이 우 주 골 치 야

신에서 나와 귀가 되어, 다시 뼈와 치아를 주관한다.

五表所屬之方
오 표 소 속 지 방

耳屬北方壬癸水, 眼屬東方甲乙木, 舌屬南方丙丁火,
이 속 북 방 임 계 수 안 속 동 방 갑 을 목 설 속 남 방 병 정 화

귀는 북방의 임계 수에 귀속되고, 눈은 동방의 갑을 목에 귀속되며, 혀는 남방의 병정 화에 귀속되고,

鼻屬西方庚辛金, 面屬中央戊己土.
비 속 서 방 경 신 금 면 속 중 아 무 기 토

코는 서방의 경신 금에 귀속되며, 얼굴은 중앙의 무기 토에 귀속된다.

五行相生歌

오 행 상 생 가

耳有垂珠鼻有梁, 金水相生主大昌.
이 유 수 주 비 유 량 　금 수 상 생 주 대 창

귀에 수주가 있고 코에 비량이 있으면 금과 수가 상생하여 주로 크게 창성한다.

眼明耳好多神氣, 若不爲官富更强.
안 명 이 호 다 신 기 　약 불 위 관 부 갱 강

눈이 밝고 귀가 좋으면 신령스런 기가 많으니, 만약 벼슬에 이르지 않으면 부유하고 다시 강해진다.

口方鼻直人須貴, 金土相生紫綬[41]郎.
구 방 비 직 인 수 귀 　금 토 상 생 자 수 　랑

입이 모지고 코가 곧은 사람은 모름지기 귀하고, 금과 토가 상생하면 자수랑이 된다.

脣方眼黑木生火, 爲人志氣多財糧.
순 방 안 흑 목 생 화 　위 인 지 기 다 재 량

입술이 모지고 눈이 검으면 목이 화를 생하니, 뜻과 기백이 있는 사람으로 재물과 양식이 많다.

舌長脣厚火生土, 此人有福中年昌.
설 장 순 후 화 생 토 　차 인 유 복 중 년 창

혀가 길고 입술이 두터우면 화가 토를 생하니, 이 사람은 복이 있어 중년에 창성한다.

眼長眉秀足風流, 身坐金章朝省堂.
안 장 미 수 족 풍 류 　신 좌 금 장 조 성 당

긴 눈에 눈썹이 빼어나 풍류가 충족되니, 자신이 금장에 앉아 조정과 관아를 살핀다.

---

41 정삼품(正三品) 당상관(堂上官) 이상의 관원(官員)이 차는 호패(號牌)의 자줏빛 술실이나 술띠.

五行相克歌

오 행 상 극 가

耳大唇薄水克火, 衣食貧寒空有智.
이 대 순 박 수 극 화 의 식 빈 한 공 유 지

귀가 크고 입술이 엷으면 수가 화를 극하니, 의식이 가난하고 추우며 헛된 지혜가 있다.

唇大耳薄亦如然, 此相之人終不貴.
순 대 이 박 역 여 연 차 상 지 인 종 불 귀

입술이 크고 귀가 엷어도 또한 그러하니, 이러한 상의 사람은 끝내는 귀하지 않다.

鼻大眼小金克木, 一世貧寒受孤獨.
비 대 안 소 금 극 목 일 세 빈 한 수 고 독

코가 크고 눈이 작으면 금이 목을 극하니, 한세상 가난함과 추위로 고독을 받아들인다.

眼大鼻小難爲成, 雖有資財壽命促.
안 대 비 소 난 위 성 수 유 자 재 수 명 촉

눈이 크고 코가 작으면 이루기가 어려우니, 비록 자본과 재물이 있어도 수명을 재촉한다.

舌小耳大水剋火, 急性孤獨區人我.
설 소 이 대 수 극 화 급 성 고 독 구 인 아

혀가 작고 귀가 크면 수가 화를 극하니, 급한 성품으로 고독하여 다른 사람과 나를 구분한다.

耳小舌大亦不仁, 慳貪心惡多灾禍.
이 소 설 대 역 불 인 간 탐 심 악 다 재 화

귀가 작고 혀가 크면 또한 어질지 않으니, 탐하고 인색하여 나쁜 마음으로 재앙이 많다.

舌大鼻小火剋金, 錢財方盛禍來侵.

설 대 비 소 화 극 금　전 재 방 성 화 래 침

혀가 크고 코가 작으면 화가 금을 극하니, 돈과 재물이 사방으로 많아도 재앙이 와서 침범한다.

鼻大舌小招貧苦, 壽長無子送郊林.

비 대 설 소 초 빈 고　수 장 무 자 송 교 림

코가 크고 혀가 작으면 가난과 괴로움을 부르니, 장수하나 자식이 없어 성 밖 숲으로 보내진다.

眼大唇小木剋土, 相此之人終不富.

안 대 순 소 목 극 토　상 차 지 인 종 불 부

눈이 크고 입술이 작으면 목이 토를 극하니, 상이 이러한 사람은 끝내는 부유하지 않다.

脣大眼小貴難求, 到老貧寒死無墓.

순 대 안 소 귀 난 구　도 로 빈 한 사 무 묘

입술이 크고 눈이 작으면 귀함을 구하기 어려우니, 늙어서까지 가난함과 추위에 죽어도 무덤이 없다.

五行比和相應

오 행 비 화 상 응

耳反須貼肉, 鼻仰山根足.
이 반 수 첩 육　비 앙 산 근 족

귀가 뒤집어지면 모름지기 살이 붙어야 하고, 코가 들리면 산근이 충족되어야 한다.

眼露黑睛多, 脣反齒如玉.
안 로 흑 정 다　순 반 치 여 옥

눈이 드러나면 검은 동자가 많아야 하고, 입술이 뒤집어지면 치아가 옥과 같아야 한다.

瞼近於眼口, 必主公卿福.
검 근 어 안 구　필 주 공 경 복

얼굴에서 눈과 입이 가까이 있으면, 반드시 주로 공경의 복이 있다.

只恐壽不延, 性氣剛難伏.
지 공 수 불 연　성 기 강 난 복

단지 수명이 이어지지 못할까 두렵고, 성품과 기운이 굳세어 굴복하기 어렵다.

四堂學位

사 당 학 위

一曰眼爲官學堂, 欲得長而秀清, 黑白分明, 主有官職.
일 왈 안 위 관 학 당　욕 득 장 이 수 청　흑 백 분 명　주 유 관 직

첫째 가로되 눈은 관학당이 되어 길면서 빼어나 맑음을 얻고자 하니, 흑백이 분명하면 주로 관직이 있다.

二曰當門兩齒爲內學堂, 欲得白而平正, 密而瑩大者, 主有忠信德行.
이 왈 당 문 양 치 위 내 학 당　욕 득 백 이 평 정　밀 이 영 대 자　주 유 충 신 덕 행

둘째 가로되 두 대문니는 내학당이 되어 희면서 고르게 바름을 얻고자 하니, 조밀하면서 투명하고 큰 자는 주로 충신과 덕행이 있다.

三曰額爲祿學堂, 欲得方而廣, 瑩而峻, 主爵祿富貴.
삼 왈 액 위 녹 학 당　욕 득 방 이 광　형 이 준　주 작 록 부 귀

셋째 가로되 이마는 녹학당이 되어 모나면서 넓음을 얻고자 하니, 밝으면서 준엄하면 주로 벼슬과 녹이 있어 부귀하다.

四曰耳門之前爲外學堂, 欲得平滿光瑩, 主聰明學識也.
사 왈 이 문 지 전 위 외 학 당　욕 득 평 만 광 영　주 총 명 학 식 야

넷째 가로되 귀문의 앞이 외학당이 되어 고르게 가득 차고 밝게 빛남을 얻고자 하니, 주로 총명하고 학식이 있다.

三輔學堂

삼 보 학 당

上輔學堂者, 身自天中至印左右橫列十位, 謂之二分部.
상 보 학 당 자　신 자 천 중 지 인 좌 우 횡 렬 십 위　위 지 이 분 부

상보학당이라는 것은 몸이 천중에서부터 인당 좌우의 가로로 나열된 10위까지 2분부에 이른다.

光潤全起成就平如. 徑寸主大貴, 出將入相, 官至二品.
광 윤 전 기 성 취 평 여　경 촌 주 대 귀　출 장 입 상　관 지 이 품

빛나고 윤택하며 온전히 일어나면 성취가 정해진 것과 같다. 지름이 1촌(한마디)이면 주로 크게 귀하여, 나가면 장군이요 들어오면 재상으로, 관직이 이품에 이른다.

更若中輔全者位極人臣一品之職.
갱 약 중 보 전 자 위 극 인 신 일 품 지 직

다시 만약 중보가 온전한 자는 일품의 직책으로 최고 지위의 신하이다.

上輔有一部缺陷, 仍以中下輔參之,
상 보 유 일 부 결 함 잉 이 중 하 보 참 지

상보의 한 부분에 결함이 있으면 중보와 하보로써 인하여 참여하고

此而不成就, 止主參領權務, 出五主命, 官至二品.
차 이 불 성 취 지 주 참 령 권 무 출 오 주 명 관 지 이 품

이에 성취하지 못하면 주로 권력의 임무에 참여하여 통솔하는 것에 그치고, 내놓은 오주(제왕)의 명령으로, 벼슬이 이품에 이른다.

或中下全陷, 無部應得, 主給承郎武侯.
혹 중 하 전 함 무 부 응 득 주 급 승 랑 무 후

혹 중보와 하보가 온전히 꺼지면 부위에 응하여 얻음이 없으니, 주로 승랑과 무후에 두루 미친다.

更東西嶽起, 地角高額相應之, 時節戟方面.
갱 동 서 악 기 지 각 고 액 상 응 지 시 절 극 방 면

다시 동악과 서악이 일어나고, 지각이 높은 이마와 상응하면 시절에 사방에서 굽힌다.

或中輔更一分應之, 必爲眞宰之位,
혹 중 보 갱 일 분 응 지 필 위 진 재 지 위

혹 중보의 1분과 다시 응하면 반드시 재상의 지위에 이르니,

當榮極旺, 二十年早遂, 中限當秉生殺.
당 영 극 왕 이 십 년 조 수 중 한 당 병 생 살

마땅히 영화롭고 지극히 왕성하나, 20년을 이르게 마치면 중간에 마땅히 생사여탈권을 잡는 것에 한정한다.

若下輔二分應者, 亦無缺陷當主大權.
약 하 보 이 분 응 자 역 무 결 함 당 주 대 권

만약 하보가 2분에 응한 것으로, 또한 결함이 없으면 마땅히 큰 권력을 주관한다.

然下輔主繁冗之職, 即不能久居相府, 當鎭方郡, 必建旌旗[42].
연 하 보 주 번 용 지 직 즉 불 능 구 거 상 부 당 진 방 군 필 건 정 기

그렇지만 하보가 주로 무성하면 쓸데없는 직책이니, 곧 재상으로 관청에 능히 오래 거하지 못하나, 마땅히 사방의 고을을 진압하여 반드시 정기를 세운다.

若下二分與上輔全備, 即使相[43]矣.
약 하 이 분 여 상 보 전 비 즉 사 상 의

만약 하보의 2분과 더불어 상보가 온전히 갖추어지면 곧 사상의 벼슬이다.

若上合一分、中輔一分全者, 亦主內制淸要之位.
약 상 합 일 분 중 보 일 분 전 자 역 주 내 제 청 요 지 위

만약 위와 합한 1분과 중보의 1분이 온전한 자는 또한 주로 내제의 탐욕이 없는 중요한 지위이다.

或只相部合一分五釐, 餘別無應, 形足炁清, 必給評御史之職.
혹 지 상 부 합 일 분 오 리 여 별 무 응 형 족 기 청 필 급 평 어 사 지 직

혹 단지 분류된 상이 1분 5리로 합하고, 나머지가 달리 응하지 않으며, 형상이 충족되고 기운이 맑으면 반드시 두루 미치는 평어사의 직책이다.

更中輔五釐應之, 必殊常緊要之位, 才名挺動四方.
갱 중 보 오 리 응 지 필 수 상 긴 요 지 위 재 명 정 동 사 방

다시 중보가 5리에 응하면 반드시 뛰어나서 언제나 중요한 지위로, 재주와 이름이 사방에서 뛰어나게 일어난다.

中輔二分全者, 應爲成就, 主卿監、丞相、兵將之權.
중 보 이 분 전 자 응 위 성 취 주 경 감 승 상 병 장 지 권

중보가 2분으로 온전한 자는 응하여 성취하게 되니, 주로 경감·승상·병장의 권세이다.

---

42 깃대 끝을 장목(꿩의 꽁지깃)으로 꾸민 깃발.

43 중국 송(宋)나라 때의 벼슬 이름.

或東西嶽起, 地角朝厚, 武官主侯伯之封.
혹 동 서 악 기　지 각 조 후　무 관 주 후 백 지 봉

혹 동서악이 일어나고, 지각이 모여 두터우면 무관은 주로 후백(후작과 백작)에 봉해진다.

中上三分全好者大權, 一爲皆小通無滯, 一爲旺二十年.
중 상 삼 분 전 호 자 대 권　일 위 개 소 통 무 체　일 위 왕 이 십 년

중보와 상보의 3분이 온전하게 좋은 자는 큰 권세로, 하나가 되어 막힘없이 모두 작게 통하여 하나가 되면 20년이 왕성하다.

所謂蘭膏[44]成就, 學堂寬博, 眞貴人也.
소 위 난 고　성 취　학 당 관 박　진 귀 인 야

소위 난고는 성취를 일컬으니, 학당이 크고 넓으면 진실로 귀인이다.

若學堂或圓或方, 五分俱起, 統攝萬邦, 助國王侯伯之相.
약 학 당 혹 원 혹 방　오 분 구 기　통 섭 만 방　조 국 왕 후 백 지 상

만약 학당이 혹은 둥글고 혹은 모지며, 5분을 갖추어 일어나면 만방을 합쳐 다스리니, 국왕을 돕는 후백의 상이다.

以上若一位枯乾惡色, 亂紋痕壓, 皆爲破陷,
이 상 약 일 위 고 건 악 색　난 문 흔 압　개 위 파 함

이상으로 만약 하나의 부위가 마르고 건조하여 나쁜 색이며, 어지러운 주름에 흉터로 가로막히면 모두 깨져서 결함이 되니,

雖郡城職位, 多滯邅迍也.
수 군 성 직 위　다 체 전 둔 야

비록 군성의 직위여도 막히고 머뭇거려 망설임이 많다.

中輔學堂者, 自山根下至準上, 兩眼正口并額骨六位謂之一分位.
중 보 학 당 자　자 산 근 하 지 준 상　양 안 정 구 병 액 골 육 위 위 지 일 분 위

중보학당이라는 것은 산근으로부터 아래로 준두 위에 이르기까지이니, 양쪽 눈과 바른 입과 나란한 이마뼈의 6위가 1분의 자리이다.

44　냄새가 향기로운 기름.

若位豐隆, 或若紅紫色、光澤無斷紋痕翳黶黑痣,
약 위 풍 륭 혹 약 홍 자 색 광 택 무 단 문 흔 예 암 흑 지

만약 부위가 넉넉하고 높으며, 혹 만약 홍자색과 빛이 윤택하며 끊어진 주름과 가로막힌 흉터와 검은 사마귀가 없으면

主都察[45]臺閣[46]清貲, 不然兵刑之位. 一生少滯無灾有聲名.
주 도 찰 대 각 청 자 불 연 병 형 지 위 일 생 소 체 무 재 유 성 명

주로 도찰과 대각으로 깨끗한 재물이 있고, 그렇지 않으면 병사를 형벌하는 지위이다. 한평생 막힘이 적고 재앙이 없으며 명성이 있다.

更下輔一家全應, 必爲四品蔭深 (一作卿監) 正郎之職.
갱 하 보 일 가 전 응 필 위 사 품 음 심 일 작 경 감 정 랑 지 직

다시 하보에 일가가 온전히 응하니, 반드시 사품의 깊게 숨은(하나는 경감이 되고) 정랑의 직책이다.

若下輔二分全與中輔俱好, 即三公、尙書、侍郎, 不入兩府,
약 하 보 이 분 전 여 중 보 구 호 즉 삼 공 상 서 시 랑 불 입 양 부

만약 하보가 2분으로 온전하고 더불어 중보와 함께 좋으면 곧 삼공·상서·시랑으로, 양부에는 들어가지 않으나,

有威權重, 名動朝野; 武臣則建節[47]方外[48], 將帥之權.
유 위 권 중 명 동 조 야 무 신 즉 건 절 방 외 장 수 지 권

위엄이 있고 권세가 무거우니, 이름이 조야(조정과 민간)에 남이요; 무신은 곧 방외에서 건절이 되니, 장수의 권력이다.

---

45 중국 명(明)、청(淸) 시대의 정무 감찰기관.

46 정치를 행하는 관청.

47 감사(監司)나 관찰사(觀察使)로 뽑혀 임명(任命)됨.

48 범위(範圍)의 밖. 고향에서 멀리 떨어진 곳. 세속 사람의 테 밖.

其下輔成, 其中輔有五釐不成就, 亦主卿監四品官.
기 하 보 성 기 중 보 유 오 리 불 성 취 역 주 경 감 사 품 관

그 하보가 이루어지고 그 중보에 있어 5리가 성취되지 않으면, 또한 주로 경감인 사품의 벼슬이다.

若中輔全就而龍虎外起, 並主三品之位.
약 중 보 전 취 이 용 호 외 기 병 주 삼 품 지 위

만약 중보가 온전히 이루어졌으나 용과 호랑이가 밖에서 일어나면 아울러 주로 삼품의 지위이다.

如形神端靜, 部位相稱, 骨氣清秀, 頭角深長高入髮際,
여 형 신 단 정 부 위 상 칭 골 기 청 수 두 각 심 장 고 입 발 제

만약 형과 신이 단정하고 고요하며, 부위가 서로 부합되고, 뼈의 기가 맑고 빼어나며, 두각(머리의 뿔)이 깊고 길면서 높아 발제에 들어가면

主給諫輕要之職.
주 급 간 경 요 지 직

주로 제 때에 간하는 가벼우나 중요한 직책이다.

其氣昏濁, 部位不明, 疵瘢黑痣, 是謂缺陷有破,
기 기 혼 탁 부 위 불 명 자 반 흑 지 시 위 결 함 유 파

그 기가 혼탁하고 부위가 밝지 않으며, 흉터와 반점과 검은 사마귀가 있으면 이는 결함과 깨어짐이 있다 일컫는데,

乃一生少權, 無聲多滯, 官職歇滅.
내 일 생 소 권 무 성 다 체 관 직 헐 멸

이에 한평생 권세가 적고 소리 없이 막힘이 많으니, 관직이 그치거나 없어진다.

凡相人宜細詳消息則不失矣.
범 상 인 의 세 상 소 식 즉 불 실 의

무릇 상은 사람에 마땅히 미미하고 상세한 소식인즉 잃지 않아야 한다.

下輔學堂者, 自玄璧下至頤額四位謂之二分位.
하 보 학 당 자 자 현 벽 하 지 이 액 사 위 위 지 이 분 위
하보 학당이라는 것은 현벽으로부터 아래로 턱과 이마까지 4부위를 2분위라 일컫는다.

二位豐滿明澤, 光潤而全成就者,
이 위 풍 만 명 택 광 윤 이 전 성 취 자
2부위가 풍만하고 밝게 윤택하며, 빛이 윤기가 있으면서 온전히 이루어 나가는 자는

主卿監、正郞、將, 藩府繁劇要務之任;
주 경 감 정 랑 장 번 부 번 극 요 무 지 임
주로 경감·정랑·장수로, 마을의 경계에서 번거로움이 심한 중요한 업무를 맡음이요;

如武臣則防團、刺史[49]、守邊之職.
여 무 신 즉 방 단 자 사 수 변 지 직
무신과 같이 곧 방단·자사·수변의 직책이다.

如二分俱備, 只左右破陷四釐者, 可取準頭應之,
여 이 분 구 비 지 좌 우 파 함 사 리 자 가 취 준 두 응 지
2분을 모두 갖춘 것과 같으나, 단지 좌우가 깨지고 함몰되어 4리인 자는 준두를 취하여 응함이 옳고,

亦主員五品三品職官,
역 주 원 오 품 삼 품 직 관
또한 주로 오품과 삼품 관직의 관원이며,

武則諸司使副[50]之位, 然須多滯, 晩年方達者.
무 즉 제 사 사 부 지 위 연 수 다 체 만 년 방 달 자
무인인즉 사부를 모두 맡는 지위로, 그리하면 틀림없이 많이 막히나 늙어서는 사방으로 통달한 자가 된다.

---

49 중국의 지방 관리(官吏).

50 각 관아의 으뜸 벼슬인 사(使)와 부사(副使).

下輔每分卽有五釐, 兩處共成一分者, 京官幕職而已.
하 보 매 분 즉 유 오 리　양 처 공 성 일 분 자　경 관 막 직 이 이

하보의 모든 1분 1분마다 곧 5리가 있으니, 두 곳이 공히 1분을 이룬 자는 수도의 관직이 막사의 직책일 따름이다.

若中輔兼得二釐, 光潤平滿, 亦可位至員郞.
약 중 보 겸 득 이 리　광 윤 평 만　역 가 위 지 원 랑

만약 중보가 겸하여 2리를 얻어, 빛이 윤택하고 고르게 가득 차면 또한 가히 지위가 원랑에 이른다.

或上輔兩三部中相應, 合成一分七釐者, 主正郞, 聲望淸顯.
혹 상 보 양 삼 부 중 상 응　합 성 일 분 칠 리 자　주 정 랑　성 망 청 현

혹 상보와 양쪽 삼부 중에 서로 응하고, 합하여 1분 7리를 이룬 자는 주로 정랑으로, 명성과 인망이 맑게 드러난다.

其上中下三輔合得八釐者, 文主令祿、幕府之官, 武當借職班行之位.
기 상 중 하 삼 보 합 득 팔 리 자　문 주 령 록　막 부 지 관　무 당 차 직 반 행 지 위

그 상중하의 삼보가 합하여 8리를 얻은 자는 주로 문서의 법령으로 녹을 얻고 막부(대장군의 진영)의 관리로, 무인이면 마땅히 직분을 빌려 동열에 자리한다.

若三兩處每處二三釐合成一分者, 雖無官職, 亦主衣食自足.
약 삼 양 처 매 처 이 삼 리 합 성 일 분 자　수 무 관 직　역 주 의 식 자 족

만약 삼보의 양쪽 부분이 매양 2리 3리와 합하여 1분을 이룬 자는 비록 관직이 없어도 또한 의식이 스스로 충족된다.

若上部一分學堂, 員郞之位.
약 상 부 일 분 학 당　원 랑 지 위

만약 상부가 1분 학당이면 원랑의 지위이다.

二分學堂, 兩眉分制, 或中下學堂應之, 則將相資財[51]職.
이 분 학 당 양 미 분 제 혹 중 하 학 당 응 지 즉 장 상 자 재 직

2분 학당으로 양 눈썹이 나누어져 있거나, 혹 중간 아래의 학당에 응하면 곧 장상으로 자재의 직분이다.

上部學堂二分共三分者, 不入兩府, 主兵將之權.
상 부 학 당 이 분 공 삼 분 자 불 입 양 부 주 병 장 지 권

상부 학당이 2분과 공히 3분인자는 양부(관아)에 들어가지 않고, 주로 병사를 거느리는 권세이다.

共得四分者, 出將入相.
공 득 사 분 자 출 장 입 상

한 가지로 4분을 얻은 자는 나가면 장군이요 들어오면 재상이다.

五分全就者, 總攝四方, 貴不可言也.
오 분 전 취 자 총 섭 사 방 귀 불 가 언 야

5분이 온전히 성취된 자는 모두 사방을 다스리니, 귀함을 가히 말할 수 없다.

上左右十位二分, 中六位一分, 下四位二分, 都計五分也.
상 좌 우 십 위 이 분 중 육 위 일 분 하 사 위 이 분 도 계 오 분 야

위로 좌우 10위가 2분, 가운데의 6위는 1분, 아래의 4위는 2분이니, 모두 5분으로 계산한다.

---

51 자본이 되는 재산.

太淸神鑑 卷三

(태청신감 권삼)

心術論

심 술 론

形不勝貌, 心不昧術, 久昧者, 不明也.
형 불 승 모　심 불 매 술　구 매 자　불 명 야

형상은 용모를 이길 수 없고 마음은 재주로 어둡지 않으니, 오래 어두운 것은 밝지 않아서다.

爲物所役, 故屈於用心; 爲事所奪, 故謬於擇術.
위 물 소 역　고 굴 어 용 심　위 사 소 탈　고 류 어 택 술

만물을 경영하는 바, 고로 마음을 굽혀 씀이요; 일을 빼앗는 바가 되니, 고로 재주를 구별함에 착오가 있다.

卒至凶咎悔吝之及也, 然後怨天尤人, 比比皆是,
졸 지 흉 구 회 린 지 급 야　연 후 원 천 우 인　비 비 개 시

마침내 흉과 허물을 뉘우치니 급기야 주저하기에 이르고, 그러한 후에 하늘을 원망하고 사람을 탓하니, 견주어 모두 바로잡아

每一念想, 未嘗不爲太息.
매 일 념 상　미 상 불 위 태 식

매일 마음속 깊이 생각하나, 아직 한숨을 경험하지 못하였다.

然臨事制物, 正心術而可取者有七, 乖心術而不可取者亦有七.
연 임 사 제 물 정 심 술 이 가 취 자 유 칠 괴 심 술 이 불 가 취 자 역 유 칠

그러므로 어떤 일에 임하여 만물을 바로잡아 바른 마음과 재주로써 가히 취할만한 것에 일곱 가지가 있고, 어긋난 마음과 재주로써 가히 취하지 못하는 것에 또한 일곱 가지가 있다.

所可取者何? 一曰忠孝, 二曰平等, 三曰寬容, 四曰純粹,
소 가 취 자 하 일 왈 충 효 이 왈 평 등 삼 왈 관 용 사 왈 순 수

가히 취하고자 하는 바가 무엇인가? 첫째 가로되 충효이고, 둘째 가로되 평등이며, 셋째 가로되 관용이고, 넷째 가로되 순수이며,

五曰施惠, 六曰有常, 七曰剛直.
오 왈 시 혜 육 왈 유 상 칠 왈 강 직

다섯째 가로되 은혜이고, 여섯째 가로되 일정하게 존재함이며, 일곱째 가로되 강직함이다.

其不可取者, 一曰陰惡, 二曰邪穢, 三曰苛察, 四曰矜誇,
기 불 가 취 자 일 왈 음 악 이 왈 사 예 삼 왈 가 찰 사 왈 긍 과

가히 취하지 못하는 것에는 첫째 가로되 숨은 악이고, 둘째 가로되 사악한 더러움이며, 셋째 가로되 까다로이 자세히 살피는 것이고, 넷째 가로되 뽐내고 자랑하는 것이며,

五曰奔競, 六曰諂諛, 七曰苟且.
오 왈 분 경 육 왈 첨 유 칠 왈 구 차

다섯째 가로되 지지 않으려는 다툼이고, 여섯째 가로되 알랑거리는 아첨이며, 일곱째 가로되 몹시 떳떳하지 못함이다.

此皆出心術之不同而感於異也.
차 개 출 심 술 지 부 동 이 감 어 이 야

이는 모두 심술(마음작용)에서 나타나 서로 같지 않으니 느낌이 다른 것이다.

此古人有論心擇術之戒也, 或曰:
차 고 인 유 론 심 택 술 지 계 야 혹 왈

이는 옛사람이 마음을 논함에 있어 재주를 택하는 것을 경계하니, 혹 가로되

「心術之不可取與所可取者各有此, 於形可得乎?」
심 술 지 불 가 취 여 소 가 취 자 각 유 차 어 형 가 득 호

「심술에서 가히 취할 수 없는 것과 더불어 가히 취할 수 있는 것이 각각 이에 있으니, 형상에서 가히 얻을 수 있는 것인가?」

曰:「貌端氣和者忠孝; 骨正色靜者平等; 眉開眼大者寬容;
왈 모 단 기 화 자 충 효 골 정 색 정 자 평 등 미 개 안 대 자 관 용

가로되「용모가 단정하고 기운이 온화한 자는 충성하고 효도함이요; 뼈가 바르고 색이 고요한 자는 평등함이요; 눈썹이 열리고 눈이 큰 자는 관용이 있음이요;

氣和閑暇者純粹; 面開準黃者施惠; 鼻直神定者有常;
기 화 한 가 자 순 수 면 개 준 황 자 시 혜 비 직 신 정 자 유 상

기가 온화하고 한가한 자는 순수함이요; 얼굴이 피고 준두가 황색인 자는 은혜를 베풂이요; 코가 곧고 신이 안정된 자는 일정함이 있음이요;

形肅貌古者剛直. 有是七者, 在所取也.
형 숙 모 고 자 강 직 유 시 칠 자 재 소 취 야

형상이 엄숙하고 용모가 옛스러운 자는 강직하다. 여기 있는 일곱 가지는 취할 바가 있다.

眼凶神露者險惡; 眼下嫩色者邪穢; 眼深肉橫者苛察;
안 흉 신 로 자 험 악 안 하 눈 색 자 사 예 안 심 육 횡 자 가 찰

눈이 흉하고 신이 드러난 자는 험악함이요; 눈 아래가 엷은 색깔인 자는 사악하고 더러움이요; 눈이 깊어 살이 가로지른 자는 까다롭게 살핌이요;

眼有忿氣者矜誇[1]; 眼急色雜者奔競[2];
안 유 분 기 자 긍 과 안 급 색 잡 자 분 경

눈에 성내는 기운이 있는 자는 뽐내고 자랑함이요; 눈이 급하고 색이 뒤섞인 자는 몹시 다툼이요;

---

1 뽐내고 자랑함.

2 지지 않으려고 몹시 다투는 일.

視流容笑者諂諛; 氣粗身搖者苟且. 有此七者, 爲心術在所不取也.
시 류 용 소 자 첨 유 기 조 신 요 자 구 차 유 차 칠 자 위 심 술 재 소 불 취 야

얼굴에 웃음기가 흘러 보이는 자는 알랑거리며 아첨함이요; 기운이 거칠고 몸이 흔들리는 자는 몹시 떳떳하지 못하다. 이 일곱 가지가 있으면, 심술로 취할 바가 없다.

如眼下肉生, 龍宮、福堂黃氣盤繞[3], 是有陰德之人也.
여 안 하 육 생 용 궁 복 당 황 기 반 요 시 유 음 덕 지 인 야

눈 아래 살이 나오고, 용궁과 복당에 황색의 기운이 빙빙 둘러 감으면 이에 음덕이 있는 사람이다.

夫德物無心, 臨事無物, 體道而出, 體道而入,
부 덕 물 무 심 임 사 무 물 체 도 이 출 체 도 이 입

무릇 만물의 덕이 마음에 없고, 일에 임하여 만물이 없으며, 몸에서 도가 나가고 몸으로 도가 들어오니,

世間種種一無于吾之靈臺[4], 果何心術之有哉!
세 간 종 종 일 무 우 오 지 영 대 과 하 심 술 지 유 재

세상 사이에 가끔 하나도 나의 영대(마음)가 없다면 과연 어찌 심술에서 비롯하여 존재하겠는가!

所謂心術者, 乃以勉人之不及而已.
소 위 심 술 자 내 이 면 인 지 불 급 이 이

이른바 심술이라는 것은 이로써 사람에게 이미 미치지 않도록 힘쓰는 것이다.

懼而行之, 亦可以同歸乎善而受道也.」
구 이 행 지 역 가 이 동 귀 호 선 이 수 도 야

두려워하면서 이를 행하고, 또한 함께 선으로 돌아감으로써 가히 이 도를 받는다.」

(《玉管照神》 七可取同)
옥 관 조 신 칠 가 취 동

(〈옥관조신〉의 일곱 가지를 취하는 것과 가히 같다.)

---

[3] 빙빙 둘러 감음.

[4] 마음을 이르는 말. 임금이 올라가서 사방을 바라보던 대(臺).

論德

논 덕

德爲義大矣哉! 天之有大德也, 四時行而長處高;
덕 위 의 대 의 재　천 지 유 대 덕 야　사 시 행 이 장 처 고

덕이 의로 이루어짐이 크도다! 하늘에는 큰 덕이 있으니 사계절을 운행함에 우두머리로 항상 높게 있음이요;

地之有至德也, 萬物生而長處厚; 人之有德也, 亦若是矣.
지 지 유 지 덕 야　만 물 생 이 장 처 후　인 지 유 덕 야　역 약 시 의

땅에는 지극한 덕이 있으니 만물을 낳으며 항상 두터움이요; 사람에게 덕이 있으니 또한 이와 같다.

故天道祐之, 人心歸之, 享長生之榮, 且能孝於親,
고 천 도 우 지　인 심 귀 지　형 장 생 지 영　차 능 효 어 친

고로 하늘의 도가 이를 도와서 사람의 마음으로 돌아가니, 오래 사는 영화를 누리고 또한 능히 부모에 효도하며,

能忠於君, 能和於人, 能濟於物, 爲德之先, 爲行之表,
능 충 어 군　능 화 어 인　능 제 어 물　위 덕 지 선　위 행 지 표

능히 임금에 충성하고 능히 사람과 화합하며, 능히 만물을 가지런하게 하고, 덕이 먼저이면 행동으로 드러나게 되고,

雖未陽賞, 必獲陰報, 未及其身, 必及子息.
수 미 양 상　필 획 음 보　미 급 기 신　필 급 자 식

비록 상(賞)으로 빛나지 않아도 반드시 숨은 보답을 받으니, 나에게 미치지 않으면 반드시 자식에게 이른다.

是以善相者先察其德後相其形.
시 이 선 상 자 선 찰 기 덕 후 상 기 형

이러한 까닭에 상을 잘 보는 자는 먼저 그 덕을 살핀 후에 그 형상으로 상을 본다.

故德美而形惡, 無妨爲君子; 形善而行凶, 不害爲小人.
고 덕 미 이 형 악 무 방 위 군 자 형 선 이 행 흉 불 해 위 소 인

고로 덕이 아름다우면 형상이 나쁘더라도 꺼림이 없으니 군자가 됨이요; 형상이 좋아도 행함이 나쁘면 해롭지 않더라도 소인이 된다.

荀子曰:「相形不如相心, 論心不如論德.」
순 자 왈 상 형 불 여 상 심 논 심 불 여 논 덕

순자가 가로되「형상의 상은 마음의 상과 같지 않고, 마음을 논함은 덕을 논함과 같지 않다.」라고 하였다.

此勸人爲善也, 又言其德爲先矣.
차 권 인 위 선 야 우 언 기 덕 위 선 의

이는 사람에게 선을 권하고 또한 그 덕을 먼저 말함이다.

夫形者, 譬之匠也, 材旣美矣, 匠拙則棄之, 乃爲不材之木也.
부 형 자 비 지 장 야 재 기 미 의 장 졸 즉 기 지 내 위 부 재 지 목 야

대저 형상이라는 것은 비유하면 장인이다. 재질이 이미 좋은데 장인이 옹졸한즉 버리니, 이에 재목이 안 되는 나무라 한다.

人之形美矣! 苟無德, 則形以虛美而天禍人損, 遭之淩辱無疑也.
인 지 형 미 의 구 무 덕 즉 형 이 허 미 이 천 화 인 손 조 지 능 욕 무 의 야

사람의 형상이 아름답구나! 진실로 덕이 없으면 곧 형상으로써 헛되게 아름다우니 하늘의 재앙이 사람에게 손해를 보게 하고, 만남에 이를 업신여겨 욕되게 함을 의심하지 않는다.

是知德在形先, 形居德後, 乍可有德而形惡, 不可形善而無德矣.
시 지 덕 재 형 선 형 거 덕 후 사 가 유 덕 이 형 악 불 가 형 선 이 무 덕 의

이는 덕을 아는 것이 형상이 있는것 보다 먼저이고 형상은 덕의 뒤에 있으니, 잠깐 덕이 있으면서 형상이 나쁜 것은 옳으나, 형상이 좋으면서 덕이 없는 것은 옳지 않다.

死生論

생 사 론

古之至人, 以生爲勞佚, 以死爲休息.

고 지 지 인　이 생 위 노 일　이 사 위 휴 식

예전의 지극한 사람은 삶을 노력으로써 편안하게 여겼고, 죽음을 휴식으로써 생각하였다.

是以知來去非我而可以生可以死也.

시 이 지 래 거 비 아 이 가 이 생 가 이 사 야

이러한 까닭에 오고 감을 알아 나 밖의 모든 것이 삶으로서 옳고 죽음으로서도 옳다.

將獨立乎萬物之上, 斡旋[5]乾坤於太虛之中,

장 독 립 호 만 물 지 상　알 선　건 곤 어 태 허 지 중

장차 만물 위에 홀로 서서 하늘과 땅이 크게 비어있는 가운데 알선하니,

果何得死生而相邪?

과 하 득 사 생 이 상 야

과연 어찌 죽음과 삶을 상에서 얻을 수 있는가?

此鄭之神巫見帶人子, 始以其子不可復治, 終則未死而老也.

차 정 지 신 무 견 대 인 자　시 이 기 자 불 가 복 치　종 즉 미 사 이 노 야

이는 정나라에서 신령한 무당이 지금 사람의 아들을 데리고 있을 때, 비로소 그 아들의 병을 치료함으로써 회복이 불가하다고 하였지만, 끝내 즉 죽지 않고 노인이 되었다.

5　남의 일을 잘되도록 마련하여 줌.

徒下愚而不知道, 汨沒世事, 認己爲有, 認物爲我.
도 하 우 이 부 지 도　골 몰 세 사　인 기 위 유　인 물 위 아

다만 아주 어리석고 못나서 도를 알지 못하고, 세상일에 골몰하게 잠겨야 자아가 있음을 알게 되니, 만물을 나로 인식하게 된다.

以生爲可悅, 以死爲可惡, 內焉所藏於心, 思慮縈縈,
이 생 위 가 열　이 사 위 가 악　내 언 소 장 어 심　사 려 영 영

태어남으로써 가히 기뻐하게 되고 죽음으로써 가히 나쁘게 되니, 안에 마음이 감추어진 바, 생각과 염려가 얽히고 얽히어,

妄意一生面目乃變, 使人得以相之.
망 의 일 생 면 목 내 변　사 인 득 이 상 지

망령된 뜻이 한평생 얼굴과 눈을 변하게 하고, 사람으로 하여금 상을 얻게 한다.

故神昏者死, 神亂者死, 神浮者死, 神雜者死,
고 신 혼 자 사　신 란 자 사　신 부 자 사　신 잡 자 사

고로 신이 어두운 자는 죽고 신이 어지러운 자도 죽으며, 신이 떠다니는 자도 죽고 신이 뒤섞인 자도 죽으니,

以此言談動止俱失, 當不過數旬而死矣.
이 차 언 담 동 지 구 실　당 불 과 수 순 이 사 의

이로써 이야기하는 말의 움직이고 멈춤을 모두 잃으면 마땅히 몇십 일이 지나지 않아 죽는다.

須更看淺深而斷然不可拘也.
수 갱 간 천 심 이 단 연 불 가 구 야

모름지기 다시 보아 얕고 깊음을 결단하려 하지만 가히 잡지 못한다.

嗚呼! 死生亦大矣. 世之迷者改頭換面[6], 沈溺苦海[7]不知究也.
오 호 사 생 역 대 의 세 지 미 자 개 두 환 면 침 닉 고 해 부 지 구 야

아아! 죽음과 삶이 또한 크도다. 세상에 미혹된 자가 머리를 고치고 사람을 바꾸어도, 침몰하는 고통스런 세계에서 지식을 연구하여도 알지 못하였다.

胡不斷所寂滅[8]觀相, 識本來面目, 証果[9]大事者而不然,
호 부 단 소 적 멸 관 상 식 본 래 면 목 증 과 대 사 자 이 불 연

크게 자연히 없어져 버리는 관상으로 결단하지 않는 바, 본래 면목을 알고 큰일의 결과로 증명하는 자는 그렇게 하지 않으니,

未免流轉死生之途而受苦惱也.
미 면 유 전 사 생 지 도 이 수 고 뇌 야

아직 생사의 길에서 벗어나지 못하여 이리저리 떠돌면서 괴로움과 번뇌를 받는다.

論神
논 신

神之爲道, 出而不可見, 隱而不可求.
신 지 위 도 출 이 불 가 견 은 이 불 가 구

신이 도에 이름은 나아가서 가히 볼 수 없고, 숨어서도 가히 구할 수 없다.

---

6 일의 근본은 고치지 않고 단지 그 겉만을 고침.

7 「고통의 세계」라는 뜻으로, 「괴로운 인간세계」를 이르는 말.

8 자연히 없어져 버림.

9 수행의 인(因)에 의해서 얻는 깨달음의 결과. 무명(無明)、번뇌(煩惱)에서 떠나 깨달음의 결과를 얻음.

故虛而無形也, 則是索之於心;
고 허 이 무 형 야 즉 시 색 지 어 심
고로 비어 형상이 없으니 곧 이는 마음에서 찾음이요;

隱而無象也, 則可測之於形.
은 이 무 상 야 즉 가 측 지 어 형
숨어 있어 모양이 없으니 곧 형상으로 가히 헤아려야 한다.

昭昭然見於眉目之上, 幽幽[10]然運於五臟之裡,
소 소 연 견 어 미 목 지 상 유 유 연 운 어 오 장 지 리
눈썹과 눈 위에서 밝게 빛나 보이면 깊은 오장 속에서 움직이는 듯하니,

故人云晤盡則神遊於眼, 六德則神思於心, 是神出處於形而爲之表,
고 인 운 오 진 즉 신 유 어 안 육 덕 즉 신 사 어 심 시 신 출 처 어 형 이 위 지 표
고로 사람의 총명함이 다하여 이와 같으면 곧 신이 눈에서 놀고, 육덕(智仁聖義忠和)은 곧 마음의 생각인 신으로, 이에 신의 출처가 형상으로 표시되니,

猶日月之光外照萬物, 而其神隱於日月之內也.
유 일 월 지 광 외 조 만 물 이 기 신 은 어 일 월 지 내 야
단지 일월의 빛이 바깥으로 만물을 비추고 그 신이 일월 안에 숨어 있다.

且夫人之眼明則神淸, 昏則神濁.
차 부 인 지 안 명 즉 신 청 혼 즉 신 탁
또한 무릇 사람의 눈이 밝은즉 신이 맑고 어두운즉 신이 탁하다.

淸則六德多六昧少. 濁則六昧多六德少.
청 즉 육 덕 다 육 매 소. 탁 즉 육 매 다 육 덕 소
신이 맑은즉 여섯 가지 덕이 많고 여섯 가지 어두움이 적다. 신이 탁한즉 여섯 가지 어두움이 많고 여섯 가지 덕이 적다.

[10] 깊은 모양. 어두운 모양. 조용한 모양.

夫夢之境界, 蓋神遊於心, 而所遊遠亦出五臟六腑之間,
부 몽 지 경 계　개 신 유 어 심　이 소 유 원 역 출 오 장 육 부 지 간

무릇 꿈의 경계에서 대개 신은 마음에서 노는데, 노는 바가 멀어 또한 오장 육부 사이에서 나오니,

與夫耳目視聽之內也.
여 부 이 목 시 청 지 내 야

더불어 무릇 귀와 눈이 안의 것을 보고 듣는다.

其所遊之象與所見之事, 或因想而成, 或遇事而至,
기 소 유 지 상 여 소 견 지 사　혹 인 상 이 성　혹 우 사 이 지

그 노는 것의 모양과 더불어 보는 것의 일은 혹 생각으로 인하여 이루어지고, 혹 일을 만나 도달하니,

亦吾一身所自有也,
역 오 일 신 소 자 유 야

또한 나의 한 몸에 스스로 있는 바이고,

故夢中所見之事, 乃在吾一身之中, 非出吾一身之外矣.
고 몽 중 소 견 지 사　내 재 오 일 신 지 중　비 출 오 일 신 지 외 의

고로 꿈 중에 보는 일은 이에 나의 한 몸 중에 있는 것이고, 나의 한 몸 밖으로 나오는 것이 아니다.

故白眼禪師說夢有五境: 一曰虛境, 二曰實境,
고 백 안 선 사 설 몽 유 오 경　일 왈 허 경　이 왈 실 경

고로 백안선사 말씀이 꿈속에는 다섯 경계가 있으니, 첫째 가로되 허무의 경계, 둘째 가로되 실제의 경계,

三曰過去境, 四曰現在境, 五曰未來境.
삼 왈 과 거 경　사 왈 현 재 경　오 왈 미 래 경

셋째 가로되 과거의 경계, 넷째 가로되 현재의 경계, 다섯째 가로되 미래의 경계이다.

是神躁則境生, 神靜則境滅, 則知是境也, 由人動靜而生者也.
시 신 조 즉 경 생　신 정 즉 경 멸　즉 지 시 경 야　유 인 동 정 이 생 자 야

이에 신이 조급한즉 경계가 생기고 신이 고요한즉 경계가 소멸하며, 곧 이 경계를 알게 되니, 사람으로 말미암아 움직임과 고요함이 생기는 것이다.

夫望其形或灑然而清, 或翹然而秀, 或皎然而明,
부 망 기 형 혹 쇄 연 이 청　혹 교 연 이 수　혹 교 연 이 명

무릇 그 형상을 보면 혹 깨끗한 듯하면서 맑고, 혹은 뛰어난 듯하면서 빼어나며, 혹 분명한 듯하면서 밝고

或凝然[11]而瑩, 眉目聳動, 精彩射人, 皆由神發於內而見於表也.
혹 응 연　이 영　미 목 용 동　정 채 사 인　개 유 신 발 어 내 이 견 어 표 야

혹 단정하고 진중하게 밝으니, 눈썹과 눈이 솟구쳐 움직이고, 정기의 빛으로 사람을 쏘니 모두 신으로 말미암아 안에서 발하여 겉으로 나타난다.

其神清而和、明而徹者, 富貴之象也.
기 신 청 이 화　명 이 철 자　부 귀 지 상 야

그 정신이 맑고 조화로우며 밝게 꿰뚫는 자는 부귀한 모양이다.

昏而濁, 柔而怯者, 貧薄之相也.
혼 이 탁　유 이 겁 자　빈 박 지 상 야

어두워 탁하고 연약하여 겁내는 자는 가난하고 박약한 상이다.

實而靜者, 其神和.
실 이 정 자　기 신 화

참되면서 고요한 자는 그 신이 온화하다.

《玉管》云: 詳而靜者其神安; 虛而急者其神躁,
옥 관　운　상 이 정 자 기 신 안　허 이 급 자 기 신 조

〈옥관〉에 이르기를 자세하고 고요한 자는 그 신이 편안함이요; 비어있어 급한 자는 그 신이 조급하다고 하였으니,

[11] 단정하고 진중(鎭重)한 모양.

故君子善養其性者, 無暴其氣.
고 군 자 선 양 기 성 자　무 폭 기 기

고로 군자는 그 성품을 좋게 기른 것으로 그 기에 사나움이 없다.

其氣不暴則形安, 形安而神不全者, 未之有也.
기 기 불 폭 즉 형 안　형 안 이 신 부 전 자　미 지 유 야

그 기가 사납지 않은즉 형상이 편안하고, 형상이 편안하지만 신이 온전하지 않은 자는 아직 존재하지 않는다.

又云: 氣者, 陰陽之移人, 無寒暑之故, 不其難乎?
우 운　기 자　음 양 지 이 인　무 한 서 지 고　불 기 난 호

또 이르기를 기라는 것은, 음양으로 사람을 바꾸나, 춥고 더움의 사유가 없으면 그것이 어렵지 않은가?

髣髴之間, 變則有氣. 神則同乎氣而有所主也.
방 불 지 간　변 즉 유 기　신 즉 동 호 기 이 유 소 주 야

거의 비슷한 사이에 변화한즉 기가 있다. 신이 곧 기와 같으니 주인 되는 바가 있다.

及乎氣變而有形, 神止乎形而有寓也.
급 호 기 변 이 유 형　신 지 호 형 이 유 우 야

급기야 기가 변하니 형상이 있고, 신이 그치니 형상의 머무름이 있다.

變而有生, 神則未嘗生; 變而有死, 神則者未嘗死.
변 이 유 생　신 즉 미 상 생　변 이 유 사　신 즉 자 미 상 사

변화하여 나와 있음에 신은 곧 나왔으나 경험이 없고, 변화하여 죽음이 있지만 신은 곧 아직 죽음을 경험하지 못하였다.

古之得道者, 不染塵埃, 不役於事, 爲知神之妙, 與太虛同體;
고 지 득 도 자　불 염 진 애　불 역 어 사　위 지 신 지 묘　여 태 허 동 체

옛날에 도를 얻은 자는 티끌에 물들지 않고 일에 힘쓰지 않아, 신의 오묘함을 알게 되니 더불어 태허(하늘)와 같은 몸이요;

知神之微, 與造化同用. 則爲聖人、至人、神人.
지신지미 여조화동용 즉위성인 지인 신인

신의 정교함을 알아 더불어 조화와 같이 쓰인다. 곧 성인·지인·신인이 된다.

爲用如此, 是形在人事間者, 神則藏於心, 發現於眉目之間,
위용여차 시형재인사간자 신즉장어심 발현어미목지간

이와 같이 쓰이면 이에 형상은 사람의 일 사이에 있는 것으로, 신은 곧 마음에 감추어져 눈썹과 눈 사이에서 발현되니,

猶未失其本眞.
유미실기본진

오히려 그 근본 진리를 잃지 않는다.

則以古爲上, 淸次之, 藏次之, 媚又次之.
즉이고위상 청차지 장차지 미우차지

즉 위로 옛스러움이 되고, 맑음이 다음이며, 감춤이 다음이고, 아리따움이 또한 다음이다.

如流散昏濁, 是其從謬至迷, 一至如此, 不足論也.
여유산혼탁 시기종류지미 일지여차 부족론야

흘러 흩어져 혼탁한 것 같으면 이 그릇됨을 따라 미혹됨에 이르니, 이같이 한번에 다하여 논하기에 부족하다.

聳然不動, 視之有威, 謂之古;
용연부동 시지유위 위지고

우뚝 솟아 움직이지 않고, 볼 때 위엄이 있는 것을 고라 일컬음이요;

澄然瑩澈, 視之可愛, 謂之淸;
징연영철 시지가애 위지청

맑고 깨끗하여 환하게 내다보이고, 볼 때 가히 사랑스러우면 청이라 일컬음이요;

怡然[12]灑落[13], 視之難捨, 謂之媚.
이 연 쇄 락 시 지 난 사 위 지 미

기쁘고 좋으며 개운하고 깨끗하여, 보기에 버리기 어려운 것을 미(媚)라 일컫는다.

各得其體格神氣而賦之, 未有不爲公卿, 達而上則神仙矣.
각 득 기 체 격 신 기 이 부 지 미 유 불 위 공 경 달 이 상 즉 신 선 의

각각 그 체격에 신과 기를 얻어 받으니, 공경에 이르지 않으면 통달하여 올라가 곧 신선이 된다.

媚雖有貴, 乃阿諛諂佞之人, 雖在朝廷, 身之進退, 亦何足數.
미 수 유 귀 내 아 유 첨 녕 지 인 수 유 조 정 신 지 진 퇴 역 하 족 수

아리따운 것은 비록 귀함은 있지만, 이에 알랑거리며 아첨하고 헐뜯는 간사한 사람이니, 비록 조정에 있어도 몸이 나아가고 물러남에 또한 어찌 책략에 만족하랴?

似明不明, 似峻不峻, 謂之流散.
사 명 불 명 사 준 부 준 위 지 유 산

밝게 보이나 밝지 않고 준엄하게 보이나 준엄하지 않음을 유산이라 일컫는다.

似醉不醉, 似困不困, 謂之昏濁.
사 취 불 취 사 곤 불 곤 위 지 혼 탁

취하게 보이나 취하지 않고 곤궁하게 보이나 곤궁하지 않음을 혼탁이라 일컫는다.

嗚呼! 人之喪精失靈, 不知神之所謂,
오 호 인 지 상 정 실 령 부 지 신 지 소 위

오오! 사람이 정을 허비하고 신령함을 잃으면 신이 일컫는 바를 알지 못하여,

以至爲萬物同出入於機, 不知覺也.
이 지 위 만 물 동 출 입 어 기 부 지 각 야

이로써 만물이 한 가지 틀로 출입함에 이르니 깨달아 알지 못한다.

---

12 기쁘고 좋음.

13 (기분이나 몸이) 개운하고 깨끗함.

論神有餘

논 신 유 여

神之有餘者, 眼色清瑩, 顧盼不斜, 眉秀而長, 精彩[14]聳動,
신 지 유 여 자 안 색 청 영 고 반 불 사 미 수 이 장 정 채 용 동

신에 남음이 있는 자는 눈의 색이 맑고 투명하며, 곁눈질로 비껴보지 않고 눈썹이 빼어나게 길며, 정묘하게 뛰어난 광채가 솟구쳐 움직이고,

容貌澄徹, 擧止汪洋[15].
용 모 징 철 거 지 왕 양

용모가 맑게 관통하며 행동거지가 광대하다.

灑然遠視, 若秋月之照霜天[16]; 巍然近矚, 似和風之動春花.
쇄 연 원 시 약 추 월 지 조 상 천 외 연 근 촉 사 화 풍 지 동 춘 화

멀리서 보면 깨끗한 듯하고, 이에 가을 달이 서리가 내리는 밤하늘을 비추는 것 같음이요; 높지만 가까이 자세히 보면 온화한 바람에 봄꽃이 흔들리는 것 같다.

臨事剛毅, 如猛獸而步深山; 處衆逸超逸, 似丹鳳而翔雲路.
임 사 강 의 여 맹 수 이 보 심 산 처 중 일 초 일 사 단 봉 이 상 운 로

일에 임하여 굳센 의지로 맹수가 깊은 산을 걷는 것 같음이요; 처한 무리에서 뛰어나 초월함을 넘어서 마치 붉은 봉황이 구름 길을 나는 듯하다.

其坐也, 若介石不動. 其臥也, 如棲鳥不搖.
기 좌 야 약 개 석 부 동 기 와 야 여 서 조 불 요

그 앉음이 마치 경계석이 움직이지 않는 듯하다. 그 누움이 쉬고 있는 새와 같이 흔들리지 않는다.

---

14 정묘(精妙)하고 뛰어난 광채.

15 미루어 헤아리기 어렵게 광대(廣大)함.

16 서리가 내리는 밤의 하늘.

其形也, 洋洋然如平水之流, 昂昂然如孤峰之聳.
기 형 야 양 양 연 여 평 수 지 류 앙 앙 연 여 고 봉 지 용

그 형상은, 바다처럼 한없이 넓고 평평하게 흐르는 물과 같으며, 높은 달은 외로이 봉우리가 솟아 있는 것과 같다.

言不妄發, 性不妄躁, 喜怒不動其心, 榮辱不易其操.
언 불 망 발 성 불 망 조 희 노 부 동 기 심 영 욕 불 역 기 조

말은 망발하지 않고 성품은 망령되고 조급하지 않으며, 기쁨과 성냄이 그 마음에서 움직이지 않으니, 영화와 치욕으로 그 절개를 바꾸지 않는다.

萬態紛錯於前而心恒一.
만 태 분 착 어 전 이 심 항 일

만 가지 형태가 앞에서 어지러이 뒤섞여도 마음은 항상 하나이다.

斯皆謂神有餘也. 神餘者皆爲上貴之相,
사 개 위 신 유 여 야 신 여 자 개 위 상 귀 지 상

이는 모두 신에 남음이 있음이다. 신에 남음이 있는 자는 모두 높게 귀한 상으로,

凶災難入, 天祿永保其終矣.
흉 재 난 입 천 록 영 보 기 종 의

흉한 재난이 들어오기 어려우니 하늘의 녹이 생을 마칠 때까지 영원히 지켜진다.

論神不足

논신부족

神之不足者, 不醉似醉, 常如病酒; 不愁似愁, 常如憂戚;
신지부족자 불취사취 상여병주 불수사수 상여우척

신이 부족한 자는 취하지 않아도 취한 듯하여 항상 술병이 난 것 같음이요; 근심이 없어도 근심하는 듯하여 항상 걱정으로 슬퍼하는 것 같음이요;

不睡似睡, 如睡纔覺; 不笑似笑, 忽如驚忻.
불수사수 여수재각 불소사소 홀여경흔

잠을 자지 않아도 잠자는 듯하고 잠들어도 겨우 깨어난 것 같음이요; 웃지 않아도 웃는 듯하여 갑자기 놀라서 기뻐하는 것 같다.

不嗔似嗔, 不喜似喜, 不驚似驚, 不癡似癡, 不畏似畏.
부진사진 불희사희 불경사경 불치사치 불외사외

성내지 않아도 성난 듯하고 기쁘지 않은데 기뻐하는 듯하며, 놀라지 않아도 놀란 듯하고 어리석지 않은데 어리석은 듯하며, 두려움이 없는데 두려워하는 것 같다.

容止[17]昏濁, 似染顚癎; 神色慘愴, 常如有失.
용지 혼탁 사염전간 신색참창 상여유실

몸가짐과 태도가 혼탁하면 간질병으로 뒤집어진 것과 같음이요; 신과 안색이 참혹하게 어지러워 항상 잃어버린 것과 같다.

恍惚愴惶, 常如恐懼; 言語澁縮, 似羞隱藏;
황홀창황 상여공구 언어삽축 사수은장

황홀하며 슬퍼 어찌할 바를 몰라 항상 몹시 두려워하는 것과 같음이요; 말하기를 꺼려 위축되고 부끄러움을 숨기고 감추는 것 같음이요;

---

17 몸가짐이나 태도.

體貌低摧, 如遭凌辱.
체 모 저 최　여 조 능 욕

몸의 자태가 낮아 험한 모양으로 업신여기고 욕됨을 당한 듯하다.

色初鮮而後暗, 語先快而後訥. 此皆謂神不足也.
색 초 선 이 후 암　어 선 쾌 이 후 눌　차 개 위 신 부 족 야

색이 처음에는 선명하나 뒤에 어둡고 말이 앞에는 시원하나 뒤에는 말을 더듬거린다. 이에 모두가 신이 부족하다 일컫는다.

神不足者, 多招牢獄[18]枉厄, 有官亦主失位矣.
신 부 족 자　다 초 뇌 옥　왕 액　유 관 역 주 실 위 의

신이 부족한 자는 감옥에 결박되거나 억울한 재앙을 많이 부르니 관직에 있어도 또한 주로 지위를 잃는다.

論氣

논 기

論一人之至好, 御二氣以成德.
논 일 인 지 지 호　어 이 기 이 성 덕

첫 번째 사람이 지극히 좋아함을 논하니, 두 번째 기운을 다스림으로써 덕을 이룬다.

交通而和也, 則萬物遂其性命; 乖戾不調也, 則萬物失其理.
교 통 이 화 야　즉 만 물 수 기 성 명　괴 려 부 조 야　즉 만 물 실 기 리

서로 통하여 조화로우니 즉 만물이 그 천성과 천명을 따르고, 사리에 어그러져 온당치 않고 고르지 않으면 곧 만물이 그 이치를 잃는다.

---

18 죄인을 가두는 옥.

此乃天地之氣見乎變化也.
차 내 천 지 지 기 견 호 변 화 야

이에 하늘과 땅의 기운이 변화하여 보인다.

石蘊玉而山輝, 淵藏珠而川媚, 由夫至精之寶, 見乎山川也.
석 온 옥 이 산 휘 연 장 주 이 천 미 유 부 지 정 지 보 견 호 산 천 야

돌이 옥을 간직하면 산이 빛나고, 연못이 구슬을 감추면 내(흐르는 물)가 아름다우니, 그리하여 무릇 지극히 정성스러운 보물이 산천에 보이는 도다.

萬物之情美莫不發乎氣而見乎色矣.
만 물 지 정 미 막 불 발 호 기 이 견 호 색 의

만물의 뜻이 아름다움은 기에서 발하지 않음이 없어 색으로 드러난다.

夫形者, 質也; 氣者, 用也.
부 형 자 질 야 기 자 용 야

무릇 형상이라는 것은 바탕이요; 기라는 것은 쓰임이다.

氣所以充乎質, 質所以謂運乎氣.
기 소 이 충 호 질 질 소 이 위 운 호 기

기는 바탕으로 채워지니 바탕이 이른바 기로 운용됨에 이른다.

是以由氣以保形, 由形以安氣.
시 이 유 기 이 보 형 유 형 이 안 기

이런 까닭에 기로써 말미암아 형상을 보호하며, 형상으로 말미암아 기가 편안하다.

故質宏則氣寬, 神安則氣靜, 得失不足以動其氣, 喜怒不足以驚其神.
고 질 굉 즉 기 관 신 안 즉 기 정 득 실 부 족 이 동 기 기 희 노 부 족 이 경 기 신

고로 바탕이 넓은즉 기가 너그럽고, 신이 편안한즉 기가 고요하며, 얻고 잃음으로 그 기를 움직이기에 부족하고, 기쁨과 성냄으로 그 신이 놀라기에 부족하다.

則於德爲有容, 於量爲有度, 是謂厚重之福之相也.
즉 어 덕 위 유 용 어 량 위 유 도 시 위 후 중 지 복 지 상 야

곧 덕을 용납함이 있게 되고 기량에는 법도가 있으니, 이에 후중하여 복이 있는 상이라 일컫는다.

形如材, 有松柏、荊棘[19]之異, 氣有規矩、準繩[20]之工,
형 여 재　유 송 백　형 극　지 이　기 유 규 구　준 승　지 공

형상은 재목과 같아서 소나무와 잣나무의 가시에 다름이 있고, 기에도 법과 제도가 있으니 장인의 일정한 법식으로,

隨材而成器, 隨形而制體.
수 재 이 성 기　수 형 이 제 체

재목에 따라 그릇을 이루고 형상을 따라 몸을 짓는다.

故君子以形爲善惡之地, 以氣爲騏驥之馬, 善御之而得其道也.
고 군 자 이 형 위 선 악 지 지　이 기 위 기 기 지 마　선 어 지 이 득 기 도 야

고로 군자는 형상으로써 선악의 땅이 되고, 기로써 빨리 달리는 말이 되니, 좋게 다스려서 그 도를 얻는다.

是以善人之氣, 不急不暴, 不亂不躁, 寬能容物, 若大海之洋洋;
시 이 선 인 지 기　불 급 불 폭　불 란 부 조　관 능 용 물　약 대 해 지 양 양

이로써 좋은 사람의 기는 급하거나 사납지 않고, 어지럽거나 조급하지 않으며, 너그럽게 능히 만물을 용납하니 큰 바다처럼 끝없이 넓음이요;

和能接物, 類春風之習習[21].
화 능 접 물　류 춘 풍 지 습 습

온화함으로 능히 만물을 접하니 봄바람의 습습함과 비슷하다.

剛而能制, 萬態不足動其操; 清而能潔, 千塵不足汚其色.
강 이 능 제　만 태 부 족 동 기 조　청 이 능 결　천 진 부 족 오 기 색

굳세어 능히 제어하면 만 가지의 형태를 조종하여 움직임에 족하지 않음이요; 맑고 능히 깨끗하면 천 가지의 티끌로 그 색을 더럽히기에 족하지 않다.

---

19 나무의 가시.

20 일정한 법식을 이르는 말.

21 사늘한 바람이 가볍고 보드랍게 잇달아 붊.

小人反是, 則不寬而隘, 不和而戾, 不剛而懦, 不清而濁,
소인반시 즉불관즉애 불화이루 불강이라 불청이탁

소인은 이에 반하여 곧 너그럽지 않아 좁고 조화롭지 않아 어그러지며, 굳세지 않아 나약하고 맑지 않아 탁하며,

不正而偏, 不舒而急.
부정이편 불서이급

바르지 않아 치우치고 펴지지 않아 급하다.

但視其氣之淺深, 察其色之躁靜, 則君子小人可辨矣.
단시기기지천심 찰기색지조정 즉군자소인가변의

단지 그 기의 얕고 깊음을 보고, 그 색의 조급함과 고요함만을 살핀다면 곧 군자와 소인을 가히 변별할 수 있다.

氣長而舒和, 寬裕而不暴者, 爲福壽之人.
기장이서화 관유이불포자 위복수지인

기가 길고 온화하게 펴지며, 너그럽고 느긋하여 사납지 않은 자는 복과 수명을 누리는 사람이 된다.

急促而不勻, 暴然見乎色者, 爲薄淺之相也.
급촉이불균 폭연현호색자 위박천지상야

급하게 재촉하여 고르지 않고, 색이 사납게 보이는 자는 천박한 상이 된다.

且氣之爲道, 又發乎顔表而爲吉凶之兆也,
차기지위도 우발호안표이위길흉지조야

또한 기가 도에 이름은 다시 얼굴의 겉에서 발하여 길흉의 조짐이 된다.

其散如毛髮, 其聚如黍米, 望之有形, 按之無跡,
기산여모발 기취여서미 망지유형 안지무적

그 흩어짐이 머리카락과 같고 그 모임이 기장과 쌀 같으니, 형상이 있을 것으로 기대하나 이루어질 자취가 없고,

出入一面之部位, 又應人之禍福.
출 입 일 면 지 부 위 우 응 인 지 화 복

한 얼굴 부위로 출입하여 다시 사람의 화와 복에 응한다.

若氣呼吸無聲, 耳不自聞, 或臥而不喘者, 謂之龜息, 壽相也.
약 기 호 흡 무 성 이 불 자 문 혹 와 이 불 천 자 위 지 귀 식 수 상 야

만약 기의 호흡에 소리가 없고, 귀가 저절로 들리지 않으며, 혹 누워도 숨이 없는 자를 거북이 숨을 쉰다고 일컬으니 장수하는 상이다.

其或呼吸氣盈而動者, 乃爲夭死之人.
기 혹 호 흡 기 영 이 동 자 내 위 요 사 지 인

혹은 그 호흡에 기가 가득차면서 움직이는 자는 이에 요절하여 죽는 사람이다.

孟子不顧萬鍾之祿, 以善養其氣者也.
맹 자 불 고 만 종 지 록 이 선 양 기 기 자 야

맹자는 만종(부피의 단위)의 녹을 돌아보지 않고 그 기로써 좋게 기른 자이다.

爭升合之利而悻悻然戾其色暴其氣者, 何足道哉!
쟁 승 홉 지 리 이 행 행 연 려 기 색 폭 기 기 자 하 족 도 재

한 되와 한 홉의 이익을 다투고 성내는 듯하면 그 색은 어그러지고 그 기는 사나워지는 것이니, 어찌 족히 도라 하는가!

氣之所以養形, 在五臟六腑之間, 因七情而斂散.
기 지 소 이 양 형 재 오 장 육 부 지 간 인 칠 정 지 렴 산

기는 형상을 기르는 바로써 오장육부 사이에 있고, 칠정으로 인하여 모이고 흩어진다.

故發於五嶽四瀆之上, 有六氣之變.
고 발 어 오 악 사 독 지 상 유 육 기 지 변

고로 오악과 사독으로 발하여 위로는 육기의 변화가 있다.

能淸濁以無餘, 湛然寂如, 固山水之淵, 非六氣可得而取也.
능 청 탁 이 무 여 침 연 적 여 고 산 수 지 연 비 육 기 가 득 이 취 야

능히 맑고 탁함으로써 남은 것이 없고 잠긴 듯 고요한 것 같아, 산과 물로 못을 굳게 하니 육기로 가히 얻어 취할 수 없다.

青龍之氣如祥雲襯月, 朱雀之氣如朝霞映水,
청 룡 지 기 여 상 운 친 월 주 작 지 기 여 조 하 영 수

청룡의 기는 상서로운 구름이 달을 가까이하는 것과 같고, 주작의 기는 아침의 노을이 물에 비치는 것 같으며,

勾陳之氣如黑風吹雲, 螣蛇之氣如草木將灰,
구 진 지 기 여 흑 풍 취 운 등 사 지 기 여 초 목 장 회

구진의 기는 검은 바람이 구름을 부추기는 것 같고, 등사의 기는 초목이 장차 재(불에 타고 남는 가루 모양의 물질)와 같으며,

白虎之氣如凝脂塗油, 玄武之氣如膩煙和霧.
백 호 지 기 여 응 지 도 유 현 무 지 기 여 니 연 화 무

백호의 기는 엉긴 기름을 칠한 것 같고, 현무의 기는 미끄러운 연기와 안개가 조화를 이룬 것 같다.

六氣之中, 惟青龍爲吉, 其他或主破散, 或主憂驚,
육 기 지 중 유 청 룡 위 길 기 타 혹 주 파 산 혹 주 우 경

육기 가운데 오직 청룡만이 길하고, 그 다른 것은 혹 주로 파산하며 혹 주로 근심하여 놀라고,

或主哭泣[22], 或主陰賊. 如形骨不入格, 終身爲所累.
혹 주 곡 읍 혹 주 음 적 여 형 골 불 입 격 종 신 위 소 루

혹 주로 소리 내어 슬피 울며 혹 주로 숨은 도둑이다. 만일 형상과 뼈가 격에 들지 못하면 몸이 마칠 때까지 연루된다.

如骨形正, 當侯得數, 然後氣散名顯也, 亦看所賦之深淺而消息之.
여 골 형 정 당 후 득 수 연 후 기 산 명 현 야 역 간 소 부 지 심 천 이 소 식 지

만일 뼈와 형상이 바르면 마땅히 제후의 이치를 얻고, 그런 후에 기가 흩어지면 이름이 드러나니, 또한 부여받은 바 깊고 얕음의 상황을 보아 헤아린다.

---

22 소리내어 슬피 욺.

人有異相不貴者, 由爲雜氣所繞, 如遠山奇峰秀嶂,
인 유 이 상 불 귀 자　유 위 잡 기 소 요　여 원 산 기 봉 수 장

사람이 기이한 상이면 귀하지 않은 자로서 잡스러운 기로 말미암아 둘러싸이게 되니, 마치 기이한 봉우리와 높이 솟은 험준한 산과 같아,

小爲雲霧所蔽, 不可得而見也.
소 위 운 무 소 폐　불 가 득 이 견 야

작게는 구름과 안개에 덮여서 가히 얻어 볼 수가 없다.

一遇匝地清風, 當天皎月[23], 奇峰秀嶂非特可覽於目前,
일 우 잡 지 청 풍　당 천 교 월　기 봉 수 장 비 특 가 람 어 목 전

맑은 바람이 땅을 돌아 한 번 만나면 마땅히 하늘의 밝은 하얀 달과 기이한 봉우리와 높게 솟은 가파른 산이 특별하지 않게 가히 눈앞에 두루 보이니,

必使留戀難捨也.
필 사 유 연 난 사 야

반드시 그리워 머물게 하여 버리기 어렵다.

大畜[24] 秘神氣歌

대 축 비 신 기 가

天中青色見, 年內染微疴. 直下來年上, 定主見閻羅.
천 중 청 색 견　년 내 염 미 아　직 하 래 연 상　정 주 견 염 라

천중에 청색이 나타나면 1년 안에 작은 질병에 전염된다. 곧바로 코의 연상에 내려오면 주로 염라대왕을 보는 것이 정해져 있다.

---

23 몹시 희고 밝은 달.

24 산천대축(山天大畜)으로 육십사괘(六十四卦)의 하나. 간괘(艮卦)와 건괘(乾卦)가 거듭된 것으로, 하늘이 산

只到天牢上, 入獄亦由他. 並準青光起, 憂驚病至多.
지 도 천 뢰 상　입 옥 역 유 타　병 준 청 광 기　우 경 병 지 다

청색이 다만 천뢰 위에 도달하면 감옥에 들어가는 것 또한 부정함으로 말미암는다. 나란히 준두에 청색 빛이 일어나면 놀라 근심하고 질병에 많이 이른다.

青中更又黑, 必損自家錢. 散下雙家獄, 官事欲相牽.
청 중 갱 우 흑　필 손 자 가 돈　산 하 쌍 가 옥　관 사 욕 상 견

청색 가운데가 다시 또 흑색이면 반드시 자기 집의 돈을 잃는다. 나누어진 아래의 양쪽 집과 감옥이 관직의 일로 서로 관련되기 시작한다.

印堂黃氣起, 官祿定高遷. 白氣家遭喪, 青來口舌纏.
인 당 황 기 기　관 록 정 고 천　백 기 가 조 상　청 래 구 설 전

인당에 황색기가 일어나면 관록으로 높이 옮겨가는 것이 정해진다. 백색기이면 집에 초상을 만나고 청색이 오면 구설에 얽힌다.

中正發黃絲, 守令職無疑. 赤點中心出, 公事別妻兒.
중 정 발 황 사　수 령 직 무 의　적 점 중 심 출　공 사 별 처 아

중정에 황색이 약간 일어나면 수령의 직책을 의심하지 않는다. 붉은 점이 중심에서 나오면 공적인 일로 처자식과 따로 산다.

青光驚必恐, 黑色怪神窺. 白色憂喪事, 迍邅事日隨.
청 광 경 필 공　흑 색 괴 신 규　백 색 우 상 사　둔 전 사 일 수

청색 빛은 놀라서 반드시 두렵고 흑색이면 괴이한 신이 훔쳐본다. 백색은 초상의 일로 근심하며 망설이고 머뭇거리는 일이 날마다 따라 다닌다.

白絲攔鼻上, 繞口當年哀. 黑生一日內, 財被賊來欺.
백 사 난 비 상　요 구 당 년 애　흑 생 일 일 내　재 피 적 래 기

백색이 약간 코 위를 막고 입을 둘러싸면 그 해에 슬프다. 흑색이 하루 안에 생기면 재물을 도둑 당하고 속아 돌아온다.

가운데 있음을 상징(象徵)함.

黑氣橫長起, 夫妻欲散離. 白光橫過鼻, 子息更妨之.
흑 기 횡 장 기　부 처 욕 산 리　백 광 횡 과 비　자 식 경 방 지

흑색기가 가로로 길게 일어나면 부부가 헤어져 떠나려 한다. 백색 빛이 가로로 코를 지나면 자식이 다시 방해한다.

訟獄橫氣起, 在禁脫枷災. 青絲下眉首, 入獄共咨嗟.
송 옥 횡 기 기　재 금 탈 가 재　청 사 하 미 수　입 옥 공 자 차

가로로 기가 일어나면 소송에서 벗어나지 못하며 칼(刑具의 하나)의 응징이 있다. 청색이 가늘게 눈썹 머리 아래에 있으면 감옥에 들어가 함께 탄식한다.

黑氣如斯至, 獄死更無救. 赤又浮青色, 離獄亦有咎.
흑 기 여 사 지　옥 사 갱 무 구　적 우 부 청 색　리 옥 역 유 구

흑색기가 하얗게 이르면 감옥에서 죽으니 다시 구원할 수 없다. 붉은색에 다시 청색이 뜨면 감옥을 떠나도 역시 재앙이 있다.

黃氣生高廣, 如鼓掛懸空. 百日爲明牧, 無中定貴封.
황 기 생 고 광　여 고 괘 현 공　백 일 위 명 목　무 중 정 귀 봉

황색기가 높고 넓게 생겨 북이 걸쳐져 공중에 매달린 것과 같다. 백일 만에 밝은 목사(벼슬이름)가 되어 없는 가운데 귀하게 봉해진다.

黃色來四季, 應好事千通. 色又房心應, 官高職轉雄.
황 색 래 사 계　응 호 사 천 통　색 우 방 심 응　관 고 직 전 웅

황색이 사계절에 오면 좋은 일에 응하여 반드시 통한다. 황색이 다시 방심에 응하면 관직을 옮겨 높은 직책의 우두머리가 된다.

若占天中位, 榮華與廣同. 雙人促一鼓, 必定拜三公.
약 점 천 중 위　영 화 여 광 동　쌍 인 촉 일 고　필 정 배 삼 공

만약 황색이 천중 자리를 차지하면 영화와 더불어 넓은 도량이 함께한다. 두 사람이 북 한번 치는 것을 재촉하면 반드시 삼공의 벼슬을 받게 된다.

入準天中應, 侯王列土封. 印堂黃似月, 魁第扼朝中.
입 준 천 중 응　후 왕 렬 토 봉　인 당 황 사 월　괴 제 액 조 중

황색이 준두로 들어가 천중과 응하면 열토의 제후나 왕으로 봉해진다. 인당이 황색 달과 같으면 과거에서 장원을 움켜쥐어 조정 가운데 있다.

日角黃絲發, 兄弟有懽怡. 白光來庫墓, 刀兵[25]自失期.
일 각 황 사 발　형 제 유 환 이　백 광 래 고 묘　도 병　자 실 기

일각에 황색이 약간 일어나면 형제의 기쁨과 즐거움이 있다. 백색 빛이 고묘에 오면 병기와 군사가 스스로 기회를 잃는다.

入匱愛財物, 玄坐鬥訟疑. 喧爭觀上下, 朱光口舌非.
입 궤 애 재 물　현 좌 투 송 의　훤 쟁 관 상 하　주 광 구 설 비

황색이 금궤로 들어가면 재물을 소중히 하고, 현좌가 황색이면 싸움과 송사를 의심한다. 떠들썩하게 위아래가 다투어 보이고 붉은빛이면 구설과 비방이다.

廚中發黃色, 喜在六旬餘, 或因州府事, 得職又非處.
주 중 발 황 색　희 재 육 순 여　혹 인 주 부 사　득 직 우 비 처

주중에 황색이 일어나면 60세를 넘어 기쁨이 있고, 혹 관청의 일로 인하여 직책을 얻어도 또한 머무르지 못한다.

房心生日花, 飛道入山家, 不來日下住, 抱疾主顛邪.
방 심 생 일 화　비 도 입 산 가　불 래 일 하 주　포 질 주 전 사

방심에 황색이 해(태양모양)꽃으로 나면 뛰어넘는 도술로 산속 집에 들어가고, 황색이 일각 아래에 머무르지 않으면 병을 품어 고개가 기울어진다.

天庭發黃色, 白屋[26]出公卿, 青白如還起, 高官被罷停.
천 정 발 황 색　백 옥　출 공 경　청 백 여 환 기　고 관 피 파 정

천정에서 황색이 일어나면 초라한 초가집에서 공경이 나오고, 청백색이 돌아 일어난 것과 같으면 높은 관직이라도 파직당하여 정지된다.

白黃居此位, 妻兒又折迎, 若遇他人婦, 必定共交情.
백 황 거 차 위　처 아 우 절 영　약 우 타 인 부　필 정 공 교 정

백색과 황색이 이 부위에 있으면 처자식이 또 꺾어짐을 맞게 되고, 이에 다른 사람의 부인을 만나 반드시 함께 정을 주고 받게 된다.

---

25 병기(兵器)와 군사(軍士).

26 초라한 초가집(草家-).

鄕路黃絲發, 公卿白日封, 赤氣離鄕走, 黑光死路中.
향 로 황 사 발　공 경 백 일 봉　적 기 리 향 주　흑 광 사 로 중

향로에 황색이 실같이 일어나면 대낮에 공경에 봉해지고, 적색기는 고향을 떠나 달리며, 흑색 빛은 길 가운데서 죽는다.

白色來就額, 不出五旬間, 走喪終是有, 防避定應難.
백 색 래 취 액　불 출 오 순 간　주 상 종 시 유　방 피 정 응 난

백색이 이마를 따라오면 50일 사이에 출타가 없고, 상가에 갈 때 마침내 이것이 있으면 어렵게 응하게 되니 방어하여 피해야 한다.

眉頭黃色起, 喜事自相迎; 若見紅光起, 吉慶更加榮.
미 두 황 색 기　희 사 자 상 영　약 견 홍 광 기　길 경 갱 가 영

눈썹머리에 황색이 일어나면 기쁜 일을 스스로 맞이함이요; 만약 붉은 빛이 일어남을 보면 길한 경사에 다시 영화가 더해진다.

白氣圓眉轉, 因之或受驚, 直下君須看, 入獄見災迍.
백 기 원 미 전　인 지 혹 수 경　직 하 군 수 간　입 옥 견 재 둔

백색기가 둥글게 눈썹을 돌면 이로 인하여 혹 놀람을 받고, 곧게 내려오면 임금을 마땅히 보니 감옥에 들어가 재앙을 당하여 머뭇거린다.

若下來年上, 徒流[27]仔細防, 中陽黃氣起, 至年定封侯.
약 하 래 연 상　도 류　자 세 방　중 양 황 기 기　지 년 정 봉 후

만약 연상에 내려가면 무리(형벌이 있는 사람)의 흐름을 자세히 방어해야 하고, 중앙에 황색기가 일어나면 그 해에 이르러 반드시 제후에 봉해진다.

赤氣來奸坐, 婦人外遭偷. 尺陽黃潤澤, 妻妾豈常人.
적 기 래 간 좌　부 인 외 조 투　척 양 황 윤 택　처 첩 기 상 인

적색기가 간좌에 오면 부인이 바깥에서 만나 사통한다. 척양이 황색으로 윤택하면 처첩이 어찌 평범한 사람이겠는가?

---

[27] (徒刑)과 (流刑)에 처할 사람.

目下黃來耳, 官職自榮身.
목 하 황 래 이 　관 직 자 영 신

눈 아래의 황색이 귀로 오면 관직에서 스스로 영화로운 몸이다.

眉頭生赤氣, 準上又相迎, 多應一年內, 無辜入沓冥.
미 두 생 적 기 　준 상 우 상 영 　다 응 일 년 내 　무 고 입 답 명

눈썹머리에 생긴 적색기를 준두 위에서 또 서로 맞이하고, 많이 응하면 1년 안에 허물없이 죽음에 든다.

白光遊目下, 哭泣即時聞, 旋繞眉間轉, 家因犯鬼神.
백 광 유 목 하 　곡 읍 즉 시 문 　선 요 미 간 전 　가 인 범 귀 신

백색 빛이 눈 아래에서 놀면 곡하며 우는 소리가 즉시 들리고, 백색 빛이 둘러싸 미간을 맴돌면 집에 귀신이 연달아 침범한다.

黑光游目下, 子息病相侵, 若方圓一寸, 罪至決歸刑,
흑 광 유 목 하 　자 식 병 상 침 　약 방 원 일 촌 　죄 지 결 귀 형

흑색 빛이 눈 아래에서 놀면 자식에게 질병이 서로 엄습하고, 만약 모지고 둥글게 1촌이면 죄가 이르러 형벌을 따름이 결정되며,

顴上黃色新, 參迎見貴人. 白光停巷路, 定作遠行身.
권 상 황 색 신 　참 영 견 귀 인 　백 광 정 항 로 　정 작 원 행 신

관골 위의 황색이 새로우면 귀인을 보아 영접에 참여한다. 백색 빛이 항로에 머무르면 임명이 결정되어 멀리 가는 몸이다.

黃白入奸門, 飛來入精舍, 婦人自此奸, 不論春與夏.
황 백 입 간 문 　비 래 입 정 사 　부 인 자 차 간 　불 론 춘 여 하

황백색이 간문에 들어오고 정사로 날아 들어오면 부인이 스스로 이에 간통함이 봄과 여름을 논하지 않는다.

直上準頭齊, 陰相得盜藉, 走去右顴停, 妹姐外人話.
직 상 준 두 제 　음 상 득 도 적 　주 거 우 권 정 　매 자 외 인 화

바로 위 준두와 가지런하면 음의 상을 얻어 도둑질을 범하고, 달려가 우측 관골에 머무르면 누이가 외부 사람과 이야기 한다.

入至家人部, 定作郎君婦.
입 지 가 인 부　정 작 랑 군 부

들어가 가인부에 이르면 반드시 낭군의 부인으로 삼는 것이 정해진다.

黃光逕兩耳, 年中封壽位, 直下似人形, 女人得貴壻.
황 광 경 양 이　년 중 봉 수 위　직 하 사 인 형　여 인 득 귀 서

황색 빛이 두 귀를 지나면 일 년 가운데 장수의 지위에 봉해지고,
바로 아래가 사람의 형상과 비슷하면 여인은 귀한 사위를 얻게 된다.

赤色在邊庭, 渾家[28] 被大驚. 若上山林際, 尖炎滅夭形.
적 색 재 변 정　혼 가　피 대 경　약 상 산 림 제　첨 염 멸 요 형

적색이 변정에 있으면 온통 집의 피해로 크게 놀란다. 적색이 만약 산림의 끝에 오르면 격렬한 불꽃이 멸하여 요절하는 형상이다.

青光在耳畔, 蛇蝎惡侵君, 白絲來兩眼, 當爲病死人.
청 광 재 이 반　사 갈 악 침 군　백 사 래 양 안　당 위 병 사 인

청색 빛이 귀 두둑에 있으면 뱀과 전갈이 악하게 군주를 침범하고, 백색 실같이 두 눈으로 오면 마땅히 질병으로 죽는 사람이다.

赤光生甲匱, 入至命堂中, 只因財産上, 訟事見災凶.
적 광 생 갑 궤　입 지 명 당 중　지 인 재 산 상　송 사 현 재 흉

적색 빛이 갑궤에 생겨서 명당 가운데로 들어오면 단지 재산상으로 인하여 송사와 흉한 재앙을 당한다.

赤色入欄櫪, 牛馬不能行, 青光被觸損, 黑氣至無生.
적 색 입 난 력　우 마 불 능 행　청 광 피 촉 손　흑 기 지 무 생

적색이 난력(난간과 말구유)에 들어오면 소와 말이 능히 다니지 못하고, 청색 빛이 닿으면 손해를 입고, 흑기에 이르면 삶이 없다.

---

28 한 집안의 온 식구(食口).

奴婢赤氣起, 僕走休咨嗟. 若有玄光發, 身當死女家.
노 비 적 기 기　복 주 휴 자 차　약 유 현 광 발　신 당 사 여 가

노비에 적기가 일어나면 종이 달아나 그만두니 애석하여 탄식한다. 만약 검은 빛이 일어나 있으면 마땅히 여자의 집에서 죽는 몸이다.

陂池發青色, 田水有空災. 白光防井溺, 黑氣墜江哀.
피 지 발 청 색　전 수 유 공 재　백 광 방 정 닉　흑 기 추 강 애

피지에 청색이 일어나면 밭에 물이 있어도 비우게 되는 재앙이 있다. 백색 빛은 우물에 빠질 것을 막아야 하며, 흑기는 강에 떨어지는 슬픔이 있다.

部位並生剋, 五行意審裁. 一虛含萬物, 消息[29]屬天才.
부 위 병 생 극　오 행 의 심 재　일 허 함 만 물　소 식　속 천 재

부위에 상생과 상극이 겸하면 오행의 뜻으로 분별하여 살핀다. 하나가 비어 만물을 머금으니 소식은 하늘의 재주에 속한다.

紫堂靈應補氣歌

자 당 영 응 보 기 가

赤色天中年上停, 若纏眉際定歸冥.
적 색 천 중 년 상 정　약 전 미 제 정 귀 명

적색이 천중과 연상에 머무르고, 적색이 만약 눈썹 끝에 감기면 저승으로 돌아가게 된다.

只在天中獨橫立, 斯人清晝被刀兵.
지 재 천 중 독 횡 립　사 인 청 주 피 도 병

다만 적색이 천중에 홀로 가로질러 서면 이 사람은 맑은 낮에 칼을 맞아 당한다.

29　천지 시운(時運)이 돌고 돌아 자꾸 변화함.

赤下目來紅潤澤, 因功得爵定分明.
적 하 목 래 홍 윤 택　인 공 득 작 정 분 명

적색이 눈 아래로 오고 붉게 윤택하면 공적으로 인하여 벼슬을 얻게됨이 분명하다.

赤若眉頭分目下, 男私外婦女他情.
적 약 미 두 분 목 하　남 사 외 부 녀 타 정

적색이 만약 눈썹 머리에서 나뉘어 눈 아래로 오면 남자는 외부 여자와 사통하고 여자는 다른 곳에 정이 있다.

天中白氣來邊地, 年來逢災急須避.
천 중 백 기 래 변 지　연 래 봉 재 급 수 피

천중의 백기가 변지에 들어오면 여러 해 전부터 재앙을 만나니 틀림없이 급히 피해야 한다.

直下印堂官事起, 夫婦生心要離異.
직 하 인 당 관 사 기　부 부 생 심 요 리 이

백기가 곧장 아래의 인당에 내려오면 마땅히 관청의 일이 발생하고, 부부에게 달리 요구하는 마음이 생겨 갈라진다.

黑臨地部愁親病, 婦人產難終須定.
흑 임 지 부 수 친 병　부 인 산 난 종 수 정

흑색이 지부에 임하면 부모의 질병을 근심하고, 부인에게 출산의 어려움이 끝내는 반드시 정해진다.

若爲準上入奸門, 無故因他婦害命.
약 위 준 상 입 간 문　무 고 인 타 부 해 명

흑색이 만약 준두 위 간문으로 들어가면 이유 없이 다른 부인으로 인하여 생명에 해로움이 있다.

只來坐上自當身, 是定文書來喜慶.
지 래 좌 상 자 당 신　시 정 문 서 래 희 경

흑색이 다만 좌상으로 오면 마땅히 자신에게 무릇 기쁜 경사가 반드시 문서로 온다.

黑色天中欲得平, 下來雙獄受繩刑.
흑 색 천 중 욕 득 평 하 래 쌍 옥 수 승 형

흑색이 천중에서 평정을 하기 시작하여 아래로 내려오면 두 감옥에 묶이는 형벌을 받는다.

若到年上身遭病, 直來入口死於刑.
약 도 년 상 신 조 병 직 래 입 구 사 어 형

흑색이 만약 연상에 이르면 몸이 질병을 만나고, 곧바로 입으로 들어가면 형벌로 죽는다.

氣似鳥虛至顴勢, 忽到兩眉憂卒死.
기 사 조 허 지 권 세 홀 도 양 미 우 졸 사

흑기가 허한 새와 같이 관골의 형세에 이르고, 갑자기 양 눈썹에 이르면 근심하다 마침내 죽는다.

若如小帶橫眉上, 壽絶人間並無子.
약 여 소 대 횡 미 상 수 절 인 간 병 무 자

흑색이 만약 작은 띠와 같이 가로로 눈썹 위에 있으면 수명이 끊어진 인간으로 아울러 자식이 없다.

圓光黃色天中見, 士人必拜公侯面.
원 광 황 색 천 중 견 사 인 필 배 공 후 면

둥글게 빛나는 황색이 천중에 나타나면 선비는 반드시 공후의 얼굴에 절하게 된다.

凡度之流皆主權, 氣色四時看改變.
범 도 지 류 개 주 권 기 색 사 시 간 개 변

무릇 법도의 흐름은 모두 권력이 주관하고, 기색은 사계절을 고쳐 바꾸어 본다.

狀如鍾鼓下天獄, 公卿自至榮高祿.
상 여 종 고 하 천 옥 공 경 자 지 영 고 록

장차 천옥 아래가 쇠북과 같으면 공경은 스스로 영화와 높은 녹에 이른다.

若似蛇狀位星郎, 庶人得之進金玉.
약 사 사 상 위 성 랑　서 인 득 지 진 금 옥

만약 뱀과 닮은 모양은 지위가 성랑이고, 서민은 나아가 금과 옥을 더하여 얻는다.

中庭懸鼓三公相, 蠶絲之氣得官祿.
중 정 현 고 삼 공 상　잠 사 지 기 득 관 록

중정에 북이 매달린 것 같으면 삼공정승이며, 잠사(누에고치에서 켜낸 실)의 기가 있으면 관록을 얻는다.

色若黃澤, 一世終無陷獄刑.
색 약 황 택　일 세 종 무 함 옥 형

색이 만약 황색으로 윤택하면 한세상 마치도록 형벌로 감옥에 갇히지 않는다.

印堂黃色方寸[30] 明, 八旬之內入朝廷.
인 당 황 색 방 촌　명　팔 순 지 내 입 조 정

인당의 황색이 방촌으로 밝으면 80세 안에 조정으로 들어간다.

赤色來之主失職, 上來忠事堪經營.
적 색 래 지 주 실 직　상 래 충 사 감 경 영

적색이 오면 주로 직업을 잃고 위에서 오면 충성으로 일하여 경영을 감당한다.

鼻梁火色憂官撓, 青來年上病相縈.
비 량 화 색 우 관 요　청 래 연 상 병 상 영

비량(콧등 마루)이 불의 색이면 벼슬의 어지러움을 근심하고, 청색이 연상에 이르면 질병이 서로 둘러싼다.

白氣當年遭哭泣, 黑氣入口死分明.
백 기 당 년 조 곡 읍　흑 기 입 구 사 분 명

백기를 그 해에 만나면 울며 곡하게 되고, 흑기가 입으로 들어오면 죽음이 분명하다.

---

30 「사방(四方) 한 치의 넓이」라는 뜻으로, 「좁은 땅」을 뜻함.

司空黃色應時開, 五旬之內橫財來.
사 공 황 색 응 시 개　오 순 지 내 횡 재 래
사공이 황색이면 응당 때를 맞춰 열리니 50세 안에 뜻밖의 재물이 온다.

上至印堂封爵祿, 如日初升位輔台.
상 지 인 당 봉 작 록　여 일 초 승 위 보 사
위의 인당에 이르면 작록에 봉해지고, 해가 처음 떠오를 때와 같이 재상의 자리를 잇는다.

準頭赤色似生麻, 八旬之內有諠譁,
준 두 적 색 사 생 마　팔 순 지 내 유 훤 화
준두의 적색이 생마(아직 삶지 아니한 삼)와 비슷하면 80일 안에 지껄여 시끄럽게 되고,

若在公門逢此氣, 定遭笞撻至君身.
약 재 공 문 봉 차 기　정 조 태 달 지 군 신
만약 공문에 이 기운과 만남이 있으면 반드시 볼기를 매질 당함이 그대의 몸에 이른다.

白氣至頤年內死, 又知魂魄有虛驚.
백 기 지 이 년 내 사　우 지 혼 백 유 허 경
백기가 턱에 이르면 1년 안에 죽으니 또한 혼백으로 헛된 놀람이 있음을 알게 된다.

黑色兩邊憂父母, 青光黑白喪家親.
흑 색 양 변 우 부 모　청 광 흑 백 상 가 친
흑색이 양쪽 가장자리에 있으면 부모를 근심하고, 청색 빛에 흑백색이면 친가의 상복을 입는다.

人中黃色甚奇哉, 不及眉間喜異常,
인 중 황 색 심 기 재　불 급 미 간 희 이 상
인중이 황색이면 매우 기이한데 미간에 미치지 않으면 늘 다른 기쁨이 있고,

若更通行兩頰上, 必定高榮作正郎.
약 경 통 행 양 협 상　필 정 고 영 작 정 랑
만약 다시 양쪽 뺨 위를 통해 다니면 반드시 크게 영화로우며 정랑이 된다.

可憐藥部生玄色, 見病之時不用醫.
가 련 약 부 생 현 색 　견 병 지 시 불 용 의

약부에 생긴 검은색은 가련해도 질병이 보일 때 의사를 쓰지 않는다.

天府黃蔭光潤澤, 三旬之內得天財,
천 부 황 음 광 윤 택 　삼 순 지 내 득 천 재

천부에 황색으로 숨은 빛이 윤택하면 30일 안에 하늘의 재물을 얻고,

狀如細柳抽纖葉, 身入朝堂列鳳臺.
상 여 세 류 추 섬 엽 　신 입 조 당 열 봉 대

장차 가는 버드나무에서 가는 잎을 뽑아낸 것과 같으면 몸이 조당(조정)으로 들어가 봉황의 대에 나란히 선다.

若如紫色紅光潤, 不出旬中喜語來.
약 여 자 색 홍 광 윤 　불 출 순 중 희 어 래

만약 자색이 붉은빛으로 윤택한 것 같으면 10일이 지나지 않은 중에 기쁜 말이 돌아온다.

闕廷黃色上天中, 大拜公侯在季中,
궐 정 황 색 상 천 중 　대 배 공 후 재 계 중

궐정의 황색이 천중에 오르면 계절 중에 공후가 되어 크게 절하고,

若至司中微進退, 四方相接入皇宮.
약 지 사 중 미 진 퇴 　사 방 상 접 입 황 궁

황색이 만약 사중에 이르러 은밀히 나아가고 물러나면 사방이 서로 접하여 황궁에 들어간다.

武庫紫黃如懸鼓, 將軍印綬位非虛.
무 고 자 황 여 현 고 　장 군 인 수 위 비 허

무고가 자색과 황색으로 매달린 북과 같으면 장군을 인수를 받는 자리로 헛되지 않는다.

若立若飛來入相, 不宜受物寄閑居.
약 립 약 비 래 입 상　불 의 수 물 기 한 거

황색이 만약 비래에 멈추어 서면 재상으로 들어가니 물건을 받고 보내며 한가하게 사는 것이 마땅하지 않다.

兵闌武庫即同看, 赤光白日被刀攢.
병 란 무 고 즉 동 간　적 광 백 일 피 도 찬

병란과 무고가 가까이하여 함께 보이고 적색 빛이면 대낮에 칼로 도려냄을 당한다.

白色外來驚險難, 黃光出將見加官.
백 색 외 래 경 험 난　황 광 출 장 견 가 관

백색이 밖에서 오면 험한 어려움으로 놀라고 황색 빛이 나오면 장차 높은 관직을 만난다.

黑氣遭兵須陷死, 青光上送無多端.
흑 기 조 병 수 함 사　청 광 상 송 무 다 단

흑기를 만나면 전쟁에서 결국 함락당하여 죽고 청색 빛은 상부로 올려보내는 서류나 물품의 용건이 많지 않다.

語息四時多改變, 此篇靈應細詳觀.
어 식 사 시 다 개 변　차 편 영 응 세 상 관

이야기는 그만두고 많은 사계절이 다시 바뀌고 나면 이 책이 신령하게 응했음을 자세히 볼 것이다.

氣色發訣

기 색 발 결

凡看人氣色, 須天色方曉傍起時, 就幃幄中以紙燭照看辨認,
범 간 인 기 색　수 천 색 방 효 방 기 시　취 위 악 중 이 지 촉 조 간 변 인

무릇 사람의 기색을 볼 때 반드시 하늘의 색이 장차 밝아와 곁에서 일어날 때, 이에 장막 안에서 종이로써 촛불을 비추어 보아 분별하여 인식하면

方驗吉凶無失.
방 험 길 흉 무 실

장차 길흉을 증험함에 실수가 없다.

共就簷光處面背[31], 非本分氣色者也.
공 취 첨 광 처 면 배　비 본 분 기 색 자 야

처마를 향하여 나아가 대면하거나 등지고 있는 곳의 빛은 본래 구별된 기색이 아니다.

輒不得洗面盥漱, 飮湯藥然後看之, 亦難驗矣.
첩 부 득 세 면 관 수　음 탕 약 연 후 간 지　역 난 험 의

문득 얼굴을 씻고 양치질하여 얻지 못하면 탕약을 마신 연후에 보아도 또한 증험하기 어렵다.

且五臟初氣色即早朝面, 養息於心, 故侵晨觀之,
차 오 장 초 기 색 즉 조 조 면　양 식 어 심　고 침 신 관 지

또 오장의 초기 기색은 곧 이른 아침의 얼굴로, 마음에서 길러 자라나 새벽이 엄습할 때 이를 보면

31　불상(佛像) 따위의 앞쪽과 뒤쪽.

則見五臟五色清氣朝於面也.
즉 견 오 장 오 색 청 기 조 어 면 야

즉 오장의 오색이 맑은 기운으로 나타나 얼굴에 모인다.

其凶惡氣色無時朝發於面,
기 흉 악 기 색 무 시 조 발 어 면

그 흉하고 나쁜 기색은 시도 때도 없이 모여 얼굴에서 일어나고,

或觸事憤怒而發, 或感物憂喜而成;
혹 촉 사 분 노 이 발 　 혹 감 물 우 희 이 성

혹 일을 범하여 분노가 일어나며, 혹 사물에 감응하여 근심과 기쁨을 이룸이요;

或飲酒而色赤青, 或營幹而亂理色活漫.
혹 음 주 이 색 적 청 　 혹 영 간 이 란 리 색 활 만

혹 술을 마시어 색이 붉고 푸르며, 혹 경영을 맡으면 도리에 어긋나 색에 활기가 넘친다.

皆非本臟之色, 一時亟發而成, 故吉凶難辨也.
개 비 본 장 지 색 　 일 시 극 발 이 성 　 고 길 흉 난 변 야

모두 본래 장기의 색이 아니라 한때 빨리 발하여 이루어지니, 고로 길흉을 변별하기 어렵다.

其有不於早晚看著, 第令凝神靜坐良久看之, 庶幾有徵焉.
기 유 불 어 조 만 간 저 　 제 령 응 신 정 좌 양 구 간 지 　 서 기 유 징 언

만약 조만간 드러나 보이지 않음이 있기에, 정신을 집중하여 고요히 앉아 한참 보면 거의 징조가 있다.

若夫不拘早晚, 酒後醉中, 怒間, 汗後, 更不停待而看者,
약 부 불 구 조 만 　 주 후 취 중 　 노 간 　 한 후 　 갱 부 정 대 이 간 자

만약 무릇 조만간 잡지 못하면 음주 후 취한 중이나, 분노한 사이, 땀을 낸 후, 다시 휴식을 기다리지 않고 상을 보는 자는

此則又有一時浮暴之氣發現, 其先見之吉凶難可得也.
차 즉 우 유 일 시 부 폭 지 기 발 현 기 선 견 지 길 흉 난 가 득 야

이에 곧 또 한 때 떠다니는 사나운 기가 발현되는 것으로, 그 전에 길흉을 보는 것이 어렵다는 것을 가히 깨닫는다.

氣色形狀

기 색 형 상

青色如瓜, 黃色如蠟, 赤色如火, 白色如脂, 黑色如漆,
청 색 여 과 황 색 여 랍 적 색 여 화 백 색 여 지 흑 색 여 칠

오이와 같은 청색, 밀랍과 같은 황색, 불과 같은 적색, 기름과 같은 백색, 옻칠한 것과 같은 흑색

此五者, 色之正, 發之甚者也.
차 오 자 색 지 정 발 지 심 자 야

이 다섯 가지는 바른 색으로 깊고 두텁게 일어난다.

五臟所生, 一曰水. 水之於物爲精, 其臟在腎, 其神玄冥,
오 장 소 생 일 왈 수 수 지 어 물 위 정 기 장 재 신 기 신 현 명

오장에서 생기는 바, 첫째 가로되 수이다. 수는 사물로 정이 되고 그 오장은 신장에 있으며 그 신은 검고 어두우니,

發色爲黑. 其旺在冬, 精具矣, 則神從之也.
발 색 위 흑 기 왕 재 동 정 구 의 즉 신 종 지 야

색이 발하여 흑색이 된다. 그 왕성함은 겨울에 있고, 정이 갖추어지면 곧 신이 따른다.

二曰火. 火之於物爲氣, 其臟在心, 爲神丹元, 發色爲赤.
이 왈 화 화 지 어 물 위 기 기 장 재 심 위 신 단 원 발 색 위 적

둘째 가로되 화이다. 화는 사물로 기가 되고 그 오장은 심장에 있으며, 신은 붉은 것의 으뜸이 되고 색이 발하여 적색이 된다.

其旺在夏, 神至矣, 則魂從之也.
기 왕 재 하 신 지 의 즉 혼 종 지 야

그 왕성함은 여름에 있고 신에 이른즉 혼이 따른다.

三曰木. 木之於物爲魂, 魂者陽物也.
삼 왈 목 목 지 어 물 위 혼 혼 자 양 물 야

셋째 가로되 목이다. 목은 사물로 혼이 되고 혼은 양의 사물이다.

其臟在肝, 其神龍煙, 發色爲青, 其旺在春, 魂在矣,
기 장 재 간 기 신 용 연 발 색 위 청 기 왕 재 춘 혼 재 의

그 오장은 간에 있고, 그 신은 용의 연기로 색이 발하여 청색이 되니, 그 왕성함은 봄에 있고 혼이 있어,

則魄配之也.
즉 백 배 지 야

곧 넋과 짝이 된다.

四曰金. 金之於物爲魄, 魄者陰物也.
사 왈 금 금 지 어 물 위 백 백 자 음 물 야

넷째 가로되 금이다. 금은 사물로 백이 되고 백이라는 것은 음의 사물이다.

其臟在肺, 其神皓華, 發色爲白.
기 장 재 폐 기 신 호 화 발 색 위 백

그 오장은 폐에 있고 그 신은 깨끗하게 빛나니, 색이 발하여 백색이 된다.

其旺在秋, 精神魂魄備, 其意在焉故.
기 왕 재 추 정 신 혼 백 비 기 의 재 언 고

그 왕성함은 가을에 있으며, 정신과 혼백이 갖추어짐은 그 뜻이 있는 까닭이다.

五曰土. 土之於物爲意. 意者其臟在脾,
오 왈 토 토 지 어 물 위 의 의 자 기 장 재 비

다섯째 가로되 토이다. 토는 사물로 뜻이 된다. 뜻이라는 것은 그 오장에서 비장에 있고,

其神常黃, 發色爲黃. 其旺四季也.
기 신 상 황 발 색 위 황 기 왕 사 계 야

그 신은 항상 황색으로 색이 발하여 황색이 된다. 그 왕성함은 사계절에 있다.

是故皆朝於一面而息於五臟也. 五色所生, 定憂辱.
시 고 개 조 어 일 면 이 식 어 오 장 야 오 색 소 생 정 우 욕

이로써 모두 한 얼굴에 모이고 오장에서 생존한다. 오색이 생겨나는 바, 근심과 욕됨이 정해진다.

青色主憂事, 若色厚者, 憂重; 輕者, 主憂微;
청 색 주 우 사 약 색 후 자 우 중 경 자 주 우 미

청색은 주로 근심하는 일로 만약 색이 두터운 자는 근심이 거듭됨이요; 가벼운 자는 주로 근심이 적음이요;

色散者, 主憂鮮; 色盛者, 主憂緊.
색 산 자 주 우 선 색 성 자 주 우 긴

청색이 흩어진 자는 주로 근심이 적음이요; 색이 성한 자는 주로 근심이 굵게 얽혀있다.

色白, 主哭事, 若色厚者, 主大喪; 浮者, 主輕喪;
색 백 주 곡 사 약 색 후 자 주 대 상 부 자 주 경 상

백색은 주로 곡할 일이고, 만약 색이 두터운 자는 주로 큰 초상이요; 색이 뜬 자는 주로 가벼운 초상이요;

色散者, 主外服也; 色顯者, 主喪近也.
색 산 자 주 외 복 야 색 현 자 주 상 근 야

색이 흩어진 자는 주로 바깥에서 상복을 입음이요; 색이 드러난 자는 주로 초상이 가까이에 있다.

赤氣主擾, 若色盛者, 主刑獄; 色濃者, 主刑死;
적 기 주 요 약 색 성 자 주 형 옥 색 농 자 주 형 사

적색기는 주로 어지럽힘이니, 만약 적색이 성한 자는 주로 형벌과 뇌옥이요; 색이 짙은 자는 주로 형벌로 죽음이요;

色黯者, 主病重; 色散者, 主病瘥也.
색 암 자 주 병 중 색 산 자 주 병 채 야

색이 어두운 자는 주로 질병이 무거움이요; 색이 흩어진 자는 주로 병이 낫는다.

黃色, 主喜慶, 若色盛者, 主大慶; 色薄者, 主小喜.
황 색 주 희 경 약 색 성 자 주 대 경 색 박 자 주 소 희

황색은 주로 기쁜 경사로, 만약 황색이 성한 자는 주로 큰 경사요; 색이 엷은 자는 주로 작은 기쁨이다.

色散者, 主喜退; 急者, 主喜近也.
색 산 자 주 희 퇴 급 자 주 희 근 야

황색이 흩어진 자는 주로 기쁨이 물러남이요; 급한 자는 주로 기쁨이 가까이에 있다.

六神氣色
육 신 기 색

兩眼黑白分明, 神光紅黃, 精彩射入者, 謂之青龍之色.
양 안 흑 백 분 명 신 광 홍 황 정 채 사 입 자 위 지 청 룡 지 색

양쪽 눈에 흑백이 분명하고 신의 빛은 홍황색이며, 아름답게 빛나는 색채를 비추어 받아들인 것을 청룡의 색이라 일컫는다.

主遷轉官職, 招進財帛喜慶之事.
주 천 전 관 직　초 진 재 백 희 경 지 사

주로 관직을 옮기고 재물과 비단을 불러들여 기쁘고 경사스런 일로 나아간다.

面色赤如撒丹, 擾如烟昏者、病燥者, 謂之朱雀之色,
면 색 적 여 살 단　요 여 연 혼 자　병 조 자　위 지 주 작 지 색

얼굴색이 마치 단사를 뿌린 것처럼 붉고, 어지러움이 연기와 같이 어두운 것과 병으로 메마른 것을 주작의 색이라 일컫는데,

主有官災、口舌驚擾之事.
주 유 관 재　구 설 경 요 지 사

주로 존재하는 관재 구설로 놀랄 일이 있다.

面上拂拂如灰土色, 精神昏濁者, 謂之螣蛇之色,
면 상 불 불 여 회 토 색　정 신 혼 탁 자　위 지 등 사 지 색

얼굴 위에 회토(재와 흙)색으로 덮어 가린 것 같고, 정신이 혼탁한 자는 등사의 색이라 일컫는데,

主驚憂、怪夢不祥, 家宅不安之事.
주 경 우　괴 몽 불 상　가 택 불 안 지 사

주로 놀라 근심하거나 상서롭지 않은 괴이한 꿈으로 집안에 불안한 일이 있다.

眼色湛濁、黑白不分、神光昏翳、眼下青鋪者謂之勾陳之色,
안 색 침 탁　흑 백 불 분　신 광 혼 예　안 하 청 포 자 위 지 구 진 지 색

눈의 색이 잠기어 혼탁하고 흑백이 분명하지 않으며 신의 빛이 어둡게 가려지고 눈 아래가 푸르게 펴진 것을 구진의 색이라 일컫는데,

主牽連[32] 負累迍滯之事.
주 견 련　부 루 둔 체 지 사

주로 얽히어 관련되고 떠맡아 묶이니 망설이고 막히는 일이 있다.

---

[32] 서로 얽히어 관련(關聯)됨.

兩眼白氣閃閃, 似泪不泪, 瑩光白者謂之白虎之色,
양 안 백 기 섬 섬　사 루 불 루　영 광 백 자 위 지 백 호 지 색

양쪽 눈에 백색 기가 번쩍이고 우는 것 같으나 울지 않으며, 밝은 빛이 흰 것을 백호의 색이라 일컫는데,

主喪凶亡、服外孝之事.
주 상 흉 망　복 외 효 지 사

주로 흉하게 죽는 초상이나 바깥에서 상복을 입는 일이다.

唇黑而顫、口傍左右黑氣拂拂者, 謂之玄武之色,
순 흑 이 전　구 방 좌 우 흑 기 불 불 자　위 지 현 무 지 색

입술이 검으면서 떨리고 입의 옆 좌우에 흑색 기가 덮어 가린 것을 현무의 색이라 일컫는데,

陰私小人相害, 失脫、損盜之事.
음 사 소 인 상 해　실 탈　손 도 지 사

개인의 일로 소인끼리 서로 해하여 전부 잃고 도둑으로 손해 보는 일이 있다.

玄靈寶文
현 령 보 문

夫氣之色發天府, 如豆大貫鬢邊, 有黃色應者, 主得藩郡之任.
부 기 지 색 발 천 부　여 두 대 관 빈 변　유 황 색 응 자　주 득 번 군 지 임

무릇 기의 색이 천부에서 일어나 귀밑머리 가장자리에 큰 콩을 꿴 것 같고, 황색과 상응한 자는, 주로 번군의 임무를 얻는다.

黃色光在印堂, 當中有一紫色如豆者, 一年內主大拜.
황색광재인당 당중유일자색여두자 일년내주대배

황색 빛이 인당에 있고 마땅하게 하나의 자색 콩과 같은 것이 가운데 있으면, 1년 안에 주로 큰 벼슬을 한다.

黃色在天部, 貫金匱及連至精舍道術, 又華蓋上盤旋[33]縈繞者,
황색재천부 관금궤급연지정사도술 우화개상반선 영요자

황색이 천부에 있고 금궤를 꿰어 정사와 도술에까지 연결되어 이르며, 다시 화개 위에서 소반처럼 빙빙 돌아 얽혀 둘러싸인 자는

主得兵權及轉職, 賞財兼產, 主得貴子.
주득병권급전직 상재겸산 주득귀자

주로 병권을 얻어 직책을 옮기고 상으로 재물이 겸하여 생기며, 주로 귀한 아들을 얻는다.

紫色如小蠶許, 主將加官或是封拜, 其次領鎮.
자색여소잠허 주장가관혹이봉배 기차령진

자색이 작은 누에와 같으면 주로 장차 관직을 더하거나 혹 관직에 봉해지며, 그 다음 진영을 다스린다.

如顴骨上兩道黃色橫者, 主出外必當, 喜事旬日至.
여권골상양도황색횡자 주출외필당 희사순일지

만약 관골 양쪽 길 위에 황색이 가로지른 것과 같은 자는 주로 밖에 나감이 반드시 마땅하여 기쁜 일이 10일 만에 이른다.

如青色從耳門前出, 下臨大海者, 受少驚恐.
여청색종이문전출 하임대해자 수소경공

만약 청색이 이문 앞에서 나와 아래로 대해에 임한 자는 작게 놀라는 두려움을 담보한다.

---

[33] 길, 강(江) 따위가 꾸불꾸불하게 빙빙 돎.

若黑來, 主有閑憂內應.
약흑래 주유한우내응

만약 흑색이 오면 주로 조용하게 안으로 근심에 응한다.

黃在兩法令上及連至準頭者, 橫財四十日應.
황재양법령상급연지준두자 횡재사십일응

황색이 양쪽 법령 위에 있고 준두에까지 연결되어 미친 자는 횡재가 40일에 응한다.

更壽上有應者, 得財萬貫已上.
갱수상유응자 득재만관이상

황색이 다시 수상에 응하여 있는 자는 얻은 재물이 만관 이상이다.

青在山根通過兩眼頭者, 主陰私公事.
청색산근통과양안두자 주음사공사

산근에 있는 청색이 양쪽 눈머리를 통과한 자는 주로 사사로운 비밀로 관청에 일이 있다.

紫色從兩天中、天府直下者, 又如蠶絲, 三五月半年外作丞郎.
자색종양천중 천부직하자 우여잠사 삼오월반년외작승랑

자색이 양쪽 천중으로 나아가고 천부에 곧바로 내려온 것이 또한 누에의 실과 같으면 삼오월 반년에 외직의 승랑에 임명된다.

青色從天庭上如韭葉大、垂二寸者, 主外服, 期至十日至.
청색종천정상여구엽대 수이촌자 주외복 기지십일지

청색이 천정 위로 나아감에 큰 부추 잎과 같고, 두 마디로 드리운 자는 주로 바깥에서 상복을 입는데 이르는 기간이 10일에 미친다.

紅色如梧桐子許在地部上, 主百日內往南方領郡.
홍색여오동자허재지부상 주백일내왕남방령군

홍색이 오동나무 씨와 같으며 지부 위에 있음을 허락하면 주로 100일 안에 남방에 가서 군을 다스린다.

天中黃色直下來中正者, 八十日內恩賜詔書至.
천 중 황 색 직 하 래 중 정 자 팔 십 일 내 은 사 조 서 지

천중의 황색이 곧바로 중정에 내려온 자는 80일 안에 하사한 조서가 이른다.

少赤色眉上垂下者, 主勘事.
소 적 색 미 상 수 하 자 주 감 사

적색이 작게 눈썹 위에서 아래에 드리운 자는 주로 일을 심문한다.

青色或在目上, 赤色垂貫眼及顴上赤者, 四十日內憂危刑法[34].
청 색 혹 재 목 상 적 색 수 관 안 급 권 상 적 자 사 십 일 내 우 위 형 법

청색이 혹 눈 위에 있고, 적색이 눈을 경유하여 드리워지고 관골 위로 붉게 미친 자는 40일 안에 형법으로 근심하고 위태롭다.

印堂有黑赤極分明、命門青者, 一月內中風, 六十日內死 ;
인 당 유 흑 적 극 분 명 명 문 청 자 일 월 내 중 풍 육 십 일 내 사

인당에 흑색과 적색이 매우 분명하고 명문이 청색인 자는 한 달 안에 중풍을 맞아 60일 안에 죽음이요;

潤澤赤者, 即不死.
윤 택 적 자 즉 불 사

인당이 윤택하게 붉은 자는 곧 죽지 않는다.

赤色從耳門出似馬肝色, 此是將染腹疾之厄.
적 색 종 이 문 출 사 마 간 색 차 시 장 염 복 질 지 액

적색이 말의 간과 같은 색으로 이문을 따라 나오면 이는 장차 복질(배앓이)에 감염되는 재앙이 있다.

赤色如筋在準上, 下至人中, 二十日內被人損; 外, 口舌公事至.
적 색 여 근 재 준 상 하 지 인 중 이 십 일 내 피 인 손 외 구 설 공 사 지

적색이 힘줄처럼 준두 위에 있고, 아래의 인중에 이르면 20일 안에 사람한테 손해를 입음이요; 인중의 밖은 구설이 관청에 미친다.

---

34 범죄(犯罪)와 형벌(刑罰)에 관(關)한 내용(內容)을 규정(規定)한 법률(法律).

赤色從年上分貫兩顴者, 八十日內有大殺, 公事及身不至死.
적 색 종 연 상 분 관 양 권 자　팔 십 일 내 유 대 살　공 사 급 신 부 지 사

적색이 연상을 따라 양쪽 관골을 경유하여 나누어진 자는 80일 안에 큰 살인이 있고, 관청의 일이 몸에 미치나 죽음에 이르지는 않는다.

地部上起赤色者, 喫酒濁病.
지 부 상 기 적 색 자　끽 주 탁 병

지부 위에 적색이 일어난 자는 술을 마셔 병으로 혼탁하다.

赤色貫兩令上者, 憂公事四十日至.
적 색 관 양 령 상 자　우 공 사 사 십 일 지

적색이 양쪽 법령 위를 통과하면 송사의 근심이 40일에 이른다.

赤色從鼻尾中下入家舍者, 奴婢中有陰私口舌事成.
적 색 종 비 미 중 하 입 가 사 자　노 비 중 유 음 사 구 설 사 성

적색이 코끝을 따라 중간 아래 가사로 들어간 자는 노비 가운데 개인의 비밀로 구설의 일이 무성해진다.

赤色如毛從耳邊出, 至及蘭臺上, 庄者一月內主馬失墜厄.
적 색 여 모 종 이 변 출　지 급 난 대 상　장 자 일 월 내 주 마 실 추 액

적색이 털과 같이 귀 가장자리를 따라 나와서 난대 위에 미쳐 이르면, 전장(田莊: 귀척 고관의 사유지)에서 1달 안에 주로 말을 잃거나 떨어지는 재앙이 있다.

眼頭上下有黃色下垂者, 左是男喜, 右是女喜及妻有喜.
안 두 상 하 유 황 색 하 수 자　좌 시 남 희　우 시 여 희 급 처 유 희

눈 머리 위아래에 황색이 아래로 드리워진 것이 좌측이면 남자가 기쁘고, 우측이면 이에 여자가 기쁘며 함께 처에게도 기쁨이 있게 된다.

赤色從眉頭連僕頭頰額邊出者, 主巧官物被堪責事, 二十日內至.
적 색 종 미 두 연 복 두 협 액 변 출 자　주 교 관 물 피 감 책 사　이 십 일 내 지

적색이 눈썹 머리를 따라 복두로 이어지고 뺨과 이마 가장자리로 나온 자는 주로 교묘하게 관물의 일로 질책당함이 20일 안에 이른다.

如黃色似蠶絲錢許者貫左右兩眉上更印中,
여 황 색 사 잠 사 전 허 자 관 좌 우 양 미 상 갱 인 중

황색이 누에 실과 닮은 동전과 같이 좌우 양쪽 눈썹 위를 통과하여 다시 인중에 이르면

應時八十日內主朝判府推也.
응 시 팔 십 일 내 주 조 판 부 추 야

응하는 시기가 80일 안이며, 주로 조정에서 판결하고 관청을 옮긴다.

色黃如印足起貫邊地者, 二十日內遭公事失位、遠行之憂,
색 황 여 인 족 기 관 변 지 자 이 십 일 내 조 공 사 실 위 원 행 지 우

황색이 인족에서 일어나 변지를 통과한 자는 20일 안에 관청의 일을 만나 직위를 잃고, 멀리 다니는 근심은

若黃色, 應即解之.
약 황 색 응 즉 해 지

만약 황색에 응하면 곧 해결된다.

赤色從太陽上起入邊地起者, 被損失.
적 색 종 태 양 상 기 입 변 지 기 자 피 손 실

적색이 태양 위를 따라 일어나 변지에서 일으켜 들어간 자는 손실을 입는다.

眼瞼色如筋許從外入者, 被人謀己;
안 검 색 여 근 허 종 외 입 자 피 인 모 기

눈꺼풀 색이 힘줄같이 바깥을 따라 들어간 자는 다른 사람의 꾀에 자기가 당함이요;

從內出者, 擬有相訴之說謹愼.
종 내 출 자 의 유 상 소 지 설 근 신

나아가 안에서 나온 자는 서로 호소함에 있어 헤아려 말을 삼가야 한다.

眼上下臉俱赤者, 主家有重病人.
안 상 하 검 구 적 자 주 가 유 중 병 인

눈 위아래와 뺨이 함께 붉은 자는 주로 집에 병이 위중한 사람이 있다.

若印部有左右赤色, 憂父母厄.
약 인 부 유 좌 우 적 색 우 부 모 액

만약 인당부위 좌우에 적색이 있으면 부모의 재앙으로 근심한다.

年上微赤, 主患脾之病, 老不至安; 壽上及準頭者, 亦憂重病.
연 상 미 적 주 환 비 지 병 노 부 지 안 수 상 급 준 두 자 역 우 중 병

연상이 미세하게 붉으면 주로 비장의 병을 근심하고, 늙어 편안함에 이르지 않음이요; 적색이 수상과 준두에 미친 자는 또한 위중한 병을 근심한다.

若色從金匱起貫連壽上、甲匱, 不到懸壁, 主得財,
약 색 종 금 궤 기 관 연 수 상 갑 궤 부 도 현 벽 주 득 재

만약 적색이 금궤에서 일어나 수상과 갑궤를 통과하여 이어지고, 현벽에 이르지 않으면 주로 재물을 얻고,

其喜兼得水土官, 一年內至.
기 희 겸 득 수 토 관 일 년 내 지

수가 토의 관직을 겸하여 얻는 그 기쁨이 1년 안에 이른다.

東起貫大海內, 當年主水災.
동 기 관 대 해 내 당 년 주 수 재

동쪽에서 일어나 대해 안을 통과하면 그 해에 주로 수해를 입는다.

地部紫色、圓黃色, 主貴顯.
지 부 자 색 원 황 색 주 귀 현

지부가 자색이나 둥근 황색이면 주로 귀하게 드러난다.

赤色如撒者, 二七日內主爭訟事起.
적 색 여 살 자 이 칠 일 내 주 쟁 송 사 기

적색을 뿌린 것 같으면 두 이레(14일) 안에 주로 송사의 다툼이 일어난다.

或如麻筋在兩法令上, 入獄厄; 微赤, 刑獄;
혹 여 마 근 재 양 법 령 상 입 옥 액 미 적 형 옥

적색이 혹 삼의 섬유질처럼 양쪽 법령 위에 있으면 감옥에 들어가는 재앙이요; 작은 적색이면 감옥의 형벌이요;

並兩府來鬢上, 主爭競之事.
병 양 부 래 빈 상 주 쟁 경 지 사

적색이 양쪽 부분의 살쩍(관자놀이와 귀 사이에 난 머리털)위로 오면 주로 다투고 겨루는 일이 있다.

黃色如筋斜兩位者, 主東南上勾當公事, 得財;
황 색 여 근 사 양 위 자 주 동 남 상 구 당 공 사 득 재

황색이 섬유질이 기울어진 것과 같이 양쪽 부위에 있는 자는 주로 동남방 위에서 구당의 관청 일로, 재물을 얻음이요;

或丁部, 南上奉使, 得財物; 更臨金匱如車輪者, 得財萬數也.
혹 정 부 남 상 봉 사 득 재 물 경 임 금 궤 여 거 륜 자 득 재 만 수 야

혹 황색이 정부의 남쪽 위에서 사명을 받들면 재물을 얻음이요; 다시 금궤와 거륜에 임한 자는 매우 많은 수량의 재물을 얻는다.

色論
색 론

天之蒼蒼, 其色正耶? 雲霧乃其氣耳!
천 지 창 창 기 색 정 야 운 무 내 기 기 이

하늘이 푸르면 그 색이 바른 것인가? 구름과 안개는 이에 그 기운일 뿐이다!

人之賦形, 受命於天地, 相爲流通, 是所稟之氣有變動而色有定體也.
인 지 부 형 수 명 어 천 지 상 위 유 통 시 소 품 지 기 유 변 동 이 색 유 정 체 야

사람이 받은 형상은 하늘과 땅에서 생명을 받아 서로 유통하니, 이에 그 기를 내려준 바 색의 변동이 있으므로 몸에 정해짐이 있다.

定體之色, 不止於蒼蒼, 其屬有五行之異:
정 체 지 색　부 지 어 창 창　기 속 유 오 행 지 이

몸에 정해진 이 색은 푸름에 그치지 않고, 그 오행이 다르게 속하여 있음이요;

金色白, 木色青, 水色黑, 火色赤, 土色黃.
금 색 백　목 색 청　수 색 흑　화 색 적　토 색 황

금은 백색이고, 목은 청색이며, 수는 흑색이고, 화는 적색이며, 토는 황색이다.

得正色, 爲五行不相剋者, 不滯爲貴. 雜色蔽之即差.
득 정 색　위 오 행 불 상 극 자　불 체 위 귀　잡 색 폐 지 즉 차

바른 색을 얻으면 오행이 되니 상극이 아닌 것은 막히지 않아 귀하다. 잡다한 색으로 가려지면 곧 어긋나게 된다.

然色之正不可無氣, 現日月角溫粹可愛爲貴.
연 색 지 정 불 가 무 기　현 일 월 각 온 수 가 애 위 귀

그러므로 바른 색은 기가 없을 수 없고, 일월각이 온화하고 순수하며 가히 사랑스럽게 나타나니 귀함에 이른다.

如枯燥昏暗, 不獨難發, 亦平生多主脾胸心腹之疾、水火獄訟之厄.
여 고 조 혼 암　부 독 난 발　역 평 생 다 주 비 흉 심 복 지 질　수 화 옥 송 지 액

마르고 어두운 것 같으면 홀로 일어나기 어려울 뿐 아니라, 또한 평생 비장과 가슴과 심장과 배에 질병이 많고 수재와 화재 그리고 송사의 재앙이 있다.

或因骨肉法部局可取, 縱發則災立至.
혹 인 골 육 법 부 국 가 취　종 발 즉 재 입 지

혹 골육으로 인하여 법부국(법으로 분류되는 관청)에서 가히 다스리니, 설령 발하였을지라도 곧 재앙이 멈춰서 이른다.

古人有蠶吐絲之說, 自頷而開, 其吐絲也通體明快,
고 인 유 잠 토 사 지 설　자 함 이 개　기 토 사 야 통 체 명 쾌

옛사람의 누에가 실을 토한다는 말이 있는데, 턱이 저절로 열리어 그 실을 토하니 몸을 통한 것임이 명쾌하고,

人之將發, 自準頭而開, 其頓發見無翳, 然後發入諸部位,
인 지 장 발 자 준 두 이 개 기 돈 발 견 무 예 연 후 발 입 제 부 위

사람의 색은 장차 일어나 저절로 준두에서 열리고, 그것이 갑자기 일어나 가릴 것이 없어 보이고, 그런 연후에 일어난 것이 여러 부위로 들어가고,

則見所任之職, 所居之分.
즉 견 소 임 지 직 소 거 지 분

곧 직위를 맡은 바가 보이니 거처하는 바가 나누어진다.

如發入處瑕翳, 則職分不免有凶. 或無瑕翳, 則全吉矣.
여 발 입 처 하 예 즉 직 분 불 면 유 흉 혹 무 하 예 즉 전 길 의

색이 발하여 들어가는 곳이 흠이 될 만한 부분 같다면 즉 직분의 흉함을 면하지 못한다. 혹 가릴 허물이 없으면 곧 모두 길하다.

更在知五色所生, 非吉凶之屬, 論色無出此者.
갱 재 지 오 색 소 생 비 길 흉 지 속 논 색 무 출 차 자

다시 오색이 낳은 바를 알고 있으면 길흉에 속함이 아니니, 색을 논함에 이에 벗어남이 없다.

有神色未透天庭亦發者, 是其準頭開而得部位貴,
유 신 색 미 투 천 정 역 발 자 시 기 준 두 개 이 득 부 위 귀

신의 색이 천정을 아직 통과하지 못하였으나 또한 발한 것은 이에 그 준두가 열리어 부위에 귀함을 얻은 것으로,

皆以相應, 不必至天庭也. 或有陰晴[35]未定, 不必至準頭也.
개 이 상 응 불 필 지 천 정 야 혹 유 음 청 미 정 불 필 지 준 두 야

모두 서로 응함으로써 반드시 천정까지 이르지 않는다. 혹 흐린 날과 갠 날이 아직 정해져 있지 않으니 반드시 준두에까지 이르지 않는다.

所謂貴處: 印堂、帝座、內府、馹馬、龍虎、日月、地角是也.
소 위 귀 처 인 당 제 좌 내 부 일 마 용 호 일 월 지 각 시 야

이른바 귀한 곳은 인당·제좌·내부·일마·용호·일월·지각이다.

---

[35] 흐린 날과 갠 날. 흐림과 맑음.

無貴而頓覺, 是謂不祥.
무 귀 이 돈 각　시 위 불 상

귀한줄 모르고 문득 깨달으니 이에 상서롭지 않음에 이른다.

此說非言可盡, 修養之功, 消息之至可見矣.
차 설 비 언 가 진　수 양 지 공　소 식 지 지 가 견 의

이 설은 말로 가히 다 할 수 없어 수양의 공과 소식이 이르러야 가히 볼 수 있다.

若夫觀之寂然, 難分難捨, 有道者之色;
약 부 관 지 적 연　난 분 난 사　유 도 자 지 색

만약 무릇 보이는 것이 고요하고 쓸쓸한 듯하여, 나누기 어렵고 버리기가 어려우면 도가 있는 자의 색이요;

觀之瑩然, 不雜不亂, 得意者之色;
관 지 영 연　부 잡 불 란　득 의 자 지 색

보이는 것이 밝은 듯하여 잡스럽지 않고 어지럽지도 않으면 뜻을 얻은 자의 색이요;

如嬌如滿, 自得者之色; 視之慘然, 陰合陽散, 細人之色;
여 교 여 만　자 득 자 지 색　시 지 참 연　음 합 양 산　세 인 지 색

교만한 것 같고 가득찬 것 같으면 스스로 만족한 자의 색이요; 눈으로 보아 참혹한 듯하면, 음은 합하고 양은 흩어지니 작은 사람의 색이요;

視之茫然, 如得如失, 有憂之色.
시 지 망 연　여 득 여 실　유 우 지 색

보이는 것이 아득하여 얻은 듯 잃은 것 같으면 근심이 있는 색이다.

色其頓發皆準頭也. (《觀妙經 · 色論》同)
색 기 돈 발 개 준 두 야　관 묘 경　색 론　동

그 색이 갑자기 모두 준두에서 발생함이다. (〈관묘경·색론〉도 같다.)

五形之人得其本色或得相生之色者善.
오 형 지 인 득 기 본 색 혹 득 상 생 지 색 자 선

사람의 다섯 가지 형상은 그 본색을 얻어야 하니, 혹 상생의 색을 얻으면 좋다.

五色得地者春色要青、夏色要紅、秋色要白、冬色要黑, 又盡善也.
오 색 득 지 자 춘 색 요 청 하 색 요 홍 추 색 요 백 동 색 요 흑 우 진 선 야

오색이 자기 바탕을 얻은 것으로 봄의 색은 청색을 요하고 여름의 색은 홍색을 요하며 가을의 색은 백색을 요하고 겨울의 색은 흑색을 요하니, 또한 좋게 다함이다.

(餘與《瑋琳洞中秘密經》同)
여 여 위 림 동 중 비 밀 경 동

(나머지는 〈위림동중비밀경〉과 더불어 같다)

四重旺相休囚, 春三月青色旺, 赤色相, 白色囚, 黑色死.
사 중 왕 상 휴 수 춘 삼 월 청 색 왕 적 색 상 백 색 수 흑 색 사

사중은 왕상휴수이니, 봄의 석 달은 청색이 왕, 적색이 상, 백색이 수, 흑색이 사이다.

夏三月赤色旺, 青色相, 黑色囚, 白色死.
하 삼 월 적 색 왕 청 색 상 흑 색 수 백 색 사

여름의 석 달은 적색이 왕, 청색이 상, 흑색이 수, 백색이 사이다.

秋三月白色旺, 赤色相, 青色囚, 黑色死.
추 삼 월 백 색 왕 적 색 상 청 색 수 흑 색 사

가을의 석 달은 백색이 왕, 적색이 상, 청색이 수, 흑색이 사이다.

冬三月黑色旺, 白色相, 赤色囚, 青色死.
동 삼 월 흑 색 왕 백 색 상 적 색 수 청 색 사

겨울의 석 달은 흑색이 왕, 백색이 상, 적색이 수, 청색이 사이다.

四季氣色形狀

사 계 기 색 형 상

春欲起, 夏欲橫, 秋欲下, 冬欲藏,
춘 욕 기　하 욕 횡　추 욕 하　동 욕 장

봄에는 일어나고자 하고, 여름에는 가로지르고자 하며, 가을에는 떨어지고자 하고, 겨울에는 감추고자 한다.

失其時者, 皆不利也, 亦猶四時物理.
실 기 시 자　개 불 리 야　역 유 사 시 물 리

그 때를 잃어버리는 것은 모두 불리하니 또한 사계절의 물리와 같다.

且春欲起者, 春有出生之象. 夏欲橫者, 夏有長養之象.
차 춘 욕 기 자　춘 유 출 생 지 상　하 욕 횡 자　하 유 장 양 지 상

장차 봄에는 일어나고자 하는 것으로, 봄의 출생하는 모습이 있다. 여름에는 가로지르고자 하는 것으로, 여름의 길러 양성하는 모습이 있다.

秋欲下者, 秋有收斂之象. 冬欲藏者, 冬有閉塞之象.
추 욕 하 자　추 유 수 렴 지 상　동 욕 장 자　동 유 폐 색 지 상

가을에는 낮추고자 하는 것으로, 가을의 거두는 모습이 있다. 겨울에는 감추고자 하는 것으로, 겨울의 닫고 막힌 모습이 있다.

其有或方或圓, 形象萬端[36]者, 亦在別術斷之.
기 유 혹 방 혹 원　형 상 만 단　자　역 재 별 술 단 지

그것이 혹 모나거나 혹은 원만하게 있으면 형상이 여러 가지인 것으로, 또 존재하는 다른 기술로 결단해야 한다.

---

[36] 수 없이 많은 갈래나 토막. 여러 가지.

青色出沒

청 색 출 몰

青色初起如銅, 青將盛之時如草木初生,
청 색 초 기 여 동 청 장 성 지 시 여 초 목 초 생

청색이 초기에 일어나면 구리와 같고, 청색이 장차 성대할 때는 마치 풀과 나무가 처음 생기는 것과 같으며,

欲去之時如碧雲之色, 霏霏[37]然浮散.
욕 거 지 시 여 벽 운 지 색 비 비 연 부 산

가고자 할 때는 푸른 구름의 색과 같아서 눈이 펄펄 날리듯 떠 흩어진다.

五行屬木, 旺在春, 相於夏, 囚於秋, 死於冬.
오 행 속 목 왕 재 춘 상 어 하 수 어 추 사 어 동

청색은 오행으로 목에 속하니 왕은 봄에, 상은 여름에, 수는 가을에, 사는 겨울에 있다.

發則主憂, 枯主外憂, 潤主大憂, 混主遠憂,
발 즉 주 우 고 주 외 우 윤 주 대 우 혼 주 원 우

목이 발한즉 주로 근심으고, 마르면 주로 외부의 근심이며, 윤택하면 주로 큰 근심이고, 혼탁하면 주로 먼 근심이며,

散主憂解, 應在亥、卯、未日及月, 以色深淺斷之.
산 주 우 해 응 재 해 묘 미 일 급 월 이 색 천 심 단 지

흩어지면 주로 근심이 그치고, 응함이 해·묘·미 날과 달에 미치니, 색의 깊고 얕음으로써 판단한다.

---

37 부슬부슬 내리는 비나 눈발이 배고 가늚. 또는 비나 눈이 계속하여 끊이지 않는 모양.

青色吉凶歌

청 색 길 흉 가

天中光澤得詔貴, 枯燥須憂詔責亡.
천 중 광 택 득 조 귀　고 조 수 우 조 책 망

천중의 빛이 윤택하면 귀한 조서를 얻고, 시들고 마르면 반드시 근심스런 조서로 책망이 있다.

秋色發從年上去, 陰私口舌厄難當.
추 색 발 종 년 상 거　음 사 구 설 액 난 당

가을의 색이 연상으로부터 일어나면 개인의 비밀스런 구설을 감당하기 어렵다.

陽尺憂行兼疾病, 天庭主客繫堪憂.
양 척 우 행 겸 질 병　천 정 주 객 계 감 우

양척이 청색이면 근심스런 행실과 겸하여 질병이 있게 되고, 천정이 청색이면 주객이 얽혀 근심을 감당해야 한다.

交友婦須通外客, 司空忽起被徒囚.
교 우 부 수 통 외 객　사 공 홀 기 피 도 수

교우가 청색이면 부인이 모름지기 외부의 손님과 통하며, 사공에 갑자기 청색이 일어나면 감옥에 간히는 형벌이다.

巷路但成百里[38]威, 太陽定與妻相打.
항 로 단 성 백 리　위　태 양 정 여 처 상 타

항로가 청색이면 오직 위엄이 백리를 이루고, 태양이 청색이면 반드시 처와 서로 때린다.

38　백 리는 중국(中國) 주(周)나라 때 제후(諸侯)가 다스렸던 나라의 면적(面積).

外傷枉死被讒言[39].
외 상 왕 사 피 참 언

외부가 상하거나 잘못하여 죽거나 참언을 당한다.

若是太陽連入目, 必招縣宰惡笞鞭.
약 시 태 양 연 입 목 필 초 현 재 악 태 편

만약 청색이 태양과 연결되어 눈으로 들어가면 반드시 고을 관원에게 나쁘게 매질 당하는 태형을 부른다.

房小春發當生子, 壽上當憂口舌牽.
방 소 춘 발 당 생 자 수 상 당 우 구 설 견

방소에 봄이 일어나면 마땅히 아들을 낳고, 수상이 청색이면 마땅히 근심과 구설에 관련된다.

坑塹對須看大怪, 陂池 (壽上應以上同) 蛇怪不堪言.
갱 참 대 수 간 대 괴 피 지 수 상 응 이 상 동 사 괴 불 감 언

청색이 갱참과 마주하면 반드시 크게 괴이함을 보고, 피지가(수상에 응함으로써 위와 같다) 청색이면 뱀처럼 괴이하여 말로 감당하지 못한다.

山林花鳥妖呈異, 欄櫪馬牛有怪愆.
산 림 화 조 요 정 이 난 력 마 우 유 괴 건

산림이 청색이면 꽃과 새가 요사스럽게 뽐내어 기이하고, 난력이 청색이면 말과 소에 괴상한 악질이 있다.

忽在井竈釜鳴響, 不然井溢湧寒泉.
홀 조 정 조 부 명 향 불 연 정 일 용 한 천

갑자기 정조가 청색이면 솥이 소리를 내 울고, 그렇지 않으면 우물이 넘쳐서 차가운 샘물이 솟아 나온다.

---

[39] 거짓 꾸며서 남을 헐어 하는 말.

命門甲匱憂凶厄, 準頭兄弟父母喪.
명 문 갑 궤 우 흉 액　준 두 형 제 부 모 상

명문과 갑궤가 청색이면 흉한 재앙을 근심하고, 준두가 청색이면 형제와 부모상을 당한다.

散失主邊防失職, 人中愁有別離傷.
산 실 주 변 방 실 직　인 중 수 유 별 리 상

청색이 흩어져 잃어버리면 주로 변방에서 직업을 잃고, 인중이 청색이면 이별의 상처로 근심이 있다.

承漿不日當遭病, 大海須防水溺亡.
승 장 불 일 당 조 병　대 해 수 방 수 익 망

승장이 청색이면 얼마 안 되어 질병을 만나고, 대해가 청색이면 반드시 물에 익사함을 막아야 한다.

若臨月角須憂賊, 若有川文官祿遷.
약 임 월 각 수 우 적　약 유 천 문 관 록 천

만약 청색이 월각에 임하면 반드시 도적을 근심해야 하고, 만약 천(川)자 주름이 있으면 관록이 변경된다.

日角臨蠶如傅粉, 印堂退口病遲延.
일 각 임 잠 여 박 분　인 당 퇴 구 병 지 연

일각의 청색이 누에가 분을 바른 것처럼 임하고, 인당의 청색이 입으로 물러나면 병이 지연된다.

道上或逢憂阻滯, 山林蛇虎厄難當.
도 상 혹 봉 우 조 체　산 림 사 호 액 난 당

도상이 청색이면 혹 근심을 만나 막힘이 있고, 산림이 청색이면 뱀과 호랑이를 당해내기 어렵다.

若來金匱并墻壁, 財物三旬共可傷.
약 래 금 궤 병 장 벽　재 물 삼 순 공 가 상

만약 청색이 금궤와 아울러 장벽에 오면 재물이 30일쯤에 모두 상한다.

姦門怕被外妻撓, 眼下橫來病苦纏.
간 문 파 피 외 처 요　안 하 횡 래 병 고 전

간문이 청색이면 외처가 어지럽힘을 당할까 두렵고, 눈 아래에 청색이 가로질러 오면 질병으로 고전한다.

壽上若逢憂病厄, 更憂債負禍來煎.
수 상 약 봉 우 병 액　갱 우 책 부 화 래 전

만약 수상이 청색이면 질병의 재앙을 만나 근심하고, 다시 빚을 지는 재앙으로 애태우고 근심한다.

口畔入來憂餓死, 更兼枉濫事相牽.
구 반 입 래 우 아 사　갱 겸 왕 람 사 상 견

입 가장자리에 청색이 들어오면 굶어 죽음을 근심하고, 다시 겸하여 잘못 적용된 일에 서로 관련된다.

三位囚傷子孫損, 半月之間入墓眠.
삼 위 수 상 자 손 손　반 월 지 간 입 묘 면

삼위가 청색이면 옥에 갇힌 죄인으로 상하고 자손을 잃으며, 반달 사이에 무덤에 들어가 잠든다.

天門三十日財至, 天井圓珠武官位.
천 문 삼 십 일 재 지　천 정 원 주 무 관 위

천문이 청색이면 30일에 재물이 이르며, 천정의 청색이 둥근 구슬과 같으면 무관의 지위이다.

病人値此病難安, 囚人見之尤迍滯.
병 인 치 차 병 난 안　수 인 견 지 우 둔 체

병든 사람이 이 청색을 만나면 질병으로 편안하기 어렵고, 감옥의 죄인에게 청색이 보이면 더욱 막혀서 머뭇거린다.

黃色出沒

황 색 출 몰

黃色初起如蠶吐絲, 將盛之時如蠒之未繰, 或如馬尾,
황 색 초 기 여 잠 토 사　장 성 지 시 여 견 지 미 조　혹 여 마 미

황색이 초기에 일어나면 누에가 실을 토해놓은 것 같고, 장차 무성할 때에는 누에고치가 아직 고치를 켜지 않은 것과 같으며, 혹 말의 꼬리와 같고,

欲去之時如柳色之花, 摶聚斑駁[40].
욕 거 지 시 여 류 색 지 화　단 취 반 박

가고자 할 때는 버드나무색 꽃처럼 무리로 뭉쳐 여러 빛깔로 아롱진다.

然五行屬土, 旺在四季, 相於春, 休於夏, 囚於秋, 死於冬.
연 오 행 속 토　왕 재 사 계　상 어 춘　휴 어 하　수 어 추　사 어 동

그러므로 황색은 오행으로 토에 속하고 왕성함이 사계절에 있으니, 상은 봄에, 휴는 여름에, 수는 가을에, 사는 겨울에 있다.

又爲胎養之發, 則皆主吉慶.
우 위 태 양 지 발　즉 개 주 길 경

다시 태로 길러져 황색이 일어나면 곧 모두 길한 경사를 주관한다.

但不宜入口, 即主瘟病.
단 불 의 입 구　즉 주 온 병

단 황색이 입으로 들어가면 마땅하지 않으니 곧 주로 염병(전염병)이다.

日則在酉、申、寅、午、戌日應之, 旬則在子、午、戌、辰旬應之,
일 즉 재 유　신　인　오　술 일 응 지　순 즉 재 자　오　술　진 순 응 지

날은 곧 유·신·인·오·술일에 응하고, 10일은 곧 자·오·술·진순에 응하니,

---

[40] 여러 빛깔이 한데 뒤섞여 아롱진 형태(形態).

萬無一差, 須以深淺斷, 遠近爲定耳.
만 무 일 차 수 이 천 심 단 원 근 위 정 이

만에 하나라도 차이가 없다면 모름지기 깊고 얕음으로써 결단하며 멀고 가까움으로 결정한다.

黃色吉凶歌

황 색 길 흉 가

黃色天中列土分, 圓光重大拜[41]公卿.
황 색 천 중 열 토 분 원 광 중 대 배 공 경

천중이 황색이면 열토를 나누어 받고, 둥근 빛이 거듭되면 큰 벼슬로 공경이 된다.

更過年上井竈部, 有功常受賜高勛.
갱 과 연 상 정 조 부 유 공 상 수 사 고 훈

황색이 다시 연상을 지나 정조 부위로 가면 공로가 있어 항상 높은 관등을 하사받는다.

或如月出照年上(天中入), 定當宿衛[42]入朝門.
혹 여 월 출 조 연 상 천 중 입 정 당 숙 위 입 조 문

황색이 혹 달이 나오는 것 같이 연상을 비추면(천중에 들어감) 마땅히 숙위(숙직하여 지킴)로 조정문에 들어간다.

---

41 의정(議政) 벼슬을 받음.

42 숙직(宿直)하여 지킴.

若經兩闕庭(天中入) 即徵拜[43], 金匱(天中入) 詔賜帛與銀.
약 경 양 궐 정 천 중 입 즉 징 배 금 궤 천 중 입 조 사 조 여 은

만약 황색이 양궐정(인당)을 지나면(천중에 들어감) 곧 불러 벼슬을 내려받고, 금궤의 황색은(천중에 들어감) 조서로 비단과 은을 하사받는다.

忽至闕廷(天中入) 官驟轉, 不然即是得財盈.
홀 지 궐 정 천 중 입 관 취 전 불 연 즉 시 득 재 영

갑자기 황색이 궐정에 이르면(천중에 들어감) 관직이 갑작스럽게 바뀌며, 그렇지 않으면 곧 얻은 재물로 가득 찬다.

或是龍形須受賞, 如懸鐘鼓主槐庭[44].
혹 시 용 형 수 수 상 여 현 종 고 주 괴 정

혹시 이에 황색이 용의 형상이면 모름지기 상을 받고, 황색이 마치 매달린 종과 북과 같으면 주로 조정에 있게 된다.

若似蠶絲官必得, 春來年上喜忻忻.
약 사 잠 사 관 필 득 춘 래 연 상 희 흔 흔

만약 황색이 누에고치에서 뽑아낸 실과 같으면 반드시 관직을 얻고, 황색이 봄에 연상으로 오면 기쁘고 또 기쁘다.

武庫光潤將軍福, 亦主喜慶陽尺幷.
무 고 광 윤 장 군 복 역 주 희 경 양 척 병

무고에 황색이 빛나고 윤택하면 장군의 복을 내리고, 또한 황색이 주로 양척을 아우르면 기쁜 경사가 있다.

母墓喜幷田宅事, 更宜父母少災迍.
모 묘 희 병 전 택 사 갱 의 부 모 소 재 둔

모묘가 황색이면 기쁨과 아울러 전택의 일로, 다시 마땅히 부모한테 작은 재앙이 머뭇거린다.

---

[43] 초야에 있는 사람을 예를 갖추어 불러다 벼슬을 시킴.

[44] 중국 주나라 때 조정(朝廷) 앞에 회화나무를 심었는데 그래서 조정을 괴정(槐庭) 이라고도 불렀다.

司空百日得財寶, 右府里內敕來徵.
사 공 백 일 득 재 보　우 부 리 내 칙 래 징

사공이 황색이면 백일동안 재물과 보물을 얻고, 황색이 우부리 안이면 조서가 오는 조짐이다.

重眉交友如棋子, 七箇旬中左右丞.
중 미 교 우 여 기 자　칠 개 순 중 좌 우 승

중미와 교우에 황색이 바둑알과 같이 있으면 70일 중에 좌우승이 된다.

更過(重眉過) 山林天中者, 徵爲博士最爲榮.
갱 과　중 미 과　산 림 천 중 자　징 위 박 사 최 위 영

황색이 다시 (중미를 지나) 산림과 천중에 있는 자는 박사로 불리어 가장 영화롭게 된다.

印堂如月六旬內, 拜作將軍鎭百城.
인 당 여 월 육 순 내　배 작 장 군 진 백 성

인당이 달과 같은 황색이면 60일 안에 장군의 벼슬을 임명받아 100개의 성을 진압한다.

便似連刀天庭至(上至天庭), 下及準頭亦分明,
변 사 연 도 천 정 지　상 지 천 정　하 급 준 두 역 분 명

문득 칼을 닮은 황색이 연결되어 천정에 이르고(천정위에 이름), 아래로 준두에 또한 분명하게 미치면,

斷他縣令忽遷轉, 長吏[45]分官[46]直闕庭.
단 타 현 령 홀 천 전　장 리　분 관　직 궐 정

현령을 그만두고 갑자기 다른 곳으로 벼슬을 옮기니, 아전의 장과 구분되는 관직이 곧바로 대궐에 이른다.

大體發時多喜慶, 亦言遠信至逡巡.
대 체 발 시 다 희 경　역 언 원 신 지 준 순

대체로 황색이 일어나는 때에 기쁨과 경사가 많고, 또한 먼 곳의 소식이 멈칫거리다 이른다.

---

45 원, 수령(守令)을 달리 일컫는 말.

46 벼슬자리를 나누어 줌.

山根聽向皆稱遂, 太陽必定得財慶.
산 근 청 향 개 칭 수 태 양 필 정 득 재 경

산근이 황색이면 들리는 곳을 향하여 모두 불러 따르고, 태양이 황색이면 반드시 재물을 얻은 경사가 정해져 있다.

少陽喜慶重重過, 魚尾有吉引前行.
소 양 희 경 중 중 과 어 미 유 길 인 전 행

소양이 황색이면 기쁜 경사가 거듭거듭 지나고, 어미가 황색이면 길함이 있어 앞길을 인도한다.

若似龍形年上見, 連色天中拜上卿.
약 사 용 형 년 상 견 연 색 천 중 배 상 경

만약 황색이 용을 닮은 형상으로 연상에 보이고, 황색이 천중까지 연결되면 상경의 벼슬을 내려받는다.

眉眼之下有子象, 左黃生男右女生.
미 안 지 하 유 자 상 좌 황 생 남 우 녀 생

황색이 눈썹과 눈 아래에 아이 모양으로 있는데, 황색이 좌측이면 아들을 낳고 우측이면 딸을 낳는다.

婦人有以反前諭, 金匱家內財帛人.
부 인 유 이 반 전 유 금 궤 가 내 재 백 인

황색이 부인에게 있으면 도리어 앞을 깨우치고, 금궤가 황색이면 집안에 재물과 비단이 있는 사람이다.

壽上柳葉主財入, 歸來遠信至中庭.
수 상 류 엽 주 재 입 귀 래 원 신 지 중 정

수상에 황색이 버드나무 잎이면 주로 재물이 들어오고, 귀래가 황색이면 먼 소식이 중정에 이른다.

出自準頭庭衝位(天中天庭), 驟貴封侯起有乘,
출 자 준 두 정 충 위 천 중 천 정 취 귀 봉 후 기 유 승

황색이 준두로부터 나와 조정을 향하는 자리이면(천중·천정), 갑작스럽게 귀한 제후에 봉해지니 일어나 타는 게 있고,

蘭臺必得尚書綬, 內廚酒食倍逢恩.
난 대 필 득 상 서 수 내 주 주 식 배 봉 은

난대가 황색이면 반드시 상서(벼슬이름)의 끈(줄)을 얻고, 내주가 황색이면 술과 음식의 은혜를 배로 만난다.

大海惟宜涉江者, 日月三公位顯清.
대 해 유 의 섭 강 자 일 월 삼 공 위 현 청

대해가 황색이면 오로지 강을 건너는 것이 마땅하고, 일월각이 황색이면 삼공의 지위가 깨끗하게 드러난다.

甲匱生來財主庫, 內倉中似有蛇形.
갑 궤 생 래 재 주 고 내 창 중 사 유 사 형

갑궤가 황색이면 태어나면서부터 재물의 창고를 주관하고, 내창 가운데 황색이 뱀의 형상과 비슷하게 있다.

道尙三位財如拾, 中角牛馬喜方成.
도 상 삼 위 재 여 습 중 각 우 마 희 방 성

도상의 세 부위가 황색이면 재물을 줍는 것 같고, 중각이 황색이면 소와 말의 기쁨을 널리 이룬다.

眉位有園多好事, 酒樽酒饌得豐醇.
미 위 유 원 다 호 사 주 준 주 찬 득 풍 순

황색이 눈썹 부위에 있으면 동산에 좋은 일이 많고, 주준과 주찬이 황색이면 반찬을 풍성하게 얻는다.

赤色出沒

적 색 출 몰

赤色初起如火始燃. 將去之時, 炎炎如絳繒.
적 색 초 기 여 화 시 연 장 거 지 시 염 염 여 강 증

적색이 초기에 일어나면 불이 처음 타오르는 것과 같다. 적색이 장차 가려고 할때에 이글이글 불타오르는 진홍색 비단과 같다.

欲去之時, 如連珠累累然而去.
욕 거 지 시 여 연 주 루 루 연 이 거

적색이 없어지려 할 때에 마치 연결된 붉은 구슬이 거듭거듭 떨어져 나가는 것과 같다.

於五行屬火, 旺在夏, 相於春, 死於秋, 囚於冬.
어 오 행 속 화 왕 재 하 상 어 춘 사 어 추 수 어 동

적색은 오행으로 화에 속하니, 왕은 여름에, 상은 봄에, 사는 가을에, 수는 겨울에 있다.

發主公私鬥斗訟, 口舌驚擾之事.
발 주 공 사 투 두 송 구 설 경 요 지 사

적색이 일어나면 주로 공과 사적으로 싸우거나 갑자기 송사가 있으며, 놀라고 시끄러운 일로 구설이 있다.

潤主刑厄. 細薄主口舌鞭笞.
윤 주 형 액 세 박 주 구 설 편 태

적색이 윤택하면 주로 형벌의 재앙이다. 가늘고 엷으면 주로 구설로 매질 당하는 태형이 있다.

應寅、午、戌並巳、未日, 旬中則辰、戌, 以色定之.
응 인 오 술 병 사 미 일 순 중 즉 진 술 이 색 정 지

화는 인·오·술과 아울러 사·미일에 응하고, 10일은 곧 진·술이며, 적색으로써 정해진다.

赤色吉凶歌

적 색 길 흉 가

天中連印鼻頭赤, 中旬車馬驚令死.

천 중 연 인 비 두 적　중 순 거 마 경 령 사

천중이 인당과 이어지고 코의 준두가 적색이면 중순(한달의 중간일)에 수레와 놀란 말로 하여금 죽는다.

下來年上爭競災, 左右遠行須病住.

하 래 연 상 쟁 경 재　좌 우 원 행 수 병 주

적색이 연상 아래에 오면 다투어 겨루는 재앙이 있고, 좌우로 멀리 가면 모름지기 병이 머무른다.

陽尺驚恐厄鬥生, 武庫友婦折傷災.

양 척 경 공 액 투 생　무 고 우 부 절 상 재

양척이 적색이면 싸움이 생겨 놀라는 두려운 재앙이 있고, 무고가 적색이면 친구나 부인이 일찍 죽거나 다치는 재앙이 있다.

天庭必有憂囚事, 若見司空鬥罵來.

천 정 필 유 우 수 사　약 견 사 공 투 매 래

천정이 적색이면 반드시 죄수의 일로 근심이 있고, 만약 사공에 적색이 보이면 싸움과 욕설을 부른다.

交友朋求離別去, 在職當憂上位刑.

교 우 붕 구 리 별 거　재 직 당 우 상 위 형

교우가 적색이면 벗을 구함에 이별하여 버리고, 직책을 마땅히 근심하며 윗자리의 형벌이 있다.

無職定同父友鬥, 額角如値死於兵.
무 직 정 동 부 우 투　액 각 여 치 사 어 병

직분이 없음이 정해지고 같은 아버지 친구와 싸우게 되며, 액각이 적색이면 전쟁에서 죽음을 맞이한다.

印堂爭鬥被憂囚, 若在山根驚怕憂.
인 당 쟁 투 피 우 수　약 재 산 근 경 파 우

인당이 적색이면 다툼으로 죄수가 되는 근심이고, 만약 산근이 적색이면 놀라 두려운 근심이다.

太陽夫妻求離別, 年上暴厄亦堪愁.
태 양 부 처 구 리 별　연 상 포 액 역 감 수

태양이 적색이면 부부가 이별을 구하고, 연상이 적색이면 갑작스런 재앙과 또한 근심을 감당해야 한다.

又卻斷他生貴子, 房中妻不產賢侯.
우 각 단 타 생 귀 자　방 중 처 불 산 현 후

우각이 적색이면 그가 귀한 자식을 낳는다 단정하고, 방중이 적색이면 아내가 현명한 제후를 낳지 못한다.

三男三女病災迍, 壽上如豆與妻爭.
삼 남 삼 녀 병 재 둔　수 상 여 두 여 처 쟁

삼남 삼녀가 적색이면 질병과 재앙으로 머뭇거리며, 수상이 적색으로 콩과 같으면 처와 다툰다.

年上準頭連發此, 夫妻爭鬥太難明.
연 상 준 두 연 발 차　부 처 쟁 투 태 난 명

적색이 연상과 준두에 연결되어 일어나면 부부가 싸움과 다툼에 크게 변명하기 어렵다.

命門甲匱須兵死, 準頭官府事牽縈.
명 문 갑 궤 수 병 사　준 두 관 부 사 견 영

명문과 갑궤가 적색이면 반드시 전쟁에서 죽고, 준두가 적색이면 관부(조정이나 정부)의 일로 관련되어 얽힌다.

墻壁之上財必失, 外圓當紫得官榮.
장 벽 지 상 재 필 실 　외 원 당 자 득 관 영

장벽 위가 적색이면 재물을 반드시 잃게 되고, 외원이 마땅한 자색이면 관직의 영화를 얻는다.

武官巡捕看魚尾, 盜賊收擒信稱情.
무 관 순 포 간 어 미 　도 적 수 금 신 칭 정

무관의 어미에 적색이 보이면 순찰하여 붙잡는 것이고, 도적이 적색이면 약탈한 것을 사로잡는 것을 맡음이 뜻에 부합된다.

牛角看來牛馬厄, 山林蛇虎又堪惊.
우 각 간 래 우 마 액 　산 림 사 호 우 감 경

우각이 적색이면 소와 말에 재앙이 온 것으로 보고, 산림이 적색이면 뱀과 호랑이로 다시 놀라게 됨을 감당해야 한다.

忽眼下如蠶絲發, 妻子因何爭鬥聲.
홀 안 하 여 잠 사 발 　처 자 인 하 쟁 투 성

갑자기 눈 아래에 적색이 누에의 실처럼 일어나면 처자로 인한 다투는 소리를 어찌할 것인가?

金匱奸門招撓事, 承漿爲酒起喧爭.
금 궤 간 문 초 요 사 　승 장 위 주 기 훤 쟁

금궤와 간문이 적색이면 일을 불러 어지럽고, 승장이 적색이면 술로 시끄러운 다툼이 일어난다.

陂池井部相連接, 因水逢財卻稱情.
피 지 정 부 상 연 접 　인 수 봉 재 각 칭 정

피지와 정부에 적색이 서로 연결되어 접하면 물과 관련하여 재물을 만남이 다시 뜻에 맞는다.

田上見之田地退, 口邊橫入禍全生.
전 상 견 지 전 지 퇴 　구 변 횡 입 화 전 생

전상에 적색이 보이면 밭과 땅이 줄어들고, 적색이 입 가장자리를 가로질러 들어오면 재앙이 온전히 생긴다.

酒樽酒肉宜相會, 地閣田岸有訟成,
주 준 주 육 의 상 회　지 각 전 안 유 송 성

주준이 적색이면 술과 고기가 마땅하게 서로 모이고, 지각이 적색이면 밭과 언덕에 송사가 정하여져 있으며,

若在山林須愼火, 又兼家內損財幷.
약 재 산 림 수 신 화　우 겸 가 내 손 재 병

만약 적색이 산림에 있으면 반드시 불을 삼가야 하고, 또한 겸하여 가내가 적색이면 재물의 손상을 아우른다.

命門發到山根止, 更過眉上左耳平,
명 문 발 도 산 근 지　갱 과 미 상 좌 이 평

적색이 명문에서 일어나 산근에 이르고, 다시 눈썹 위와 좌측 귀에 수평으로 지나면

只定六旬遭法死, 婦人右耳疾來頻.
지 정 육 순 조 법 사　부 인 우 이 질 래 빈

다만 60세에 법으로 죽음을 당함이 정해지고, 부인의 우측 귀가 적색이면 질병이 자주 온다.

白色出沒

백 색 출 몰

白色初起, 如白塵拂拂, 將盛之時, 如膩粉散點,
백 색 초 기　여 백 진 불 불　장 성 지 시　여 니 분 산 점

백색 초기에 일어나면 하얀 먼지가 풀풀거리는 것과 같고, 장차 성대할 때에 매끄러운 가루가 흩어진 점과 같으며,

或如白紙欲去之時, 如灰垢之散.
혹 여 백 지 욕 거 지 시 　 여 회 구 지 산

혹 하얀 종이와 같으며 사라지려고 할 때 재와 티가 흩어지는 것과 같다.

五行屬金, 金旺在秋, 相於夏, 囚於春, 死於冬.
오 행 속 금 　 금 왕 재 추 　 상 어 하 　 수 어 춘 　 사 어 동

백색은 오행으로 금에 속하니 왕은 가을에, 상은 여름에, 수는 봄에, 사는 겨울에 있다.

發主哭泣憂撓, 潤主哀泣, 細憂重, 浮憂輕, 散病瘥.
발 주 곡 읍 우 요 　 윤 주 애 읍 　 세 우 중 　 부 우 경 　 산 병 차

백색이 일어나면 주로 곡하여 우니 근심으로 어지럽고, 윤택하면 주로 슬프게 울며 가늘면 근심이 무겁고, 뜨면 근심이 가벼우며 흩어지면 병이 낫는다.

應在巳、酉、丑日, 旬在子、戌、旬中應之及秋月.
응 재 사 　 유 　 축 일 　 순 재 자 　 술 　 순 중 응 지 급 추 월

백색은 사·유·축일에 응하여 있고, 10일은 자·술에 있고, 10일 중에 응하여 가을 달에 미친다.

白色吉凶歌

백 색 길 흉 가

天中春色來年上, 鬥戰刀兵事可愁.
천 중 춘 색 래 연 상 　 투 전 도 병 사 가 수

천중에 백색이 봄에 연상으로 오면 전투에서 병기와 군사의 일로 가히 근심한다.

左廂必定主憂惱[47], 陽尺將行走外州.
좌 상 필 정 우 우 뇌　　양 척 장 행 주 외 주

좌상이 백색이면 반드시 주로 근심과 번뇌가 정해지고, 양척이 백색이면 장차 외부 고을로 달려간다.

發在奸門因婦女, 皮乾入獄內遭囚.
발 재 간 문 인 부 녀　피 건 입 옥 내 조 수

간문에 백색이 발하여 있으면 부녀로 인해 거죽이 마르고 옥에 들어가 옥사를 당한다.

又主男女相妒害, 交友婦須被外求.
우 주 남 녀 상 투 해　교 우 부 수 피 외 구

또한 주로 남녀궁이 백색이면 서로 투기하고 해하며, 교우가 백색이면 부인과 합쳐짐을 결국 바깥에서 구한다.

山根見者主憂囚, 男女逢他必死憂.
산 근 견 자 주 우 수　남 녀 봉 타 필 사 우

산근에 백색이 보이는 자는 주로 죄를 지어 갇힘을 근심해야 하고, 남녀궁이 백색이면 다른 사람을 만남에 반드시 죽음을 근심한다.

壽上徒囚君不見, 堂上父母死堪愁.
수 상 도 수 군 불 견　당 상 부 모 사 감 수

수상이 백색이면 갇힌 죄수의 무리임을 그대는 보지 못하였고, 당상이 백색이면 부모가 죽는 근심을 감당해야 한다.

命門甲匱凶來急, 內廚酒肉致傷亡.
명 문 갑 궤 흉 래 급　내 주 주 육 치 상 망

명문과 갑궤가 백색이면 흉함이 급하게 오고, 내주가 백색이면 술과 고기로 상하거나 죽는다.

---

[47] 근심하고 고민함.

承漿逢見身當喪, 大海遭時主水殃.
승 장 봉 견 신 당 상　대 해 조 시 주 수 앙

승장이 백색을 만나면 자신이 마땅히 상을 당함을 보고, 대해가 백색이면 늘 주로 물의 재앙을 만난다.

印堂白氣哭爹娘, 若在命門兄弟當.
인 당 백 기 곡 다 낭　약 재 명 문 형 제 당

인당의 백기는 아비와 어미를 곡하게 되고, 만약 명문이 백색이면 형제에 해당된다.

奸門若招主私慟, 中嶽橫紋有家喪.
간 문 약 초 주 사 통　중 악 횡 문 유 가 상

간문에 만약 백색이 나타나면 주로 사사로이 서럽게 울게 되고, 중악을 가로지른 백색 주름은 집에 초상이 있게 된다.

日月角中憂重服, 法令陂池腳足傷.
일 월 각 중 우 중 복　법 령 피 지 각 족 상

일월각 가운데가 백색이면 부모의 상복을 입는 근심이 있고, 법령과 피지가 백색이면 다리와 발을 다친다.

眼下橫紋夫婦鬥, 準頭還是競田莊.
안 하 횡 문 부 부 투　준 두 환 시 경 전 장

눈 아래를 가로지른 백색 주름이 있으면 부부가 싸우게 되고, 준두가 백색이면 다시 전장(개인이 소유하는 논밭)을 다툰다.

地閣橫遮牛馬損, 若侵年壽死公婆.
지 각 횡 차 우 마 손　약 침 연 수 사 공 파

백색이 지각에 가로막히면 소와 말이 줄어들고, 만약 연상과 수상에 백색이 침범하면 늙은 할머니가 죽는다.

入口分明憂口舌, 囷倉上有賊還多.
입 구 분 명 우 구 설　균 창 상 유 적 환 다

백색이 입으로 분명하게 들어가면 구설로 근심하게 되고, 균창 위가 백색이면 다시 도둑이 많다.

黑色出沒

흑 색 출 몰

黑色初起, 如烏鳥尾將盛之時, 如黑發得膏欲去之時, 如落垢昧.
흑 색 초 기 여 오 조 미 장 성 지 시 여 흑 발 득 고 욕 거 지 시 여 락 구 매

흑색이 초기에 일어나면 까마귀 꼬리와 같고, 장차 무성할 때 마치 흑색이 발하여 기름을 얻음과 같으며, 떠나고자 할 때 검은 때가 떨어지는 것과 같다.

五行屬水, 旺於冬, 相於秋, 囚於夏, 死於春.
오 행 속 수 왕 어 동 상 어 추 수 어 하 사 어 춘

흑색은 오행으로 수에 속하니 왕은 겨울에, 상은 가을에, 수는 여름에, 사는 봄에 있다.

發主病災厄. 潤, 主死亦兵亡; 枯翳客死, 散主病痊.
발 주 병 재 액 윤 주 사 역 병 망 고 예 객 사 산 주 병 전

흑색이 일어나면 주로 질병의 재앙과 액운이 있다. 윤택하면 주로 죽거나 또한 전쟁에서 사망이요; 마르고 어두우면 객사하고, 흑색이 흩어지면 주로 병이 낫는다.

日應在申、子、辰日, 旬應在甲、寅旬, 及冬月以旺爲應.
일 응 재 신 자 진 일 순 응 재 갑 인 순 급 동 월 이 왕 위 응

흑색은 신·자·진날에 응함이 있고 갑과 인순에 응하여 있으며, 겨울달에 미치면 왕성함으로써 응한다.

黑色吉凶歌

흑 색 길 흉 가

天中必定失官勛, 忽於顴上似官刑.

천 중 필 정 실 관 훈　홀 어 권 상 사 관 형

천중이 흑색이면 관직과 공훈을 잃음이 반드시 정해져 있고, 갑자기 관골 위에 흑색이 보이면 관직에 형벌이 있게 된다.

若還至下來年上, 病患相纏喪此身.

약 환 지 하 래 연 상　병 환 상 전 상 차 신

흑색이 만약 다시 연상 아래에 이르면 병환이 서로 얽히어 이에 몸이 상을 당한다.

天獄年上應獄死, 高廣逢時病主亡.

천 옥 년 상 응 옥 사　고 광 봉 시 병 주 망

흑색이 천옥과 연상에 응하면 감옥에서 죽고, 고광에서 흑색을 만날 때에는 주로 병으로 죽는다.

陽尺過來凶可得, 天庭客死在他鄉.

양 척 과 래 흉 가 득　천 정 객 사 재 타 향

흑색이 양척을 지나오면 흉함을 가히 얻고, 천정이 흑색이면 타향에서 객사한다.

四煞賊來成凶賊, 司空病疾苦纏身.

사 살 적 래 성 흉 적　사 공 병 질 고 전 신

사살이 흑색이면 흉한 도적이 흥기하여 오고, 사공이 흑색이면 병으로 인한 고통이 몸에 얽힌다.

右府生來憂此位, 重眉不利遠行征.

우 부 생 래 우 차 위　중 미 불 리 원 행 정

흑색이 우부에 생겨서 오면 지금 위치에서 근심하고, 중미가 흑색이면 멀리 가서 취함에 불리하다.

額角黑廣善爲偷, 印堂移徙看他州.
액 각 흑 광 선 위 투　인 당 이 사 간 타 주

액각이 검게 넓으면 훔치기를 잘하고, 인당이 흑색이면 다른 고을을 보고 이사한다.

山根必死於旬日, 太陽疾病厄堪憂.
산 근 필 사 어 순 일　태 양 질 병 액 감 우

산근이 흑색이면 반드시 10일에 죽고, 태양이 흑색이면 질병의 재앙으로 근심을 감내해야 한다.

牢獄至眼憂牢獄, 法令入口形分八.
뇌 옥 지 안 우 뢰 옥　법 령 입 구 형 분 팔

흑색이 뇌옥과 눈에 이르면 감옥에 갇힘을 근심하고, 법령이 입으로 들어가면 형상이 8개로 나뉜다.

更有眉頭青色應, 白日飲酒還醉殺.
갱 유 미 두 청 색 응　백 일 음 주 환 취 살

흑색이 다시 눈썹 머리에 있고 청색과 응하면 대낮에 술을 빠르게 마시고 취하여 죽는다.

眼目兼更赤色間, 二旬或訟見血光.
안 목 겸 갱 적 색 한　이 순 혹 송 견 혈 광

흑색이 눈에 겸하여 다시 적색이 사이에 있으면 20일에 혹 송사로 핏빛을 보게 된다.

外陽發被人欺劫, 年上憂死困災傷.
외 양 발 피 인 기 겁　연 상 우 사 곤 재 상

외양에 흑색이 발하면 사람에게 속아 위협당하고, 연상이 흑색이면 다치는 재앙으로 인하여 죽음을 걱정한다.

男女憂他男女厄, 壽上入耳卒中亡.
남 녀 우 타 남 여 액　수 상 입 이 졸 중 망

남녀궁이 흑색이면 남녀의 부정한 재앙을 근심하고, 흑색이 수상에서 귀로 들어가면 망한 가운데 죽는다.

命下甲匱遭燒死, 準頭憂病外來殃.
명 하 갑 궤 조 소 사　준 두 우 병 외 래 앙

갑궤가 흑색이면 명령을 내려 불태워 죽임을 만나며, 준두가 흑색이면 외부에서 온 질병의 재앙으로 근심한다.

黑發三陽黑氣多, 失官停職事波波.
흑 발 삼 양 흑 기 다　실 관 정 직 사 파 파

흑색이 삼양에서 발하여 흑기가 많으면 관직을 잃고 정직되거나 일이 요동친다.

更上發來年壽上, 天中有黑見閻羅.
갱 상 발 래 연 수 상　천 중 유 흑 견 염 라

다시 흑색이 위에서 일어나 연상과 수상에 오고, 천중이 흑색이면 염라대왕을 본다.

黑氣入口死於夏, 顴上兄弟婦奔逃.
흑 기 입 구 사 어 하　권 상 형 제 부 분 도

흑기가 입으로 들어가면 여름에 죽고, 관골 위가 흑색이면 형제와 부인이 급히 도망간다.

奸門切忌女相干, 日角若臨妻亦亡.
간 문 절 기 여 상 간　일 각 약 임 처 역 망

간문이 흑색이면 여자와의 상간을 적절히 경계해야 하고, 일각이 흑색이면 처가 죽음에 임함과 같다.

井部黑氣水溺死, 印堂退光非謬假.
정 부 흑 기 수 익 사　인 당 퇴 광 비 류 가

정부가 흑기이면 물에 빠져 죽고, 인당에 흑색 빛이 물러가면 잘못된 거짓이 아니다.

橫飛壽上防逢災, 六十日內須應也.
횡 비 수 상 방 봉 재　육 십 일 내 수 응 야

흑색이 가로로 날아 수상에 있으면 재앙 만남을 막아야 하는데 모름지기 60일 안에 응한다.

黑氣額上父母死, 生來眼下子孫殃,
흑 기 액 상 부 모 사　생 래 안 하 자 손 앙

흑기가 이마 위에 있으면 부모가 죽고, 흑기가 생겨 눈 아래에 오면 자손에게 재앙이 있고,

若見下來年壽上, 自然病死入冥途.
약 견 하 래 연 수 상　자 연 병 사 입 명 도

만약 흑기가 연상과 수상의 아래로 와 보이면 자연히 병으로 죽은 뒤 영혼의 세계로 들어간다.

黑氣三陽至盜門, 奸私賊寇豈堪論.
흑 기 삼 양 지 도 문　간 사 적 구 기 감 론

흑기가 삼양에서 도문에 이르면 간사한 도적과 어찌 감히 논할 수 있겠는가?

更見黑色鼻準上, 知君財破避無門.
갱 견 흑 색 비 준 상　지 군 재 파 피 무 문

다시 흑색이 코의 준두 위에 보이면 영주의 재물이 깨지고 피할 문이 없음을 안다.

黑色妻部及年上, 妻厄身災非是旺.
흑 색 처 부 급 연 상　처 액 신 재 비 시 왕

흑색이 처부에서 연상에 미치면 처를 해치고 몸의 재앙으로 이에 왕성하지 않다.

更兼入井下陂池, 切記水殃心莫忘.
갱 겸 입 정 하 피 지　절 기 수 앙 심 막 망

흑색이 다시 겸하여 정하와 피지로 들어가면 물의 재앙을 마음으로 기억하여 절대 잊지 말라.

黑氣朦朦散面門, 四季切忌小災迍.
흑 기 몽 몽 산 면 문　사 계 절 기 소 재 둔

흑기가 흐리고 어슴푸레하게 면문에 흩어지면 사계절에 작은 재앙이 정체됨을 절대 꺼린다.

若生口入氣廚竈, 必定遭他毒藥人.
약 생 구 입 기 주 조 필 정 조 다 독 약 인

만약 흑기가 주조에 생겨 입으로 들어오면 반드시 다른 사람에 의해 독약으로 당하게 된다.

黑色天中年壽上, 更從地閣似烟籠;
흑 색 천 중 연 수 상 갱 종 지 각 사 연 롱

흑색이 천중과 연상과 수상에 있고, 다시 지각을 따르면 마치 안개에 싸인 것과 비슷함이요;

又如黑色初發散, 此箇須臾命必終.
우 여 흑 색 초 발 산 차 개 수 유 명 필 종

또 흑색이 초기에 발하여 흩어지는 것 같으면 이에 마침내 잠깐 사이에 반드시 생명을 마친다.

眉間橫入左右耳, 百日之中人定死.
미 간 횡 입 좌 우 이 백 일 지 중 인 정 사

흑색이 미간을 가로질러 좌우의 귀로 들어가면 100일 안에 사람의 죽음이 정해진다.

天明天井忌失財, 驛馬常防遭險墜.
천 명 천 정 기 실 재 역 마 상 방 조 험 추

천명과 천정이 흑색이면 재물을 잃는 것을 꺼리고, 역마가 흑색이면 항상 험하게 떨어져 당함을 막아야 한다.

虎角頻遭虎犬傷, 人中井部水中亡.
호 각 빈 조 호 견 상 인 중 정 부 수 중 망

호각이 흑색이면 호랑이나 개로 상함을 자주 당하고, 인중과 정부가 흑색이면 물속에서 죽게 된다.

年壽山根同位斷, 地閣爭田訟見殃.
연 수 산 근 동 위 단 지 각 쟁 전 송 견 앙

흑색이 연수(연상수상)와 산근의 같은 부위에서 끊어지고, 지각이 흑색이면 밭을 다투는 소송으로 재앙이 나타난다.

若侵法令遭公訟, 大海見之奴婢逃.
약 침 법 령 조 공 송　대 해 견 지 노 비 도

만약 흑색이 법령을 침범하면 공적인 송사를 당하고, 대해에 흑색이 보이면 노비가 도망간다.

墻壁生來合中嶽, 定歸泉下哭聲高.
장 벽 생 래 합 중 악　정 귀 천 하 곡 성 고

흑색이 장벽에서 생겨나 중악과 합하여 오면 반드시 황천 아래(저승)로 돌아감이 정해지니 큰소리로 곡한다.

紫色出沒
자 색 출 몰

紫色初起如兔毫將盛之時, 如紫草[48]欲去之時, 如淡烟籠枯木,
자 색 초 기 여 토 호 장 성 지 시　여 자 초　욕 거 지 시　여 담 연 롱 고 목

자색이 초기에 일어나면 토끼털과 같고 대부분 무성할 때 자초와 같고, 물러가고자 할 때 엷게 낀 연기가 마른 나무에 자욱한 것과 같으면

隱隱然得土木之餘氣, 爲四時胎養之氣.
은 은 연 득 토 목 지 여 기　위 사 시 태 양 지 기

흐릿한 것 같아도 흙과 나무의 남은 기운을 얻어 사계절에 길러지는 기가 된다.

---

[48] 자치(自治)의 뿌리. 찬 성질이 있고 오줌을 순하게 하며 피를 맑게 하여서 창증(脹症), 두증(痘症), 부스럼에 쓰임.

亦旺在四季, 更無休囚發, 皆爲吉應日, 亦與黃色同意矣.
역왕재사계 갱무휴수발 개위길응일 역여황색동의의

또한 왕성함은 사계절에 있으나 다시 휴수되니 일어남이 없다. 자색은 모두 길일에 응하게 되고, 또 황색과 더불어 같은 뜻이다.

紫色吉凶歌

자색길흉가

紫色天中八時分, 蘭臺月角得財頻.
자색천중팔시분 난대월각득재빈

자색이 천중에 있어 8시세(時勢)로 나뉘고, 난대와 월각을 얻으면 재물이 빈번하다.

法令生來逢印信[49], 終是刑名不及身.
법령생래봉인신 종시형명불급신

자색이 법령에 생겨나 인신을 만나 오면 끝내는 이에 형벌의 명분이 몸에 미치지 않는다.

壽上俄然一字橫, 家中新婦喜分明.
수상아연일자횡 가중신부희분명

자색이 수상에 갑자기 일자로 가로지르면 집안의 신부가 기뻐함이 분명하다.

天門川字將軍祿, 天井圓珠享大榮.
천문천자장군록 천정원주향대영

자색이 천문에 천(川)자이면 장군의 녹봉이고, 천정에 자색의 둥근 구슬은 큰 영화를 누린다.

---

49 도장(圖章)이나 관인(官印) 등의 총칭(總稱).

玄壁福堂知積慶, 若當地閣創家居.
현 벽 복 당 지 적 경　약 당 지 각 창 가 거

현벽과 복당이 자색이면 경사가 많음을 알고, 만약 지각이 자색이면 마땅히 집에 거함으로 비롯된다.

山根忽有終加職, 驛馬全生喜有餘.
산 근 홀 유 종 가 직　역 마 전 생 희 유 여

자색이 산근에 갑자기 있으면 마침내 직책이 더해지며, 역마에 자색이 온전히 생기면 기쁘고도 남음이 있다.

玄壁左邊遷官職, 山林精舍喜相須.
현 벽 좌 변 천 관 직　산 림 정 사 희 상 수

현벽의 좌측 가장자리가 자색이면 관직을 옮겨가고, 산림과 정사가 자색이면 반드시 기쁜 상이다.

陂池位上增餘福, 中嶽橫紋貴自知.
피 지 위 상 증 여 복　중 악 횡 문 귀 자 지

피지 자리 위가 자색이면 남은 복이 더해지고, 중악을 가로지른 주름은 귀함을 스스로 안다.

十天羅

십 천 라

十天羅者, 天之凶殺之神也.
십 천 라 자　천 지 흉 살 지 신 야

10천라는 하늘의 흉한 살의 신이다.

人亦有所像, 多滿面黑色四起爲死氣天羅.
인 역 유 소 상　다 만 면 흑 색 사 기 위 사 기 천 라

사람이 또한 형상이 있는 바, 얼굴에 흑색이 많게 가득하여 사방에서 일어나면 천라의 기로 죽게 된다.

白色者爲喪哭天羅. 青色者爲憂滯天羅.
백 색 자 위 상 곡 천 라　청 색 자 위 우 체 천 라

백색은 초상으로 곡하는 천라가 된다. 청색은 근심으로 막힌 천라가 된다.

《玉管照神局》又云: 青色深者亦主喪死. 黃色者爲疾病天羅;
옥 관 조 신 국　우 운　청 색 심 자 역 주 상 사　황 색 자 위 질 병 천 라

〈옥관조신국〉에서 또한 이르기를 청색이 깊은 자는 역시 주로 죽어 상복을 입는다. 황색은 질병에 이르는 천라요;

如脂膏塗抹[50]者爲酒食天羅; 眼流而視急者爲姦淫天羅;
여 지 고 도 말　자 위 주 식 천 라　안 류 이 시 급 자 위 간 음 천 라

만약 비계 기름을 칠한 것과 같은 자는 술과 음식의 천라요; 눈이 흐르고 급하게 보는 자는 간음의 천라요;

色焦如火者爲破敗天羅; 如醉如睡者爲牢獄天羅;
색 초 여 화 자 위 파 패 천 라　여 취 여 수 자 위 뇌 옥 천 라

색이 타서 불과 같은 자는 깨지고 패하는 천라요; 취한 것 같으며 조는 것 같은 자는 감옥의 천라요;

笑語失節者爲鬼掩天羅; 氣如霧昏者爲退散天羅也.
소 어 실 절 자 위 귀 엄 천 라　기 여 무 혼 자 위 퇴 산 천 라 야

웃음과 말에 절도를 잃은 자는 귀신이 엄습하는 천라요; 기가 안개처럼 희미한 자는 흩어져 도망치는 천라가 된다.

---

50 겉에 무엇을 발라서 본래(本來)의 모습이 드러나지 않게 함.

論氣色定生死訣

논 기 색 정 생 사 결

凡氣色者, 額上忽有氣如塵抹者, 名曰醫無休廢, 六十日內死.
범 기 색 자　액 상 홀 유 기 여 진 말 자　명 왈 의 무 휴 폐　육 십 일 내 사

무릇 기색이라는 것은 이마 위에 갑자기 먼지를 바른 것과 같은 기가 있는 것을 이름하여 가로되 의무휴폐(의사 없이 멈추고 폐함)라 하니, 60일 안에 죽는다.

額上連髮際黑氣或白氣, 狀如蚯蚓橫起者, 名曰連天休廢, 二年內死.
액 상 연 발 제 흑 기 혹 백 기　상 여 구 인 횡 기 자　명 왈 연 천 휴 폐　이 년 내 사

이마 위와 연결된 발제에 흑기나 혹 백기가 장차 지렁이와 같이 가로질러 일어난 것을 이름하여 가로되 연천휴폐(잇닿은 하늘이 멈추고 폐함)라 하니, 2년 안에 죽는다.

左右鼻孔黑氣橫過如虛氣者, 名曰垂起休廢, 不出六日死.
좌 우 비 공 흑 기 횡 과 여 허 기 자　명 왈 수 기 휴 폐　불 출 육 일 사

좌우 콧구멍에 흑기가 가로로 지나가고 기가 비어있는 것과 같은 것을 이름하여 가로되 수기휴폐(드리우고 일어나 멈추고 폐함)라 하니, 6일이 지나지 않아 죽는다.

左右眼下如塵黑氣生者, 名曰靈光休廢, 一年內死.
좌 우 안 하 여 진 흑 기 생 자　명 왈 영 광 휴 폐　일 년 내 사

좌우의 눈 아래에 흑기가 생겨나 먼지와 같은 것을 이름하여 가로되 영광휴폐(신령한 빛이 멈추고 폐함)라 하니, 1년 안에 죽는다.

頤下拂拂如塵起行連項者, 名曰纏命休廢, 八十日內死.
이 하 불 불 여 진 기 행 연 항 자　명 왈 전 명 휴 폐　팔 십 일 내 사

턱 아래 먼지가 일어나 목으로 지나는 것 같이 연결된 것을 이름하여 가로되 전명휴폐(목숨이 얽혀 멈추고 폐함)라 하니, 80일 안에 죽는다.

印堂上有赤白色血者, 名曰毁祿休廢, 受極刑死, 九十日應.
인 당 상 유 적 백 색 혈 자 명 왈 훼 록 휴 폐 수 극 형 사 구 십 일 응

인당 위에 적색과 백색의 피가 있는 것을 이름하여 가로되 훼록휴폐(록을 헐어 멈추고 폐함)라 하니, 극한 형벌을 받아 죽음이 90일에 응한다.

鼻上忽忽如塵起或如粉塗者, 名曰理獄休廢, 主居官破位, 三年內死.
비 상 홀 홀 여 진 기 혹 여 분 도 자 명 왈 이 옥 휴 폐 주 거 관 파 위 삼 년 내 사

코 위가 갑자기 먼지가 일어난 것 같고 혹 가루를 칠한 것 같은 것을 이름하여 가로되 이옥휴폐(옥사를 다스려 멈추고 폐함)라 하니, 주로 자리 잡은 관직의 지위가 깨지니 3년 안에 죽는다.

左右額上拂拂如塵起者, 名曰傍行休廢, 二年內死, 財破六親離厄.
좌 우 액 상 불 불 여 진 기 자 명 왈 방 행 휴 폐 이 년 내 사 파 패 육 친 리 액

좌우 이마 위에 먼저가 털려 일어난 것과 같은 것을 이름하여 가로되 방행휴폐(곁에서 행함에 멈추고 폐함)라 하니, 2년 안에 죽고 재물이 깨지고 육친과 이별하는 재앙이 있다.

左右兩眼忽有白氣貫入神光者, 名曰裁神休廢, 一百日內死.
좌 우 양 안 홀 유 백 기 관 입 신 광 자 명 왈 재 신 휴 폐 일 백 일 내 사

좌우 양쪽 눈에 갑자기 백기가 관통하여 들어간 신령한 빛이란 것을 이름하여 가로되 재신휴폐(재앙의 신이 멈추고 폐함)라 하니, 100일 안에 죽는다.

口四邊白色旋繞者, 名曰守魂休廢, 五十日內死.
구 사 변 백 색 선 요 자 명 왈 수 혼 휴 폐 오 십 일 내 사

입의 네 가장자리에 백색이 돌아 둘러있는 것을 이름하여 가로되 수혼휴폐(지키는 넋이 멈추고 폐함)라 하니, 50일 안에 죽는다.

左右耳邊忽若塵成兩三條者, 名曰動海休廢, 一百日內刑獄死.
좌 우 이 변 홀 약 진 성 양 삼 조 자 명 왈 동 해 휴 폐 일 백 일 내 형 옥 사

좌우 귀의 가장자리에 갑자기 먼지가 두 세줄 이룬 것을 이름하여 가로되 동해휴폐(움직이는 바다가 멈추고 폐함)라 하니, 100일 안에 형벌로 감옥에서 죽는다.

左右耳輪後灰旋者, 名曰通游休廢, 一百日內刑獄死.
좌 우 이 륜 후 회 선 자 명 왈 통 유 휴 폐 일 백 일 내 형 옥 사

좌우의 이륜(귓바퀴) 뒤에 재가 회전하는 것을 이름하여 가로되 통유휴폐(내왕하여 노는 것이 멈추고 폐함)라 하니, 100일 안에 형벌로 감옥에서 죽는다.

左右耳輪後氣如粉氣者, 名曰飛天休廢, 六十日內死.
좌 우 이 륜 후 기 여 분 기 자 명 왈 비 천 휴 폐 육 십 일 내 사

좌우 이륜(귓바퀴) 뒤의 기운이 가루와 같은 기를 이름하여 가로되 비천휴폐(하늘을 나는 것이 멈추고 폐함)라 하니, 60일 안에 죽는다.

腦後連腦白氣如塵飛起成條者, 名曰貫中休廢,
뇌 후 연 뇌 백 기 여 진 비 기 성 조 자 명 왈 관 중 휴 폐

머리 뒤와 연결된 뇌에 백색 기가 먼지가 날아 일어난 것과 같이 줄을 이룬 것을 이름하여 가로되 관중휴폐(중간을 뚫어 멈추고 폐함)라 하니,

三十日內主死決也.
삼 십 일 내 주 사 결 야

주로 30일 안에 죽음이 결정된다.

定病氣生死之訣
정 병 기 생 사 지 결

五臟有五氣, 五氣各有時, 春三月白氣入口、耳、鼻者死,
오 장 유 오 기 오 기 각 유 시 춘 삼 월 백 기 입 구 이 비 자 사

오장에 오기가 있고 오기에 각각의 때가 있어, 춘삼월에 백기가 입·귀·코로 들어간 자는 죽으니,

此得囚死色也. 餘皆仿之.
차 득 수 사 색 야　여 개 방 지

이는 갇히어 죽는 색을 얻은 것이다. 나머지도 모두 비슷하다.

凡看病人, 青色從上入下者, 易瘥; 從下去上者難愈.
범 간 병 인　청 색 종 상 입 하 자　이 차　종 하 거 상 자 난 유

무릇 병이 있는 사람을 보아 청색이 위를 따라 아래로 들어간 자는 쉽게 나음이요; 아래를 따라 위로 가는 자는 낫기 어렵다.

凡常白忽黑、常黑忽白、常肥忽瘦、常瘦暴肥、
범 상 백 홀 흑　상 흑 홀 백　상 비 홀 수　상 수 폭 비

무릇 항상 백이 갑자기 흑이 되고 항상 흑이 갑자기 백이 되며, 항상 살쪄 있는데 갑자기 여위고 항상 여위었는데 갑자기 살찌고,

神魂常靜而恍惚似醉者, 色澤常淸而忽昏濁如黯者,
신 혼 상 정 이 황 홀 사 취 자　색 택 상 청 이 홀 혼 탁 여 암 자

신과 혼이 항상 고요하고 황홀하여 취한 것 같은 자와 빛나는 윤기가 항상 맑다가 갑자기 혼탁하여 어두운 것 같은 자는

豐足不常之變, 盡爲卒死之兆矣.
풍 족 불 상 지 변　진 위 졸 사 지 조 의

풍족함이 일상적이지 않게 변함으로, 극에 달하여 갑자기 죽을 조짐이다.

病人目冥冥妄視舌卷縮者, 謂之心炤, 即日死.
병 인 목 명 명 망 시 설 권 축 자　위 지 심 소　즉 일 사

병 든 사람은 눈이 어둡고 어두워 망령되게 보이며 혀가 말려 오그라든 자는 심소(심장을 밝힌다)라 일컬으니, 바로 그날 죽는다.

面色慘黄唇青短縮者, 謂之脾絕, 不出十日死.
면 색 참 황 순 청 단 축 자　위 지 비 절　불 출 십 일 사

얼굴색이 참혹한 황색이고 입술이 푸르며 짧아 오그라든 자는 비절(지라를 끊는다)고 일컬으니, 10일이 지나지 않아 죽는다.

齒牙乾焦耳黑而聾者, 謂之腎絕, 不出旬日死.
치 아 건 초 이 흑 이 롱 자　위 지 신 절　불 출 순 일 사

치아가 마르고 타며 귀가 검고 귀먹은 자를 신절(콩팥을 끊는다)이라 일컬으니, 10일이 지나지 않아 죽는다.

口張不合眼睛反惡者, 謂之肝絕, 不出旬日死.
구 장 불 합 안 정 반 악 자　위 지 간 절　불 출 순 일 사

입이 커서 다물어지지 않고 눈동자가 뒤집어져 나쁜 자는 간절(간을 끊음)이라 일컬으니, 10일이 지나지 않아 죽는다.

肌膚枯槁鼻黑孔露者, 謂之肺絕, 不出旬日死.
기 부 고 고 비 흑 공 로 자　위 지 폐 절　불 출 순 일 사

살갗이 마르고 여윈 코에 검은 콧구멍이 드러난 자는 폐절(폐를 끊음)이라 일컬으니, 10일이 지나지 않아 죽는다.

凡人目下五色並起者, 不出十日死.
범 인 목 하 오 색 병 기 자　불 출 십 일 사

무릇 사람의 눈 아래에 다섯 가지 색이 나란히 일어난 자는 10일이 지나지 않아 죽는다.

髮直乾脆者, 不出半月死.
발 직 건 취 자　불 출 반 월 사

머리카락이 곧고 건조하며 연한 자는 반달이 지나지 않아 죽는다.

面色忽如馬肝, 望之一如青龍之黑, 不出三日死.
면 색 홀 여 마 간　망 지 일 여 청 룡 지 흑　불 출 삼 일 사

얼굴색이 갑자기 말의 간과 같고, 보름에 한번 청룡이 검은 듯하면 3일이 지나지 않아 죽는다.

四墓發黑色者死. 年上横黑氣者死.
사 묘 발 흑 색 자 사　연 상 횡 흑 기 자 사

사묘에 흑색이 일어난 자는 죽는다. 연상에 가로지르는 흑기가 있는 자는 죽는다.

五命廢得紫色者皆得鬼色, 死之人也.
오 명 폐 득 자 색 자 개 득 귀 색 사 지 인 야

오명이 다하여 자색을 얻은 자는 모두 귀신의 색을 얻어 죽은 사람이다.

太清神鑑 卷四

(태청신감 권사)

形類

형 류

論形神

논 형 신

二氣未判, 則一體冥寂, 天地既形, 則萬物成體.

이 기 미 판 즉 일 체 명 적 천 지 기 형 즉 만 물 성 체

두 기운이 구별되지 않아, 즉 한 몸으로 어둡고 고요하니, 하늘과 땅은 이미 형상으로 곧 만물이 몸을 이루었다.

物之有體也, 則其性人之有形也, 則其神形神相順以成道,

물 지 유 체 야 즉 기 성 인 지 유 형 야 즉 기 신 형 신 상 순 이 성 도

만물에 몸이 있음이니 곧 그 바탕에 사람의 형상이 있고, 곧 그 신의 형상과 신의 상을 따름으로써 도가 이루어지니,

相資以成德, 故人之生也, 有形斯有神, 有神斯有道.

상 자 이 성 덕 고 인 지 생 야 유 형 사 유 신 유 신 사 유 도

서로 의지하여 덕을 이루고, 고로 사람이 태어남에 형상이 있어야 모두 신이 있고 신이 있어야 모두 도가 있게 된다.

神須形而始安, 形須神而始運.

신 수 형 이 시 안 형 수 신 이 시 운

신은 반드시 형상으로 비로소 편안하고, 형상은 반드시 신이 있어야 비로소 운용된다.

蓋形能養血, 血能養氣, 氣能養神.
개 형 능 양 혈　혈 능 양 기　기 능 양 신

대개 형상은 능히 혈을 기르고, 혈은 능히 기를 기르며, 기는 능히 신을 기른다.

是以形全則血全, 血全則氣全, 氣全則神全, 兩者不可不備.
시 이 형 전 즉 혈 전　혈 전 즉 기 전　기 전 즉 신 전　양 자 불 가 불 비

이로써 형상이 온전한즉 혈이 온전하고, 혈이 온전한즉 기가 온전하며, 기가 온전한즉 신이 온전하니, 양쪽을 가히 갖추지 않을 수 없다.

其或神形有餘則爲有福之兆, 或形神欠虧乃爲禍之基,
기 혹 신 형 유 여 즉 위 유 복 지 조　혹 형 신 흠 휴 내 위 화 지 기

혹 신과 형상에 남음이 있은즉 복이 있을 조짐이고, 혹 형상과 신이 부족하고 이지러지면 이에 재앙의 토대가 되니,

故神足於形爲貴, 形過神者爲賤.
고 신 족 어 형 위 귀　형 과 신 자 위 천

고로 신이 형상보다 족하면 귀하게 되고, 형상이 신을 초과하면 천하게 된다.

乍可神足而形不足, 不可形足而神不足也.
사 가 신 족 이 형 부 족　불 가 형 족 이 신 부 족 야

차라리 신이 족하고 형상은 부족한 것이 옳으니, 형상은 족하고 신이 부족한 것은 옳지 않다.

論形

논 형

夫人之生也, 稟陰陽沖和之氣, 肖天地之形, 受五行中正之質,
부 인 지 생 야 품 음 양 충 화 지 기 초 천 지 지 형 수 오 행 중 정 지 질

무릇 사람이 태어남은 음양의 부드럽고 온화한 기운을 받아서 하늘과 땅의 형상을 닮았으며, 오행의 치우침 없는 올바른 바탕을 받아,

爲萬物之靈.
위 만 물 지 령

만물이 신령함에 이른다.

故頭圓像天, 足方像地, 眼目像日月, 聲音像雷霆, 血脈像江河,
고 두 원 상 천 족 방 상 지 안 목 상 일 월 성 음 상 뇌 정 혈 맥 상 강 하

고로 둥근 머리는 하늘을 본떴고, 네모진 발은 땅을 본떴으며, 눈은 해와 달을 본떴고, 목소리는 우레를 본떴으며, 혈맥은 강과 하천을 본떴고,

骨節象金石, 鼻額像山嶽, 毛髮像草木.
골 절 상 금 석 비 액 상 산 악 모 발 상 초 목

뼈마디는 금석을 본떴으며, 코와 이마는 산악을 본떴고, 모발은 초목을 본뜬 것이다.

天欲高而圓, 地欲方而厚, 日月欲光明, 雷霆欲震響, 江河欲流暢,
천 욕 고 이 원 지 욕 방 이 후 일 월 욕 광 명 뇌 정 욕 진 향 강 하 욕 유 창

하늘은 높고 둥글고자 하며, 땅은 모나고 두텁고자 하며, 해와 달은 밝고 빛나고자 하며, 우레는 떨어 울리고자 하고, 강하는 막힘없이 흐리고자 하며,

金石欲堅, 山嶽欲峻, 草木欲秀.
금 석 욕 견 산 악 욕 준 초 목 욕 수

금석은 단단하고자 하고, 산악은 준엄하고자 하며, 초목은 빼어나고자 한다.

故形也有陰陽剛柔之義, 有五形正類之體.
고 형 야 유 음 양 강 유 지 의 　 유 오 형 정 류 지 체

고로 형상에는 강하고 부드러운 음양의 뜻이 있으니, 다섯 가지 형상에 바른 종류의 몸이 있다.

其男子也, 剛正雄略, 乃得陽之宜也;
기 남 자 야 　 강 정 웅 략 　 내 득 양 지 의 야

그 남자에 있어 강하고 바르게 뛰어난 계략은 이에 양을 마땅하게 얻음이요;

女人也, 柔順和媚, 得陰之宜也.
여 인 야 　 유 순 화 미 　 득 음 지 의 야

여인이 부드럽고 순하여 조화롭게 아름다움은 음을 마땅하게 얻은 것이다.

其形分於五行者: 木形長瘦, 金形方正, 水形肥而圓,
기 형 분 어 오 행 자 　 목 형 장 수 　 금 형 방 정 　 수 형 비 이 원

그 형상을 오행이라는 것으로 나누면 목형은 길면서 여위고, 금형은 모나면서 바르며 수형은 살찌면서 둥글고,

土形重而厚, 火形赤而上尖.
토 형 중 이 후 　 화 형 적 이 상 첨

토형은 무거우면서 두터우며 화형은 붉으면서 위가 뾰족하다.

形正而不陷, 乃五行正氣.
형 정 이 불 함 　 내 오 행 정 기

형상이 바르고 꺼지지 않아야 이에 오행의 바른 기운이다.

其或水火相傷, 金木相犯, 皆爲不合之相也, 多招災禍之凶.
기 혹 수 화 상 상 　 금 목 상 범 　 개 위 불 합 지 상 야 　 다 초 재 화 지 흉

혹 수형과 화형이 서로 상하고, 금형과 목형이 서로 범하면 모두 합당하지 않은 상이 되니, 많은 재앙으로 화의 흉함을 부른다.

其形龍翔海嶽, 鳳戲丹墀, 獅坐龜遊, 虎踞馬躍, 攀猿舞鶴,
기 형 룡 상 해 악　봉 희 단 지　사 좌 구 유　호 거 마 약　반 원 무 학

그 형상은 용이 바다와 산악을 빙빙 돌아 날고, 봉황이 붉은 마룻바닥에서 놀며, 사자가 앉아있고 거북이가 놀며, 호랑이가 웅크리고 앉아 있으며 말이 뛰고, 원숭이가 매달리며 학이 춤추고,

回牛浮雁, 此皆天地之純粹, 間世之英才也,
회 우 부 안　차 개 천 지 지 순 수　간 세 지 영 재 야

소가 돌아오며 기러기가 떠다니니, 이 모두 하늘과 땅의 순수함으로 세상의 뛰어난 재주이다.

故漢高祖有龍顏之瑞.
고 한 고 조 유 용 안 지 서

고로 한나라의 고조는 용의 얼굴로 상서로움이 있었다.

《玉管》云:「卜商有堂堂之貌, 唐太宗天日之表,
옥 관 운　복 상 유 당 당 지 모　당 태 종 천 일 지 표

〈옥관〉에 이르기를 「복상(중국 춘추시대 공문십철의 한 사람)은 당당한 용모가 있고, 당태종(당나라 제 2대 황제)은 하늘의 태양과 같은 용모이며,

班超則燕頷虎頭, 黃琬鳳睛龜背, 富貴之兆, 故皆顯著.
반 초 즉 연 함 호 두　황 완 봉 정 구 배　부 귀 지 조　고 개 현 저

반초(중국 후한의 무장)는 제비턱에 호랑이 머리이며, 황완(중국 후한 말의 정치가)은 봉황의 눈동자에 거북이 등으로 부귀의 조짐이니, 고로 모두 뚜렷하게 드러났다.

其寒如瘦鷺, 視似羊睛, 蛇行雀走, 犬暴豹聲,
기 한 여 수 로　시 사 양 정　사 행 작 주　견 포 표 성

그 차가움은 여윈 해오라기와 같고, 보는 것이 양의 눈동자와 같으며, 뱀이 다니고 참새가 나아가며, 사나운 개에 표범의 소리이면

斯皆貧賤之形發也.」
사 개 빈 천 지 형 발 야

이 모두 빈천한 형상이 일어난 것이다.」라고 하였다.

其理浩博, 非一言可盡辯也, 宜精思以詳之, 苟無其類,
기 리 호 박　비 일 언 가 진 변 야　의 정 사 이 상 지　구 무 기 류

그 이치가 크고 넓어 한 마디로 다 말할 수 없고, 마땅히 정밀하게 생각함으로써 자세히 헤아리면 진실로 그 무리가 없으니,

則吉凶無驗矣.
즉 길 흉 무 험 의

즉 길흉에 증험이 없다.

故郭林宗觀人有八法: 一曰威, 爲尊嚴畏憚也.
고 곽 림 종 관 인 유 팔 법　일 왈 위　위 존 엄 외 탄 야

고로 곽림종의 사람을 보는 8가지 법에는 첫째 가로되 위(위엄)이니, 높아 엄숙하고 두려워하여 어렵게 여긴다.

如豪鷹搏物而百鳥自驚, 似怒虎投林而百獸自懼.
여 호 응 박 물 이 백 조 자 경　사 노 호 투 림 이 백 수 자 구

용감한 매가 동물을 잡으면 모든 새가 스스로 놀라는 것 같고, 마치 기세 오른 호랑이가 숲으로 뛰어들어 모든 짐승이 저절로 두려워하는 것과 같다.

蓋神色嚴嚴而人所畏, 則主權勢也.
개 신 색 엄 엄 이 인 소 외　즉 주 권 세 야

대개 신의 색이 매우 엄중하여 사람이 두려워하는 바, 곧 주로 권세가 있다.

二曰厚, 爲風貌敦重也, 其量如滄海, 器如百斛, 引之不來,
이 왈 후　위 풍 모 돈 중 야　기 량 여 창 해　기 여 백 곡　인 지 불 래

둘째 가로되 후(두터움)이니, 풍채와 용모가 도탑고 무겁게 되며, 그 기량이 넓고 큰 바다와 같으며, 그릇됨이 100말로 끌려오지 않고,

搖之不動, 則主福祿也.
요 지 부 동　즉 주 복 록 야

흔들어도 움직이지 않으니, 즉 주로 복록이 있다.

三曰清, 謂精神翹秀也. 如桂林一枝, 崑山片玉,
삼 왈 청　위 정 신 교 수 야　예 계 림 일 지　곤 산 편 옥

셋째 가로되 청(맑음)이니, 정과 신이 뛰어나게 빼어남을 일컫는다. 계림(아름다운 숲)의 한 가지와 같고, 곤륜산의 옥 조각으로

灑然高秀而無塵, 翳俊才貴也.
쇄 연 고 수 이 무 진　예 준 재 귀 야

깨끗하면서 높게 빼어나고 티끌이 없으니, 뛰어난 숨은 재주로 귀하다.

或淸而不厚, 近乎薄也.
혹 청 이 불 후　근 호 박 야

혹은 맑으나 두텁지 않으면 엷음에 가깝다.

四曰古, 謂氣骨巖棱也, 其或部位相應, 則爲高貴之人;
사 왈 고　위 기 골 암 릉 야　기 혹 부 위 상 응　즉 위 고 귀 지 인

넷째 가로되 고(옛스러움)이니, 뼈의 기운이 바위 모서리 같다 일컬으니, 혹 그 부위에 상응하면 곧 고귀한 사람이요;

或濁而不淸, 近乎俗也.
혹 탁 이 불 청　근 호 속 야

혹 탁하여 맑지 않으면 속된 것에 가깝다.

五曰孤, 謂形骨露也.
오 왈 고　위 형 골 로 야

다섯째 가로되 고(외로움)라 하니, 형상과 뼈가 드러남을 일컫는다.

其項長肩縮, 腳斜腦偏, 其坐如攪, 其形如攫,
기 항 장 견 축　각 사 뇌 편　기 좌 여 교　기 형 여 확

그 목이 길고 어깨가 오그라들며, 다리가 기울고 머리가 치우치며, 그 앉음이 흔들리는 것과 같고, 그 형상이 빼앗긴 것과 같으며,

又似水中獨鶴, 雨中鷺鷥, 則孤獨也.
우 사 수 중 독 학　우 중 로 사　즉 고 독 야

또 물 가운데 외로운 학과 같고, 빗속의 해오라기와 같으니 곧 고독하다.

六曰薄, 謂體貌劣弱, 其形氣輕怯也.
육 왈 박　위 체 모 열 약　기 형 기 경 겁 야

여섯째 가로되 박(엷음)이니, 몸의 모습이 열악하여, 그 형과 기가 가벼워 겁을 낸다.

色昏不明, 神露不藏. 如一葉之舟而在重波之上,
색 혼 불 명　신 로 부 장　여 일 엽 지 주 이 재 중 파 지 상

색이 어두워 밝지 않고 신이 노출되어 감춰지지 않는다. 한 나뭇잎 배가 험한 파도 위에 있는 것과 같고,

見之者皆知其微薄, 則主貧寒也, 縱有衣食, 必夭折矣.
견 지 자 개 지 기 미 박　즉 주 빈 한 야　종 유 의 식　필 요 절 의

보는 자는 모두 그 자질구레하고 엷음을 아니, 곧 주로 가난하고 추우며, 비록 의식이 있어도 반드시 요절한다.

七曰惡, 謂體貌凶頑, 蛇鼠之形, 豺狼之聲, 或性躁神驚,
칠 왈 악　위 체 모 흉 완　사 서 지 형　시 낭 지 성　혹 성 조 신 경

일곱째 가로되 악(나쁨)이니, 몸의 모습이 흉하고 완고함을 일컬으며, 뱀과 쥐의 형상이고, 승냥이와 이리의 소리에 혹 성품이 조급하여 신이 놀라며,

骨傷帶破, 主凶惡也.
골 상 대 파　주 흉 악 야

뼈가 상하여 띠가 깨지니 주로 흉악하다.

八曰濁, 謂形貌昏濁也, 如塵埃之中物, 縱有衣食, 主迍滯也.
팔 왈 탁　위 형 모 혼 탁 야　여 진 애 지 중 물　종 유 의 식　주 둔 체 야

여덟째 가로되 탁(혼탁함)이니 형상의 모습이 혼탁함을 일컬으며, 티끌과 먼지가 만물 중에 있는 것 같고, 비록 의식이 있어도 주로 머뭇거려 막힌다.

(《名賢相法》、《五總龜 · 八形》 與前 「觀人八法」 同)
명 현 상 법　오 총 구　팔 형　여 전　관 인 팔 법　동

(〈명현상법〉·〈오총구·팔형〉과 더불어 앞의 「관인팔법」과 같다.)

大抵受氣有清濁, 成形有貴賤,
대 저 수 기 유 청 탁 성 형 유 귀 천

무릇 기를 받음에 맑고 혼탁함이 있으며, 형상을 이룸에 귀천이 있으니,

故豐厚謹嚴者不富則貴, 淺薄輕躁不貧則夭.
고 풍 후 근 엄 자 불 부 즉 귀 천 박 경 조 불 빈 즉 요

고로 풍성하고 근엄한 자는 부유하지 않은즉 귀하고, 천박하고 가벼우며 성급하면 가난하지 않은즉 요절한다.

女人之氣欲其和媚, 形欲嚴謹, 言欲柔而不暴, 緩而不迫,
여 인 지 기 욕 기 화 미 형 욕 엄 근 언 욕 유 이 불 폭 완 이 불 박

여인의 기는 그것이 온화하고 아름답고자 하며, 형상이 근엄하고자 하고, 말이 부드럽고자 하여 사납지 않으며, 느려도 다그치지 않고,

行坐欲端而不側視欲正而不流, 則大貴也.
행 좌 욕 단 이 불 측 시 욕 정 이 불 류 즉 대 귀 야

가고 앉음에 단정하며 곁을 보지 않고 바르게 옮겨가니 곧 크게 귀하다.

五形

오 형

人稟天地之氣而有五行之類也,
인 품 천 지 지 기 이 유 오 행 지 류 야

사람은 하늘과 땅의 기를 받아 오행의 무리가 있으니,

故木形者聳而瘦, 挺而直, 長而露節, 頭隆而額聳也.
고 목 형 자 용 이 수　정 이 직　장 이 노 절　두 륭 이 액 용 야

고로 목형인 자는 솟았으나 여위고, 빼어나면서 곧으며, 길면서 마디가 드러나고, 머리가 높으며 이마가 솟았다.

或肉重而肥, 腰偏而背薄, 非木之善.
혹 육 중 이 비　요 편 이 배 박　비 목 지 선

혹 살이 무거우면서 살찌고, 허리가 치우치면서 등이 엷으면 좋은 목형이 아니다.

金形者小而堅, 方而正,
금 형 자 소 이 견　방 이 정

금형인 자는 작지만 단단하고, 모지면서 바르며,

形短不爲之不足, 肉堅不爲之有餘也.
형 단 불 위 지 부 족　육 견 불 위 지 유 여 야

형상이 짧으나 부족하지 않고, 살이 단단하여 여유가 없다.

水形者短而浮, 闊而厚, 則俯然而流也.
수 형 자 단 이 부　활 이 후　즉 부 연 이 류 야

수형인 자는 짧으면서 뜨고 넓으며 두터워, 곧 구부려 흐른다.

土形者敦而厚, 重而實, 背隆腰厚, 其形似龜也.
토 형 자 돈 이 후　중 이 실　배 륭 요 후　기 형 사 구 야

토형인 자는 도탑고 두터우며, 무겁고 실하며, 등이 높고 허리가 두터우니, 형상이 거북이와 같다.

火形者上尖而下闊, 上輕而下重, 性躁急而炎炎也.
화 형 자 상 첨 이 하 활　상 경 이 하 중　성 조 급 이 염 염 야

화형인 자는 위는 뾰족하고 아래가 넓으며, 위는 가볍고 아래가 무거우니, 성품이 조급하여 이글이글 타오른다.

故五形欲得相生無剋, 如木形之人, 木之聲高而亮,
고 오 형 욕 득 상 생 무 극　여 목 형 지 인　목 지 성 고 이 량

그래서 다섯 형상은 상극이 없이 상생을 얻고자 하여, 목형과 같은 사람은 목의 소리로 높고 분명하여,

其性仁而靜, 相之善也.
기 성 인 이 정　상 지 선 야

그 성품이 어질고 고요하니 좋은 상이다.

其或五形相剋, 聲音相反, 爲刑重災禍之人也.(《玉管照神局》同.)
기 혹 오 형 상 극　성 음 상 반　위 형 중 재 화 지 인 야　옥 관 조 신 국　동

혹 다섯 형상이 상극이면 소리가 서로 반대로 형벌이 무거워 재앙과 화난의 사람이다. (〈옥관조신국〉과 같다.)

論看形神體象
논 간 형 신 체 상

凡看形神, 須類物性, 行、飛、騰、躍, 宛有所一.
범 간 형 신　수 류 물 성　행　비　등　약　완 유 소 일

무릇 형과 신을 봄에, 모름지기 만물의 성질을 나누면 감·날음·오름·뛰는 모양이 뚜렷한 바가 있다.

後看氣色衰旺, 五嶽四瀆, 朝對如何.
후 간 기 색 쇠 왕　오 악 사 독　조 대 여 하

추후 기색의 쇠함과 왕성함, 오악과 사독이 모여 대하는 것이 어떠한가를 본다.

雖有好形神而五位無出彩者, 此人應事歇滅而如初也.
수 유 호 형 신 이 오 위 무 출 채 자　차 인 응 사 헐 멸 이 여 초 야

아무리 좋은 형과 신이 있어도 다섯 부위에 광택이 나지 않은 자로서 이 사람은 일에 응하여 멸하고 그침이 처음과 같다.

形神雖不足、五嶽雖不應而有長旺色者, 衣食自然.
형 신 수 부 족　오 악 수 불 응 이 유 장 왕 색 자　의 식 자 연

형과 신이 비록 부족하고 오악이 비록 응하지 않더라도 길고 왕성한 색이 있는 자는 의식이 자연스럽다.

凡看形神, 須察氣色看之, 則萬無一失也.
범 간 형 신　수 찰 기 색 간 지　즉 만 무 일 실 야

무릇 형과 신을 봄에 반드시 기색을 살펴보아야 하니, 곧 만에 하나라도 실수가 없어야 한다.

論形不足
논 형 부 족

形之不足者, 頭頂尖薄, 肩膊狹斜, 腰肋疏細, 肢節短促,
형 지 부 족 자　두 정 첨 박　견 박 협 사　요 륵 소 세　지 절 단 촉

형이 부족한 자는 머리의 정수리가 뾰족하고 엷으며, 어깨와 팔뚝이 좁고 기울며, 허리와 늑골(흉곽을 구성하는 뼈)이 성기고 가늘며, 팔다리 마디가 짧아 재촉하고,

掌薄指疏, 唇褰額塌, 鼻抵耳反, 臀低胸陷,
장 박 지 소　순 건 액 탑　비 저 이 반　둔 저 흉 함

손바닥이 얇고 손가락이 성기며, 입술이 걷어 올라가고 이마가 꺼지며, 코가 거스르고 귀가 뒤집어지며, 엉덩이가 낮고 가슴이 움푹 파였으며,

一眉曲一眉直, 一眼仰一眼低, 一睛大一睛小,
일 미 곡 일 미 직　일 안 앙 일 안 저　일 정 대 일 정 소

한쪽 눈썹은 굽고 한쪽 눈썹은 곧으며, 한쪽 눈은 위를 보고 한쪽 눈은 아래를 보며, 한쪽 눈동자는 크고 한쪽 눈동자는 작으며,

一顴高一顴低, 一手有紋一手無紋, 睡中開眼, 男子女聲,
일 권 고 일 권 저　일 수 유 문 일 수 무 문　수 중 개 안　남 자 여 성

한쪽 관골은 높고 한쪽 관골은 낮으며, 한쪽 손에는 손금이 있고 한쪽 손에는 손금이 없으며, 잠을 자는 중에 눈이 떠 있고, 남자가 여자의 목소리를 내며,

齒黃而露, 口臭而尖, 禿頂無髮, 眼深不見,
치 황 이 로　구 취 이 첨　독 정 무 발　안 심 불 견

누런 치아가 드러나고, 입에서 냄새가 나며 뾰족하고, 머리카락이 없어 대머리이며, 눈이 깊어 보이지 않고,

行走欹斜, 顏色痿怯, 頭小而身大, 上短而下長,
행 주 의 사　안 색 위 겁　두 소 이 신 대　상 단 이 하 장

가거나 달릴 때 한쪽으로 기울며, 얼굴색이 마비되고 겁을 내고, 머리가 작은데 몸이 크며, 위가 짧은데 아래가 길면

此謂之形不足也.
차 위 지 형 부 족 야

이에 형이 부족하다고 일컫는다.

多疾而短命, 福薄而貧賤矣.
다 질 이 단 명　복 박 이 빈 천 의

병이 많아 수명이 짧고 박복하여 빈천하다.

論形有餘

논 형 유 여

形之有餘者, 頭頂圓厚, 腹背豐隆, 額闊口方,
형 지 유 여 자 두 정 원 후 복 배 풍 륭 액 활 구 방

형의 남음이 있는 자는 머리 정수리가 원만하게 두텁고, 배와 등이 풍륭하며, 이마가 넓고 입이 모지며,

唇紅齒白, 耳圓成珠, 鼻直如膽, 眼分黑白, 眉秀疏長,
순 홍 치 백 이 원 성 주 비 직 여 담 안 분 흑 백 미 수 소 장

입술이 붉고 치아가 희며, 귀가 둥글고 수주를 이루며, 코가 곧고 쓸개와 같으며, 눈에 흑백이 분명하고, 눈썹이 빼어나 성기어 길며,

肩膊齊厚, 胸前平廣, 腹圓垂下, 出語宏亮, 行坐端正,
견 박 제 후 흉 전 평 광 복 원 수 하 출 어 굉 량 행 좌 단 정

어깨와 팔뚝이 가지런하고 두터우며, 가슴 앞이 평평하고 넓으며, 배가 둥글게 아래로 드리워지고, 나오는 말이 크고 맑으며, 가거나 앉음이 단정하고,

五嶽相起, 三停相稱, 肉膩骨細, 手長足方,
오 악 상 기 삼 정 상 칭 육 니 골 세 수 장 족 방

오악이 서로 일어나며, 삼정이 서로 부합되고, 살이 기름지고 뼈가 가늘며, 손이 길고 발이 모지며,

望之巍巍[1]然而來仰之怡怡然而坐, 此皆謂形有餘也.
망 지 외 외 연 이 래 앙 지 이 이 연 이 좌 차 개 위 형 유 여 야

뛰어나게 우뚝 솟음을 바라고 우러르며 와 즐겁게 앉아 있으니, 이에 모두 형의 남음이 있다 일컫는다.

---

1 뛰어나게 높고 우뚝 솟은 모양(模樣).

形有餘者令人長壽少病, 富而有榮矣.
형 유 여 자 령 인 장 수 소 병　부 이 유 영 의

형에 남음이 있는 자는 우두머리인 사람으로 장수하고 병이 적으며, 부유하고 영화가 있다.

鶴形
학 형

鶴形者三才相等, 眼細眉長, 鼻尖而小, 身長垂口,
학 형 자 삼 재 상 등　안 세 미 장　비 첨 이 소　신 장 수 구

학의 형상인 자는 삼재와 서로 같은 등급으로, 눈은 가늘고 눈썹이 길며, 코가 뾰족하면서 작고, 몸은 길며 입이 드리워지고,

身體上下一般細長而正, 地閣小, 五官俱好, 正鶴形也.
신 체 상 하 일 반 세 장 이 정　지 각 소　오 관 구 호　정 학 형 야

몸이 위아래 한 모양으로 가늘게 길면서 바르며, 지각이 작고, 오관이 좋게 갖추어지면 바른 학의 형상이다.

或行緩者, 單鶴形也.
혹 행 완 자　단 학 형 야

혹 느리게 가는 자는 참된 학의 형상이다.

面部有雜, 鼻大口小, 或口大準起者, 孤鶴形也.
면 부 유 잡　비 대 구 소　혹 구 대 준 기 자　고 학 형 야

얼굴 부위가 뒤섞여 있고, 코가 크고 입이 작으며, 혹 입이 크고 준두가 일어난 자는 외로운 학의 형상이다.

五色不分, 神氣不足, 病鶴形也.
오 색 불 분　신 기 부 족　병 학 형 야

오색이 구분되지 않고, 신과 기가 부족하면, 병든 학의 형상이다.

正鶴形
정 학 형

正鶴形神大貴人, 生來衣食不曾貧;
정 학 형 신 대 귀 인　생 래 의 식 부 증 빈

바른 학의 형상은 신이 큰 귀인으로, 태어나면서부터 의식이 있어 이미 가난하지 않음이요;

命居三館公卿位, 壽算仍須過百春.
명 거 삼 관 공 경 위　수 산 잉 수 과 백 춘

운명이 공경의 지위로 삼관(벼슬아치의 높임말)에 거하고, 수명을 계산하면 이에 반드시 백세를 지난다.

單鶴形
단 학 형

單鶴形神藝出群, 生來聰俊過常人;
단 학 형 신 예 출 군　생 래 총 준 과 상 인

참된 학의 형상은 신예가 출중하고, 태어나면서부터 총명하고 준수함이 보통 사람을 넘음이요;

貴當富顯馳千里, 財帛猶豐不受貧.
귀 당 부 호 치 천 리　재 백 유 풍 불 수 빈

귀함과 부유함이 마땅히 크게 천리를 달리고, 재물과 비단이 가히 넉넉하여 가난을 받아들이지 않는다.

孤鶴形
고 학 형

孤鶴形神惡毒人, 妨兒剋子只孤身;
고 학 형 신 악 독 인　방 아 극 자 지 고 신

외로운 학의 형상은 신이 악독한 사람으로, 아이를 방해하고 자식을 이겨 단지 외로운 몸이요;

妻兒生別生離去, 老至須教獨受貧.
처 아 생 별 생 리 거　노 지 수 교 독 수 빈

처자식과 생이별을 하여 삶에서 떠나가고, 노년에 이르러 모름지기 가르쳐도 홀로 가난함을 받아들인다.

病鶴形
병 학 형

病鶴形人命不長, 生來破敗少田莊;
병 학 형 인 명 부 장　생 래 파 패 소 전 장

병든 학의 형상의 사람은 생명이 길지 않고, 태어나면서부터 깨지고 무너져 전장(개인 소유의 논밭)이 적음이요;

中年定受貧寒苦, 無子無孫走路傍.
중 년 정 수 빈 한 고　무 자 무 손 주 로 방

중년에 가난과 추위로 괴로움을 받음이 정해지고, 자식과 손자도 없이 길옆으로 달아난다.

鳳形

봉 형

鳳形者額長, 三停平滿, 耳輪貼肉, 山根高聳, 準頭圓潤,
봉 형 자 액 장　삼 정 평 만　이 륜 첩 육　산 근 고 용　준 두 원 윤

봉황의 형상인 자는 이마가 길고, 삼정이 고르게 가득 차며, 귓바퀴에 살이 붙고, 산근이 높이 솟았으며, 준두가 둥글고 윤택하며,

眼長而尾起, 口如蓮, 眉粗而秀, 倉庫、五官、六府俱好, 正鳳形也.
안 장 이 미 기　구 여 연　미 조 이 수　창 고　오 관　육 부 구 호　정 봉 형 야

눈이 길면서 꼬리가 일어나고, 입이 연꽃과 같으며, 눈썹이 거칠면서 빼어나고, 창고·오관·육부가 모두 갖추어지면 바른 봉황의 형상이다.

其或眉大眼大, 下短或身側, 小鳳形也.
기 혹 미 대 안 대　하 단 혹 신 측　소 봉 형 야

혹 그 눈썹이 크고 눈이 크며, 아래가 짧고 혹 몸이 기울면 작은 봉황의 형상이다.

身長聳, 其精神緩急者, 丹鳳形也.
신 장 용　기 정 신 완 급 자　단 봉 형 야

몸이 길게 솟고, 그 정과 신이 느리고 급한 자는 붉은 봉황의 형상이다.

如額低, 精神慢, 眉長不應, 是病鳳形也.
여 액 저　정 신 만　미 장 불 응　시 병 봉 형 야

이마가 낮은 것 같고, 정과 신이 느슨하며, 눈썹이 길게 응하지 않으면 이에 병든 봉황의 형상이다.

正鳳形
정 봉 형

正鳳形高貴且强, 生居九鼎[2]出朝堂;
정 봉 형 고 귀 차 강 생 거 구 정 출 조 당

바른 봉황의 형상은 고귀하고 또한 강하여, 태어나면서부터 구정에 놓여 조정에 나옴이요;

一生聰智多文學, 大國爲臣小國王.
대 국 위 신 소 국 왕 일 생 총 지 다 문 학

한평생 총명하고 지혜로우며 문학에 뛰어나니, 대국에서는 신하이고 소국에서는 왕이 된다.

小鳳形
소 봉 형

小鳳形神福祿强, 生來富貴不尋常;
소 봉 형 신 복 녹 강 생 래 부 귀 불 심 상

작은 봉황의 형상은 신과 복록이 강하여서, 태어나면서부터 부귀함이 보통이 아님이요;

中年顯達官榮盛, 大業洪勛遠播揚.
중 년 현 달 관 영 성 대 업 홍 훈 원 파 양

중년에 현달하여 관직의 영화가 성대하며, 큰 업적과 큰 공훈을 멀리 퍼뜨려 드날린다.

丹鳳形
단 봉 형

丹鳳形聰明清貴人, 生來榮貴且超群;
단 봉 형 총 명 청 귀 인 생 래 영 귀 차 초 군

붉은 봉황의 형상은 총명하고 맑은 귀인으로, 태어나면서부터 영화로움과 귀함이 또한 뛰어난 무리요;

---

2 중국의 우왕(禹王) 때에 구주(九州)에서 금(金)을 모아 만든 솥. 하(夏)、은(殷) 이래로 천자(天子)에게 전하여 오는 보물임.

定居三品公卿位, 只是難爲兄弟身.
정 거 삼 품 공 경 위　지 시 난 위 형 제 신
삼품인 공경의 지위에 거함이 정해지나 다만 이에 어려움이 형제의 몸에 이른다.

病鳳形
병 봉 형

病鳳形神雖性靈, 聰明文學有聲名;
병 봉 형 신 수 성 령　총 명 문 학 유 성 명
병든 봉황 형상은 신이 영묘한 성정이어도 총명하여 문학에 명성이 있음이요;

都緣難得官班位, 縱得官班卻見迍.
도 연 난 득 관 반 위　종 득 관 반 각 견 둔
모든 인연에서 같은 지위의 관직을 얻음에 어려움이 있고, 비록 관직을 얻어도 물러나 머뭇거림을 보인다.

龜形
구 형

龜形者頭圓項短, 身大背厚, 眼細口大而闊, 玄壁朝接,
구 형 자 두 원 항 단　신 대 배 후　안 세 구 대 이 활　현 벽 조 접
거북이 형상인 자는 머리가 둥글고 목이 짧으며, 몸은 크고 등이 두터우며, 눈이 가늘고 입이 크고 넓어, 현벽에 모여 접하였고,

山根高起, 龜形也. 其或精神亂過者, 出水龜形也.
산 근 고 기　구 형 야　기 혹 정 신 란 과 자　출 수 구 형 야
산근이 높게 일어나면 거북이 형상이다. 혹 그 정신이 어지럽게 지나는 자는 물에서 나온 거북이 형상이다.

或諸部位有不應, 然而精神美悅者, 戲龜形也.
혹 제 부 위 유 불 응　연 이 정 신 미 열 자　희 구 형 야

혹 모든 부위에 있어 응하지 않으나, 능히 정신이 아름답고 기쁜 자는 노니는 거북이 형상이다.

五色不分, 諸位不應, 而多厚黑精神足者, 藏龜形也.
오 색 불 분　제 위 불 응　이 다 후 흑 정 신 족 자　장 구 형 야

오색으로 나뉘지 않고, 여러 부위가 응하지 않으며, 두터운 흑색이 많아 신이 넉넉한 자는 숨은 거북이 형상이다.

正龜形
정 구 형

正龜形神壽年多, 生居兩輔衆難過;
정 구 형 신 수 년 다　생 거 량 보 중 난 과

올바른 거북이 형상은 신령하여 수명이 많고, 태어나면서부터 살아감에 양쪽에서 돕는 무리와의 교제가 어려움이요;

初年名遠揚千里, 後者榮華萬國歌.
초 년 명 원 양 천 리　후 자 영 화 만 국 가

초년에 이름을 멀리 천리까지 날리고, 뒤에는 영화롭게 빛나니 온 나라에서 노래한다.

出水龜形
출 수 구 형

出水龜形久必榮, 生來聰敏起名聲;
출 수 구 형 구 필 영　생 래 총 민 기 명 성

물에서 나오는 거북이 형상은 오래도록 반드시 영화롭고, 태어나면서부터 지금까지 총명하고 민첩하여 명성이 있음이요;

壽雖七十身孤獨, 兄弟妻兒定不成.
수 수 칠 십 신 고 독　형 제 처 아 정 불 성

수명은 비록 칠십이나 홀로되어 외롭고, 형제와 처자식을 이루지 못함이 정해져 있다.

戱龜形
희 구 형

戱龜形人文藝多, 只宜晩祿供山河;
희 구 형 인 문 예 다   지 의 만 록 공 산 하

노니는 거북이 형상인 사람은 문장에 재주가 많은데, 다만 산하를 받드는 녹이 마땅히 늦음이요;

中年雖得荷依挂, 末歲須防給諫過.
중 년 수 득 하 의 괘   말 세 수 방 급 간 과

중년에는 비록 짊어지고 의지하여 도모함을 얻겠으나, 말년에는 모름지기 지나치게 간함이 더해짐을 막아야 한다.

藏龜形
장 구 형

藏龜形人衣食榮, 初依父母有空名;
장 구 형 인 의 식 영   초 의 부 모 유 공 명

숨은 거북이 형상인 사람은 의식이 영화로우나, 초년에는 부모에게 의지하여 빈 이름만 있음이요;

年老難免餓寒苦, 獨力孤形少弟兄.
년 로 난 면 아 한 고   독 력 고 형 소 제 형

노년에는 굶주리고 추우니 괴로운 것을 면하기 어렵고, 홀로 힘쓰는 외로운 형상으로 형제가 적다.

犀形
서 형

犀形者頭四方, 印堂闊, 地閣厚重, 眼圓, 眉大薄, 五嶽正,
서 형 자 두 사 방 인 당 활 지 각 후 중 안 원 미 대 박 오 악 정

코뿔소 형상인 자는 두상이 사각으로 모지고 인당이 넓으며, 눈이 둥글고 눈썹이 크고 엷으며, 오악이 바르고

天庭起, 行步重而闊, 五官六府俱好, 正犀形也.
천 정 기 행 보 중 이 활 오 관 육 부 구 호 정 서 형 야

천정이 일어나며, 걸음 보폭이 무겁고 넓으며, 오관과 육부가 모두 좋은 것이, 바른 코뿔소 형상이다.

面部同而步急速, 手腰背動擧者, 出水犀形也.
면 부 동 이 보 급 속 수 요 배 동 거 자 출 수 서 형 야

얼굴 부위와 한가지로 걸음이 급하여 빠르고, 손과 허리와 등을 들어 움직이는 자는 물에서 나온 코뿔소 형상이다.

面部五官六府有破不擧短促, 是入水犀形也.
면 부 오 관 육 부 유 파 불 거 단 촉 시 입 수 서 형 야

얼굴 부위에 오관과 육부에 깨짐이 있으나 짧게 재촉하여 일으키지 않으면, 이에 물에 들어가는 코뿔소 형상이다.

面雖部位一同而五官不正, 身長側者, 戱犀形也.
면 수 부 위 일 동 이 오 관 불 정 신 장 측 자 희 서 형 야

얼굴이 비록 한 가지 부위로 같더라도 오관이 바르지 않고, 몸이 길어 기울어진 자는 노니는 코뿔소 형상이다.

正犀形

正犀形神是貴人, 職居館殿足金銀;
정 서 형 신 시 귀 인　직 거 관 전 족 금 은

바른 코뿔소 형상은 신이 귀한 사람으로, 직분을 맡아 전각에 거하며 금과 은이 넉넉함이요;

壽年八十人皆敬, 百世榮華及子孫.
수 년 팔 십 인 개 경　백 세 영 화 급 자 손

수명 80세에 모든 사람이 공경하고, 백세의 영화가 자손까지 미친다.

出水犀形
출 수 서 형

出水犀形是正郎, 晩年高職坐朝堂;
출 수 서 형 시 정 랑　만 년 고 직 좌 조 당

물에서 나온 코뿔소 형상은 이에 정랑의 벼슬에 오르고, 만년에는 높은 직책으로 조당에 앉음이요;

金珠錢寶家盈萬, 壽算應當七十亡.
금 주 전 보 가 영 만　수 산 응 당 칠 십 망

금과 진주와 돈과 보물이 만 가지로 집에 가득 차고, 수명을 계산하면 응당 70세에 사망한다.

入水犀形
입 수 서 형

入水犀形食祿多, 出群英俊衆難過;
입 수 서 형 식 록 다　출 군 영 준 중 난 과

물에 들어가는 코뿔소 형상은 식록이 많고, 출중하여 뛰어난 준걸로 무리의 어려움을 지나침이요;

壽年七十莊田盛, 一世榮華爭奈何.
수 년 칠 십 장 전 성　일 세 영 화 쟁 내 하

수명이 70세이고 장전이 성대하여, 한세상 영화로우니 어찌 다투겠는가?

戲犀形
희 서 형

戲犀神形藝出群, 生來卓立不求人;
희 서 신 형 예 출 군　생 래 탁 립 불 구 인

노니는 신령한 코뿔소 형상은 재주가 출중하고 태어나면서부터 높이 서니, 타인의 것을 탐하지 않음이요;

錦衣玉食[3]誰能及, 更壽年高六十春.
금 의 옥 식　수 능 급　경 수 년 고 육 십 춘

비단옷과 좋은 음식은 누구에게 능히 미치는가? 다시 수명이 높아 60번의 봄을 맞는다.

虎形
호 형

虎形者頭圓項短, 地閣重厚, 九州團促, 眉濃口大, 面闊鼻大,
호 형 자 두 원 항 단　지 각 중 후　구 주 단 촉　미 농 구 대　면 활 비 대

호랑이 형상인 자는 머리가 둥글고 목은 짧으며, 지각은 중후하고 구주가 둥글어 재촉하며, 눈썹이 짙고 입은 크며, 얼굴은 넓고 코가 크며,

---

[3] 맛있고 좋은 음식.

五官、六府俱好, 正虎形也.
오관 육부구호 정호형야

오관 육부가 모두 좋으면, 바른 호랑이 형상이다.

行走急速, 腰身正, 視不定, 此入林虎形也.
행주급속 요신정 시부정 차입림호형야

가고 달릴 때 급하고 빠르며, 허리와 몸이 바르고, 보는 것이 정해져 있지 않으면 이에 숲으로 들어가는 호랑이 형상이다.

面部雖同, 精神帶慢, 顧視偏斜者, 此落坑虎形也.
면부수동 정신대만 고시편사자 차락갱호형야

얼굴 부위가 비록 같아도, 정과 신에 거만한 띠가 있어 돌아봄에 치우쳐 기울어진 자는 이에 구덩이에 떨어진 호랑이 형상이다.

正虎形
정호형

正虎形人是大僚, 文操武略富偏饒;
정호형인시대료 문조무략부편요

바른 호랑이 형상인 사람은 무릇 큰 벼슬을 하고, 글을 다루고 무예를 다스리며 부유함이 지나치게 넉넉함이요;

生來便有三公位, 老後須登駟馬驕.
생래편유삼공위 로후수등사마교

태어나면서부터 삼공의 지위에 있어 편안하고, 노후에는 모름지기 네 마리의 말이 끄는 수레에 오르니 교만하다.

出林虎形
출림호형

出林虎形性正剛, 生來聰知足文章;
출림호형성정강 생래총지족문장

숲에 나오는 호랑이 형상은 성정이 강하고, 태어나면서부터 총명하며 지혜로워 문장에 족함을 앎이요;

初年榮達高官職, 位入星郎耀四方.
초 년 영 달 고 관 직　위 입 성 랑 요 사 방

초년에 영달하여 높은 관직에 오르며 사방이 빛나니 성랑의 지위에 든다.

入林虎形
입 림 호 형

入林虎形是正郎, 名傳聲價[4]最高强;
입 림 호 형 시 정 랑　명 전 성 가　최 고 강

숲으로 들어가는 호랑이 형상은 무릇 정랑의 벼슬이고, 소리의 이름값이 최고로 강함이요;

只緣心志多藏毒, 暗恐消磨壽不長.
지 연 심 지 다 장 독　암 공 소 마 수 부 장

다만 인연을 마음으로 품은 뜻에 감추어진 독이 많아, 어두움과 두려움이 닳아져 사라지니 수명이 길지 않다.

落坑虎形
낙 갱 호 형

落坑虎形不可親, 毒忿[5]生來愛陷人;
낙 갱 호 형 불 가 친　독 분　생 래 애 함 인

구덩이에 떨어지는 호랑이 형은 가히 친하지 않고, 지독하게 분함을 품으며 태어나면서부터 사랑에 빠지는 사람이요;

錦帛資財雖積畜, 爭知壽不過多春.
금 백 자 재 수 적 축　쟁 지 수 불 과 다 춘

비단과 자재가 비록 쌓여 있어도, 다툼을 주관하여 수명이 많은 봄을 지나지 않는다.

4　일정한 사람이나 물건 따위에 대한 세상의 좋은 소문이나 평판. 이름값.

5　지독하게 분함.

獅子形
사 자 형

獅子形者額方眉大, 口闊鼻大, 耳大眼大, 身肥, 天地相應,
사 자 형 자 액 방 미 대 　구 활 비 대 　이 대 안 대 　신 비 　천 지 상 응

사자형인 자는 이마가 모나고 눈썹은 크며, 입이 넓고 코가 크며 귀가 크고 눈이 크며, 몸이 살찌고 천지가 서로 응하며,

三才平滿, 倉庫厚, 玄璧起, 五官、六府俱好, 正獅子形也.
삼 재 평 만 　창 고 후 　현 벽 기 　오 관 　육 부 구 호 　정 사 자 형 야

삼재가 평만하고 창고가 두터우며 현벽이 일어나고, 오관 육부가 모두 좋게 갖추어져 있으면 바른 사자형이다.

若或面部雖同, 身小, 眼部不應, 小獅子形也.
약 혹 면 부 수 동 　신 소 　안 부 불 응 　소 사 자 형 야

혹 얼굴 부위가 비록 같아도 몸이 작고 눈 부위가 응하지 않으면 작은 사자형이다.

行慢身重, 多精神者, 坐獅子形也.
행 만 신 중 　다 정 신 자 　좌 사 자 형 야

다니는 중에 몸이 무거워 거만하고 정신이 뛰어난 자는 앉아 있는 사자형이다.

若行步踟躕, 瞻視不正, 精神美悅者, 戲獅子形也.
약 행 보 지 주 　첨 시 부 정 　정 신 미 열 자 　희 사 자 형 야

만약 걸음이 머뭇거리고 주저하는 것 같으며, 눈으로 쳐다보는 것이 바르지 않고, 정신이 좋아서 기쁜 자는 노니는 사자형이다.

正獅子形
정 사 자 형

正獅子形額正方, 眉濃眼大口須長;
정 사 자 형 액 정 방 　미 농 안 대 구 수 장

바른 사자형은 이마가 바르고 모나며, 눈썹이 짙고 눈이 크며 입이 모름지기 길음이요;

九州高聳耳朝口, 出世須教作郡王.
구 주 고 용 이 조 구　출 세 수 교 작 군 왕

구주가 높게 솟고 귀가 입을 만나보면 세상에 나와 모름지기 가르치고 행하는 군왕이다.

小獅子形
소 사 자 형

小獅子形主晩榮, 生來榮顯負清名;
소 사 자 형 주 만 영　생 래 영 현 부 청 명

작은 사자형은 주로 늦게 영화롭고, 태어나면서부터 영화가 높으니 깨끗한 이름을 떠맡음이요;

錦帛錢財成巨萬, 自宜營運保前程.
금 백 전 재 성 거 만　자 의 영 운 보 전 정

비단과 돈 재물을 만 가지로 크게 이루고, 스스로 마땅히 경영을 운용하여 앞길을 보전한다.

坐獅子形
좌 사 자 형

坐獅子形是貴人, 生來衣食足金銀;
좌 사 자 형 시 귀 인　생 래 의 식 족 금 은

앉아있는 사자형은 무릇 귀인으로, 태어나면서부터 의식과 금은이 넉넉함이요;

清貧定入公卿位, 壽算仍須八十春.
청 자 정 입 공 경 위　수 산 잉 수 팔 십 춘

깨끗한 재물로 공경의 지위에 들어가게 되고, 수명을 계산하면 수염으로 인하여 80번의 봄을 맞는다.

戲獅子形
희 사 자 형

戲獅子形衣食足, 位歸侯相鎭山河;
희 사 자 형 의 식 족　위 귀 후 상 진 산 하

노니는 사자형은 의식이 족하고 지위가 제후의 상으로 돌아가 산하를 진압함이요;

玉寶珠金多積畜, 一生快樂任婆娑.
옥 보 주 금 다 적 축　일 생 쾌 악 임 파 사

옥과 보석과 진주와 금을 많이 쌓아 한평생 상쾌하고 즐거우니 노파에게 춤추는 것을 맡긴다.

龍形
용 형

龍形者五嶽起, 三才平滿, 天地相朝, 鳳節豐濃, 印堂起,
용 형 자 오 악 기　삼 재 평 만　천 지 상 조　봉 절 풍 농　인 당 기

용의 형상인 자는 오악이 일어나고 삼재가 평만하며, 천지가 서로 모이고 봉황의 마디가 두텁게 짙으며 인당이 일어나고,

方寸邊地起, 人門闊, 眉分八彩, 目長二寸, 耳長四寸,
방 촌 변 지 기　인 문 활　미 분 팔 채　목 장 이 촌　이 장 사 촌

방촌과 변지가 일어나며 인문이 트이고, 눈썹이 여덟 색깔로 구분되며, 눈이 길어 2촌이고 귀가 길어 4촌이며,

五官、六府俱好者, 正龍形也, 男即大貴之相, 女即妃后之貴也.
오 관　육 부 구 호 자　정 룡 형 야　남 즉 대 귀 지 상　여 즉 비 후 지 귀 야

오관 육부가 모두 갖추어진 자는 바른 용의 형상으로, 남자라면 곧 크게 귀한 상이고, 여자라면 곧 왕비로 귀하다.

若有五色者, 定五龍形之也. 別述青黃赤白黑五品相.
약 유 오 색 자 정 오 룡 형 지 야 별 술 청 황 적 백 흑 오 품 상

만약 오색이 있는 자는 오룡의 형상으로 정해진다. 청황적백흑의 오품상으로 구별하여 서술한다.

儻或行步不同, 面部有雜, 一處不應, 即是臥龍形也, 即主多祿之位.
당 혹 행 보 부 동 면 부 유 잡 일 처 불 응 즉 시 와 룡 형 야 즉 주 다 록 지 위

혹 갑자기 다니는 걸음이 같지 않고, 얼굴 부위가 뒤섞여 있어서 한 곳에 응하지 않으면 이는 곧 누워있는 용의 형상으로, 곧 주로 녹이 많은 지위이다.

或帶虎頭燕頷[6], 即是山龍形也, 主將軍節度之權.
혹 대 호 두 연 함 즉 시 산 룡 형 야 주 장 군 절 도 지 권

혹 띠를 두른 호랑이 머리와 제비 턱이면 곧 이는 산에 있는 용의 형상이니, 주로 절도와 권세가 있는 장군이다.

面上二停, 身一停, 此主侯伯之位. 面上一停, 身占二停,
면 상 이 정 신 일 정 차 주 후 백 지 위 면 상 일 정 신 점 이 정

얼굴의 위의 2정과, 몸의 1정이면 이에 주로 백작의 지위이다. 얼굴 위의 1정과 몸이 차지하는 2정은

此主將帥之職也.
차 주 장 수 지 직 야

이에 주로 장수의 직책이다.

正龍形
정 룡 형

正龍天下貴無雙, 上天儀表萬邦王;
정 룡 천 하 귀 무 쌍 상 천 의 표 만 방 왕

바른 용은 하늘 아래 귀함을 서로 견줄만한 짝이 없고, 하늘 위에 왕으로 만방의 의표요;

---

6 「제비 같은 턱과 범 같은 머리」라는 뜻으로, 먼 나라의 제후가 될 생김새나 후한(後漢)의 무장(武將) 반초(班超)를 이르는 말.

一流河水須鎭斷, 四夷歸貢走梯航.
일 류 하 수 수 진 단　사 이 귀 공 주 제 항

하나로 흐르는 하천의 물을 모름지기 진압하여 끊으면 사방의 오랑캐가 배의 사다리를 타고 달아나 돌아가게 하는 데 공을 바친다.

臥龍形
와 룡 형

臥龍合主三台位, 闡世文章天下名;
와 룡 합 주 삼 태 위　천 세 문 장 천 하 명

누워있는 용은 주로 삼태(세 개의 별)의 지위이니 세상을 밝히는 문장으로 이름이 천하에 남이요;

官爵定須居一品, 及第人皆震一鳴.
관 작 정 수 거 일 품　급 제 인 개 진 일 명

벼슬의 작위가 모름지기 일품에 거하게 되고 모두 한번 우는 위세로 급제한 사람이다.

山龍形
산 룡 형

山龍本是將軍位, 文武俱全鎭廟堂;
산 룡 본 시 장 군 위　문 무 구 전 진 묘 당

산의 용은 본래 바른 장군의 지위로, 문무를 온전히 갖추어 묘당을 진압함이요;

三代侯門生貴子, 出爲兵帥入爲王.
삼 대 후 문 생 귀 자　출 위 병 수 입 위 왕

삼대에 제후의 가문에서 귀한 자식을 낳으니 나아가면 장수이고 들어오면 왕이다.

五短之形

오 단 지 형

一、頭短; 二、面短; 三、身短; 四、手短; 五、足短.
일 두단 이 면단 삼 신단 사 수단 오 족단

다섯 가지가 짧은 형상은 첫째 짧은 머리요; 둘째 짧은 얼굴이요; 셋째 짧은 몸이요; 넷째 짧은 손이요; 다섯째 짧은 발이다.

五者俱短, 骨細肉滑, 印堂明潤, 五嶽朝接者, 少卿公侯之相也.
오자구단 골세육골 인당명윤 오악조접자 소경공후지상야

다섯 가지가 짧게 갖추어지고, 뼈가 가늘고 살은 미끄러우며, 인당이 밝고 윤택하며, 오악이 모여 접한 자는 젊어서부터 공경과 제후의 상이다.

雖俱五短而骨粗惡, 五嶽缺陷, 則爲下賤之人也.
수구오단이골조악 오악결함 즉위하천지인야

비록 오단이 갖추어지더라도 뼈가 거칠고 나쁘며, 오악에 결함이 있으면 곧 하천한 사람이 된다.

其或上長下短, 則多富貴; 上短下長, 主居貧下矣.
기혹상장하단 즉다부귀 상단하장 주거빈하의

그것이 혹 위는 길고 아래가 짧으면 즉 부귀함이 많음이요; 위는 짧고 아래가 길면 주로 거주함에 가난하여 보잘것없다.

五長之形

오 장 지 형

一、頭長; 二、面長; 三、身長; 四、手長; 五、足長.

일 두장 이 면장 삼 신장 사 수장 오 족장

다섯 가지가 긴 형상은 첫째 긴 머리요; 둘째 긴 얼굴이요; 셋째 긴 몸이요; 넷째 긴 손이요; 다섯째 긴 발이다.

五者俱長, 而骨貌豐隆, 淸秀滋潤者善.

오 자 구 장 이 골 모 풍 륭 청 수 자 윤 자 선

다섯 가지가 길게 갖추어지고, 뼈의 모습이 풍륭하며 맑고 빼어남에 더해 윤택한 자는 좋다.

如骨肉枯槁, 筋脈并露, 雖俱五長, 反爲貧賤之輩貴也.

여 골 육 고 고 근 맥 병 로 수 구 오 장 반 위 빈 천 지 배 귀 야

뼈와 살이 말라 여윈 것 같고, 힘줄과 맥박이 아울러 드러나면 비록 다섯 가지가 길게 갖추어졌더라도 오히려 귀한 무리가 빈천하게 된다.

或有手短足長者, 主貧而賤; 足短手長者, 主富而貴也.

혹 유 수 단 족 장 자 주 빈 이 천 족 단 수 장 자 주 부 이 귀 야

혹 손이 짧고 발이 긴 자는 주로 가난하고 천함이요; 발이 짧고 손이 긴 자는 주로 부유하고 귀하다.

論聲

논 성

人之性, 動於心而形於聲. 故聲者, 氣實藏之.
인 지 성　동 어 심 이 형 어 성　고 성 자　기 실 장 지

사람의 성품은 소리의 형상으로 마음에서 움직인다. 고로 소리라는 것은 기의 열매가 감추어진 것이다.

氣搆眾虛而成響, 內以傳意, 外以應物.
기 구 중 허 이 성 향　내 이 전 의　외 이 응 물

기를 일으킨 무리의 구멍에서 울림으로 이루어지는데, 안으로부터 뜻이 전해지고 바깥으로부터 사물에 응한다.

念有聲猶鍾鼓之響, 若大則聲宏, 若小則聲短.
념 유 성 유 종 고 지 향　약 대 즉 성 굉　약 소 즉 성 단

생각이 있음은 오직 종과 북이 울리는 소리이니, 만약 크면 곧 소리가 크고 만약 작으면 곧 소리가 짧다.

神清氣和, 則聲溫潤而圓暢也; 神濁氣促, 則聲焦急而輕嘶也.
신 청 기 화　즉 성 온 윤 이 원 창 야　신 탁 기 촉　칙 성 초 급 이 경 시 야

신이 맑고 기가 조화로우면 곧 소리가 온화하고 윤택하여 둥글게 펼쳐짐이요; 신이 혼탁하고 기를 재촉하면 곧 소리가 급히 타서 가벼이 흐느낀다.

(《玉管照神》: 音西, 噎[7]也, 又馬鳴也.)
옥 관 조 신　음 서　일　야　우 마 명 야

(〈옥관조신〉에서는 깃들이는 소리로 목메니, 또한 말의 울음이다.) 하였다.

7　기쁨이나 설움 따위의 감정이 북받쳐 솟아올라 그 기운이 목에 엉기어 막힘.

故貴人之聲, 出於丹田之內, 與心氣相通, 汪洋而外達.
고 귀 인 지 성　출 어 단 전 지 내　여 심 기 상 통　왕 양 이 외 달

고로 귀인의 소리는 단전 안에서 나오고, 더불어 마음과 기가 서로 통하고, 넓은 바다 바깥으로 통한다.

何則? 丹田者, 聲之根也; 舌端者, 聲之表也.
하 칙　단 전 자　성 지 근 야　설 단 자　성 지 표 야

무슨 법칙인가? 단전이라는 것은 소리의 근본이요; 혀끝은 소리의 표현이다.

夫根深則表重, 根淺則表輕. (《玉管照神》云:
부 근 심 즉 표 중　근 천 즉 표 경　옥 관 조 신　운

무릇 근본이 깊은즉 무겁게 표현되고, 근본이 얕은즉 가볍게 표현된다. (〈옥관조신〉에 이르기를

「是知聲發於根而見夫表也.」)
시 지 성 발 어 근 이 견 부 표 야

「이는 소리가 근본에서 일어나 밖으로 표현됨을 알 수 있는 이치이다.」) 하였다.

若夫清而圓, 堅而亮, 緩而烈, 急而和, 長而有力有威.
약 부 청 이 원　견 이 량　완 이 열　급 이 화　장 이 유 력 유 위

무릇 소리가 맑고 둥근 것 같으며, 굳건하고 밝으며 느리지만 세차고, 급하지만 온화하며 길면서 힘이 있으면 위엄을 가진다.

若音大, 如洪鍾發響, 鼉鼓震嚮; 音小, 似寒泉飛韻, 琴徽奏曲.
약 음 대　여 홍 종 발 향　타 고 진 향　음 소　사 한 천 비 운　금 휘 진 곡

만약 소리가 커서 일어나는 쇠북처럼 넓게 퍼지면 악어가죽으로 만든 북이 우레와 같이 울림이요; 소리가 작으면 차가운 샘에서 떨어지는 소리이고 거문고로 아름다운 곡을 연주함이다.

接其語則粹然而後動, 與之言則悠然[8]而後應,
접 기 어 즉 수 연 이 후 동 여 지 언 즉 유 연 이 후 응

그것과 접한 말은 곧 순수하지만 뒤에 움직이고, 더불어 그 말은 곧 침착하여 여유롭게 뒤에 응함에

是以聲之善者, 遠而不斷, 淺而能清, 深而能藏,
시 이 성 지 선 자 원 이 불 단 천 이 능 청 심 이 능 장

이로써 소리가 좋은 것은 멀리까지 끊어지지 않고, 얕으면서 능히 맑으며, 깊으면서 능히 감추어지고,

大而不濁, 小而能新, 細而不亂, 出而能明, 餘響激烈,
대 이 불 탁 소 이 능 신 세 이 불 란 출 이 능 명 여 향 격 렬

크면서 탁하지 않으며, 작게나마 능히 새롭고, 가늘면서 어지럽지 않으며, 나오면서 능히 밝고, 남은 울림이 격렬하며,

笙簧宛轉[9]流行, 能圓能方, 如斯之相, 並主福祿長年.
생 황 완 전 유 행 능 원 능 방 여 사 지 상 병 주 복 록 장 년

생황(笙簧、笙篁: 아악(雅樂)에 쓰는 관악기) 소리가 완연하게 굴러 흘러가고, 능히 둥글며 능히 모나니, 이와 같이 서로 아우르면 주로 복록이 오래 간다.

若夫小人之聲, 發於舌端, 喘急促而不遠, 不離唇上,
약 부 소 인 지 성 발 어 설 단 천 급 촉 이 불 원 불 리 진 상

무릇 소인의 소리는 혀끝에서 일어나고, 숨차듯 급하게 재촉하여 멀리가지 않으니 입술 위에서 떠나지 않고,

紊雜而斷續, 急而又嘶, 緩而又澁, 深而帶滯, 淺而帶躁,
문 잡 이 단 속 급 이 우 시 완 이 우 삽 심 이 대 체 천 이 대 조

어지럽게 섞이면서 끊어질 듯 이어지며, 급하여 또한 흐느끼고 느리어 또한 더듬으며, 깊게 차서 막히고 얕게 차서 조급하며,

---

[8] 유유(悠悠)하여 태연(泰然)함. 침착(沈着)하고 여유(餘裕)가 있음.

[9] 군색(窘塞)한 데가 없이 순탄하고 원활함.

或大而散, 或長而破, 或輕而不勻, 或繚繞而無節,
혹 대 이 산　혹 장 이 파　혹 경 이 불 균　혹 료 요 이 무 절

혹 커서 흩어지고 혹 길어서 깨지며, 혹 가벼우나 고르지 않고 혹 감기고 얽어매어 마디가 없으며,

或槎崖而暴, 或煩亂而浮, 粗濁飛散, 蹇淺訥澁[10].
혹 사 애 이 폭　혹 번 란 이 부　조 탁 비 산　건 천 눌 삽

혹 벼랑에서 나무를 베는 것처럼 사납고, 혹 번잡하여 어지럽게 뜨며, 거칠고 탁하여 날아 흩어지니 굼뜨고 미숙하여 말을 더듬거린다.

或如破鍾之響, 敗鼓之聲; 或如寒雞哺雛, 餓鴨哽肉;
혹 여 파 종 지 향　패 고 지 성　혹 여 한 계 포 추　아 압 경 육

혹 종이 깨져 울리는 것 같아 북이 부서지는 소리요; 혹 추운 닭이 병아리를 먹은 것 같고 굶주린 오리가 고기를 먹다 목 메임이요;

或似病猿求侶, 或似孤雁失群.
혹 사 병 원 구 려　혹 사 고 안 실 군

혹 병든 원숭이가 짝을 구하는 것 같고, 혹 무리를 잃은 외로운 기러기와 같다.

細如秋蚓發吟, 大似寒蟬晚噪; 雄者如犬暴吠, 雌者似羊孤鳴.
세 여 추 인 발 음　대 사 한 선 만 조　웅 자 여 견 폭 폐　자 자 사 양 고 명

소리의 가늘기는 가을 지렁이의 신음소리가 일어나는 것 같고, 크기는 추운 매미가 늦게 우는 것과 같음이요; 수컷은 개 짖는 것처럼 사납고 암컷은 외롭게 우는 양과 닮았다.

如斯之聲, 皆爲淺薄也. 或男作女聲細者, 一世孤窮.
여 사 지 성　개 위 천 박 야　혹 남 작 녀 성 세 자　일 세 고 궁

이러한 소리는 모두 천박하게 된다. 혹 남자가 여자의 목소리로 가늘게 지어내면 한세상 외롭고 궁핍하다.

---

10 말이 더듬거려 잘 나오지 않아 듣기에 답답함.

(《玉管照神局》注云:「謂其柔細而不剛烈也.」)
옥 관 조 신 국 주 운 위 기 유 세 이 불 강 렬 야

(〈옥관조신국〉의 주에 이르기를 「그 부드럽고 가는 것을 일컬어 굳세고 사납지 않음에 이른다.」 하였다.)

女作男聲暴者, 主一世妨害.
여 작 남 성 폭 자 주 일 세 방 해

여자가 남성의 사나운 소리를 지어내는 자는 주로 한세상 방해가 따른다.

(《玉管照神局》注曰:「謂其剛暴而不和也.」)
옥 관 조 신 국 주 왈 위 기 강 폭 이 불 화 야

(〈옥관조신국〉에서 주에 가로되 「그 굳세고 사나운 것은 온화하지 않다고 일컫는다.」 하였다.)

然則身小而音大者吉, 身大而音小者凶, 身聲相稱者善.
연 칙 신 소 이 음 대 자 길 신 대 이 음 소 자 흉 신 성 상 칭 자 선

그런즉 몸이 작은데 소리가 큰 자는 길하고, 몸이 큰데 소리가 작은 자는 흉하며, 몸과 소리가 서로 부합된 자는 좋다.

或乾濕不齊者, 謂之羅網聲; 或小或大者, 謂之雌雄聲.
혹 건 습 부 제 자 위 지 라 망 성 혹 소 혹 대 자 위 지 자 웅 성

혹 하늘이 습하여 가지런하지 않은 것을 라망성이라 일컬음이요; 혹 작거나 혹 큰 것을 자웅성이라 일컫는다.

或先遲而後急, 或先急而遲, 或聲未止而氣絕,
혹 선 지 이 후 급 혹 선 급 이 지 혹 성 미 지 이 기 절

혹 먼저 느리나 뒤에 급하고 혹 먼저 급하다가 뒤에 느려지며, 혹 말이 아직 끝나지 않았는데 기가 끊어지거나,

或聲未舉而色先變, 皆簿淺之相也.
혹 성 미 거 이 색 선 변 개 부 천 지 상 야

혹 말을 일으키지 않았는데 색이 먼저 변하는 것은 모두 천한 상으로 치부한다.

是以神定於內而氣和於外則聲安, 而言有先後之序, 乃無變色也.
시 이 신 정 어 내 이 기 화 어 외 즉 성 안　이 언 유 선 후 지 서　내 무 변 색 야

이로써 신은 안에서 정해지고 기는 바깥에 조화로운즉 소리가 편안하며, 말의 앞뒤에 질서가 있으면 이에 색은 변함이 없다.

苟神不安必氣不和, 則其言先後失序, 醉色雜錯,
구 신 불 안 필 기 불 화　즉 기 언 선 후 실 서　취 색 잡 착

진실로 신이 불안하면 반드시 기가 조화롭지 않고, 곧 그의 말이 앞뒤가 질서를 잃으니 어긋나 취한 색으로

皆是小人薄劣之相也.
개 시 소 인 박 렬 지 상 야

모두 이는 소인으로 박렬한 상이다.

且聲如破筒者富, 破瓦者賤, 破木者貧, 破竹者苦.
차 성 여 파 통 자 부　파 와 자 천　파 목 자 빈　파 죽 자 고

또한 소리가 대통을 깨는 것 같으면 부유하고, 기왓장이 깨지는 것은 천하며, 나무가 갈라지는 것은 가난하고, 대나무를 부수는 것은 괴롭다.

公鵝聲者多破散, 公鴨聲者多賤徒. 暴如豺狼者, 毒害多.
공 아 성 자 다 파 산　공 압 성 자 다 천 도　폭 여 시 랑 자　독 해 다

숨김없이 거위 소리를 내는 자는 깨지고 흩어짐이 많으며, 오리 소리를 내는 자는 천한 무리가 많다. 이리와 승냥이와 같이 사나운 소리를 내는 자는 독하여 해함이 많다.

汪聲深堂者, 爲福人. 故聲細如啼, 貧賤孤悽;
왕 성 심 당 자　위 복 인　고 성 세 여 제　빈 천 고 처

집에서 소리가 넓고 깊은 자는 복 있는 사람이 된다. 고로 소리가 가늘어 흐느끼는 것 같으면 가난하고 천하며 외롭고 슬픔이요;

聲粗如哭, 災禍相逐.
성 조 여 곡　재 화 상 축

소리가 거칠어 우는 것 같으면 재앙이 서로 쫓아온다.

聲音明快, 意象遠大; 聲音嫩嬌, 家活冰消.
성 음 명 쾌　의 상 원 대　성 음 눈 교　가 활 빙 소

목소리가 밝고 상쾌하면 뜻과 형상이 원대함이요; 소리음이 연약하고 아름다우면 집에 서늘함이 사라져 생기가 있다.

人之稟五行之形, 其聲亦有五行之象. 故木音高暢.
인 지 품 오 행 지 형　기 성 역 유 오 행 지 상　고 목 음 고 창

사람은 오행의 형상을 받아 그 소리 역시 오행의 형상이 있다. 고로 목의 소리는 높게 퍼진다.

(《玉管照神局》注曰:「嘹亮高暢, 激越而和.」)
옥 관 조 신 국　주 왈　료 량 고 창　격 월 이 화

(〈옥관조신국〉 주에 가로되 「멀리까지 뚜렷하게 들리고 높게 퍼져 빠르게 넘어가니 조화롭다.」 하였다.)

火音焦烈, (《玉管照神局》注云:「發之大嚴, 如火之烈,
화 음 초 열　옥 관 조 신 국　주 운　발 지 대 엄　여 화 지 열

화의 소리는 세차게 타고 (〈옥관조신국〉 주에 이르기를 「크게 엄격하게 일어나 불같이 세차고,

其或噪戾淺暴者, 謂之火濁. 不善之感也.」)
기 혹 조 려 천 폭 자　위 지 화 탁　불 선 지 감 야

혹 떠들썩하거나 어그러져 얕고 사나운 자는 탁한 화의 소리라 일컫는다. 좋지 않은 느낌이다.」 하였다.)

金音和潤, (《玉管照神局》注曰:「和則不戾, 潤則不枯,
금 음 화 윤　옥 관 조 신 국　주 왈　화 즉 불 려　윤 칙 불 고

금의 소리는 조화롭고 윤택하며, (〈옥관조신국〉 주에 가로되 「조화로운즉 어그러지지 않고, 윤택한즉 마르지 않으며,

叩之爲清, 擊之爲純. 又如桐篁奏曲, 玉磬[11]流音也.」)
고 지 위 청 격 지 위 순 우 여 동 황 주 곡 옥 경 류 음 야

두드리면 맑게 되고, 부딪치면 순수하게 된다. 또한 거문고와 피리로 곡을 연주하는 것과 같고 옥경이 흐르는 소리다.」 하였다.)

水音圓急. (《玉管照神局》注曰:「圓而清, 急而暢, 堅而不散,
수 음 원 급 옥 관 조 신 국 주 왈 원 이 청 급 이 창 견 이 불 산

수의 소리는 둥글고 급하다. (〈옥관조신국〉 주에 가로되 「둥글면서 맑고, 급하면서 펼쳐지며, 단단하여 흩어지지 않고

長而有力. 或條達而流, 或鏘洋而奮.」)
장 이 유 력 혹 조 달 이 류 혹 장 양 이 분

나아가면서 힘이 있다. 혹 맥락에 통달하여 흐르면 혹 금옥소리가 넘쳐 떨친다.」 하였다.)

土音沉厚, (沉則不淺, 厚則不薄, 洋然發在咽喉之間也.)
토 음 침 후 침 칙 불 천 후 칙 불 박 양 연 발 재 인 후 지 간 야

토의 소리는 깊고 두터우니 (깊은즉 얕지 않고, 두터운즉 엷지 않으니, 인후 사이에서 발하여 넘친다.)

若與形生則吉, 相剋則凶. 爲聲音分三主, 可決成敗耳.
약 여 형 생 즉 길 상 극 칙 흉 위 성 음 분 삼 주 가 결 성 패 이

만약 더불어 토형으로 나면 즉 길하고 서로 극하면 곧 흉하다. 소리의 음이 되는 것은 삼주로 나누어지니 가히 귀에서 성패가 결정된다.

初聲高者, 初主強; 中聲薄者, 中主强; 後聲微者, 晚年卑.
초 성 고 자 초 주 강 중 성 박 자 중 주 강 후 성 미 자 만 년 비

첫 소리가 높은 자는 초년에 주로 강함이요; 중간 소리가 엷은 자는 중년이 주로 강함이요; 뒷소리가 작은 자는 늙어 쇠한다.

---

11 옥이나 돌로 만든 악기의 한 가지.

是以聲音主發閉之人, 不可不善. 不善者並爲凶惡,
시 이 성 음 주 발 폐 지 인　불 가 불 선　불 선 자 병 위 흉 악

이로써 주로 일어나고 닫히는 사람의 소리는 옳지 않고 좋지 않다. 좋지 않은 자는 아울러 흉하여 악하게 되고,

必多灾難刑厄, 有官則多失位, 有財則破散,
필 다 재 난 형 액　유 관 즉 다 실 위　유 재 즉 파 산

반드시 모두 재난과 형액이 많으며, 관직이 있은즉 모두 지위를 잃게 되고, 재물이 있은즉 파산하며,

男則不能保其室, 女則不能保其家矣.
남 즉 불 능 보 기 실　여 즉 불 능 보 기 가 의

남자인즉 그 집을 능히 보전할 수 없고, 여자인즉 그 집을 능히 보전할 수 없다.

(《玉管照神局》並《月波洞中記》.)
옥 관 조 신 국　병　월 파 동 중 기

(〈옥관조신국〉과 〈월파동중기〉가 함께 한다.)

凡聲最難辨, 大抵舌頭圓全, 清潤響快, 不宜焦急沉滯, 刑破短促.
범 성 최 난 변　대 저 설 두 원 전　청 윤 향 쾌　불 의 초 급 침 체　형 파 단 촉

무릇 소리의 변별이 가장 어려우니, 대저 혀의 머리가 둥글고 온전하며, 맑아 윤택하고 울림이 쾌적하며, 급하게 타고 가라앉아 막힌 것은 마땅하지 않으니, 형벌로 깨져 짧게 재촉한다.

若人大而聲小者, 非遠器也; 人小而聲大者, 良器也.
약 인 대 이 성 소 자　비 원 기 야　인 소 이 성 대 자　량 기 야

만약 큰 사람이면서 소리가 작은 자는 큰 그릇이 아니요; 사람이 작은데 소리가 큰 자는 좋은 그릇이다.

又須於五行形神辯論, 聽五聲合與不合,
우 수 어 오 행 형 신 변 론　청 오 성 합 여 불 합

또한 모름지기 오행의 형과 신에 대한 말을 논하면 들은 오행의 소리를 합한 것과 더불어 합하지 않음과,

刑與不刑, 斷制不可言論也.
형 여 불 형　단 제 불 가 언 론 야

제어와 더불어 제어가 안 됨과 끊고 자름을 가히 말로 논하지 않는다.

略擧五聲訣於後: 金聲韻長, 清響遠聞. 金圓潤則貴, 金破則賤.
약 거 오 성 결 어 후　금 성 운 장　청 향 원 문　금 원 윤 칙 귀　금 파 칙 천

간략하게 오행의 소리를 들은 후에 결단하면 금의 소리는 나아가고, 맑게 울리며 멀리까지 들린다. 금은 둥글고 윤택한즉 귀하고, 금이 깨진즉 천하다.

土聲韻重, 響亮遠聞, 重則貴, 近薄則賤也.
토 성 운 중　향 량 원 문　중 즉 귀　근 박 즉 천 야

토의 소리음은 무겁고 울림이 분명하게 멀리까지 들리니, 무거운즉 귀하고 가까이 엷은즉 천하다.

火聲韻清烈, 調暢不懦, 完潤而慢則貴, 焦破則貧賤.
화 성 운 청 렬　조 창 불 나　완 윤 이 만 즉 귀　초 파 즉 빈 천

화의 소리음은 맑고 세차며 고르게 펴져 나약하지 않고 완전하게 윤택하며, 거만한즉 귀하고 타서 깨진즉 빈천하다.

木聲韻條達, 初全終散, 沉重則貴, 如輕則賤也.
목 성 운 조 달　초 전 종 산　침 중 즉 귀　여 경 즉 천 야

목의 소리음은 맥락에 통달하고, 처음에는 온전하나 끝내는 흩어지며, 가라앉아 무거운즉 귀하고, 가벼운 것 같은즉 천하다.

水聲韻清, 細響急長, 細則貴, 如輕則賤也.
수 성 운 청　세 향 급 장　세 즉 귀　여 경 즉 천 야

수의 소리음은 맑고 가늘게 울리며 급하게 나아가고, 가는즉 귀하며 가벼운 것 같은즉 천하다.

論五聲又不以形類, 蓋爲聲無形, 但聽而會意, 則詳酌其理,
론 오 성 우 불 이 형 류　개 위 성 무 형　단 청 이 회 의　즉 상 작 기 리

오성을 또한 종류로서가 아닌 형상으로 논하면 대개 소리를 이루는 형상이 없어, 다만 들음으로 뜻을 모아 곧 그 이치를 자세히 따르고,

然後較其吉凶, 萬不失一也.
연 후 교 기 길 흉 　만 불 실 일 야

그런 연후에 그 길흉을 견주어 만 가지 중에 하나도 놓치지 않아야 한다.

五音

오 음

五行散爲萬物, 人生萬物之上, 而聲亦辨其故.
오 행 산 위 만 물 　인 생 만 물 지 상 　이 성 역 변 기 고

오행이 흩어져 만물이 되니 사람이 생겨남은 만물의 위고, 이어 소리 역시 그러한 이유로 분별한다.

木音嘹嚦高暢, 淚越而和.
목 음 료 력 고 창 　루 월 이 화

목의 소리는 높고 화창하여 멀리까지 들리고 눈물을 넘기듯 온화하다.

火音焦裂躁怒, 如火烈烈.
화 음 초 렬 조 노 　여 화 렬 렬

화의 소리는 타서 찢어지고 조급하게 성내며 불과 같이 세차다.

金音和而不戾, 潤而不枯, 玉磬流音.
금 음 화 이 불 려 　윤 이 불 고 　옥 경 류 음

금의 소리는 조화롭고 어그러지지 않으며, 윤택하고 마르지 않아 옥으로 만든 악기소리로 흐른다.

水音圓而清, 急而暢, 或條達而流, 或淚而奮.
수 음 원 이 청 급 이 창 혹 조 달 이 류 혹 루 이 분

수의 소리는 둥글고 맑으며 급하고 막힘이 없어, 혹 맥락이 통하여 흐르고 혹 눈물을 흘리며 떨친다.

土音深而不淺, 厚而不薄, 渾然[12]如發在咽喉之間也.
토 음 심 이 불 천 후 이 불 박 혼 연 여 발 재 인 후 지 간 야

토의 소리는 깊어서 얕지 않고 두터워서 엷지 않으니, 인후 사이에 존재하여 일어난 것과 같이 원만한 듯하다.

與形相養相生者吉, 與形相克相犯者凶.
여 형 상 양 상 생 자 길 여 형 상 극 상 범 자 흉

더불어 형상을 길러 상생하는 자는 길하고, 더불어 형상이 서로 극하는 자는 흉하다.

行部

행 부

行者進退之節, 去就之義, 所以見其貴賤之分也.
행 자 진 퇴 지 절 거 취 지 의 소 이 견 기 귀 천 지 분 야

걸음걸이라는 것은 나아가고 물러감에 절도가 있고 가고 나아감은 의로움이니, 보는 바로써 그 귀함과 천함을 구분한다.

人之善行如舟之遇水, 無所往而不利也.
인 지 선 행 여 주 지 우 수 무 소 왕 이 불 리 야

사람의 바른 걸음걸이는 배가 물을 만남과 같고, 가고자 하는 바가 없으면 불리하다.

---

12 딴 것이 조금도 섞이지 않고 고른 모양. 구별이나 차별 또는 결점 등이 없이 원만한 모양.

不善行者, 猶舟之失水, 必有漂泊[13]没溺[14]之患也.
불 선 행 자 유 주 지 실 수 필 유 표 박 몰 닉 지 환 야

바르지 않은 걸음걸이라는 것은 오히려 배가 물을 잃는 것이니, 반드시 정처없이 물위를 떠돌다 깊이 빠지는 재앙이다.

是以貴人之行, 如水而流下, 身重而腳輕. (《玉管照神局》註曰:
시 이 귀 인 지 행 여 수 이 류 하 신 중 이 각 경 옥 관 조 신 국 주 왈

이러한 까닭에 귀인의 걸음걸이는 물이 아래로 흐르는 것과 같이 몸은 무겁지만 다리가 가볍다. (〈옥관조신국〉 주에 가로되

「身端直如水之流下, 俯然而往, 體不搖也.」)
신 단 직 여 수 지 류 하 부 연 이 왕 체 불 요 야

「몸이 바르고 곧음은 물이 아래로 흐르는 것과 같아, 구부려 가도 몸이 흔들리지 않는다.」 하였다.)

小人之行, 如火炎上, 身輕而腳重.
소 인 지 행 여 화 염 상 신 경 이 각 중

소인의 걸음걸이는 불의 불꽃과 같아 몸은 가볍지만 다리가 무겁다.

(《 玉管照神局 》註曰: 「如火搖動, 其身不正, 其腳搖而動.」)
옥 관 조 신 국 주 왈 여 화 요 동 기 신 불 정 기 각 요 이 동

(〈옥관조신국〉 주에 가로되 「불이 흔들려 움직이는 것 같으면 그 몸이 바르지 않아, 그 다리가 흔들려 움직인다.」 하였다.)

故行不欲昂首而躍, 又不欲側身而折, 太高則亢, 太卑則曲,
고 행 불 욕 앙 수 이 약 우 불 욕 측 신 이 절 태 고 즉 항 태 비 즉 곡

고로 머리를 들고 뛰어가고자 하지 않으며, 또한 옆으로 몸을 꺾고자 하지 않고, 크게 높은즉 자만하며, 크게 낮은즉 도리에 맞지 않고,

---

13 (풍랑을 만난 배가) 정처 없이 물 위에 떠도는 것.

14 헤어날 수 없게 깊이 빠짐.

太急則暴, 太緩則遲.
태 급 즉 폭　태 완 즉 지

크게 궁한즉 사납고 크게 느린즉 더디다.

周旋不失其節, 進退各中其度者, 至貴人也.
주 선 불 실 기 절　진 퇴 각 중 기 도 자　지 귀 인 야

두루 돌면서 그 절도를 잃지 아니하고, 나아가고 물러남에 각각 그 중간의 법도가 있는 자는 귀인에 이른다.

且行而頭低者, 多智慮; 行而頭昂者, 少情義.
차 행 이 두 저 자　다 지 려　행 이 두 앙 자　소 정 의

또 머리를 숙이고 가는 자는 지혜로운 생각이 많음이요; 머리를 들고 가는 자는 정과 뜻이 적다.

行而偃胸者, 愚而下; 行而身平者, 福而吉;
행 이 언 흉 자　우 이 하　행 이 신 평 자　복 이 길

가는데 가슴이 쏠리는 자는 어리석고 하천한 사람이요; 가는데 몸이 고른 자는 복이 있으면서 길함이요;

如虎步者, 福祿; 如龍奔者, 權貴[15]; 如鵝鴨之步者, 家累千金;
여 호 보 자　복 록　여 룡 분 자　권 귀　여 아 압 지 보 자　가 루 천 금

호랑이처럼 걷는 자는 복록이 있음이요; 용처럼 급히 가는 자는 권문귀족이요; 거위나 오리처럼 걷는 자는 집에 천금을 쌓음이요;

如馬鹿之驟者, 奔波; 如牛行者, 富而壽; 如蛇行者, 毒而夭;
여 마 록 지 취 자　분 파　여 우 행 자　부 이 수　여 사 행 자　독 이 요

말과 사슴처럼 달리는 자는 급히 달려 요동침이요; 소처럼 가는 자는 부유하고 장수함이요; 뱀처럼 가는 자는 독으로 요절함이요;

15　권문귀족(權門貴族)의 준말.

雀跳者, 食不足; 猿擲者, 苦不停; 龜行者, 福壽[16];
작 도 자　식 부 족　원 척 자　고 부 정　구 행 자　복 수

참새처럼 뛰는 자는 먹을 것이 부족함이요; 원숭이처럼 뛰어오르는 자는 머무르지 못하는 괴로움이요; 거북이처럼 가는 자는 오래 살며 길이 복을 누림이요;

鶴步者, 天祿[17]; 雁行者, 聰明而賢; 鼠行者, 疑而賤行;
학 보 자　천 록　안 행 자　총 명 이 현　서 행 자　의 이 천 행

학처럼 걷는 자는 하늘의 녹이 있음이요; 기러기처럼 가는 자는 총명하고 현명함이요; 쥐처럼 가는 자는 의심하고 천하게 행함이요;

如流舟者, 富貴. 行如急火者, 微賤. 蹭蹬而來者, 性行[18]不吉.
여 류 주 자　부 귀　행 여 급 화 자　미 천　층 등 이 래 자　성 행　불 길

배처럼 흘러가는 자는 부귀함이요; 불처럼 급하게 가는 자는 미천하다. 비틀거리며 오는 자는 성품과 행실이 길하지 않다.

泄泄而往者, 財食有餘. 腳根不至地, 窮而夭壽.
설 설 이 왕 자　재 식 유 여　각 근 부 지 지　궁 이 요 수

줄줄 새면서 가는 자는 재물과 음식에 남음이 있다. 다리의 밑동(나무줄기에서 뿌리에 가까운 부분)이 땅에 이르지 않으면 수명을 다하여 요절한다.

發行急如奔走者, 賤居人下. 行而左右偷視者, 心懷望竊.
발 행 급 여 분 주 자　천 거 인 하　행 이 좌 우 투 시 자　심 회 망 절

일어나 달리는 것처럼 급하게 가는 자는 하천하게 사는 사람이다. 가면서 좌우로 훔쳐보는 자는 마음에 품은 원하는 것을 훔친다.

行而回面後顧者, 情多驚亂. 大體行之貴也,
행 이 회 면 후 고 자　정 다 경 란　대 체 행 지 귀 야

가면서 얼굴을 돌려 뒤돌아보는 자는 정이 많고 놀라며 어지럽다. 큰 몸으로 가는 것은 귀하여,

16　오래 살며 길이 복(福)을 누리는 일.

17　하늘이 태워 준 복록(福祿).

18　사람됨과 그 행실(行實).

腰不欲折, 頭不欲低, 發足欲急, 進身欲直,
요 불 욕 절　두 불 욕 저　발 족 욕 급　진 신 욕 직

허리를 꺾고자 하지 않고, 머리를 낮추고자 하지 아니하며, 발이 일어나고자 함에 급하고, 몸이 나아가고자 함에 곧으며,

起走欲闊, 端而往. 不凝滯者, 貴相也.
기 주 욕 활　단 이 왕　불 응 체 자　귀 상 야

일어나 달려가고 함에 넓고 바르게 간다. 엉기어 막히지 않는 자는 귀한 상이다.

行者進退去就之間, 欲中規矩不反, 徐動有理者, 善也.
행 자 진 퇴 거 취 지 간　욕 중 규 구 불 반　서 동 유 리 자　선 야

가는 자는 나아가고 물러남의 거취 사이에 장차 법과 규칙 가운데 어기지 않으면 천천히 움직여 다스릴 수 있는 자로서 좋다.

故肥人形重, 行欲如飛; 瘦人形輕, 行欲如疑, 此乃貴相.
고 비 인 형 중　행 욕 여 비　수 인 형 경　행 욕 여 의　차 내 귀 상

고로 살찐 사람이 무거운 형상이면 가고자 함에 나는 것과 같음이요; 여윈 사람이 가벼운 형상이면 가고자 함에 의심하는 것과 같으니 이에 귀한 상이다.

若斜身偏肩, 如鵲之跳, 如蛇之趨者, 皆非善也.
약 사 신 편 견　여 작 지 도　여 사 지 추 자　개 비 선 야

만약 비스듬한 몸에 어깨가 치우치면 참새가 뛰는 것과 같고, 긴 뱀이 달아나는 것과 같은 자는 모두 좋지 않다.

坐所以安止, 欲沉靜平正, 身不斜不側, 深重盤石,
좌 소 이 안 지　욕 침 정 평 정　신 불 사 불 측　심 중 반 석

앉은 바가 편안함으로써 그치고, 가라앉아 고요하게 평정하고자 하며, 몸이 비스듬하지 않고 치우치지 않으며, 깊고 무거운 반석이며,

腰背如有所助, 終日不倦, 神色愈清者, 貴相.
요 배 여 유 소 조　종 일 불 권　신 색 유 청 자　귀 상

허리와 등이 돕는 바가 있는 것과 같고, 날이 마치도록 피곤하지 않으며, 신의 색이 더욱 맑은 자는 귀한 상이다.

若如醉如病, 如有所思者, 皆不善相也.
약 여 취 여 병 여 유 소 사 자 개 불 선 상 야

만약 취한 것 같고 병든 것 같으며, 생각하는 바가 있는 것 같은 자는 모두 좋지 않은 상이다.

又云人之行者屬陽, 坐者屬陰, 故行者體陽爲動, 坐者像陰爲靜.
우 운 인 지 행 자 속 양 좌 자 속 음 고 행 자 체 양 위 동 좌 자 상 음 위 정

또한 이르기를 사람의 행함에 밝은 무리에 속한 자, 어두운 무리 속에 앉은 자, 고로 행하는 자는 밝은 곳에서 몸을 움직이게 되고, 앉아있는 자는 어두운 곳에서 고요하게 되는 형상이다.

凝然不動者, 坐之德也. 坐而膝搖者, 薄劣之人也.
응 연 부 동 자 좌 지 덕 야 좌 이 슬 요 자 박 렬 지 인 야

엉겨 움직이지 않는 자는 앉음의 덕이다. 앉아서 무릎이 흔들리는 자는 야박하고 졸렬한 사람이다.

坐而頭低者, 貧苦之輩也.
좌 이 두 저 자 빈 고 지 배 야

앉아 머리가 낮은 자는 가난하고 괴로운 무리이다.

坐而轉身回面者毒, 坐而搖頭擺腦者狡,
좌 이 전 신 회 면 자 독 좌 이 요 두 파 뇌 자 교

앉아서 몸을 구르며 얼굴을 돌리는 자는 독하고, 앉아서 머리를 흔들며 머리통을 터는 자는 교활하며,

公然如石不動者富貴, 恍然如猿不定者貧賤.
공 연 여 석 부 동 자 부 귀 황 연 여 원 불 정 자 빈 천

공변(한쪽으로 치우치지 않고 공평)됨이 움직이지 않는 돌과 같은 자는 부귀하고, 멍한 듯하여 원숭이와 같이 정해지지 않은 자는 가난하고 천하다.

坐定神氣不轉者, 忠良福祿. 坐定亂色變容者, 凶惡愚賤.
좌 정 신 기 부 전 자 충 량 복 록 좌 정 란 색 변 용 자 흉 악 우 천

앉음에 신과 기가 안정되어 구르지 않는 자는 충성스럽고 선량하여 복록이 있다. 앉음에 어지러운 색이 머물러 얼굴이 변한 자는 흉악하고 어리석으며 천하다.

坐之爲道, 不端不正, 其相不令, 能謹能嚴, 其福日添也.
좌 지 위 도 부 단 부 정 기 상 불 령 능 근 능 엄 기 복 일 첨 야

앉음이 도에 이르니 단정하지 않고 바르지 않으면 그 상이 아름답지 않고, 능히 삼가고 능히 엄격해야 그 복이 날로 더해진다.

臥者體息之期也, 欲得安而靜, 恬然不動者, 福壽之人也.
와 자 체 식 지 기 야 욕 득 안 이 정 념 연 부 동 자 복 수 지 인 야

눕는 것은 몸이 쉼을 기약하는 것이니 고요히 편안함을 얻고자 하고, 움직이지 않는 자는 편안하니 복과 수명이 있는 사람이다.

如狗之蟠者, 上相. 如龍曲者, 貴人.
여 구 지 반 자 상 상 여 룡 곡 자 귀 인

강아지와 같이 서리는(둥그렇게 포개어 감다) 자는 위의 상이다. 용과 같이 굽은 자는 귀한 사람이다.

睡而開口者, 短命. 夢中咬牙者, 兵死. 睡開眼者, 惡死道路.
수 이 개 구 자 단 명 몽 중 교 아 자 병 사 수 개 안 자 악 사 도 로

잠자는데 입이 열린 자는 단명한다. 꿈꾸는 중에 이를 가는 자는 싸움터에서 죽는다. 눈을 뜨고 자는 길에서 악사(惡死)한다.

睡中囈語者, 賤中奴婢. 仰形如屍者, 貧苦短命.
수 중 예 어 자 천 중 노 비 앙 형 여 시 자 빈 고 단 명

잠자는 중에 잠꼬대로 말을 하는 자는 천한 가운데 노비이다. 우러르는 형상으로 시체와 같은 자는 가난하고 괴로워 단명한다.

臥中氣鹿如吼者, 愚濁易死. 合面覆臥者, 餓死.
와 중 기 록 여 후 자 우 탁 이 사 합 면 복 와 자 아 사

누운 중에 기가 사슴처럼 울부짖는 자는 어리석고 흐려 쉽게 죽는다. 얼굴을 모아 엎드려 누운 자는 굶어 죽는다.

就床便困者, 頑賤. 愛側睡者, 吉慶壽多. 展轉者, 性亂.
취 상 편 곤 자 완 천 애 측 수 자 길 경 수 다 전 전 자 성 란

취침하여 편안함이 부족한 자는 무지막지하고 천하다. 옆으로 자는 것을 즐기는 자는 길하여 경사가 있고 수명이 많다. 몸부림치는 자는 성품이 어지럽다.

少睡者, 神清而貴. 多睡者, 神濁而賤.
소 수 자 신 청 이 귀 다 수 자 신 탁 이 천

잠이 적은 자는 신이 맑아 귀하다. 잠이 많은 자는 신이 탁하여 천하다.

臥易覺者, 聰敏. 臥難醒者, 愚頑.
와 이 각 자 총 민 와 난 성 자 우 완

누워 쉽게 깨닫는 자는 총명하고 민첩하다. 누워 어렵게 깨는 자는 어리석고 완고하다.

喘息不間者, 高壽. 喘息潤勻者, 命長. 氣入多壽, 氣少短命.
천 식 불 간 자 고 수 천 식 윤 균 자 명 장 기 입 다 수 기 소 단 명

숨 쉬는 사이 헐떡거림이 없는 자는 수명이 높다. 숨을 쉼이 윤택하고 고른 자는 수명이 길다. 기가 들어오면 수명이 길고 기가 적으면 수명이 짧다.

氣出噓噓之聲者, 即死喪夫. 睡臥輕搖、未常安席者, 下相也.
기 출 허 허 지 성 자 즉 사 상 부 수 와 경 요 미 상 안 석 자 하 상 야

기가 나가서 부는(숨을 바깥으로 내보냄) 소리를 내는 자는 곧 지아비가 죽어 상복을 입는다. 누워 자며 가볍게 흔들리고 자리가 늘 편안하지 않은 자는 하류의 상이다.

氣血資之以壯, 性命繫之以存者, 飮食也.
기 혈 자 지 이 장 성 명 계 지 이 존 자 음 식 야

기와 혈의 바탕은 훌륭한 기상으로서 성품과 목숨을 잇도록 존재하는 것이 음식이다.

故食物不欲語, 嚼物不欲怒. 食急者易肥, 食遲者多疾.
고 식 물 불 욕 어 작 물 불 욕 노 식 급 자 이 비 식 지 자 다 질

고로 먹는 음식물을 말하지 않을 수 없으니, 음식물을 씹으며 화를 내고자 하지 않는다. 음식을 급하게 먹는 자는 살찌기 쉽고, 음식을 더디 먹는 자는 질병이 많다.

食少而肥者, 性寬. 食多而瘦者, 性亂. 飮緩者性緩.
식 소 이 비 자 성 관 식 다 이 수 자 성 란 음 완 자 성 완

적게 먹는데 살찐 자는 성품이 너그럽다. 많이 먹는데 야윈 자는 성품이 어지럽다. 느리게 마시는 자는 성품이 부드럽다.

食如啄者貧, 歛口食者淳和, 哆口食者不義.
식 여 탁 자 빈 렴 구 식 자 순 화 치 구 식 자 불 의

먹는 것이 새가 쪼아 먹는 것과 같은 자는 가난하고, 오므린 입으로 먹는 자는 순박하고 온화하며, 크게 입을 벌려 먹는 자는 의롭지 않다.

食而齒出者, 貧苦短命, 嚼似牛者福祿, 食如羊者尊榮[19],
식 이 치 출 자 빈 고 단 명 작 사 우 자 복 록 식 여 양 자 존 영

먹는데 치아가 드러나는 자는 가난하여 괴롭고 명이 짧으며, 소가 씹는 것과 같은 자는 복록이 있고, 먹는 것이 양과 같은 자는 높이 영화로우며,

食如虎者將帥之權, 食如猿者使者[20]之位.
식 여 호 자 장 수 지 권 식 여 원 자 사 자 지 위

먹는 것이 호랑이와 같은 자는 장수의 권세가 있고, 먹는 것이 원숭이와 같은 자는 부려지는 자의 지위이다.

邊食邊顧, 終身窮饑, 食快而不留, 詳而不暴, 嚼不欲聲,
변 식 변 고 종 신 궁 기 식 쾌 이 불 류 상 이 불 폭 작 불 욕 성

가장자리에서 먹으며 곁을 돌아보면 몸이 마치도록 굶주림은 극에 달하고, 급하게 먹어 머무르지 않으며, 남기지 않고 사납지 않으며, 씹으면서 소리를 내고자 하지 않고,

呑不欲鳴矣. (餘與《五總龜》同)
탄 불 욕 명 의 여 여 오 총 구 동

삼키면서 소리를 내고자 하지 않는다. (나머지는 〈오총구〉와 더불어 같다.)

---

19 지위가 높고 그의 사진이나 화상(畫像) 따위를 이르는 말.

20 어떤 사명을 맡아서 심부름을 하는 사람. 행인(行人).

太清神鑑 卷五

(태청신감 권오)

論骨肉

논 골 육

立天之道曰陰與陽, 立地之道曰柔與剛,
입 천 지 도 왈 음 여 양　입 지 지 도 왈 유 여 강

하늘이 정한 도를 가로되 음과 양이고, 땅이 정한 도를 가로되 부드러움과 굳셈이니,

故地者具剛柔之體而能生育萬物也.
고 지 자 구 강 유 지 체 이 능 생 육 만 물 야

고로 땅이라는 것은 굳세고 부드러움을 갖춘 몸으로 능히 만물을 낳아 기른다.

山者地之剛也, 土者地之柔也.
산 자 지 지 강 야　토 자 지 지 유 야

산이라는 것은 땅의 강함이고, 흙이라는 것은 땅의 부드러움이다.

剛而柔, 則崒嵂而不秀; 柔而剛, 則虛浮面不實.
강 이 유　즉 줄 률 이 불 수　유 이 강　즉 허 부 면 부 실

강하고 부드러움은 곧 높고 가파른 것이지 빼어난 것이 아님이요; 부드럽고 강하여, 곧 비어있으면 뜬 얼굴로 실하지 않다.

故人之有骨肉亦若是矣.
고 인 지 유 골 육 역 약 시 의

고로 사람에게 있는 뼈와 살이 또한 이와 같다.

故肉豐而不欲有餘, 骨瘦而不欲不足.
고 육 풍 이 불 욕 유 여　골 수 이 불 욕 부 족

고로 살은 쪄서 남음이 있고자 하지 않고, 뼈는 여위어 부족하지 않고자 한다.

有餘則陰勝於陽, 不足則陽勝於陰, 陰陽相反, 謂之一偏之相.
유 여 즉 음 승 어 양　부 족 즉 양 승 어 음　음 양 상 반　위 지 일 편 지 상

남음이 있은즉 음이 양을 이기고, 부족한즉 양이 음을 이기면 음양이 서로 반대되어 한쪽으로 치우친 상이라 일컫는다.

肉當堅而實, 骨當直而聳. 肉不欲在骨之內, 爲陰之不足;
육 당 견 이 실　골 당 직 이 용　육 불 욕 재 골 지 내　위 음 지 부 족

살은 마땅히 굳고 실해야 하며, 뼈는 마땅히 곧고 솟아야 한다. 살이 뼈 안에 존재하고자 하지 않는 것은 음이 부족한 것이요;

骨不欲生肉之外, 爲陽之有餘. 故人肥則氣短, 馬肥則氣喘.
골 불 욕 생 육 지 외　위 양 지 유 여　고 인 비 즉 기 단　마 비 즉 기 천

뼈가 살 바깥에서 나고자 하지 않으면 양에 남음이 있게 된다. 고로 사람은 살찐즉 기가 짧고, 말은 살찐즉 기가 숨차다.

是肉不欲多, 骨不欲少也, 乃陰陽和平, 剛柔得中,
시 육 불 욕 다　골 불 욕 소 야　내 음 양 화 평　강 유 득 중

이에 살은 많고자 하지 않고 뼈는 적고자 하지 않으니, 이에 음양은 화평하고 강하고 부드러움을 얻는 중에

骨肉相稱, 理之善矣. 故暴肥氣喘, 速死之兆.
골 육 상 칭　리 지 선 의　고 폭 비 기 천　속 사 지 조

뼈와 살이 서로 부합됨은 좋은 이치이다. 고로 사납게 살찌면 기가 숨차니 빨리 죽을 징조이다.

肉不欲橫, 橫則性剛而多橫肉; 不欲緩, 緩則性柔而多滯.
육 불 욕 횡　횡 즉 성 강 이 다 횡 육　불 욕 완　완 즉 성 유 이 다 체

살은 비정상적이고자 하지 않으니 비정상적임은 곧 성품이 굳세어 비정상적인 살이 많음이요; 느리고자 하지 않아도 느린즉 유약한 성품으로 막힘이 많다.

遍體生毛則性剛, 而又急肥不欲紋薄者, 近死之應.
편 체 생 모 즉 성 강　이 우 급 비 불 욕 문 박 자　근 사 지 응

두루 몸이 생하는 털인즉 성질이 강하고, 또 급하게 살쪘는데 주름이 엷어지지 않는 자는 죽음에 가까이 응한다.

肉欲香而暖, 色欲白而潤, 皮欲細而滑, 皆美質也.
육 욕 향 이 난　색 욕 백 이 윤　피 욕 세 이 활　개 미 질 야

살은 향기롭고 따뜻하고자 하고, 색은 희고 윤택하고자 하며, 피부는 섬세하고 매끄럽고자 하니 모두 아름다운 바탕이다.

肉重而粗, 皮硬而堆塊, 色昏而枯,
육 중 이 조　피 경 이 퇴 괴　색 혼 이 고

살은 무겁고 거칠며 피부는 굳어 덩어리지고 색이 어둡고 마르며,

皮黑而臭癃瘸多者, 非令相也.
피 흑 이 취 륭 간 다 자　비 령 상 야

피부가 검고 냄새나며 느른하여 간질이 심한 자는 우두머리의 상이 아니다.

若人神氣不明, 筋不露, 骨肉不居體, 皮不包肉, 皆死之兆也.
약 인 신 기 불 명　근 불 로　골 육 불 거 체　피 불 포 육　개 사 지 조 야

만약 사람의 신과 기가 밝지 않고, 힘줄이 드러나지 않으며, 뼈와 살이 몸에 거하지 않고, 피부가 살에 싸여있지 않으면 모두 죽을 징조이다.

又云, 肉充爲膚, 肉欲寬, 肥人宜輕清不靈,
우 운　육 충 위 부　육 욕 관　비 인 의 경 청 불 령

또한 이르기를, 살이 채워져 살갗이 되니 살은 너그럽고자 하고, 살찐 사람은 마땅히 가볍고 맑은 신령이 아니며,

瘦人宜堅重不枯, 反此者皆不善.
수 인 의 견 중 불 고　반 차 자 개 불 선

여윈 사람은 마땅히 굳고 무겁지 않아 마르니, 돌이켜 보면 이런 자는 모두 좋지 않다.

若爲肉橫者, 爲帶殺肉, 病此者主凶暴貧夭也.
약 위 육 횡 자 위 대 살 육 병 차 자 주 흉 폭 빈 요 야

만약 살이 비정상적인 자는 살육을 띠게 되어, 지금 병이 있는 것이니 주로 흉폭하고 가난하며 요절한다.

巍巍峰嶽, 堅立萬福, 堅剛而峻, 鬱茂而秀, 此乃天地之骨也,
외 외 봉 악 견 립 만 복 견 강 이 준 울 무 이 수 차 내 천 지 지 골 야

높고 높은 산봉우리는 굳게 세워진 만 가지 복으로, 굳세고 강하여 준엄하며 울창하고 무성하게 빼어나니 이에 하늘과 땅의 뼈이다.

人之有骨節, 亦象山嶽金石, 欲峻而不欲廣, 欲圓而不欲粗,
인 지 유 골 절 역 상 산 악 금 석 욕 준 이 불 욕 광 욕 원 이 불 욕 조

사람의 뼈는 마디가 있고, 또한 큰 산의 바위와 같은 모양으로, 준엄하고자 하나 넓고자 하지 않고, 둥글고자 하나 거칠고자 하지 않으며,

瘦者不欲肉少而骨露, 露者多艱多壽也.
수 자 불 욕 육 소 이 골 로 로 자 다 간 다 수 야

여윈 자는 살이 적으나 뼈를 드러내고자 하지 않으니, 뼈가 드러난 자는 어려움이 많으나 오래 산다고 한다.

(《玉管照神局》註云: 「肉不輔骨則骨露, 乃多難少福之人也.」)
옥 관 조 신 국 주 운 육 불 보 골 즉 골 로 내 다 난 소 복 지 인 야

(〈옥관조신국〉 주에 이르기를 「살이 뼈를 돕지 않은즉 뼈가 드러나면, 이에 어려움이 많고 복이 적은 사람이라.」 하였다.)

肥者不欲骨隱而肉重, 重者乃逆滯夭壽也.
비 자 불 욕 골 은 이 육 중 중 자 내 역 체 요 수 야

살찐 자는 뼈를 숨기고자 하지 않아 살이 무겁고, 무거운 자는 이를 거역하여 막히니 수명은 요절한다.

(《玉管照神局》註云: 「肉肥重乃遲滯之人也,
옥 관 조 신 국 주 운 육 비 중 내 지 체 지 인 야

(〈옥관조신국〉 주에 이르기를 「살쪄 무거우면 이에 더디어 막힌 사람이고,

肥不欲滿, 或滿而盈者, 乃速死之人也.」)
비 불 욕 만　혹 만 이 영 자　내 속 사 지 인 야
살은 가득 차고자 하지 않으나, 혹 가득한 자는 이에 빨리 죽는 사람이라.」하였다.)

骨與肉相稱, 氣與色相和者, 福祿之相也.
골 여 육 상 칭　기 여 색 상 화 자　복 록 지 상 야
뼈와 살이 서로 부합되고 기와 색이 서로 조화로운 자는 복록의 상이다.

背攢而體偏, 骨寒而肩縮, 不貧則夭, 不夭則貧矣.
배 찬 이 체 편　골 한 이 견 축　불 빈 즉 요　불 요 즉 빈 의
등이 모이고 몸이 치우치며 뼈가 차가우면서 어깨가 오그라들면, 가난하지 않은즉 요절하고 요절하지 않는즉 가난하다.

(《玉管照神局》註云:「謂背攢而體偏, 骨寒而肩縮,
옥 관 조 신 국　주 운　위 배 찬 이 체 편　골 한 이 견 축
(〈옥관조신국〉 주에 이르기를 「등이 모이고 몸이 치우치며, 뼈가 차갑고 어깨가 오그라들면,

凡物有萬狀, 人有萬形, 亦有折除, 或窮而壽, 或富而夭.
범 물 유 만 상　인 유 만 형　역 유 절 제　혹 궁 이 수　혹 부 이 요
무릇 사물에 만 가지 형상이 있고, 사람에게도 만 가지 형상이 있어 또한 꺾어 덜어 낼 수 있으니, 혹 궁하지만 장수할 수 있으며, 혹 부유하지만 요절한다.

故云, 不貧則夭也.」)
고 운　불 빈 즉 요 야
고로 이르기를, 가난하지 않은즉 요절한다.」 하였다.)

日角之左, 月角之右, 有骨直起名金城骨, 位至公卿.
일 각 지 좌　월 각 지 우　유 골 직 기 명 금 성 골　위 지 공 경
왼쪽의 일각, 오른쪽 월각의 뼈가 곧게 일어나 있으면 금성골이라 이름하고 지위가 공경에 이른다.

印堂有骨棱而至天庭, 名天柱骨.
인 당 유 골 릉 이 지 천 정　명 천 주 골
인당에 있는 뼈 모서리가 천정에 이르니 천주골이라 이름 한다.

從天庭貫頂, 名伏犀骨, 位至三公.
종 천 정 관 정　명 복 서 골　위 지 삼 공
가로로 천정에서 정수리를 꿰면, 복서골이라 이름하니 지위가 삼공에 이른다.

半頂以前主初年, 半頂以後主晚年.
반 정 이 전 주 초 년　반 정 이 후 주 만 년
정수리 가운데의 앞은 주로 초년이고, 정수리 가운데의 뒤는 주로 만년이다.

或有側斷者, 有速迍之失.
혹 유 측 단 자　유 속 둔 지 실
혹 옆으로 끊어짐이 있는 자는 삼가며 머뭇거려 이를 잃는다.

面上有骨卓起者, 顴骨也, 主有權勢.
면 상 유 골 탁 기 자　권 골 야　주 유 권 세
얼굴 위에 뼈가 높이 일어난 것은 관골이니 주로 권세가 있다.

顴骨相連入耳名玉梁骨, 主壽考.
권 골 상 련 입 이 명 옥 량 골　주 수 고
관골의 상이 연결되어 귀로 들어가면 옥량골이라 이름하니 주로 수명을 살핀다.

自臂至肘名龍骨, 象君, 欲長而大.
자 비 지 주 명 용 골　상 군　욕 장 이 대
팔에서부터 팔꿈치까지를 용골이라 이름하며, 장군의 형상으로 길고 크고자 한다.

自肘至腕名虎骨, 象臣, 欲短而小.
자 주 지 완 명 호 골　상 신　욕 단 이 소
팔꿈치부터 팔목까지를 호골이라 이름하며, 신하의 형상으로 짧고 작고자 한다.

故龍銜虎則福, 虎銜龍則賤. 夫骨之法欲峻, 長而舒,
고 용 함 호 즉 복　호 함 룡 즉 천　부 골 지 법 욕 준　장 이 서

고로 임금이 신하를 품은즉 복이 있고, 신하가 임금을 품은즉 천하다. 무릇 뼈는 높고자 하는 것이 법으로, 길면서 펴져야 하고

圓而堅, 直而節, 應緊滑而不粗惡, 筋而不纏, 則爲上相也.
원 이 견　직 이 절　응 긴 활 이 부 조 악　근 이 부 전　즉 위 상 상 야

둥글면서 굳건해야 하며, 곧고 마디가 있어야 하고 팽팽하고 매끄럽게 응하여 거칠고 나쁘지 않아야 하며, 힘줄이 능히 얽히지 않아야 곧 높은 상이 된다.

且人雖有奇骨, 亦須形相稱, 色相助, 方成令器.
차 인 수 유 기 골　역 수 형 상 칭　색 상 조　방 성 령 기

또 사람에게 비록 기이한 뼈가 있으니 또한 모름지기 형상이 서로 부합되고, 색이 서로 도우면 바야흐로 우두머리의 그릇을 이룬다.

苟諸位不應, 雖福壽而不貴也. 宜在詳之 (《玉管照神局》同,
구 제 위 불 응　수 복 수 이 불 귀 야　의 재 상 지　옥 관 조 신 국　동

다만 모든 부위가 응하지 않으면 비록 복과 수명이 있어도 귀하지 않다. 마땅히 그 자세함은 (〈옥관조신국〉과 같고,

又與《五總龜 · 相骨》同).
우 여　오 총 구　상 골　동

또한 더불어 〈오총구·상골〉과도 같다.)

骨者體之幹所受, 宜清骨長細, 內外肉相稱.
골 자 체 지 간 소 수　의 청 골 장 세　내 외 육 상 칭

몸의 뼈는 줄기를 이루는 바, 마땅히 분명한 뼈는 길고 가늘어야 하며 안밖의 살이 서로 부합되어야 한다.

若骨堅立輕細與骨肉薄者, 近於寒也. 大抵須得聳直, 不橫不露,
약 골 견 립 경 세 여 골 육 박 자　근 어 한 야　대 저 수 득 용 직　불 횡 불 로

만약 뼈가 굳게 서 있고 가벼우며 가는 것과 더불어 뼈와 살이 엷은 자는 차가운 것에 가깝다. 대체로 보아 모름지기 곧게 솟음을 얻으면 가로지른 것도 드러난 것도 아니니,

與肉副應者, 爲善相也. 董公論此骨法曰:
여 육 부 응 자　위 선 상 야　독 공 론 차 골 법 왈

더불어 살에 버금가게 응한 자는 좋은 상이 된다. 공론을 바로잡아 이를 골법으로 가로되,

鳳凰骨、鸚鵡骨、駱駝骨、犀牛骨、猿骨.
봉 황 골　앵 무 골　낙 타 골　서 우 골　원 골

봉황골·앵무골·낙타골·서우골·원골이라 한다.

此說微妙難曉, 用意深者, 亦可知也.
차 설 미 묘 난 효　용 의 심 자　역 가 지 야

이에 미묘한 설명은 이해하기 어려우니 뜻을 깊게 쓰는 자는 또한 가히 알게 된다.

論額部
논 액 부

分一面之貴賤, 辨三輔之榮辱, 莫不定乎額也.
분 일 면 지 귀 천　변 삼 보 지 영 욕　막 불 정 호 액 야

얼굴 한 부분의 귀천을 삼보로 구별하면 영화로움과 욕됨이니, 이마로 정하지 않을 수 없다.

故天庭、天中、司空俱列乎額, 是非攝諸部位, 繫之貴賤也.
고 천 정　천 중　사 공 구 열 호 액　시 비 섭 제 부 위　계 지 귀 천 야

고로 천정·천중·사공이 이마에 나열되어 갖추어지는데, 이는 거느리는 것이 아니라 모든 부위에 귀천이 매달려 있는 것이다.

故其骨欲隆然而起, 聳然而闊, 其峻如立壁.
고 기 골 욕 륭 연 이 기　용 연 이 활　기 준 여 립 벽

고로 그 뼈는 일어나고자 하여 높은 듯하고, 솟은 연후에 넓으며 그 높음이 서 있는 벽과 같다.

印堂上至天庭有隱隱骨而見者, 少達而榮.
인 당 상 지 천 정 유 은 은 골 이 견 자 소 달 이 영

인당이 위로 천정에 이르고 숨어있는 뼈가 보이는 자는 적게 통달해도 영화롭다.

邊地、山林皆欲豐廣, 坑陷貧賤.
변 지 산 림 개 욕 풍 광 갱 함 빈 천

변지·산림은 모두 풍부하고 넓고자 하니 구덩이처럼 꺼지면 빈천하다.

額兩邊輔角骨起長大者, 三品之貴.
액 량 변 보 각 골 기 장 대 자 삼 품 지 귀

이마의 양 가장자리의 보각골이 일어나고 길며 큰 자는 삼품으로 귀하다.

天中、天庭、司空、中正、印堂五位得端正明淨,
천 중 천 정 사 공 중 정 인 당 오 위 득 단 정 명 정

천중·천정·사공·중정·인당의 다섯 부위가 단정함을 얻어 밝고 깨끗하면

聰明顯達之人也.
총 명 현 달 지 인 야

총명하고 현달한 사람이다.

若狹小而髮亂低覆者, 愚而貧賤也.
약 협 소 이 발 란 저 복 자 우 이 빈 천 야

만약 협소하고 머리카락이 어지러이 낮게 덮은 자는 어리석으며 빈천하다.

額面小窄, 至老貧厄. 額大面方, 至老貧厄.
액 면 소 착 지 로 빈 액 액 대 면 방 지 로 빈 액

이마와 얼굴이 작고 좁으면 늙어서까지 가난하고 재앙이 있다. 이마가 크고 얼굴이 모지면 늙어서까지 가난하고 재앙이 있다.

額大面方, 至老吉昌. 額角高聳, 職位崇重.
액 대 면 방 지 로 길 창 액 각 고 용 직 위 숭 중

이마가 크고 얼굴이 모지면 늙음에 이르러 길하고 창성한다. 액각이 높이 솟으면 직위가 높고 무겁다.

天中豐隆, 仕宦有功. 額小面廣, 貴處人上.
천 중 풍 륭　사 환 유 공　액 소 면 광　귀 처 인 상

천중이 풍륭하면 환관의 벼슬로 공이 있다. 이마가 작고 얼굴이 넓으면 귀한 곳의 높은 사람이다.

額方峻起, 吉無不利. 額瑩無瑕, 一世榮華.
액 방 준 기　길 무 불 리　액 형 무 하　일 세 영 화

이마가 모지고 높게 일어나면 길하여 이롭지 않음이 없다. 이마가 밝으면 허물이 없어 한세상 영화롭다.

(餘與《瑋琳洞中秘密經》同)
여 여　위 림 동 중 비 밀 경　동

(나머지도 더불어 〈위림동중비밀경〉과 같다.)

論頭部
논 두 부

頭部者處一體之尊, 爲百骸之長, 群陽會集之府, 五行正宗之鄉.
두 부 자 처 일 체 지 존　위 백 해 지 장　군 양 회 집 지 부　오 행 정 종 지 향

머리 부위라는 것은 몸의 한 곳으로 존귀하며, 모든 뼈 중에 어른으로, 양의 무리가 집중적으로 모인 부위이며, 오행의 으뜸으로 바른 근원인 곳이다.

高而圓, 藏虛而大者, 令首也.
고 이 원　장 허 이 대 자　령 수 야

높고 둥글며 비어 있는 것을 감추어 큰 자는 우두머리이다.

天高峻而淸圓, 故三光得以照萬物, 無爲而自運,
천 고 준 이 청 원　고 삼 광 득 이 조 만 물　무 위 이 자 운

하늘은 높고 준엄하면서 맑고 둥그니, 고로 삼광을 얻음으로써 만물을 비추면 스스로 운이 없을 리 없고,

故道濟天下而體常不動, 曲成萬物之性而常不流.
고 도 제 천 하 이 체 상 부 동　곡 성 만 물 지 성 이 상 불 류

고로 도를 이루는 하늘 아래의 몸은 항상 움직이지 않고, 굽어 이루어진 만물의 성질은 항상 흐르지 않는다.

是以頭之像, 天之形也, 欲得峻而起, 豐滿而圓, 像天之德也.
시 이 두 지 상　천 지 형 야　욕 득 준 이 기　풍 만 이 원　상 천 지 덕 야

이로써 머리의 모양은 하늘의 형상이니, 높이 일어남을 얻고자 하며, 풍만하면서 둥글어야 모양이 하늘의 덕이다.

欲得儼正在上, 不側不搖.
욕 득 엄 정 재 상　부 측 불 요

만약 엄연히 바름을 얻어 위에 있고자 한다면 치우지 않고 흔들리지 않아야 한다.

若夫尖薄而小, 缺陷而傾者, 貧下之儀也.
약 부 첨 박 이 소　결 함 이 경 자　빈 하 지 의 야

만약 사내의 머리가 뾰족하여 얇고 작으며, 결함이 있으면서 기울어진 자는 가난한 아래의 본보기가 된다.

行坐低斜, 或搖或擺, 賤劣之相也.
행 좌 저 사　혹 요 혹 파　천 렬 지 상 야

가거나 앉을 때 낮게 기울고, 혹 흔들리거나 혹 열리면 천하고 졸렬한 상이다.

故骨欲豐滿而起, 峻秀而凸. 短則欲厚, 長則欲方.
고 골 욕 풍 만 이 기　준 수 이 철　단 즉 욕 후　장 즉 욕 방

고로 뼈는 풍만하고 일어나고자 하며, 높고 빼어나면서 볼록해야 한다. 짧은즉 두텁고자 하고, 긴즉 모나고자 한다.

頂突者崇貴, 側陷者夭薄. 頭皮厚者足衣食, 頭皮薄者貧賤.
정 돌 자 숭 귀　측 함 자 요 박　두 피 후 자 족 의 식　두 피 박 자 빈 천

정수리가 툭 튀어나온 자는 높고 귀하며, 옆이 꺼진 자는 요절이 임박해 있다. 두피가 두터운 자는 의식이 풍족하고 두피가 엷은 자는 빈천하다.

皮青者吉善, 皮白者下賤, 皮黄者貧苦, 皮赤者凶災.
피 청 자 길 선　피 백 자 하 천　피 황 자 빈 고　피 적 자 흉 재

피부가 푸른 자는 길하여 좋고, 피부가 흰 자는 하천하고, 피부가 누런 자는 가난하고 괴로우며, 피부가 붉은 자는 흉한 재앙이 있다.

頭有餘皮者, 財食豐足, 頭有肉角者, 必大富貴.
두 유 여 피 자　재 식 풍 족　두 유 육 각 자　필 대 부 귀

머리에 여분의 피부가 있는 자는 재물과 음식이 풍족하고, 머리에 살이 모져 있는 자는 반드시 크게 부귀하다.

左偏損父, 右偏損母.
좌 편 손 부　우 편 손 모

왼쪽이 기울면 아버지를 잃고 오른쪽이 기울면 어머니를 잃게 된다.

耳後有骨名壽堂骨, 耳上有骨名玉樓骨, 並主官祿.
이 후 유 골 명 수 당 골　이 상 유 골 명 옥 루 골　병 주 관 록

귀 뒤에 있는 뼈를 수당골이라 이름하고, 귀 위에 있는 뼈를 옥루골이라 이름하는데 모두 녹을 주관한다.

行不欲搖頭, 坐不欲低頭, 皆爲貧弱之相也.
행 불 욕 요 두　좌 불 욕 저 두　개 위 빈 약 지 상 야

걸을 때 머리가 흔들리지 않아야 하고, 앉음에 머리를 낮게 두지 않아야 하는데 이에 모두 빈약한 상이 된다.

是以身小頭大, 卑賤之輩; 身大頭小, 觸事不了.
시 이 신 소 두 대　비 천 지 배　신 대 두 소　촉 사 불 료

이로써 몸이 작고 머리가 크면 저속하고 천한 무리요; 몸이 크고 머리가 작으면 일을 범하여 이루지 못한다.

頭不應身, 先貴後貧; 頭通四角, 高權超卓.
두 불 응 신　선 귀 후 빈　두 통 사 각　고 권 초 탁

머리에 몸이 응하지 않으면 먼저는 귀하나 후에 가난함이요; 머리가 사각으로 통하면 높은 권세를 뛰어넘는다.

牛頭四方, 富貴吉昌; 虎頭高起, 福祿無比.
우 두 사 방　부 귀 길 창　호 두 고 기　복 록 무 비

소의 머리로 사방이 모지면 부귀하고 길하게 창성함이요; 호랑이 머리로 높이 일어나면 복록을 비할데가 없다.

狗頭尖圓, 悲涕流漣; 鹿頭側長, 志意雄剛.
구 두 첨 원　비 체 류 련　록 두 측 장　지 의 웅 강

개의 머리로 뾰족하고 둥글면 슬픈 눈물이 흐르는 물결이요; 사슴 머리로 옆이 길면 마음과 뜻이 웅장하고 강하다.

獺頭橫闊, 心意豁達; 象頭高厚, 福祿長壽.
달 두 횡 활　심 의 활 달　상 두 고 후　복 록 장 수

수달의 머리로 가로가 넓으면 마음과 뜻이 활달함이요; 코끼리 머리로 높고 두터우면 복록이 있고 장수한다.

犀牛崒嵂, 富貴無失; 馳頭蒙洪, 福祿永終.
서 우 줄 률　부 귀 무 실　치 두 몽 홍　복 록 영 종

코뿔소 머리로 높고 가파르면 부귀를 잃음이 없음이요; 질주하는 우두머리로 무릅씀이 크면 오래 마치도록 복록이 있다.

蛇頭平薄, 財祿廖落; 狢頭尖銳, 窮厄無計.
사 두 평 박　재 록 료 락　학 두 첨 예　궁 액 무 계

뱀의 머리로 평평하고 엷으면 재물과 녹이 텅 비어 떨어짐이요; 오소리 머리로 뾰족하고 날카로우면 극에 달하여 계획없는 재앙이다.

額紋 額之有紋, 貴賤可斷.
액 문　액 지 유 문　귀 천 가 단

액문은 이마에 있는 주름으로 가히 귀천을 나눈다.

若額方廣高隆而有好紋者, 則爵祿嵩高也.
약 액 방 광 고 륭 이 유 호 문 자 즉 작 록 숭 고 야

만약 이마가 모나고 넓으며 높고 풍륭하면서 좋은 주름이 있는 자는 곧 벼슬과 작록이 높은 산처럼 높다.

如額尖狹缺陷, 更有惡紋者, 則貧賤無疑矣.
여 액 첨 협 결 함 경 유 악 문 자 즉 빈 천 무 의 의

이마가 뾰족하고 좁으면 결함이 있는 것과 같고, 다시 나쁜 주름이 있는 자는 곧 빈천함을 의심하지 않는다.

≋, 三紋偃上者, 名偃月紋, 主朝郎.
삼 문 언 상 자 명 언 월 문 주 조 랑

세 개의 주름이 위에 누운 것을 언월문이라 이름하며 주로 조랑의 벼슬이다.

丰, 三紋偃上, 一紋直貫者, 名曰天柱骨紋, 主節察武臣.
삼 문 언 상 일 문 직 관 자 명 왈 천 주 골 문 주 절 찰 무 신

세 개의 주름이 위에 누워있고, 하나의 주름이 직선으로 꿰뚫은 것은 이름하여 가로되 천주골문이라 하는데, 주로 절도를 살피는 무신이다.

王字紋者, 主公侯. 天中丨紋、下至印堂名曰懸雲紋, 主卿監.
왕 자 문 자 주 공 후 천 중 문 하 지 인 당 명 왈 현 운 문 주 경 감

왕자문이 있는 자는 주로 공후의 벼슬을 한다. 천중의 일자 주름과 아래의 인당에 이르면 이름하여 가로되 현운문이라 하는데 주로 경감의 벼슬이다.

印堂‖紋, 直上長三寸者名曰鶴足紋,
인 당 문 직 상 장 삼 촌 자 명 왈 학 족 문

인당의 두 줄 주름이 곧게 위로 길면서 삼촌(세 마디)인 것을 이름하여 가로되 학족문이라 하는데,

主刺史 ≋, 三紋繞者, 早喪父.
주 자 사 삼 문 요 자 조 상 부

주로 자사의 벼슬을 하고 삼문을 두른 자는 일찍 아버지를 잃는다.

一橫紋而曲者, 名曰蛇行紋也, 主送路.
일 횡 문 이 곡 자　명 왈 사 행 문 야　주 송 로

한 개의 가로 주름이 굽어있는 것을 이름하여 가로되 사행문이라 하는데 주로 떠나는 손님을 전송한다.

井字紋者主員郞, 川字紋者主憂慮[1]刑喪.
정 자 문 자 주 원 랑　천 자 문 자 주 우 려　형 상

정자문이 있는 자는 주로 원랑의 벼슬을 하고, 천자문이 있는 자는 주로 우려와 형벌로 사망한다.

十字紋富而吉昌. 田字紋者富貴也.
십 자 문 부 이 길 창　전 자 문 자 부 귀 야

십자문은 부유하고 길하여 창성한다. 전자문이 있는 자는 부귀하다.

山字紋者侍從之榮貴. 乙字紋者京朝之職.
산 자 문 자 시 종 지 영 귀　을 자 문 자 경 조 지 직

산자문이 있는 자는 받들어 따르니 영화롭고 귀하다. 을자문이 있는 자는 조정의 도읍에 직분이 있다.

水印紋者主榮貴顯達. 額上亂紋交足, 則貧苦多災.
수 인 문 자 주 영 귀 현 달　액 상 란 문 교 족　즉 빈 고 다 재

수인문이 있는 자는 주로 영화롭고 귀하며 현달한다. 이마 위에 어지러운 주름이 교차하여 달리면 곧 가난하고 괴로우며 재앙이 많다.

婦女額有三橫紋者, 則妨夫害子貧夭矣.
부 녀 액 유 삼 횡 문 자　즉 방 부 해 자 빈 요 의

부녀자의 이마에 세 개의 가로 주름이 있는 자는 곧 남편을 방해하고 자식을 해하며 가난하고 요절한다.

---

[1] (어떤 일을) 잘못되지 않을까 걱정하는 것.

枕頭部

침두부

人之骨法中, 貴者莫不出於頭額之骨.
인 지 골 법 중　귀 자 막 불 출 어 두 액 지 골

사람 뼈의 법칙 가운데 귀한 자는 머리와 이마에 뼈가 나타나지 않음이 없다.

頭骨、額骨之奇者, 莫不出於腦骨成枕.
두 골　액 골 지 기 자　막 불 출 어 뇌 골 성 침

머리뼈와 이마의 뼈가 기이한 자는 머릿골이 머리뼈로 갖추어지지 않음이 없다.

人之有此, 如山石有玉, 江海有珠, 一身恃以榮顯者也.
인 지 유 차　여 산 석 유 옥　강 해 유 주　일 신 시 이 영 현 자 야

사람에게 이러함이 있으니 산의 돌에 있는 옥 같고, 강과 바다에 구슬이 있는 것과 같으면 한 몸을 의지함으로써 영화로움이 나타난다.

故人雖有骨奇異, 亦須形貌相副、神氣清越, 方受天祿.
고 인 수 유 골 기 이　역 수 형 모 상 부　신 기 청 월　방 수 천 록

고로 비록 사람에게 기이한 뼈가 있다면 또한 모름지기 형상과 모양이 서로 버금가고, 신과 기가 맑게 넘치어 장차 하늘의 녹을 받는다.

不然, 恐未盡善也. 夫腦後名曰星臺, 若有骨者, 名曰枕骨.
불 연　공 미 진 선 야　부 뇌 후 명 왈 성 대　약 유 골 자　명 왈 침 골

그렇지 않으면 두렵지 않게 다하는 것이 좋다. 무릇 머리통의 뒤를 이름하여 가로되 성대라 하고, 이와 같은 뼈가 있는 것을 이름하여 가로되 침골이라 한다.

凡豐起者, 主其人一生富壽. 如或低陷, 心主貧夭.
범 풍 기 자　주 기 인 일 생 부 수　여 혹 저 함　심 주 빈 요

무릇 풍륭하게 일어난 자는 주로 그 사람의 한평생은 부유하게 오래 산다. 혹 낮게 꺼진 것 같으면 마음이 주로 가난하고 요절한다.

, 三骨皆圓, 名三才枕, 主使相.
삼 골 개 원 　명 삼 재 침 　주 사 상

세 개의 뼈가 모두 둥근 것을 이름하여 삼재침이라 하는데 주로 사상의 벼슬이다.

, 四角各有一骨聳起, 中央亦聳者, 名五嶽枕, 主封侯.
사 각 각 유 일 골 용 기 　중 앙 역 용 자 　명 오 악 침 　주 봉 후

각각 네 개의 뼈에 하나의 뼈가 솟아 일어나 있어 중앙이 역시 솟은 것을 이름하여 오악침이라 하는데 주로 봉후이다.

, 兩骨尖起者, 名曰雙龍枕, 主節樞將軍,
양 골 첨 기 자 　명 왈 쌍 룡 침 　주 절 추 장 군

양쪽 뼈가 뾰족하게 일어난 자는 이름하여 가로되 쌍룡침이라 하는데 주로 절추장군이고,

四邊高中央凹, 名車輪枕, 主公侯.
사 변 고 중 앙 요 　명 차 륜 침 　주 공 후

네 가장자리가 높고 중앙이 들어가면 이름하여 차륜침이라 하는데 주로 공후이다.

, 三骨并者, 名曰連光枕, 小者二千石, 大者將相.
삼 골 병 자 　명 왈 연 광 침 　소 자 이 천 석 　대 자 장 상

세 개의 뼈가 나란한 것을 이름하여 가로되 연광침이라 하는데 작은 것은 이천석에 이르고 큰 것은 장상이다.

, 一骨彎仰上者, 名曰偃月骨, 主卿監.
일 골 만 앙 상 자 　명 왈 언 월 골 　주 경 감

하나의 뼈가 굽어 위로 우러러보는 것을 이름하여 가로되 언월골이라 하는데 주로 경감이다.

, 一骨彎俯下者, 名曰覆月枕, 主朝郎.
일 골 만 부 하 자 　명 왈 복 월 침 　주 조 랑

하나의 뼈가 굽어 아래로 구부린 것을 이름하여 가로되 복월침이라 하는데 주로 조랑이다.

, 兩骨俯仰者, 名背枕骨, 主武關防. (又云高文高顯.)
양 골 부 앙 자　명 배 침 골　주 무 관 방　우 운 고 문 고 현

양쪽 뼈가 구부려 우러른 것은 이름하여 배침골이라 하는데 주로 무관방이다. (또 이르기를 높이 드러난 훌륭한 문장이다.)

, 上一骨下二骨分排而圓者, 名三星枕, 主兩副制官職.
상 일 골 하 이 골 분 배 이 원 자　명 삼 성 침　주 양 부 제 관 직

위로 한 개의 뼈와 아래에 두 개의 뼈가 밀쳐 나누어지고 둥근 것을 이름하여 삼성침이라 하는데 주로 양부제의 관직이다.

, 兩方骨皆起角者, 名曰四方枕, 主二千石, 小者全祿.
양 방 골 개 기 각 자　명 왈 사 방 침　주 이 천 석　소 자 전 록

양쪽의 모난 뼈가 모두 일어나 각진 것을 이름하여 가로되, 사방침이라 하는데 주로 이천석이고 작은 자는 녹이 온전하다.

一骨聳起而圓者, 名曰圓月枕, 主館殿清職.
일 골 용 기 이 원 자　명 왈 원 월 침　주 관 전 청 직

하나의 뼈가 솟아 일어나고 둥근 것을 이름하여 가로되, 원월침이라 하는데 주로 깨끗한 관전의 직책이다.

, 上方下圓者, 名曰垂露枕, 主員外郎.
상 방 하 원 자　명 왈 수 로 침　주 원 외 랑

위가 모지고 아래가 둥근 것을 이름하여 가로되, 수로침이라 하는데 주로 원외랑이다.

, 上下圓稜似盃者, 名曰玉樽枕, 主卿相, 小者主刺史.
상 하 원 릉 사 배 자　명 왈 옥 준 침　주 경 상　소 자 주 자 사

위아래가 둥근 귀퉁이의 잔과 같은 것을 이름하여 가로되, 옥준침이라 하는데 주로 경상이고 작은 자는 주로 자사이다.

, 三骨直起, 一骨下横承之者, 名曰山字枕, 主聰明富貴.
삼 골 직 기　일 골 하 횡 승 지 자　명 왈 산 자 침　주 총 명 부 귀

세 개의 뼈가 곧게 일어나고, 한 개의 뼈가 아래에 가로로 이어진 것을 이름하여 가로되, 산자침이라 하는데 주로 총명하며 부귀하다.

8, 一骨圓一骨方者, 名曰疊玉枕, 主富而榮.
일 골 원 일 골 방 자 명 왈 첩 옥 침 주 부 이 영

하나의 뼈가 둥글고 하나의 뼈가 모난 것을 이름하여 가로되, 첩옥침이라 하는데 주로 부유하고 영화롭다.

0, 一骨聳起而尖峻者, 名曰象牙枕, 兵將之權.
일 골 용 기 이 첨 준 자 명 왈 상 아 침 병 장 지 권

하나의 뼈가 솟아 일어나면서 뾰족하고 높은 것을 이름하여 가로되, 상아침이라 하는데 병장의 권세이다.

◇, 骨起四角者, 名曰懸斜枕, 主節度使武臣.
골 기 사 각 자 명 왈 현 사 침 주 절 도 사 무 신

뼈가 일어나 네 개의 각이 있는 것을 이름하여 가로되, 현사침이라 하는데 주로 절도사인 무신이다.

▭, 一骨橫截者, 名曰一揚枕, 主巨富壽高.
일 골 횡 절 자 명 왈 일 양 침 주 거 부 수 고

한 개의 뼈가 가로로 끊어진 것을 이름하여 가로되, 일양침이라 하는데 주로 큰 부자로 수명이 높다.

大凡骨得近下者, 過腦而易辨; 近上者, 淺而難驗矣.
대 범 골 득 근 하 자 과 뇌 이 역 변 근 상 자 천 이 난 험 의

대저 뼈를 가까운 아래에 얻은 것은 머리통을 지나 분별이 쉬움이요; 위로 가까운 것은 얕고 증험하기 어렵다.

骨者一定之相, 有之則應也. 故古之有言: 頭無惡骨, 面無好痣.
골 자 일 정 지 상 유 지 즉 응 야 고 고 지 유 언 두 무 악 골 면 무 호 지

뼈라는 것은 그 상이 하나로 정해지니, 있은즉 응한다. 고로 옛말이 있는데 머리에 나쁜 뼈가 없고, 얼굴에 좋은 점이 없다.

其言是矣. (《瑋琳洞中秘密經》同)
기 언 시 의 위 림 동 중 비 밀 경 동

그 말이 옳다. (〈위림동중비밀경〉도 같다.)

論面部

논 면 부

面之三停: 自髮際下至眉間爲上停, 自眉間至鼻準爲中停,
면 지 삼 정　자 발 제 하 지 미 간 위 상 정　자 미 간 지 비 준 위 중 정

얼굴에 삼정은 발제에서 아래로 미간에 이르기까지 이름에 상정이 되고, 미간에서 코의 준두에 이르기까지 중정이 되며,

自準、人中至頰爲下停.
자 준　인 중 지 협 위 하 정

준두부터 인중과 빰에 이르기까지 하정이 된다.

夫三停者, 以像三才也: 上像天, 中像人, 下像地.
부 삼 정 자　이 상 삼 재 야　상 상 천　중 상 인　하 상 지

무릇 삼정이라는 것은 형상으로써 삼재이니, 상정은 하늘을 본떴고 중정은 사람을 본떴으며 하정은 땅을 본떴다.

上停長而豐隆、方而廣闊者, 主貴.
상 정 장 이 풍 륭　방 이 광 활 자　주 귀

상정이 길고 풍륭하며 모지고 넓은 자는 주로 귀하다.

中停隆而準、峻而靜者, 主壽也.
중 정 륭 이 준　준 이 정 자　주 수 야

중정이 크고 준수하며 높고 깨끗한 자는 주로 장수한다.

下停方而滿、端而厚者, 主富也.
하 정 방 이 만　단 이 후 자　주 부 야

하정이 모지고 가득 차며 끝이 두터운 자는 주로 부유하다.

若上停尖狹缺陷者, 主多刑厄之災, 妨剋父母, 卑賤之相也.
약 상 정 첨 협 결 함 자　주 다 형 액 지 재　방 극 부 모　비 천 지 상 야

만약 상정이 뾰족하고 좁아 결함이 있는 자는 주로 형액의 재앙이 많고, 부모를 방해하여 이기니 비천한 상이다.

中停短小偏塌者, 主不義不仁, 智識短少,
중 정 단 소 편 탑 자　주 불 의 불 인　지 식 단 소

중정이 짧고 작으며 치우쳐 꺼진 자는 주로 의롭지 않고 어질지 못하고 지식이 짧고 적으며,

不得兄弟妻兒之力, 亦中年破散也.
부 득 형 제 처 아 지 력　역 중 년 파 산 야

형제와 처자식의 힘을 얻지 못하고 또한 중년에 파산한다.

下停長而狹、尖而薄者, 主無田宅, 一生貧苦而難辛也.
하 정 장 이 협　첨 이 박 자　주 무 전 댁　일 생 빈 고 이 난 신 야

하정이 길고 좁으며 뾰족하고 엷은 자는 주로 전택이 없고, 한평생 가난하고 괴로우니 어렵게 고생한다.

三停皆稱, 乃上相之人矣.
삼 정 개 칭　내 상 상 지 인 의

삼정이 모두 균형을 이루면 이에 높은 상의 사람이다.

論眉部

논 미 부

眉者媚也, 爲兩目之翠益, 一面之儀表, 是謂木之英華,
미 자 미 야 위 양 목 지 취 익 일 면 지 의 표 시 위 목 지 영 화

눈썹이라는 것은 예뻐야 하고 양 눈에 푸르름을 더하게 되니, 한 얼굴의 의표로서 이에 목의 영화라 일컬으며,

主賢愚之辨也.
주 현 우 지 변 야

주로 현명하고 어리석음을 분별한다.

故欲疏而細、平而潤、秀而長者, 性聰敏也.
고 욕 소 이 세 평 이 윤 수 이 장 자 성 총 민 야

고로 드물면서 가늘고자 하고, 고르면서 윤택하며, 빼어나면서 긴 자는 성품이 총명하고 민첩하다.

若夫粗而濃、逆而亂、短而蹙者, 性凶頑也.
약 부 조 이 농 역 이 란 단 이 축 자 성 흉 완 야

만약 무릇 눈썹이 거칠면서 짙고, 거꾸로 나면서 어지로우며, 짧으면서 재촉된 자는 성품이 흉하고 완고하다.

眉過眼者富, 短不覆眼者乏財, 壓眼者窮逼.
미 과 안 자 부 단 불 부 안 자 핍 재 압 안 자 궁 핍

눈썹이 눈을 지나는 자는 부유하고, 짧아 눈을 덮지 않은 자는 재물이 부족하고, 눈을 누르는 자는 궁핍하다.

頭昂者氣剛, 卓而豎者性暴, 尾下垂者性懦.
두 앙 자 기 강 탁 이 수 자 성 폭 미 하 수 자 성 나

눈썹 머리가 우러른 자는 기가 굳세고, 눈썹 머리가 높게 세워진 자는 성품이 사납고, 눈썹 끝이 아래로 드리운 자는 성품이 나약하다.

眉頭交者貧薄, 妨兄弟. 毛逆者妨妻不良.
미 두 교 자 빈 박 방 형 제 모 역 자 방 처 불 량

눈썹 머리가 교차된 자는 가난하고 야박하며 형제를 방해한다. 털이 거꾸로 난 자는 처를 방해하고 불량하다.

骨棱起者凶惡多滯. 眉中黑痣, 聰貴而賢.
골 릉 기 자 흉 악 다 체 미 중 흑 지 총 귀 이 현

뼈의 모서리가 일어난 자는 흉악하여 막힘이 많다. 눈썹 가운데의 검은 사마귀는 총명하고 귀하며 어질다.

眉高居頭, 中年大貴.
미 고 거 두 중 년 대 귀

눈썹이 높이 머리에 거하면 중년에 크게 귀하다.

眉生白毫, 多壽. 上有直理者富貴, 橫理者貧苦.
미 생 백 호 다 수 상 유 직 리 자 부 귀 횡 리 자 빈 고

눈썹에 흰털이 나면 수명이 길다. 눈썹이 위에 있어 곧게 다스리는 자는 부귀하고, 가로로 다스리는 자는 빈고하다.

中有缺者多奸計, 薄如無者多狡佞. 是以眉高聳秀, 威權祿厚.
중 유 결 자 다 간 계 박 여 무 자 다 교 녕 시 이 미 고 용 수 위 권 록 후

중간에 이지러짐이 있는 자는 간사한 계략이 많고, 엷거나 없는 것과 같은 자는 교활하고 아첨이 많다. 이로써 눈썹은 높이 솟아 빼어나야 위엄과 권세와 록이 두텁다.

眉毛長垂, 高壽無疑. 眉色光澤, 求官易得.
미 모 장 수 고 수 무 의 미 색 광 택 구 관 이 득

눈썹 털이 길게 드리우면 수명이 높음에 의심이 없다. 눈썹 색에 광택이 나면 관직을 쉽게 얻어 구한다.

眉交不分, 早歲歸墳. 眉如彎弓, 性善不雄.
미교불분 조세귀분 미여만궁 성선불웅

눈썹이 교차하여 나뉘지 않으면 일찍이 무덤으로 돌아간다. 눈썹이 활과 같이 굽으면 성품이 좋으나 뛰어나진 않다.

眉如初月, 聰明超越. 眉垂如柳, 貧浪無守.
미여초월 총명초월 미수여류 빈랑무수

눈썹이 초승달과 같으면 총명함이 뛰어나 넘친다. 눈썹이 버드나무와 같이 드리우면 가난이 물결쳐 지킬 수 없다.

彎彎似蛾, 好色性多. 眉覆眉仰, 兩母所養.
만만사아 호색성다 미부미앙 양모소양

굽어있는 누에나방과 닮으면 색을 좋아하는 성품이 크다. 덮어진 눈썹과 우러른 눈썹이면 두 어머니에게 길러지는 바이다.

眉若高直, 身富清職. 眉頭交破, 迍邅常有也.
미약고직 신부청직 미두교파 둔전상유야

눈썹이 만약 높고 곧으면 자신이 부유하고 직책이 깨끗하다. 눈썹 머리가 교차하여 깨지면 항상 망설이고 머뭇거린다.

論眼部
논안부

眼本清靜, 所以生神, 爲木星.
안본청정 소이생신 위목성

눈의 근본은 맑고 고요하니 이로써 신이 나오는 바 목성이 된다.

欲長秀分明, 白如玉, 黑如漆, 聳耳入鬢者, 大貴之相也.
욕 장 수 분 명　백 여 옥　흑 여 칠　용 이 입 빈 자　대 귀 지 상 야

길게 빼어나 분명하고자 하며, 옥처럼 희고 옻칠한 것처럼 검으며, 귀가 솟아 귀밑머리로 들어간 자는 크게 귀한 상이다.

若短小而明, 有異光輪動爍人者, 此又貴而有壽.
약 단 소 이 명　유 이 광 륜 동 삭 인 자　차 우 귀 이 유 수

만약 짧고 작으면서 밝고 기이한 빛이 바퀴처럼 움직여 비추는 자는 이에 또한 귀하고 장수한다.

若眼凸四露, 視有神彩者, 亦主權殺.
약 안 철 사 로　시 유 신 채 자　역 주 권 살

만약 눈이 볼록하여 사방으로 드러나고, 볼 때 신령한 색이 있는 자는 또한 주로 권력으로 죽인다.

或大而無光, 長而無神, 外無上下堂, 赤脉相侵, 眼視不遠,
혹 대 이 무 광　장 이 무 신　외 무 상 하 당　적 맥 상 침　안 시 불 원

혹 크면서 빛이 없고 길면서 신이 없으며, 바깥의 위아래에 집이 없고, 붉은 실핏줄이 서로 침범하며 눈이 멀리 보지 않고,

眼頻動搖, 睡沉重不合, 目瞳黃者, 不善相也.
안 빈 동 요　수 침 중 불 합　목 동 황 자　불 선 상 야

눈을 자주 움직여 흔들리며 잠으로 무겁게 잠겨도 감기지 않고, 눈동자가 누런 자는 좋은 상이 아니다.

董正曰: 眼頭如眼尾, 開合含異光者, 神仙之相, 非凡相也.
동 정 왈　안 두 여 안 미　개 합 함 이 광 자　신 선 지 상　비 범 상 야

바르게 동독하여 가로되, 눈의 머리와 눈꼬리가 같고, 열리고 합함에 기이하여 빛을 머금은 자는 신선의 상으로 비범한 상이다.

更有白刃當前, 還自驚潰而眼不及閃者, 此主貴權, 上將之相也.
경 유 백 인 당 전　환 자 경 궤 이 안 불 급 섬 자　차 주 귀 권　상 장 지 상 야

다시 흰 칼날과 당면함에 있어서 스스로 놀라 무너짐을 뒤돌아보고 번쩍함에 미치지 않은 자는 이에 주로 귀한 권세가 있으니 상장의 상이다.

腰背法論

요 배 법 론

行步緩而輕, 坐起正而實, 是謂有腰.
행 보 완 이 경　좌 기 정 이 실　시 위 유 요

다닐 때 걸음이 느리고 가벼우며, 앉고 일어남이 바르고 참되면 이에 허리가 있다고 일컫는다.

前視如負物, 後視如帶甲, 是謂有背.
전 시 여 부 물　후 시 여 대 갑　시 위 유 배

앞에서 볼 때 물건을 짊어진 것과 같고, 뒤에서 볼 때 대갑(갑옷을 입은 장졸)과 같으면 이에 등이 있다고 일컫는다.

有背無腰, 初發後滯.
유 배 무 요　초 발 후 체

등이 있고 허리가 없으면 처음에는 일어나나 뒤에는 막힌다.

有腰無背, 初困終亨. 於是發中亦多憂疑,
유 요 무 배　초 곤 종 형　어 시 발 중 역 다 우 의

허리가 있고 등이 없으면 처음은 괴로워도 마칠 때 형통하다. 이에 일어나는 가운데 또한 많이 근심하고 의심하니,

兩者全備則一生享富貴, 毀辱不能及, 利害不能動, 即有德之人.
양 자 전 비 즉 일 생 향 부 귀　훼 욕 불 능 급　이 해 불 능 동　즉 유 덕 지 인

두 가지를 온전히 구비하면 곧 한평생 부귀를 누리고, 헐거나 욕됨에 능히 미치지 않으며, 이롭고 해로움에 능히 움직이지 않으면 곧 사람에게 덕이 있는 것이다.

且相腰背之法，又不以魁偉而取，但小以應小，大以應大，皆可矣.
차 상 요 배 지 법 우 불 이 괴 위 이 취 단 소 이 응 소 대 이 응 대 개 가 의

또한 상에서 허리와 등의 법칙은 또한 근본이 큼으로써 취함이 아니고, 다만 작음으로써 작게 응하고, 큼으로써 크게 응함이 모두 옳다.

故腰背有旋生者，擧止重，正面開，精神藏，陰騭滿，
고 요 배 유 선 생 자 거 지 중 정 면 개 정 신 장 음 즐 만

고로 허리와 등이 동그랗게 생긴 자는 일으켜 멈춤이 무겁고, 정면이 열리며, 정신을 감추고 음즐이 가득하니,

氣色明然後能生.
기 색 명 연 후 능 생

기색이 밝아진 연후에 능히 생한다.

欲知生之時，金以四，木以三，水以一，土以五，
욕 지 생 지 시 금 이 사 목 이 삼 수 이 일 토 이 오

날 때부터 알고자 함은 사로서 금, 삼으로서 목, 일로서 수, 오로서 토이며,

火則不能生色也.
화 즉 불 능 생 색 야

화인즉 능히 색이 나오지 않는다.

欲漸不欲頓，欲停不欲偏，如壅腫肥大，乃肉滯矣，
욕 점 불 욕 돈 욕 정 불 욕 편 여 옹 종 비 대 내 육 체 의

흐르고자 하여 가지런하고자 하지 않고, 머무르려 하여 기울고자 하지 않으며, 막힌 종기처럼 크게 살찌어 이에 살이 막히니

非謂之腰背，則牛行步緩，取之得矣.
비 위 지 요 배 즉 우 행 보 완 취 지 득 의

허리와 등으로 일컫지 아니하며 곧 소처럼 느리게 걸어가야 취하여 얻을 수 있다.

(《觀妙經 · 腰背論》同上)
관 묘 경 요 배 론 동 상

(〈관묘경·요배론〉도 위와 같다.)

論腰

논 요

腰者爲腹之山, 如物依山以恃其安危也.
요 자 위 복 지 산　여 물 의 산 이 시 기 안 위 야

허리라는 것은 배의 산이 되니 만물이 산에 의지함으로써 안락함과 위험함을 믿는 것과 같다.

欲得端而直、濶而厚者, 福祿之人也.
욕 득 단 이 직　활 이 후 자　복 록 지 인 야

단정하고 곧음을 얻고자 하고 넓고 두터운 자는 복록이 있는 사람이다.

若夫偏而陷、狹而薄者, 微賤之徒也.
약 부 편 이 함　협 이 박 자　미 천 지 도 야

만약 무릇 치우치고 꺼지며 좁고 엷은 자는 미천한 무리이다.

或薄短者, 多成多破.
혹 박 단 자　다 성 다 파

혹 엷고 짧은 자는 많이 이루고 많이 깨뜨린다.

廣長者, 保祿永終. 直而厚者, 富貴也.
광 장 자　보 록 영 종　직 이 후 자　부 귀 야

넓고 긴 자는 녹을 영원히 보존한다. 곧고 두터운 자는 부귀하다.

細而薄者貧賤, 凹而陷者窮下, 裊而曲者輕劣.
세 이 박 자 빈 천　요 이 함 자 궁 하　뇨 이 곡 자 경 렬

가늘고 엷은 자는 빈천하고, 들어가고 꺼진 자는 궁함이 아래이고, 간드러지고 굽은 자는 가볍고 졸렬하다.

蜥蜴腰者性寬而善, 尖蜂腰者性鄙而和.
석 척 요 자 성 관 이 선　첨 봉 요 자 성 비 이 화

허리가 도마뱀과 같은 자는 성품이 너그럽고 착하며, 허리가 벌과 같이 뾰족한 자는 성품이 비루하고 순하다.

夫臀高而腰陷者主賤, 腰高而臀陷者主貧.
부 둔 고 이 요 함 자 주 천　요 고 이 둔 함 자 주 빈

대저 엉덩이가 높고 허리가 꺼진 자는 주로 천하고, 허리가 높고 엉덩이가 꺼진 자는 가난하다.

大體腰欲端濶, 臀欲平圓則稱也.
대 체 요 욕 단 활　둔 욕 평 원 즉 칭 야

대체로 허리는 단정하고 넓고자 하며, 엉덩이는 고르고 둥글어 곧 균형을 이루고자 한다.

論背
논 배

背者一身之基址也. 人不論肥瘦輕重, 皆欲有背.
배 자 일 신 지 기 지 야　인 불 론 비 수 경 중　개 욕 유 배

등이라는 것은 한 몸의 기초가 되는 터이다. 사람의 살찜과 여윔, 가벼움과 무거움을 논하는 것이 아니니 모두 등이 있고자 한다.

夫有背者號爲有土, 須得豐隆不俗, 如龜背而廣厚平濶,
부 유 배 자 호 위 유 토　수 득 풍 륭 불 속　여 구 배 이 광 후 평 활

무릇 등이 있는 자는 토가 있다고 일컬으며, 모름지기 풍륭함을 얻어 속되지 않고, 거북이 등과 같이 넓으며 두텁고 평평하며 넓어야 하니,

前看如昂, 後看如俯者, 福相也.
전 간 여 앙 　후 간 여 부 자 　복 상 야

앞에서 보면 우러른 것 같고, 뒤에서 보면 구부린 것 같은 자는 복이 있는 상이다.

或屈而視下, 頭低而蟠者, 非貴相也.
혹 굴 이 시 하 　두 저 이 반 자 　비 귀 상 야

혹 굽어 아래를 보고 머리가 낮게 서린 자는 귀한 상이 아니다.

論腹

논 복

腹者內包六腑, 圓長者可辨其貧富.
복 자 내 포 육 부 　원 장 자 가 변 기 빈 부

배라는 것은 안으로 육부를 감싸는데, 둥글고 긴 것으로 가히 그 가난함과 부유함을 구별한다.

下養元靈, 扁大者可知其愚智. 故腹欲得圓而大者, 智而榮貴.
하 양 원 령 　편 대 자 가 지 기 우 지 　고 복 욕 득 원 이 대 자 　지 이 영 귀

아래로 길러져야 신령함의 으뜸이고, 납작하고 큰 것으로 가히 그 어리석음과 지혜로움을 안다. 고로 배는 둥글고 크고자 하는 것으로, 지혜로우며 영화롭고 귀하다.

肩而長者, 愚而卑賤. 大而近下者, 名光朝野;
견 이 장 자 　우 이 비 천 　대 이 근 하 자 　명 광 조 야

어깨가 긴 자는 어리석고 비천하다. 크지만 아래로 가까운 자는 이름이 조정과 민간에서 빛남이요;

小而近下者清聽長者.
소 이 근 하 자 청 총 장 자

작지만 아래로 가까운 자는 맑고 총명한 어른이다.

圓如玉壺者巨富, 窄如雀肚者至貧.
원 여 옥 호 자 거 부 착 여 작 두 자 지 빈

둥글어 옥호(옥으로 만든 작은 병)와 같으면 큰 부자이고, 좁아 참새 배와 같은 자는 지극히 가난하다.

圓而近下者富貴, 圓而近上者貧賤.
원 이 근 하 자 부 귀 원 이 근 상 자 빈 천

둥글어 아래에 가까운 자는 부귀하고, 둥글어 위로 가까운 자는 빈천하다.

尖而長者愚而賤, 橫而圓者智而榮.
첨 이 장 자 우 이 천 횡 이 원 자 지 이 영

뾰족하면서 긴 자는 어리석고 천하며, 넓고 둥근 자는 지혜로우며 영화롭다.

如抱兒者富貴, 如蝦蟆者貧賤貪婪, 如牛肚者積財蹇縮,
여 포 아 자 부 귀 여 하 마 자 빈 천 탐 람 여 우 두 자 적 재 건 축

아이를 안은 것과 같은 자는 부귀하고, 두꺼비와 같은 자는 빈천하여 탐하고 욕심을 부리며, 소의 배와 같은 자는 쌓인 재물이 저는 것을 줄이고,

如狗肚者窮寒, 如豬肚者賤, 如羊肚者貧, 如衣裘者富,
여 구 두 자 궁 한 여 저 두 자 천 여 양 두 자 빈 여 의 구 자 부

개의 배와 같은 자는 궁색하고 추우며, 돼지 배와 같은 자는 천하고, 양의 배와 같은 자는 가난하며, 가죽옷을 입은 것과 같은 자는 부유하고,

如筲箕者貧寒.
여 소 기 자 빈 한

배가 대나무 그릇과 키(곡식을 까부르는 데 쓰는 기구)와 같은 자는 가난하고 춥다.

肚有三壬者貴而壽, 肚有好痣者智, 肚端而姸者才巧,
두 유 삼 임 자 귀 이 수 두 유 호 지 자 지 두 단 이 연 자 재 교

배에 삼임이 있는 자는 귀하고 장수하며, 배에 좋은 사마귀가 있는 자는 지혜롭고, 배가 단정하면서 고운 자는 재주가 공교로우며,

肚扁薄而醜者愚苦.
두 편 박 이 추 자 우 고

배가 납작하여 엷고 추한 자는 어리석고 괴롭다.

又云, 腹者包容臟腑, 乃身之營也.
우 운 복 자 포 용 장 부 내 신 지 영 야

또한 이르기를, 배라는 것은 장부를 감싼 모양으로 이에 몸을 경영한다.

欲闊大而垂囊, 若橫凸者非也.
욕 활 대 이 수 낭 약 횡 철 자 비 야

넓고 커서 주머니처럼 드리우고자 하며, 만약 가로로 볼록한 자는 그릇되게 된다.

或若雀腹、鼠腹, 不爲貴相也.
혹 약 작 복 서 복 불 위 귀 상 야

혹 만약 참새배와 쥐배는 귀한 상에 이르지 못한다.

論臍
논 제

臍者是筋脉會要之地, 爲臟腑總領之關.
제 자 시 근 맥 회 요 지 지 위 장 부 총 령 지 관

배꼽이라는 것은 힘줄과 맥이 모인 요지로, 오장육부를 모두 거느리는 것과 관계된다.

故臍欲深而闊, 不欲淺而狹.
고 제 욕 심 이 활　불 욕 천 이 협

고로 배꼽은 깊고 넓고자 하며 얕고 좁지 않고자 한다.

深而闊者, 智而有福; 淺而狹者, 愚而多賤.
심 이 활 자　지 이 유 복　천 이 협 자　우 이 다 천

깊고 넓은 자는 지혜로우며 복이 있음이요; 얕으며 좁은 자는 어리석으며 많이 천하다.

生近上者, 衣食; 生近下者, 貧薄.
생 근 상 자　의 식　생 근 하 자　빈 박

위로 가깝게 생긴 자는 의식이 있음이요; 아래로 가깝게 생긴 자는 가난하고 천하다.

低向下者, 有識; 突向上者, 無智.
저 향 하 자　유 식　돌 향 상 자　무 지

낮게 아래를 향한 자는 앎이 있음이요; 위로 향하여 돌출된 자는 지혜가 없다.

圓而正者, 善士; 斜而醜者, 惡人.
원 이 정 자　선 사　사 이 추 자　악 인

둥글고 바른 자는 좋은 선비요; 비스듬히 추한 자는 악인이다.

藏而深者, 福祿; 凸而出者賤矣. 大能容物者, 名榮邦國;
장 이 심 자　복 록　철 이 출 자 천 의　대 능 용 물 자　명 영 방 국

깊이 감추어진 자는 복록이요; 볼록하니 나온 자는 천하다. 능히 커서 물건을 담는 자는 나라에 영화롭게 이름남이요;

小而一撮者, 惡傳千里.
소 이 일 촬 자　악 전 천 리

작아서 한 줌인 자는 악함이 천리에 전해진다.

論四肢

논 사 지

夫手足者謂之四肢, 以象四時; 加之以首, 謂之五體, 以象五行.
부 수 족 자 위 지 사 지 이 상 사 시 가 지 이 수 위 지 오 체 이 상 오 행

대저 수족이라는 것은 사지를 이르니 모양으로써 사계절이요; 머리를 더함으로써 오체라 이르며 모양으로써 오행이다.

故四時不調, 則萬物夭閼; 四肢不節, 則一生困苦;
고 사 시 불 조 즉 만 물 요 알 사 지 불 절 즉 일 생 곤 고

고로 사계절이 조화롭지 않으면 즉 만물이 가로막혀 요절함이요; 사지에 마디가 없으면 곧 일생이 곤고함이요;

五行不和, 則萬物不生; 五體不稱, 則一世貧賤.
오 행 불 화 즉 만 물 불 생 오 체 불 칭 즉 일 세 빈 천

오행이 조화롭지 않으면 즉 만물이 생장하지 못함이요; 오체가 균형 잡혀 있지 않은즉 한세상 빈천하다.

是以手足猶木之枝幹, 節多者, 則不材之木也.
시 이 수 족 유 목 지 지 간 절 다 자 즉 부 재 지 목 야

이로써 수족은 오직 나무의 가지와 줄기이니, 마디가 많은 것은 즉 나무의 재목이 아니다.

故手足欲軟而滑淨, 筋骨不露, 其白如玉, 其直如笋,
고 수 족 욕 연 이 활 정 근 골 불 로 기 백 여 옥 기 직 여 순

고로 수족은 부드러우며 매끄럽고 맑아야 하며, 힘줄과 뼈가 드러나지 않아야 하고, 그 하얀 것이 옥과 같으며, 그 곧은 것이 죽순 같고,

其滑如苔, 其軟如綿者, 富貴之人.
기 활 여 태　기 연 여 면 자　부 귀 지 인

그 매끄러움은 이끼와 같으며, 그 부드러움이 솜과 같으면 부귀한 사람이다.

其或硬而粗大, 筋纏骨出, 其粗如土, 其硬如石, 其曲如柴,
기 혹 경 이 조 대　근 전 골 출　기 조 여 토　기 경 여 석　기 곡 여 시

그것이 혹 단단하고 크게 거칠며, 힘줄이 얽히고 뼈가 나와 있고, 그 거칠기가 흙과 같으며, 그 단단함이 돌과 같고, 그 굽은 것이 섶(땔감)과 같으며,

其肉如腫者, 皆爲貧徒矣.
기 육 여 종 자　개 위 빈 도 의

그 살이 부르튼 것과 같은 자는 모두 가난한 무리가 된다.

論手
논 수

手者, 其用所以執持, 其情所以取舍, 故纖長者性慈而好施,
수 자　기 용 소 이 집 지　기 정 소 이 취 사　고 섬 장 자 성 자 이 호 시

손이라는 것은 그 쓰이는 바가 집어 가짐으로써, 그 뜻을 취하거나 버리는 것이니, 고로 섬세하고 긴 자는 성품이 자비롭고 베풀기를 잘하며,

厚短者性鄙而好取. 手垂過膝者, 間世英雄.
후 단 자 성 비 이 호 취　수 수 과 슬 자　간 세 영 웅

두텁고 짧은 자는 성품이 비루하고 취하기를 좋아한다. 손이 드리워 무릎을 지나는 자는 세간의 영웅이다.

手不過腰者, 一生貧賤. 身小而手大者福, 身大而手小者貧.
수 불 과 요 자 　일 생 빈 천 　신 소 이 수 대 자 복 　신 대 이 수 소 자 빈

손이 허리를 지나지 못하는 자는 한평생 빈천하다. 몸은 작은데 손이 큰 자는 복이 있고, 몸은 큰데 손이 작은 자는 가난하다.

手端厚者福, 手薄削者貧, 手粗硬者下賤, 手細軟者清貴,
수 단 후 자 복 　수 박 삭 자 빈 　수 조 경 자 하 천 　수 세 연 자 청 귀

손이 단정하고 두터운 자는 복이 있고, 손이 엷고 깎인 자는 가난하며, 손이 거칠고 딱딱한 자는 하천하고, 손이 가늘고 부드러운 자는 맑고 귀하며,

手暖香者清華, 手臭汗者濁下.
수 난 향 자 청 화 　수 취 한 자 탁 하

손이 따뜻하게 향기로운 자는 맑고 빛나며, 손에 냄새와 땀이 나는 자는 탁함의 아래다.

指纖而長者聰俊, 指短而禿者愚賤, 指柔而密者積蓄,
지 섬 이 장 자 총 준 　지 단 이 독 자 우 천 　지 유 이 밀 자 적 축

손가락이 섬세하고 긴 자는 총명하고 뛰어나며, 손가락이 짧으면서 민둥한 자는 어리석고 천하며, 손가락이 부드럽고 빽빽한 자는 재산을 축적하고,

指硬而疏者破散.
지 경 이 소 자 파 산

손가락이 단단하면서 성근 자는 파산한다.

指如春笋者清華富貴, 如鼓槌者頑愚, 如剝葱者食祿,
지 여 춘 순 자 청 화 부 귀 　여 고 퇴 자 완 우 　여 박 총 자 식 록

손가락이 봄의 죽순 같은 자는 맑게 빛나 부귀하고, 손가락이 북채 같은 자는 완고하여 어리석으며, 손가락이 벗긴 파와 같이 매끄러우면 식록이 있고,

如竹節者貧賤. 手薄如雞爪足者, 無智而貧.
여 죽 절 자 빈 천 　수 박 여 계 조 족 자 　무 지 이 빈

손가락이 대나무 마디와 같은 자는 빈천하다. 손이 엷어 닭발과 같은 자는 지혜롭지 못하고 가난하다.

手倔強如蹄者, 愚魯而賤. 手軟如綿囊者, 至富.
수굴강여제자 우로이천 수연여면낭자 지부

손이 억세고 강하여 발굽과 같은 자는 어리석고 미련하여 천하다. 손이 비단 주머니처럼 부드러운 자는 지극히 부유하다.

手皮連如鵝足者, 至貧. 掌長而厚者貴, 掌短而薄者賤,
수피연여아족자 지빈 장장이후자귀 장단이박자천

손 피부가 연결되어 거위 발과 같은 자는 지극히 가난하다. 손바닥이 길고 두터운 자는 귀하고, 손바닥이 짧고 얇은 자는 천하며,

掌破而圓者愚, 掌軟而方者福, 四邊濃起而中凹者富,
장파이원자우 장연이방자복 사변농기이중요자부

손바닥이 깨지어 둥근 자는 어리석고, 손바닥이 부드럽고 모난 자는 복이 있으며, 네 가장자리가 두텁게 일어나고 가운데가 오목한 자는 부유하며,

四畔薄弱而中凸者財散.
사반박약이중철자재산

네 두둑이 엷어 약하고 가운데가 볼록한 자는 재물이 흩어진다.

掌潤澤者富, 掌乾枯者貧, 掌紅如噀血者榮貴, 黄如拂土者至貧.
장윤택자부 장건고자빈 장홍여손혈자영귀 황여불토자지빈

손바닥이 윤택한 자는 부유하고, 손바닥이 건조하여 마른 자는 가난하며, 손바닥이 붉어 피를 뿜는 것과 같은 자는 영화롭고 귀하며, 털어놓은 흙과 같이 누런 자는 지극히 가난하다.

青色者貧苦, 白色者賤. 如掌中心生黑痣子, 智而富,
청색자빈고 백색자천 여장중심생흑지자 지이부

청색인 자는 가난하고 고생스러우며, 백색인 자는 천하다. 손바닥 한가운데에 검은 사마귀와 같은 것이 생겨나오면 지혜롭고 부유하며,

掌中四散多横理者, 愚而貧也.
장중사산다횡리자 우이빈야

손바닥 가운데가 사방으로 흩어지고 가로의 잔금이 많은 자는 어리석고 가난하다.

相掌紋

상 장 문

一井二井, 錢財萬頃. 橫紋過指最爲強, 壽限無過得久長.

일 정 이 정　전 재 만 경　횡 문 과 지 최 위 강　수 한 무 과 득 구 장

한 개의 정(井)과 두 개의 정(井)은 돈과 재물이 만경이다. 가로 주름이 손가락을 지나면 최고로 강하게 되며, 수명이 한정 없이 지나 오래도록 길게 얻는다.

若得掌中生十字, 一生富貴坐高堂.

약 득 장 중 생 십 자　일 생 부 귀 좌 고 당

만약 손바닥 가운데 십(十)자가 생기면 한평생 부귀하고 고당(높은 집)에 앉는다.

手背紋多, 作事蹉跎, 成敗幾次, 方得成和.

수 배 문 다　작 사 차 타　성 패 기 차　방 득 성 화

손등에 주름이 많으면 헛디뎌 미끄러지는 일을 만들고, 성공과 실패가 몇 차례이니 바야흐로 이루어 화합함을 얻는다.

一紋華益, 二紋破財, 三紋多成多敗剋妻.

일 문 화 익　이 문 파 재　삼 문 다 성 다 패 극 처

하나의 주름은 더욱 빛나고, 두 개의 주름은 재물을 깨뜨리며, 세 개의 주름은 많이 이루고 많이 실패하며 처를 극한다.

若說華益紋, 初主不安寧, 交入中限後, 末主事方成.

약 설 화 익 문　초 주 불 안 녕　교 입 중 한 후　말 주 사 방 성

만약 주름을 말함에 빛이 더해지면 초년에는 안녕하지 못하나, 교차하여 들어가 중간에 한정한 후에는 주로 마지막에 일을 모두 이룬다.

又云: 手之有紋者, 亦像木之有理.

우 운　수 지 유 문 자　역 상 목 지 유 리

또한 이르기를, 손에 주름이 있는 자는 또한 나무 모양의 이치가 있다.

木之紋理美爲奇材, 手之有美紋者乃爲貴質也.
목 지 문 리 미 위 기 재 수 지 유 미 문 자 내 위 귀 질 야

목의 주름은 아름다워 기이한 재목이 되고, 손에 아름다운 주름이 있는 자는 이에 귀한 바탕이 된다.

故手掌不可無紋, 有紋者上相, 無紋者下賤.
고 수 장 불 가 무 문 유 문 자 상 상 무 문 자 하 천

고로 손바닥에 주름이 없는 것은 옳지 않으니 주름이 있는 자는 높은 상이고, 주름이 없는 자는 하천하다.

紋深而細者吉, 紋粗而淺者賤.
문 심 이 세 자 길 문 조 이 천 자 천

주름이 깊고 가는 자는 길하고, 주름이 거칠고 얕은 자는 천하다.

掌上三紋, 上畫應天, 象君象父定其貴賤;
장 상 삼 문 상 화 응 천 상 군 상 부 정 기 귀 천

손바닥 위에 세 개의 주름에서 윗 그림은 하늘에 응하니 임금의 형상과 아버지의 형상으로 그 귀천이 정해짐이요;

中畫應人, 象賢象愚辯其貧富; 下畫應地, 象臣象母主其壽夭.
중 화 응 인 상 현 상 우 변 기 빈 부 하 화 응 지 상 신 상 모 주 기 수 요

가운데 그림은 사람에 응하니 어진 형상과 어리석은 형상으로 그 빈부를 분별함이요; 아래의 그림은 땅에 응하니 신하의 형상과 어머니의 형상으로 그 장수와 요절함을 주관한다.

三紋瑩淨, 紋無破者, 福祿之相也.
삼 문 영 정 문 무 파 자 복 록 지 상 야

세 개의 주름은 밝고 깨끗하며, 주름에 깨짐이 없는 자는 복록의 상이다.

縱理多者性亂而災, 橫理多者性急而賤,
종 리 다 자 성 란 이 재 횡 리 다 자 성 급 이 천

세로의 잔금이 많은 자는 성품이 어지러워 재앙이 있고, 가로의 잔금이 많은 자는 성품이 급하고 천하며,

豎理直上貫指者百謀皆遂, 亂理散出指縫者事事破散,
수 리 직 상 관 지 자 백 모 개 수　난 리 산 출 지 봉 자 사 사 파 산

세워진 잔금이 곧게 위로 손가락을 꿴 자는 온갖 꾀를 모두 이루고, 어지러운 잔금이 흩어져 나와 손가락을 꿰맨 자는 하는 일마다 파산하며,

紋細如亂絲者聰明美祿, 紋粗如橫木者愚魯濁賤,
문 세 여 란 사 자 총 명 미 록　문 조 여 횡 목 자 우 로 탁 천

주름이 가늘고 어지러운 실과 같은 자는 총명하여 아름다운 녹이 있고, 무늬가 거칠게 가로로 뻗은 나무와 같은 자는 어리석고 미련하며 탁하고 천하며,

紋如亂挫者一世貧苦, 紋如撒糠者一世快樂.
문 여 란 좌 자 일 세 빈 고　문 여 살 강 자 일 세 쾌 락

주름이 어지럽게 꺾인 자는 한세상 가난하여 괴롭고, 무늬가 뿌려진 쌀겨와 같은 자는 한세상 즐겁다.

有穿錢紋、辨錢紋者主進資財, 有端笏紋、插笏紋者文官朝列.
유 천 전 문　변 전 문 자 주 진 자 재　유 단 홀 문　삽 홀 문 자 문 관 조 열

돈을 꿰뚫는 주름과 돈에 구별되는 주름이 있는 자는 주로 자본과 재물로 나아가고, 바른 홀(제후를 봉할 때 의식에 쓰던 것) 주름과 홀 주름이 꽂힌 자는 문관으로 조정의 반열에 든다.

十指上紋如旋螺者榮貴, 傍瀉如蒡筐者破散.
십 지 상 문 여 선 라 자 영 귀　방 사 여 방 광 자 파 산

열 손가락 위의 주름이 소라와 같이 도는(선라) 자는 영화롭고 귀하며, 인동덩굴의 광주리와 같이 옆으로 쏟아지는 자는 파산한다.

十指上橫紋三鈎者貴, 破爲奴婢.
십 지 상 횡 문 삼 구 자 귀　파 위 노 비

열 손가락 위에 가로 주름 세 개가 갈고리인 자는 귀하고, 깨지면 노비가 된다.

十指上紋有一鈎者賤被驅使, 有逸紋者將相,
십 지 상 문 유 일 구 자 천 피 구 사　유 일 문 자 장 상

열 손가락 위에 하나의 갈고리 주름이 있는 자는 몰아서 부림이 천하게 미치고, 주름이 달아나 있는 자는 장상이며,

有血紋者無印, 有偃月紋、車輪紋者吉慶,
유 혈 문 자 무 인　유 언 월 문　차 륜 문 자 길 경

피와 같은 주름이 있는 자는 도장이 없고, 언월문(반달)·차륜문(수레바퀴)이 있는 자는 길한 경사이고,

有陰騭紋、延壽紋者福, 有印紋者貴, 田紋富,
유 음 즐 문　연 수 문 자 복　유 인 문 자 귀　전 문 부

음즐문(하늘이 남 몰래 백성을 도움)과 연수문(수명을 늘려나감)이 있는 자는 복이 있으며, 인문(인장)이 있는 자는 귀하고, 전(田)자무늬는 부유하며,

井紋貴, 十字者祿, 有策紋上貫指名光萬國,
정 문 귀　십 자 자 록　유 책 문 상 관 지 명 광 만 국

정(井)자무늬는 귀하고, 十자라는 것은 녹이 있으며, 책문(댓조각)이 있어 위의 손가락을 꿰면 만국에 이름이 빛나고,

有按劍紋而加權印者領軍四海, 有法關紋者凶灾逆而妨害,
유 안 검 문 이 가 권 인 자 령 군 사 해　유 법 관 문 자 흉 재 역 이 방 해

안검문(쓰다듬는 칼)이 있고 더하여 권인(권세의 도장)이 있는 자는 사해의 군사를 거느리며, 법관문(법에 관련된)이 있는 자는 흉한 재앙이 거꾸로 방해하고,

有夜叉紋者下賤而愈窮.
유 야 차 문 자 하 천 이 유 궁

야차문(상해를 입힌다는 殘忍)이 있는 자는 하천하고 더욱 궁하다.

大凡紋襍主大好, 而或叉破者皆爲缺陷, 無成之相矣.
대 범 문 잡 주 대 호　이 혹 차 파 자 개 위 결 함　무 성 지 상 의

무릇 주름이 섞이면 주로 크게 좋고 혹 엇갈려 깨진 자는 모두 결함에 이르니 이룸이 없는 상이다.

手背紋

수 배 문

手背之紋, 其驗尙矣, 故有五和之理.
수 배 지 문　기 험 상 의　고 유 오 화 지 리

손등의 주름은 그 징험을 주관할 뿐이니 고로 다섯 가지의 조화로운 이치가 있다.

五者皆近指上兩節者, 謂之就紋, 主天子之師.
오 자 개 근 지 상 량 절 자　위 지 취 문　주 천 자 지 사

다섯 개 모두 손가락 가까이에 위로 두 마디인 것을 취문(나아가는 무늬)이라 이르는데 주로 천자의 스승이다.

下節一爲公侯, 中節一爲使相[2].
하 절 일 위 공 후　중 절 일 위 사 상

취문이 아래 마디 하나면 공후가 되고, 가운데 마디 하나면 사상이 된다.

無名指有者主卿監, 小指有主朝郎, 大指有主巨富.
무 명 지 유 자 주 경 감　소 지 유 주 조 랑　대 지 유 주 거 부

무명지에 취문이 있는 자는 경감이고, 소지에 있는 자는 주로 조랑이며, 큰 손가락에 있는 자는 주로 거부이다.

手背五指皆橫紋旋者主封侯王, 立理貫者主拜相[3].
수 배 오 지 개 횡 문 선 자 주 봉 후 왕　입 리 관 자 주 배 상

손등에 다섯 손가락 모두 가로 주름이 돌아 감겨 있는 자는 주로 봉후나 왕에 봉해지며, 세워진 무늬가 꿰어져 있는 자는 주로 재상에 임명된다.

---

[2] 중국 송나라 때의 벼슬 이름.

[3] 정승으로 임명을 삼가 받음.

手背食指之本亦謂之明堂, 有異紋黑痣者主才藝高貴,
수 배 식 지 지 본 역 위 지 명 당　유 이 문 흑 지 자 주 재 예 고 귀

손등의 식지는 본래 명당이라 이르는데, 기이한 주름과 검은 사마귀가 있는 자는 주로 재주와 기예로 고귀하며,

若成飛禽字體者又爲清顯之貴.
약 성 비 금 자 체 자 우 위 청 현 지 귀

만약 비금자의 글자 모양으로 이루어진 것은 또한 맑게 드러나게 되어 귀하다.

大指本有橫紋者謂之空谷紋, 主寬裕無所不納, 主大富.
대 지 본 유 횡 문 자 위 지 공 곡 문　주 관 유 무 소 불 납　주 대 부

큰 손가락 본래 가로 주름이 있는 것을 공곡문이라 이르는데, 주로 너그럽고 넉넉함이 없는 바 들이지 않는데도 주로 크게 부유하다.

若有繞腕紋周旋不斷者, 謂之玉釧紋, 主人敬愛.
약 유 요 완 문 주 선 불 단 자　위 지 옥 천 문　주 인 경 애

만약 팔뚝의 주름이 두루 돌아 끊어지지 않는 것을 옥천문이라 이르는데 주로 사람을 공경하고 사랑한다.

一紋二紋者, 主朝帝之榮.
일 문 이 문 자　주 조 제 지 영

한 개의 주름이나 두 개의 주름이 있는 자는 주로 조정의 제왕으로 영화롭다.

三紋以上者, 主翰苑之貴.
삼 문 이 상 자　주 한 원 지 귀

세 개의 주름 이상인 자는 주로 한원으로 귀하다.

男女皆問其紋, 須得周匝,
남 녀 개 문 기 문　수 득 주 잡

남녀 모두에게 그 주름을 물으면 모름지기 널리 둘레를 얻어야 하고,

若或斷者、絕者, 取證無驗矣.
약 혹 단 자　절 자　취 증 무 험 의

만약 혹 끊어진 것과 가로막힌 것은 증험이 없음을 증거로 취한다.

爪部

조 부

爪之爲相, 亦可擇其美惡, 見其賢愚也.

조 지 위 상 역 가 택 기 미 악 견 기 현 우 야

손톱도 상이 되니 또한 그 아름답고 나쁜지를 택함이 옳고 그 현명함과 어리석음을 본다.

尖而長聰明, 堅而厚者壽, 禿而粗者愚鈍, 缺而落者病弱.

첨 이 장 총 명 견 이 후 자 수 독 이 조 자 우 둔 결 이 락 자 병 약

뾰족하게 길면 총명하고 단단하면서 두꺼운 자는 장수하며, 민둥하면서 거친 자는 우둔하고, 이지러지고 떨어진 자는 병약하다.

色紅而瑩者主貴, 色黄而薄者主賤, 色青瑩者忠良之性.

색 홍 이 영 자 주 귀 색 황 이 박 자 주 천 색 청 영 자 충 량 지 성

색이 붉고 밝은 자는 주로 귀하고, 색이 누렇고 엷은 자는 주로 천하며, 색이 푸르고 밝은 자는 충성스럽고 어진 성품이다.

色白淨者閑逸之情. 如桐葉者榮華, 如半月者快樂,

색 백 정 자 한 일 지 정 여 동 엽 자 영 화 여 반 월 자 쾌 락

색이 희고 깨끗한 자는 한가하고 편안한 뜻이 있다. 오동나무 잎과 같은 자는 영화롭고, 반달과 같은 자는 쾌락이 있으며,

如甋瓦者技巧, 如板瓦者淳重, 如尖鋒者聰俊, 如皺皮者愚下.

여 적 와 자 기 교 여 판 와 자 순 중 여 첨 봉 자 총 준 여 추 피 자 우 하

벽돌기와 같은 자는 재주가 공교롭고, 판자 기와 모양인 자는 순박하고 중후하며, 뾰족하여 봉망(鋒鋩: 창, 칼 따위의 뾰족한 끝)인 자는 뛰어나게 총명하고, 마른 대추껍질 같은 자는 매우 어리석다.

論足

논 족

上載一身, 下運百體, 一爲身之良馬, 一爲地之體象,
상 재 일 신　하 운 백 체　일 위 신 지 량 마　일 위 지 지 체 상

한 몸을 위에 싣고 아래로 온몸을 나르니 한 몸은 좋은 말이 되며, 한 몸의 형상은 땅이 되고,

故雖居其至下而其功至大, 是可別其姸醜而審其貴賤也.
고 수 거 기 지 하 이 기 공 지 대　시 가 별 기 연 추 이 심 기 귀 천 야

고로 비록 그 거함에 아래에 이르고 그 공이 지극히 크니 그 아름답고 추함을 구별하여 그 귀천을 살핌이 옳다.

欲平厚, 正而長, 膩而軟, 及富貴之相也.
욕 평 후　정 이 장　니 이 연　급 부 귀 지 상 야

평평하고 두텁고자 하며, 바르고 길며, 매끄럽고 부드러워야 부귀한 상에 이른다.

不可側而薄、橫而短, 乃貧賤之質也.
불 가 측 이 박　횡 이 단　내 빈 천 지 질 야

옆이 엷으면 불가하고 넓으면서 짧으면 이에 바탕이 빈천하다.

足下無紋理者下賤, 足下有黑痣者二千石祿.
족 하 무 문 리 자 하 천　족 하 유 흑 지 자 이 천 석 록

발아래 주름이 없는 자는 하천하고, 발아래 검은 사마귀가 있는 자는 이천석의 녹이다.

雖大而薄者賤, 雖厚而拘者貧賤.
수 대 이 박 자 천　수 후 이 구 자 빈 천

비록 크더라도 엷은 자는 천하고, 비록 두터워도 굽어진 자는 빈천하다.

腳下城跟者分及子孫, 腳下旋紋者名譽千里,
각하성근자분급자손 각하선문자명예천리

다리 아래 발꿈치가 쌓인 자 베풂이 자손에게 미치고, 다리 아래 주름이 돌아 있는 자는 명예가 천리이며,

腳下薄如板者貧愚, 腳下凹容魚者富貴.
각하박여판자빈우 각하요용어자부귀

다리 아래가 판자와 같이 엷은 자는 가난하여 어리석고, 다리 아래가 오목하여 물고기 모양인 자는 부귀하다.

足纖長者忠良之貴, 足指齊端者豪選之賢,
족섬장자충량지귀 족지제단자호선지현

발이 가늘고 긴자는 충성스럽고 어질어 귀하며, 발가락이 가지런하고 단정한 자는 현명하여 호걸을 가리고,

足厚四寸者巨榮及富, 足排三德者兩省[4]之權.
족후사촌자거영급부 족배삼덕자양성 지권

발이 두터워 네 마디인 자는 큰 영화와 부유함에 미치며, 발에 늘어선 삼덕이 있는 자는 두 성의 권세가 있다.

大體貴人之足小而厚, 賤人之足薄而大焉.
대체귀인지족소이후 천인지족박이대언

대체로 귀한 사람의 발은 작고 두터우며, 천한 사람의 발은 엷고 크다.

足下細軟而多紋者, 貴相也.
족하세연이다문자 귀상야

발아래가 가늘고 부드러우며 주름이 많은 자는 귀한 상이다.

粗破而無紋者, 貧賤.
조파이무문자 빈천

거칠고 깨지고 주름이 없는 자는 빈천하다.

---

4 옛 중국의 문하성(門下省)과 중서성(中書省).

足下有龜紋者, 二千石祿.
족 하 유 귀 문 자 이 천 석 록

발아래 거북이와 같은 주름이 있는 자는 이천석의 녹이다.

足下有禽紋者, 八位之職.
족 하 유 금 문 자 팔 위 지 직

발아래 새 무늬가 있는 자는, 여덟 지위의 직책이다.

足下五指有五策紋者, 平生賢哲.
족 하 오 지 유 오 책 문 자 평 생 현 철

발아래 다섯 발가락에 다섯 댓조각 무늬가 있는 자는 평생 현명하고 밝다.

足下有井紋者, 升朝之官.
족 하 유 정 문 자 승 조 지 관

발아래 정(井)자와 같은 무늬가 있는 자는 조정에 오르는 관직이다.

足下有錦繡紋者, 食祿萬鍾.
족 하 유 금 수 문 자 식 록 만 종

발아래 비단을 수놓은 무늬가 있는 자는 식록이 만종이다.

足下有紋如花樹者, 橫財無數.
족 하 유 문 여 화 수 자 횡 재 무 수

발아래 꽃과 나무와 같은 무늬가 있는 자는 횡재를 헤아릴 수 없다.

足下有紋如剪刀者, 藏鏹巨萬[5].
족 하 유 문 여 전 도 자 장 강 거 만

발아래 가위와 같은 무늬가 있는 자는 숨겨 놓은 돈(돈꿰미에 꿰어 둔)이 거대한 만냥이다.

足下有紋如人形者, 貴壓千官.
족 하 유 문 여 인 형 자 귀 압 천 관

발아래 사람의 형상과 같은 무늬가 있는 자는 귀하여 많은 관리를 누른다.

---

5 여러 만으로 셀 만큼 썩 많은 액수(額數).

有三策紋者, 福而祿.
유 삼 책 문 자　복 이 록

세 개의 댓조각 무늬가 있는 자는 복과 녹이 있다.

有螺紋者, 富而貴. 兩小指無, 則是貧也.
유 라 문 자　부 이 귀　양 소 지 무　즉 시 빈 야

소라 무늬가 있는 자는 부유하고 귀하다. 양쪽 작은 발가락에 없으면 곧 이에 가난하다.

兩小指皆有, 謂之十螺紋, 主性節慳.
량 소 지 개 유　위 지 십 라 문　주 성 절 간

양쪽 작은 발가락에 모두 있으면 십라문이라 이르는데, 주로 성품이 절약하고 아낀다.

十指皆無螺紋者, 多破散矣.
십 지 개 무 라 문 자　다 파 산 의

열 개의 소라 무늬가 모두 없는 자는 파산이 많다.

太清神鑑 卷六

(태청신감 권육)

黑痣部

흑 지 부

夫黑痣者, 若山之生林木, 地之出堆阜.

부 흑 지 자　약 산 지 생 림 목　지 지 출 퇴 부

무릇 검은 사마귀라는 것은 산에서 나는 숲과 나무, 땅에서 나와 쌓인 언덕과 같다.

山有美質, 則生善木以顯其秀; 地積污土, 則長惡阜以文其濁.

산 유 미 질　즉 생 선 목 이 현 기 수　지 적 오 토　즉 장 악 부 이 문 기 탁

산에 아름다운 바탕이 있어 곧 태어나면서부터 좋은 나무로써 그 빼어남이 나타나는 것이요; 땅에는 더러운 흙이 쌓이니 곧 그 탁한 얼룩으로써 더러운 언덕이 되어 자라는 것이다.

是以萬物之理無所不然, 故人之有美質也,

시 이 만 물 지 리 무 소 불 연　고 인 지 유 미 질 야

이로써 만물의 이치는 자연이 아닌 바가 없으며 고로 사람에게 좋은 바탕이 있는 것이고,

則生奇痣以新其貴; 生有濁質, 則生惡痣以表其賤.

즉 생 기 지 이 신 기 귀　생 유 탁 질　즉 생 악 지 이 표 기 천

곧 기이한 점이 생겨남으로 인하여 새롭게 그 귀함이요; 생겨남에 탁한 바탕이 있으면 곧 나쁜 점이 겉에 생김으로써 그것이 천하다.

故漢高祖左股有七十二黑子, 則見帝王之瑞相也.
고 한 고 조 좌 고 유 칠 십 이 흑 자　즉 견 제 왕 지 서 상 야

고로 한 고조는 왼쪽 넓적다리에 72개의 검은 점이 있음에 곧 제왕의 상서로운 조짐으로 보았다.

凡黑痣生於顯處者多凶, 生於隱處之中者多吉.
범 흑 지 생 어 현 처 자 다 흉　생 어 은 처 지 중 자 다 길

무릇 검은 사마귀는 생길 때부터 나타나는 곳에 흉함이 많고, 태어나면서부터 감추어진 곳 가운데 있으면 길함이 많다.

故生面者皆不利也. 黑痣其色黑如墨、赤如硃善也.
고 생 면 자 개 불 리 야　흑 지 기 색 흑 여 묵　적 여 주 선 야

고로 얼굴에 생긴 것은 모두 이롭지 못하다. 검은 사마귀는 그 색이 먹과 같고 붉은 주사와 같으면 좋다.

帶赤色者主口舌鬥競, 帶白色者主憂刑, 帶黃色者主遺忘失脫.
대 적 색 자 주 구 설 투 경　대 백 색 자 주 우 형　대 황 색 자 주 유 망 실 탈

붉은색을 띠면 주로 구설로 싸우고 다투며, 흰색을 띠면 주로 형벌을 근심하고, 황색을 띠면 주로 전할 것을 기억하지 못하고 전부 잃는다.

此文理之辨相也.
차 문 리 지 변 상 야

이는 서로 분별하는 문리이다.

頭面黑痣

두 면 흑 지

生髮中者主富壽, 近上者尤猛貴. 額上有七星黑者主大貴.
생 발 중 자 주 부 수 근 상 자 우 맹 귀 액 상 유 칠 성 흑 자 주 대 귀

검은 사마귀가 머리털 속에 나면 주로 부유하고 장수하며, 위로 가까우면 오히려 용맹하고 귀하다. 이마 위에 7개의 검은 점이 있는 것은 주로 크게 귀하다.

天中主妨父, 天庭主妨母, 司空妨父母, 印堂心主貴,
천 중 주 방 부 천 정 주 방 모 사 공 방 부 모 인 당 심 주 귀

천중에 있으면 주로 아버지를 방해하고, 천정에 있으면 주로 어머니를 방해하며, 사공에 있으면 부모를 방해하고, 인당에 있으면 뜻이 주로 귀하며,

兩耳輪上主富, 耳內主壽, 頤上主財, 眼胲上主作賊,
양 이 륜 상 주 부 이 내 주 수 이 상 주 재 안 개 상 주 작 적

양쪽 이륜(귀바퀴) 위에 있으면 주로 부유하고, 귀 안에 있으면 주로 장수하며, 턱 위에 있으면 주로 재물이 있고, 눈동자와 빰 위에 있으면 주로 도적이 되며,

山根上主剋害, 山根下主兵死, 鼻側主病苦死, 目上窮困多,
산 근 상 주 극 해 산 근 하 주 병 사 비 측 주 병 고 사 목 상 궁 곤 다

산근 위에 있으면 주로 극하여 해롭고, 산근 아래에 있으면 주로 전쟁터에서 죽으며, 코 옆에 있으면 주로 병으로 괴롭게 죽고, 눈 위에 있으면 궁하여 곤란함이 많으며,

眉中主富貴, 唇上主吉利, 鼻頭主妨害刀厄, 鼻梁主蹇滯[1],
미 중 주 부 귀 진 상 주 길 리 비 두 주 방 해 도 액 비 량 주 건 체

눈썹 가운데 있으면 주로 부귀하고, 입술 위에 있으면 주로 길하여 이로우며, 코의 머리에 있으면 주로 칼로 인한 재앙으로 방해받고, 비량에 있으면 주로 괴로워 머뭇거리게 되며,

---

1 괴로워하며 머뭇거림. 마음대로(뜻대로) 되지 않음.

人中主求婦易, 口側聚財難, 口中主酒食, 舌上主虛言,
인 중 주 구 부 이　구 측 취 재 난　구 중 주 주 식　설 상 주 허 언

인중에 있으면 주로 아내를 구함이 쉽고, 입 옆에 있으면 주로 재물을 모으기가 어려우며, 입 가운데 있으면 술과 음식을 주관하고, 혀 위에 있으면 주로 헛된 말을 하며,

唇下主破財, 口角主失職, 承漿主醉死, 左廂主橫死,
진 하 주 파 재　구 각 주 실 직　승 장 주 취 사　좌 상 주 횡 사

입술 아래 있으면 주로 재물을 깨뜨리고, 입꼬리에 있으면 주로 직장을 잃으며, 승장에 있으면 주로 술에 취해 죽고, 좌상에 있으면 주로 횡사하며,

高廣二親妨剋, 陽尺主客死, 輔角主兵死, 邊地主外死,
고 광 이 친 방 극　양 척 주 객 사　보 각 주 병 사　변 지 주 외 사

고광에 있으면 양친을 이겨 방해하고, 양척에 있으면 주로 객사하며, 보각에 있으면 주로 전쟁에서 죽고, 변지에 있으면 주로 외지에서 죽으며,

轉角主貧下, 山林主蟲傷, 虎角主軍門, 劫門主弓箭死,
전 각 주 빈 하　산 림 주 충 상　호 각 주 군 문　겁 문 주 궁 전 사

전각에 있으면 주로 가난하여 하층이고, 산림에 있으면 주로 벌레로 상하며, 호각에 있으면 주로 군영의 문(군대)에 있고, 겁문에 있으면 주로 활과 화살로 죽으며,

青路主客道死, 太陽主大婦吉, 魚尾主井亡, 姦門主刀殺,
청 로 주 객 도 사　태 양 주 대 부 길　어 미 주 정 망　간 문 주 도 살

청로에 있으면 주로 길에서 객사하고, 태양에 있으면 주로 크게 부인이 길하며, 어미에 있으면 주로 우물에서 죽고, 간문에 있으면 주로 칼로 죽으며,

天井主水厄, 玄中主清慎, 夫坐主喪妻, 長男主剋長子,
천 정 주 수 액　현 중 주 청 신　부 좌 주 상 처　장 남 주 극 장 자

천정에 있으면 주로 물의 재액이 있고, 현중에 있으면 주로 맑아 삼가게 되며, 부좌에 있으면 주로 아내를 잃게 되고, 장남에 있으면 주로 장자를 극하며,

中男主剋中兒, 次男主剋次兒, 金匱主破散, 書上主無職,
중 남 주 극 중 아　차 남 주 극 차 아　금 궤 주 파 산　서 상 주 무 직

중남에 있으면 주로 가운데 아이를 극하고, 차남에 있으면 둘째 아이를 극하며, 금궤에 있으면 주로 파산하고, 서상에 있으면 주로 직업이 없으며,

學堂主無學問, 命門主火厄, 僕使主爲賤, 嬰門主飢寒,
학 당 주 무 학 문　명 문 주 화 액　복 사 주 위 천　영 문 주 기 한

학당에 있으면 주로 학문이 없고, 명문에 있으면 주로 불의 재액이 있으며, 복사에 있으면 주로 천하게 되고, 영문에 있으면 주로 굶주리고 추우며,

小吏主貧薄, 中堂主剋妻, 外宅主無屋, 奴婢主妨奴,
소 리 주 빈 박　중 당 주 극 처　외 택 주 무 옥　노 비 주 방 노

소리에 있으면 주로 가난하여 야박하고, 중당에 있으면 주로 처를 극하며, 외택에 있으면 주로 집이 없고, 노비에 있으면 주로 노비를 방해하며,

坑塹主落崖, 陂池主溺水, 匱上主客亡, 三陽主縊死,
갱 참 주 락 애　피 지 주 닉 수　궤 상 주 객 망　삼 양 주 액 사

갱참에 있으면 주로 낭떠러지에서 떨어지고, 피지에 있으면 주로 물에 빠지게 되며, 궤상에 있으면 주로 객사하고, 삼양에 있으면 주로 목을 매어 죽으며,

盜部主奸竊, 兩廚主乏食, 祖宅主移屋, 大海主水厄,
도 부 주 간 절　양 주 주 핍 식　조 택 주 이 옥　대 해 주 수 액

도부에 있으면 주로 간사한 도둑이고, 양주에 있으면 주로 음식이 부족하며, 조택에 있으면 주로 집을 옮기고, 대해에 있으면 주로 물의 재액이 있으며,

年上主貧困, 地閣主少田宅, 牢獄主刑厄之災也.
연 상 주 빈 곤　지 각 주 소 전 택　뇌 옥 주 형 액 지 재 야

연상에 있으면 주로 가난으로 궁색하고, 지각에 있으면 주로 밥과 집이 적으며, 뇌옥에 있으면 주로 형벌을 받는 재앙이 있다.

手足黑痣

수 족 흑 지

兩肘內近上謂之厄門, 主病厄. 兩肘近下謂 (原缺) 壁主富貴.
양 주 내 근 상 위 지 액 문 주 병 액 양 주 근 하 위 원 결 벽 주 부 귀

양 팔꿈치 안 근처 위를 이를 액문이라 이르는데, 검은 사마귀가 있으면 주로 병의 재앙이다. 양 팔꿈치 근처 아래에 이르면(원래는 이지러짐) 진터로 주로 부귀하다.

兩肘後主富財, 兩肘頭主災厄.
양 주 후 주 부 재 양 주 두 주 재 액

양 팔꿈치 뒤에 있으면 주로 부자로 재물이 많고, 양 팔꿈치 머리에 있으면 주로 재액이 있다.

兩臂肘屈交中謂之後收, 近腕謂之前收, 主伎巧.
양 비 주 굴 교 중 위 지 후 수 근 완 위 지 전 수 주 기 교

양팔과 팔꿈치가 굽어 중간이 교차하면 이를 후수라 이르고, 팔에 가까우면 이를 전수라 이르는데 주로 기교가 있다.

兩肘外謂之城社, 主貴. 兩腋下謂之金匱, 主富.
양 주 외 위 지 성 사 주 귀 양 액 하 위 지 금 궤 주 부

양 팔꿈치 바깥이면 이를 성사라 이르는데 주로 귀하다. 양 겨드랑이 아래면 이를 금궤라 이르는데 주로 부유하다.

兩腋畔謂之絲堂, 主蠶桑. 兩曲池穴外謂之神亭, 主邪妄.
양 액 반 위 지 사 당 주 잠 상 양 곡 지 혈 외 위 지 신 정 주 사 망

양 겨드랑이의 두둑이면 이를 사당이라 이르는데 주로 누에와 뽕을 친다. 양 곡지혈 바깥이면 이를 신정이라 이르는데 주로 간사하고 망령되다.

曲池穴裡大骨上謂之盜部, 主被盜. 兩臂外謂之厄門, 主刀傷.
곡 지 혈 리 대 골 상 위 지 도 부 주 피 도 양 비 외 위 지 액 문 주 도 상

곡지혈 안쪽 큰 뼈 위면 이를 도부라 이르는데 주로 도둑을 맞는다. 양팔 바깥이면 이를 액문이라 이르는데, 주로 칼로 상한다.

兩掌中主富貴, 兩手皆主才巧. 兩腿之上謂之福府, 主驅使奴婢.
양 장 중 주 부 귀 양 수 개 주 재 교 양 퇴 지 상 위 지 복 부 주 구 사 노 비

양 손바닥 가운데면 있으면 주로 부귀하고, 양손에 모두 있으면 주로 재주가 공교롭다. 양 넓적다리 위면 이를 복부라 이르는데, 주로 몰아 부리는 노비이다.

兩腿後謂之得庭, 主福德旺相. 兩曲膝後謂之財苑, 主牛馬六畜[2].
양 퇴 후 위 지 득 정 주 복 덕 왕 상 양 곡 슬 후 위 지 재 원 주 우 마 육 축

양 넓적다리 뒷면에 있으면 이를 득정이라 이르는데, 주로 복과 덕이 서로 왕성한 상이다. 양쪽 굽어진 무릎 뒷면을 재원이라 이르는데, 주로 소나 말의 여섯 가지 가축을 기른다.

兩胯骨上下謂之有威勢, 兩膝上謂之玉府[3], 主蓄財帛.
양 과 골 상 하 위 지 유 위 세 양 슬 상 위 지 옥 부 주 축 재 백

양 사타구니 뼈 위아래면 위엄과 권세가 있다고 일컬으며, 양 무릎 위에 있으면 이를 옥부라 이르는데 주로 재물과 비단을 쌓아둔다.

兩膁刃[4]骨上謂之勞源, 主奔波勞苦. 兩腳底謂之寶藏, 主封侯伯.
양 겸 인 골 상 위 지 노 원 주 분 파 노 고 양 각 저 위 지 보 장 주 봉 후 패

양 옆구리 갈고리뼈 위를 노원이라 이르는데 주로 세찬 물결처럼 애쓰며 고생한다. 양다리 아래면 이를 보장이라 이르는데, 주로 후백(제후의 우두머리)에 봉해진다.

足指間謂之外庫, 主多僕相也.
족 지 간 위 지 외 고 주 다 복 상 야

발가락 사이면 외고라 이르는데 주로 종이 많은 상이다.

---

2 집에서 기르는 대표적인 여섯 가지 가축.

3 전설에서, 신선이 산다고 하는 곳.

4 미늘(빠지지 않게 만든 작은 갈고리).

身體上下黑痣

신 체 상 하 흑 지

兩乳上謂之左右倉, 主積財穀. 兩乳中謂男女宮, 主宜男女.

양 유 상 위 지 좌 우 창 주 적 재 곡 양 유 중 위 남 녀 궁 주 의 남 녀

검은 사마귀가 양 유방 위면 이를 좌우창이라 이르는데 주로 재물과 곡식을 쌓는다. 양 유방의 가운데면 남녀궁이라 이르는데 주로 남녀의 화순함이다.

兩乳下謂之左右庫, 主積金帛. 兩乳間當心者謂之福苑, 主壽而樂.

양 유 하 위 지 좌 우 고 주 적 금 백 양 유 간 당 심 자 위 지 복 원 주 수 이 락

양 유방 아래면 이를 좌우창이라 이르는데 주로 금과 비단을 쌓는다. 양 유방 사이 심장에 당면하면 복원이라 이르는데 주로 오래 살며 즐겁다.

臍中謂之龍關, 主福智生貴子.

제 중 위 지 룡 관 주 복 지 생 귀 자

배꼽 가운데면 용관이라 이르는데 주로 복이 있고 지혜로워 귀한 자식을 낳는다.

臍下兩傍謂之左荒右野, 主貴而樂.

제 하 양 방 위 지 좌 황 우 야 주 귀 이 락

배꼽 아래 양 옆이면 이를 좌황우야라 이르는데 주로 귀하고 즐겁다.

腹橫紋兩傍謂之逸堂, 主性閑雅[5]、富貴快樂.

복 횡 문 양 방 위 지 일 당 주 성 한 아 부 귀 쾌 락

배에 가로 주름의 양 옆을 이를 일당이라 이르는데 주로 성품이 한가롭고 우아하며, 부귀와 쾌락이 있다.

---

5 한가롭고 아치가 있음.

咽喉下近上者謂之天柱，主得人提攜；近下者主傷死.
인 후 하 근 상 자 위 지 천 주 주 득 인 제 휴 근 하 자 주 상 사

인후 아래의 위로 가까운 것을 천주라 이르는데, 주로 사람을 끌어당겨 얻음이요; 가까운 아래는 주로 상하여 죽는다.

項上謂之勢源，主有威權之吉. 腦後骨上謂之壽堂，主多壽考[6].
항 상 위 지 세 원 주 유 위 권 지 길 뇌 후 골 상 위 지 수 당 주 다 수 고

목 위에 있는 것을 형세의 세원이라 이르는데 주로 위엄과 권세가 있어 길하다. 머리통 뒤의 뼈 위면 수당이라 이르는데 주로 나이가 많도록 오래 산다.

腰當中心謂之四大海，主守官邊庭，不返而死.
요 당 중 심 위 지 사 대 해 주 수 관 변 정 불 반 이 사

허리에 당면하여 가운데면 이를 사대해라 이르는데, 주로 조정의 변방을 지키는 벼슬을 하나 돌아오지 못하고 죽는다.

兩臂辦者，主有財穀.
양 비 판 자 주 유 재 곡

양팔에 갖춰진 것은 주로 재물과 곡식이 있다.

男兒貴格

남 아 귀 격

眼勢入天倉，眉清復更長. 準圓年壽起，法令貫頤堂.
안 세 입 천 창 미 청 복 경 장 준 원 연 수 기 법 령 관 이 당

눈의 기세가 천창으로 들어가고, 눈썹이 맑고 성하여 다시 길다. 준두가 둥글고 연상과 수상이 일어나며 법령이 이당을 꿴다.

---

6 나이가 아주 많게 오래 삶.

兩眉過耳聳, 唇丹口四方. 承漿朝地角, 色正見神光.
양 미 과 이 용　진 단 구 사 방　승 장 조 지 각　색 정 견 신 광

귀가 솟아 양 눈썹을 지나고, 입술이 붉고 입은 사방으로 넓다. 승장과 지각이 모이고, 바른 색으로 신에 빛이 보인다.

起背如披甲, 眉清額又方. 官高名四海, 萬古播忠良.
기 배 여 피 갑　미 청 액 우 방　관 고 명 사 해　만 고 파 충 량.

등이 일어남에 갑옷을 쪼갠 것 같고, 눈썹이 맑고 이마가 또한 넓다. 높은 벼슬로 이름을 사해에 나고, 긴 세월 동안 충성을 다한다.

又云: 眉爲華蓋眼爲星, 華益高兮眼貴明. 地勢朝天乘步穩,
우 운　미 위 화 개 안 위 성　화 익 고 혜 안 귀 명　지 세 조 천 승 보 온

또 이르기를 눈썹이 아름답게 눈을 덮으면 별이 되니, 더욱 높게 빛나야 귀한 눈으로 밝다. 땅의 기세가 모여 하늘로 올라 뒤 따름이 평온하면

必當年少作公卿.
필 당 년 소 작 공 경

젊을때 반드시 공경으로 일해야 한다.

兩府格

양 부 격

額廣而平, 天庭不陷, 鼻隆而直, 地闊不尖.
액 광 이 평　천 정 불 함　비 륭 이 직　지 활 부 첨

이마가 넓고 고르며 천정은 꺼지지 않고, 코는 높고 곧으며 지각은 넓어 뾰족하지 않다.

瘦人有肩背, 肥人神愈清. 邊廣地廣, 龍骨與虎骨相成.
수 인 유 견 배　비 인 신 유 청　변 광 지 광　용 골 여 호 골 상 성

여윈 사람은 어깨와 등이 있고, 살찐 사람은 신이 뛰어나고 맑다. 변지가 넓고 지각도 넓으며, 용골과 더불어 호골이 상을 이룬다.

肉光滑, 眉秀輕, 準完滿, 蘭臺、廷尉分明.
육 광 활　미 수 경　준 완 만　난 대　정 위 분 명

살이 빛나고 매끄러우며 눈썹은 빼어나고 가벼우며, 준두가 완전하게 가득 차고, 난대와 정위가 분명하다.

耳貼肉而生, 分明爲五嶽朝正. 口傍有肉起, 不論肥瘦.
이 첩 육 이 생　분 명 위 오 악 조 정　구 방 유 육 기　불 론 비 수

귀에 살이 붙어서 태어나고, 분명한 오악이 바르게 모여 있다. 입 옆의 살이 일어나 있으면 살찌고 여윈 것은 논하지 않는다.

天倉不陷, 骨隆而肉稱, 色正而光. 聲不論大小, 淸圓不破.
천 창 불 함　골 륭 이 육 칭　색 정 이 광　성 불 론 대 소　청 원 불 파

천창이 꺼지지 않고 뼈는 높으면서 살은 균형을 이루고 색은 바르고 빛난다. 소리의 크고 작음을 논하지 않으니 맑고 둥글어 깨뜨리지 않는다.

肩隆有背有胸, 上長下短, 手足龍虎相呑.
견 륭 유 배 유 흉　상 장 하 단　수 족 룡 호 상 탄

어깨가 높고 등과 가슴이 있음에 위는 길고 아래가 짧으며, 손과 발은 용과 호랑이처럼 서로 감싼다.

目不論大小, 神藏不露, 眼囊大而藏睛.
목 불 론 대 소　신 장 불 로　안 낭 대 이 장 정

눈은 크고 작음을 논하지 않고 신은 감추어져 드러나지 않으며, 눈 주머니가 크고 눈동자는 감춰져 있다.

神而不亂, 厚而不俗, 坐穩行輕. 此乃兩府格也.
신 이 불 란　후 이 불 속　좌 온 행 경　차 내 양 부 격 야

신이 어지럽지 않고 두텁우며 속되지 않고, 앉음에 평온하고 걸음걸이는 가볍다. 이에 곧 양부격이라 한다.

兩制格

양 제 격

瘦人額廣, 肥人額平. 色正肉滑, 髮細鬢清.
수 인 액 광　비 인 액 평　색 정 육 활　발 세 빈 청

여윈 사람은 이마가 넓고 살찐 사람은 이마가 평평하다. 색이 바르고 살은 매끄러우며 머리카락은 가늘고 귀밑머리가 맑다.

目藏神而遠, 天倉不陷, 鼻隆而直, 地角不尖.
목 장 신 이 원　천 창 불 함　비 륭 이 직　지 각 불 첨

눈은 신을 멀리 감추고 천창이 꺼지지 않으며, 코가 높고 바르며 지각은 뾰족하지 않다.

瘦人肩背厚, 肥人神愈清.
수 인 견 배 후　비 인 신 유 청

여윈 사람은 어깨와 등이 두텁고 살찐 사람은 신이 뛰어나고 맑다.

邊廣地廣, 龍骨與虎骨相成, 君臣相稱.
변 광 지 광　용 골 여 호 골 상 성　군 신 상 칭

변지와 지각이 넓고 용골과 더불어 호골이 상을 이루니, 임금과 신하가 서로 균형을 이룬다.

耳聳金匱平, 眉輕清, 秀色正而明.
이 용 금 궤 평　미 경 청　수 색 정 이 명

귀가 솟고 금궤가 평평하고 눈썹은 가볍고 맑으며 색은 빼어나 바르면서 밝다.

正郎格

정 랑 격

瘦人色正, 肥人不俗, 精神隱藏. 鼻直口方, 肩背豐隆.
수 인 색 정　비 인 불 속　정 신 은 장　비 직 구 방　견 배 풍 륭

여윈 사람은 색이 바르고 살찐 사람은 속되지 않으며, 정과 신을 숨기어 감추고 있다. 코는 곧고 입은 모나며 어깨와 등이 풍륭하다.

瘦人肩背不寒, 肥人骨肉相稱, 擧止自重.
수 인 견 배 불 한　비 인 골 육 상 칭　거 지 자 중

여윈 사람은 어깨와 등이 춥지 않아야 하고 살찐 사람은 뼈와 살이 서로 균형을 이루며, 거동을 멈추어 자중한다.

員郎格

원 랑 격

面目神藏而遠, 額方骨聳, 金匱方平.
면 목 신 장 이 원　액 방 골 용　금 궤 방 평

얼굴과 눈에 신을 멀리 감추고 이마는 넓고 뼈가 솟으며, 금궤는 넓고 평평하다.

瘦人肩背不寒, 肥人骨肉相稱, 擧止貴氣自重.
수 인 견 배 불 한　비 인 골 육 상 칭　거 지 귀 기 자 중

여윈 사람은 어깨와 등이 춥지 않아야 하고 살찐 사람은 뼈와 살이 서로 균형을 이루며, 거동을 멈추어 귀한 기운으로 자중한다.

男豪富

남 호 부

耳聳大兼長, 眉疏口四方. 背隆如負物, 胸起似昂藏.

이 용 대 겸 장　미 소 구 사 방　배 륭 여 부 물　흉 기 사 앙 장

귀가 솟아 큰 것과 겸하여 길고 눈썹이 성글며 입은 사방으로 넓다. 등이 높아 물건을 짊어진 것 같고, 가슴이 일어나 우러르는 것을 감추는 것 같다.

鼻直兼圓準, 色老輔神光. 三陽成不陷, 顴骨插天倉.

비 직 겸 원 준　색 로 보 신 광　삼 양 성 불 함　권 골 삽 천 창

코가 곧은 것과 겸하여 준두가 둥글며, 색이 노련하여 신을 빛나게 돕는다. 삼양이 일어나 꺼지지 않고 관골이 천창을 꽂는다.

手足如綿軟, 雙縧壽帶長. 不唯身主富, 更富子孫昌.

수 족 여 면 연　쌍 조 수 대 장　불 유 신 주 부　갱 부 자 손 창

손발이 솜과 같이 부드러우며 한 쌍의 주름인(쌍조) 수명의 띠가 길다. 다만 자신이 부유하지 않으면 다시 부유함으로 자손을 창성하게 한다.

長壽祿

장 수 록

耳聳勢兼長, 眉清口四方. 顴方分日月, 眼不露神光.
이 용 세 겸 장　미 청 구 사 방　권 방 분 일 월　안 불 로 신 광

귀가 솟아 기세와 겸하여 길고 눈썹은 맑으며 입은 사방으로 넓다. 관골은 모나며 일월(양쪽 눈)이 나누어지고 눈은 드러나지 않으나 신이 빛난다.

鼻直兼圓準, 頤方法令長. 腦圓成玉枕, 地閣輔承漿.
비 직 겸 원 준　이 방 법 령 장　뇌 원 성 옥 침　지 각 보 승 장

코가 곧은 것과 겸하여 준두가 둥글며 턱이 모나고 법령이 길다. 머리통이 둥글어 옥침을 이루고 지각이 승장을 돕는다.

牛項兼觀目, 肩隆井竈藏. 骨剛過上壽, 清德壽無疆.
우 항 겸 관 목　견 륭 정 조 장　골 강 과 상 수　청 덕 수 무 강

소의 목덜미와 겸하여 눈을 보고 어깨가 높고 정조가 감춰져 있다. 뼈가 굳세게 지나면 수명이 높고 맑은 덕으로 수명의 한계가 없다.

夭壽

요 수

眉促又相連, 唇輕額又尖. 鼻低橫有骨, 頭細卻無肩.
미 촉 우 상 련　순 경 액 우 첨　비 저 횡 유 골　두 세 각 무 견

눈썹이 재촉하여 또 서로 이어지고, 입술이 가벼우며 이마가 또한 뾰족하다. 코가 낮게 가로로 뼈가 있고 머리는 작아 물러나며 어깨가 없다.

眼露還無壽, 形寒不老年.
안 로 환 무 수　형 한 불 노 년

눈이 드러나 돌아오면 수명이 없고 형상이 추우면 노년에 이르지 않는다.

額虧邊地窄, 輪返耳朝前. 色嫩兼生火, 聲焦命豈延.
액 휴 변 지 착　륜 반 이 조 전　색 눈 겸 생 화　성 초 명 기 연

이마가 이지러지고 변지가 좁으며 귓바퀴가 뒤집어져 앞으로 모이고, 색이 연약하고 겸하여 불이 생겨나 소리가 타니 수명을 어찌 늘릴 수 있겠는가?

眼光浮泛露, 三十入黃泉.
안 광 부 범 로　삼 십 입 황 천

눈에 빛이 떠서 드러나면 30세에 황천(저승)에 든다.

先賤後貴

선 천 후 귀

額小初年滯, 神清色且牢. 氣寒神自遠, 勢怯卻威高.
액 소 초 년 체 신 청 색 차 뢰 기 한 신 자 원 세 겁 각 위 고

이마가 작으면 초년에 막히고 신이 맑은 색을 또한 가둔다. 기운이 차가우면 신이 저절로 멀고 권세와 두려움을 물리치면 위엄이 높다.

廣顙終成器, 頤完祿位高. 色黄雖未發, 五嶽已相朝.
광 상 종 성 기 이 완 록 위 고 색 황 수 미 발 오 악 이 상 조

넓은 이마는 마칠 때가지 그릇을 이루고 턱이 완전하면 녹이 높은 지위이다. 색이 누렇게 비록 발하지 못하여도 오악이 이미 서로 모인다.

莫道多速滯, 逢時自發苗. 不唯官祿位, 財帛自相招.
막 도 다 속 체 봉 시 자 발 묘 불 유 관 록 위 재 백 자 상 초

길이 많이 빠르고 막히지 않으면 스스로 싹이 발하는 때를 만난다. 오직 관록의 지위가 아니면 재물과 비단이 스스로 서로 부른다.

先富後貧

선 부 후 빈

額廣榮初主, 神淸色不牢. 鼻高無臉骨, 肉薄卻聲焦.
액 광 영 초 주 신 청 색 불 뢰 비 고 무 검 골 육 박 각 성 초

이마가 넓으면 처음에는 주로 영화로우나 신이 맑은 색을 가두지 못한다. 코가 높은데 뺨의 뼈가 없고 살이 엷어 물러나며 소리가 탄다.

掌厚還筋露, 臍深耳不朝. 背雖如負物, 胸薄不生毫.
장 후 환 근 로 제 심 이 부 조 배 수 여 부 물 흉 박 불 생 호

손바닥이 두터우나 힘줄이 드러나 돌아오고, 배꼽이 깊으나 귀가 모이지 않는다. 등이 비록 물건을 짊어진 것과 같으나, 가슴이 엷고 털이 나지 않는다.

色嫩初主好, 中年禍必招. 君看今已富, 終主自蕭條[7].
색 눈 초 주 호 중 년 화 필 초 군 간 금 이 부 종 주 자 소 조

색이 연약하면 주로 초년이 좋고 중년에는 반드시 재앙을 부른다. 임금을 바라보니 이제 이미 부유하나 마침내 주로 저절로 쓸쓸하다.

---

[7] 분위기(雰圍氣)가 매우 쓸쓸함.

四相不露

사 상 불 로

眼睛露, 黑白分明不爲露. 鼻露竅, 山根正不爲露.
안 정 로 흑 백 분 명 불 위 로 비 로 규 산 근 정 불 위 로

눈과 눈동자가 드러나고 흑백이 분명하게 드러나지 않아야 한다. 콧구멍이 드러나고 산근이 바르며 드러나지 않아야 한다.

口露齒, 唇不褰不爲露. 耳反輪, 貼肉生不爲露.
구 로 치 순 불 건 불 위 로 이 반 륜 첩 육 생 불 위 로

입에 드러난 치아와 입술이 걷어 올리지 않고 드러나지 않아야 한다. 귓 바퀴가 뒤집혀도 살이 생겨 드러나지 않아야 한다.

又云 : 一露二露, 有裩無袴. 露齒結喉, 身不自由.
우 운 일 로 이 로 유 곤 무 고 로 치 결 후 신 불 자 유

또한 이르기를 하나가 드러나고 두 개가 드러나면 잠방이(가랑이가 짧은 내의)는 있어도 바지가 없다. 치아가 드러나고 결후가 있으면 몸이 자유롭지 않다.

鷺鷥類鶴, 終是不足, 更看骨法、形氣決之. 餘與前同.
로 사 류 학 종 시 부 족 갱 간 골 법 형 기 결 지 여 여 전 동

해오라기 무리와 학은 마칠 때 까지 족함이 없고, 다시 뼈의 법칙을 보고 형과 기를 분별한다. 나머지도 더불어 앞과 같다고 하였다.

三停

삼 정

上停長者大吉昌, 中停長者近君王. 下停長者皆庸俗,
상 정 장 자 대 길 창 중 정 장 자 근 군 왕 하 정 장 자 개 용 속

상정이 긴 자는 크게 길하며 번창하고 중정이 긴 자는 임금 가까이에 있다. 하정이 긴 자는 모두 범용(凡庸)하고 속(俗)되어 이렇다 할 특징 없어,

遠走他方主不良.
원 주 타 방 주 불 량

다른 방향으로 멀리 달리니 주로 어질지 못하다.

又云: 身三停相稱及上下勻稠, 則爲富貴之人也.
우 운 신 삼 정 상 칭 급 상 하 균 조 즉 위 부 귀 지 인 야

또한 이르기를 몸의 삼정은 서로 균형을 이루고 위아래가 고르게 움직이면, 곧 부귀한 사람이 된다.

上長下短, 背聳三山, 則爲公卿之位.
상 장 하 단 배 용 삼 산 즉 위 공 경 지 위

위가 길고 아래가 짧으며, 등이 솟아 삼산이면 즉 공경의 지위가 된다.

上短下長, 腰身怯薄, 一生奔走貧苦之輩矣.
상 단 하 장 요 신 겁 박 일 생 분 주 빈 고 지 배 의

위가 짧고 아래가 길며, 허리와 몸이 약하고 엷으면, 한평생 빠르게 달려 가난하고 괴로운 무리라 하였다.

五大

오 대

五大之形: 一、頭大; 二、眼大; 三、腹大;
오 대 지 형 일 두 대 이 안 대 삼 복 대

다섯 가지 큰 형상에는 첫째 큰 머리, 둘째 큰 눈, 셋째 큰 배,

四、耳大; 五、口大.
사 이 대 오 구 대

넷째 큰 귀, 다섯째 큰 입이다.

五大者, 須得生成無缺陷, 則主富貴矣.
오 대 자 수 득 생 성 무 결 함 즉 주 부 귀 의

다섯 가지 큰 것은 모름지기 결함 없이 이룸을 얻어 나면 곧 주로 부귀하다.

或頭大而無角, 眼大而昏濁, 腹大而不圓垂, 耳大而無輪廓,
혹 두 대 이 무 각 안 대 이 혼 탁 복 대 이 불 원 수 이 대 이 무 륜 곽

혹 큰 머리에 각이 없고 눈이 크나 혼탁하며, 배가 크나 둥글게 드리우지 않고 큰 귀에 윤곽이 없으며,

口大而唇薄, 則反主貧賤也.
구 대 이 순 박 즉 반 주 빈 천 야

큰 입에 입술이 엷으면 곧 도리어 주로 가난하고 천하다.

八大

팔 대

八大者, 眼雖大, 昏且濁; 鼻雖大, 梁柱弱; 口雖大, 兩垂角;
팔 대 자 안 수 대 혼 차 탁 비 수 대 량 주 약 구 수 대 양 수 각

여덟 가지가 큰 것은 눈이 비록 커도 흐리고 또 탁함이요; 코가 비록 커도 들보와 기둥이 약함이요; 입이 비록 커도 양 각이 드리워짐이요;

耳雖大, 門孔薄; 頭雖大, 無骨著; 聲雖大, 宮商虧;
이 수 대 문 공 박 두 수 대 무 골 저 성 수 대 궁 상 휴

귀가 비록 커도 문구멍이 엷음이요; 머리가 비록 커도 뼈가 분명하지 않음이요; 소리가 비록 커도 궁상이 이지러짐이요;

面雖大, 薄卻皮; 身雖大, 停不齊.
면 수 대 박 각 피 신 수 대 정 부 제

얼굴이 비록 커도 엷어 피부를 물리침이요; 몸이 비록 커도 머무름이 가지런하지 않다.

以上八者, 如不相應者反爲貧賤人也.
이 상 팔 자 여 불 상 응 자 반 위 빈 천 인 야

이상 여덟 가지는 서로 응하는 것이 없는 것과 같아 도리어 가난하고 천한 사람이다.

五小

오 소

五小之形: 一、頭小; 二、眼小; 三、腹小;
오 소 지 형 일 두 소 이 안 소 삼 복 소

다섯 가지 작은 형상에는 첫째 작은 머리요; 둘째 작은 눈이요; 셋째 작은 배요;

四、耳小; 五、口小.
사 이 소 오 구 소

넷째 작은 귀요; 다섯째 작은 입이다.

若五者端正無缺陷而俱小者, 乃貴相也.
약 오 자 단 정 무 결 함 이 구 소 자 내 귀 상 야

만약 다섯 가지가 단정하고 결함 없이 작게 갖추어진 자는 이에 귀한 상이다.

其或三四小而一二大者, 則主應貧賤.
기 혹 삼 사 소 이 일 이 대 자 즉 주 응 빈 천

그것이 혹 셋넷이 작고 한둘이 큰 자는, 곧 주로 빈천함에 응한다.

若夫頭小而有角, 眼小而清秀, 腹小而圓垂, 耳小而輪廓成,
약 부 두 소 이 유 각 안 소 이 청 수 복 소 이 원 수 이 소 이 윤 곽 성

만약 무릇 머리가 작아도 각이 있고 눈이 작아도 맑고 빼어나며, 배가 작아도 둥글게 드리우고 귀가 작아도 윤곽을 이루며,

口小而脣齒正, 則反貴人也.
구 소 이 순 치 정 즉 반 귀 인 야

입이 작아도 입술과 치아가 바르면 곧 도리어 귀한 사람이다.

八小
팔 소

眼雖小, 秀且長; 鼻雖小, 梁柱直; 口雖小, 棱且方;
안 수 소 수 차 장 비 수 소 량 주 직 구 수 소 릉 차 방

눈이 비록 작아도 빼어나고 또한 길음이요; 코가 비록 작아도 대들보 기둥처럼 곧음이요; 입이 비록 작아도 모서리가 또한 모남이요;

耳雖小, 堅且圓; 頦雖小, 平且正; 聲雖小, 宮且商;
이 수 소 견 차 원 해 수 소 평 차 정 성 수 소 궁 차 상

귀가 비록 작아도 굳고 또한 둥글음이요; 턱이 비록 작아도 평평하고 또한 바름이요; 소리가 비록 작아도 궁이고 또한 상이요;

面雖小, 清且朗; 身雖小, 正且齊.
면 수 소 청 차 랑 신 수 소 정 차 제

얼굴이 비록 작아도 맑고 또한 밝음이요; 몸이 비록 작아도 바르고 또한 가지런하다.

以上八者有如相應端美者, 反爲富貴之人也.
이 상 팔 자 유 여 상 응 단 미 자 반 위 부 귀 지 인 야

이상 여덟 가지 상은 서로 응하는 것과 같음이 있으니 바르고 아름다운 자로서 도리어 부귀한 사람이 된다.

六賤

육 천

六賤者, 額角缺陷天中薄下爲一賤;
육 천 자 　 액 각 결 함 천 중 박 하 위 일 천

여섯 가지가 천한 것은 액각에 결함이 있고 천중이 엷으면 첫 번째 천한 것이요;

背胸俱薄爲二賤; 音聲雌散爲三賤; 耳目斜視爲四賤;
배 흉 구 박 위 이 천 　 음 성 자 산 위 삼 천 　 이 목 사 시 위 사 천

등과 가슴이 엷게 갖추어지면 두 번째 천한 것이요; 음성이 약하게 흩어지면 세 번째 천한 것이요; 귀와 눈이 사시이면 네 번째 천한 것이요;

鼻曲低塌爲五賤; 目無光彩爲賤, 有此六賤者主爲供役[8]也.
비 곡 저 탑 위 오 천 　 목 무 광 채 위 천 　 유 차 육 천 자 주 위 공 역 　 야

코가 굽고 낮아서 꺼지면 다섯 번째 천한 것이요; 눈에 빛과 색이 없으면 천한 것이니, 이에 존재하는 여섯 가지가 천한 자는 주로 공역을 치른다.

---

8 국가나 왕실에 대하여 신역(身役)을 치름.

六極

육 극

六極者, 身大頭小爲一極, 男主妨婦, 女方妨夫.
육 극 자 신 대 두 소 위 일 극 남 주 방 부 여 방 방 부

여섯 가지 극하는 것은 몸이 크고 머리가 작으면 첫 번째 극이 되는데, 남자는 주로 아내를 방해하고 여자도 나란히 남편을 방해한다.

額狹面小爲二極, 不得父母之力.
액 협 면 소 위 이 극 부 득 부 모 지 력

이마가 좁고 얼굴이 작으면 두 번째 극이 되는데 부모의 힘을 얻지 못한다.

目小爲三極, 主無見識, 又主不得朋友力.
목 소 위 삼 극 주 무 견 식 우 주 불 득 붕 우 력

목소리가 작은 것이 세 번째 극이 되는데 주로 보고 아는 것이 없으며, 또한 주로 친구의 힘을 얻지 못한다.

耳小爲四極, 主壽命短促.
이 소 위 사 극 주 수 명 단 촉

귀가 작은 것이 네 번째 극이 되는데 주로 수명을 짧게 재촉한다.

鼻小爲五極, 主無爵祿, 有官亦多失位.
비 소 위 오 극 주 무 작 록 유 관 역 다 실 위

코가 작은 것이 다섯 번째 극이 되는데 주로 작록(녹봉과 벼슬)이 없으며, 관직이 있어도 또한 직위를 잃음이 많다.

口小爲六極, 主飢寒. 此六極者, 乃寒賤之人也.
구 소 위 륙 극 주 기 한 차 육 극 자 내 한 천 지 인 야

입이 작은 것이 여섯 번째 극이 되는데 주로 굶주리고 춥다. 이 여섯 가지 극이라는 것은 이에 춥고 천한 사람이다.

六惡

육 악

六惡者, 一曰羊睛直視, 主性不仁, 常懷毒害.

육악자 일왈양정직시 주성불인 상회독해

여섯 가지 악한 것은 첫째 양의 눈동자로 곧게 보는 것이니, 주로 성품이 어질지 못하여 항상 독을 품고 해한다.

二曰脣不掩齒, 主性不和, 難共交往.

이왈순불엄치 주성불화 난공교왕

두 번째 입술이 치아를 가리지 못하면 주로 성품이 화합하지 못하니, 서로 왕래하기가 어렵다.

三曰結喉, 主妨妻殺子, 多招災厄.

삼왈결후 주방처살자 다초재액

세 번째 결후는 주로 처를 방해하고 자식을 죽이며 많은 재액을 부른다.

四曰頭小, 主貧而夭. 五曰三停不正, 主貧而賤.

사왈두소 주빈이요 오왈삼정불정 주빈이천

네 번째 머리가 작으면 주로 가난하여 요절한다. 다섯 번째 삼정이 바르지 않으면 주로 가난하고 천하다.

六曰定立如走, 主奔波寒苦. 有此六惡, 不可與同處矣.

육왈정립여주 주분파한고 유차육악 불가여동처의

여섯 번째 바로 서는 것이 달아나는 것과 같으면 주로 빠른 물결처럼 춥고 괴롭다. 이 여섯 가지의 악함이 있으면, 더불어 함께 거처하는 것이 옳지 않다.

男剋子孫

남 극 자 손

兩眼如離舍, 唇寨鼻準尖. 髮粗眉又重, 骨弱下垂肩.

양 안 여 리 사　순 채 비 준 첨　발 조 미 우 중　골 약 하 수 견

양쪽 눈이 집을 떠나는 것과 같고 입술이 코를 울타리 치며 준두가 뾰족하다. 모발이 거칠고 눈썹이 또 무거우며, 뼈가 약하고 어깨가 아래로 드리워져 있다.

卓立如寒勢, 頭低步縱前.

탁 립 여 한 세　두 저 보 종 전

높이 선 것이 차가운 기세와 같고 머리를 낮게 하여 앞으로 늘어지게 걷는다.

三陽低小小, 妻室愈難全. 色嫩多財破, 聲雌没穀田.

삼 양 저 소 소　처 실 유 난 전　색 눈 다 재 파　성 자 몰 곡 전

삼양의 밑이 작고 작으면 아내가 근심하여 온전하기 어렵다. 색이 연약하면 재물의 깨어짐이 많고, 소리가 약하게 가라앉으면 밭에 곡식이 있다.

六親難偶合, 晩歲定孤眠.

육 친 난 우 합　만 세 정 고 면

육친은 베필과 화합하기가 어려우니 늙어 외로이 잠들게 된다.

相無兄弟

상 무 형 제

耳反家門破, 頤尖兄弟孤; 假饒三兩個, 譬似不如無.
이 반 가 문 파 이 첨 형 제 고 가 요 삼 량 개 비 사 불 여 무

귀가 뒤집어지면 가문이 깨지고 턱이 뾰족하면 형제가 외로움이요; 두세 개가 거짓으로 넉넉하니, 비유하면 닮음 게 없는 것 같지 않다.

孤獨無妻

고 독 무 처

人生孤獨爲何如, 骨頰高兮氣不合;
인 생 고 독 위 하 여 골 협 고 혜 기 불 합

사람이 태어나 홀로 외롭게 됨은 무엇과 같은가? 뼈와 빰이 높아 기운이 합하지 않음이요;

更兼魚尾枯無肉, 妻子宮中似有磨.
갱 겸 어 미 고 무 육 처 자 궁 중 사 유 마

다시 겸하여 어미가 마르고 살이 없으며 처자궁 가운데가 닳아 있는 것과 같다.

帶殺格

대 살 격

兩眼如狼目, 眉昂勢似侵. 神凶兼外射, 笑語卻生嗔.
양 안 여 랑 목　미 앙 세 사 침　신 흉 겸 외 사　소 어 각 생 진

양쪽 눈이 이리의 눈과 같고 눈썹에 높은 기세가 침범하는 것 같다. 신이 흉한 것과 겸하여 바깥을 향해 쏘고 웃으면서 하는 말을 물리치고 성질을 낸다.

擧止如鷹坐, 戈鉞生掌紋. 色輕兼帶火, 聲大返雌音.
거 지 여 응 좌　과 월 생 장 문　색 경 겸 대 화　성 대 반 자 음

행하고 그침이 매가 앉아있는 것과 같고 손바닥에 창과 도끼의 무늬가 생긴다. 색이 가볍고 겸하여 불을 두르면 소리가 커도 약한 소리로 되돌아온다.

鼻準尖無信, 斜窺定有刑. 須知三角眼, 法死不須論.
비 준 첨 무 신　사 규 정 유 형　수 지 삼 각 안　법 사 불 수 론

코와 준두가 뾰족하면 믿음이 없고 비스듬하게 엿보면 형벌이 정해져 있다. 모름지기 삼각안을 알면 법으로 죽음에 모름지기 논하지 않는다.

辨美惡有二十

변 미 악 유 이 십

頭雖圓, 折腰肢; 額雖廣, 尖卻頤;
두 수 원　절 요 지　액 수 광　첨 각 이

머리가 비록 둥글어도 허리와 팔다리가 꺾임이요; 이마가 비록 넓어도 턱이 뾰족하게 물러남이요;

骨雖峻, 皮卻粗; 鼻雖厚, 柱梁低; 髮雖黑, 粗且濃;
골 수 준　피 각 조　비 수 후　주 량 저　발 수 흑　조 차 농

뼈가 비록 높아도 피부가 물러나 거칠음이요; 코가 비록 두터워도 기둥과 대들보가 낮음이요; 모발이 비록 검어도 거칠고 또한 짙음이요;

眼雖長, 眉且蹙; 背雖隆, 手如枝; 胸雖闊, 背成坑;
안 수 장　미 차 축　배 수 륭　수 여 지　흉 수 활　배 성 갱

눈이 비록 길어도 눈썹이 또한 재촉함이요; 등이 비록 높아도 손이 가지와 같음이요; 가슴이 비록 넓어도 등이 구덩이를 이룸이요;

舌雖紅, 口吹火; 唇雖方, 齒不齊; 腰雖厚, 行如馳;
설 수 홍　구 취 화　순 수 방　치 불 제　요 수 후　행 여 치

혀가 비록 붉어도 입이 불을 붊이요; 입술이 비록 모나도 치아가 가지런하지 않음이요; 허리가 비록 두터워도 달리는 것과 같이 가는 것이요;

腳雖厚, 粗無紋; 身雖大, 聲音細; 面雖白, 身粗黑;
각 수 후　조 무 문　신 수 대　성 음 세　면 수 백　신 조 흑

다리가 비록 두터워도 거칠고 무늬가 없음이요; 몸이 비록 커도 소리가 가늘음이요; 얼굴이 비록 희어도 몸은 거칠고 검음이요;

肉雖豐, 結却喉; 面雖短, 眼却長; 氣雖清, 行步攲;
육수풍 결각후 면수단 안각장 기수청 행보의

살이 비록 풍요로워도 목구멍이 맺혀서 물리침이요; 얼굴이 비록 짧아도 눈이 긴 것을 물리침이요; 기운이 비록 맑아도 다니는 걸음이 기울음이요;

語雖和, 神似癡; 色雖明, 視東西; 坐雖正, 食淋漓[9].
어수화 신사치 색수명 시동서 좌수정 식림리

말이 비록 온화하여도 신이 어리석음과 같음이요; 색이 비록 밝아도 보이는 게 동과 서요; 앉음이 비록 바르더라도 음식이 흠뻑 젖어 흥건한 모양이다.

行止二十種, 皆有折除, 惡善相雜, 若失相者, 或富則貧,
행지이십종 개유절제 악선상잡 약실상자 혹부즉빈

가고 그침이 20종이면 모두 꺾임과 덜어짐이 있고, 나쁜 것과 좋은 것이 서로 섞여서 상을 잃어버린 것과 같으면 혹 부유한즉 가난하고,

或先富後貧, 或先貴後賤, 宜精察而裁之.
혹선부후빈 혹선귀후천 의정찰이재지

혹 먼저는 부유하나 뒤에 가난하며 혹 먼저는 귀하나 뒤에는 천하니, 마땅히 자세히 살피고 분별해야 한다.

---

9 (물이나 피가)흠뻑 젖어 뚝뚝 흘러 떨어지거나 흥건한 모양(模樣).

女人相

여인상

一陰一陽, 其道不可亂; 一剛一柔, 其道不可易.
일 음 일 양　기 도 불 가 란　일 강 일 유　기 도 불 가 역

하나의 음과 하나의 양은 그 도가 가히 어지럽지 않음이요; 하나의 굳셈과 하나의 부드러움은 그 도를 가히 바꿀 수 없다.

確然處乎上者, 天也; 隤然處乎下者, 地也.
확 연 처 호 상 자　천 야　퇴 연 처 호 하 자　지 야

확연한 곳의 위의 것은 하늘이요; 무너진 곳의 아래인 것은 땅이다.

天以剛健爲道, 地以柔和爲德, 是天地之常儀, 乾坤之大理也.
천 이 강 건 위 도　지 이 유 화 위 덕　시 천 지 지 상 의　건 곤 지 대 리 야

하늘로서 강건한 도에 이르고, 땅으로서 부드럽고 온화한 덕에 이르며, 이에 하늘과 땅은 일정한 법도가 있으니 건과 곤은 큰 이치이다.

且人生也, 稟陰稟陽, 分柔分剛. 男資純陽之質也,
차 인 생 야　품 음 품 양　분 유 분 강　남 자 순 양 지 질 야

또 사람이 태어남은 음을 받고 양을 받아 구별된 부드러움이고 구별된 굳셈이다. 남자는 바탕이 순수한 양의 본질이니,

故其體剛而用健; 女受純陰之形也, 故其體柔而用弱.
고 기 체 강 이 용 건　여 수 순 음 지 형 야　고 기 체 유 이 용 약

고로 그 몸은 굳세고 건강하게 사용함이요; 여자는 부여받은 순수함이 음의 형상이라, 고로 그 몸은 부드러우면서 약하게 사용해야 한다.

若夫男子者形反柔而懦, 性反雌而弱;
약 부 남 자 자 형 반 유 이 나 성 반 자 이 약

만약 무릇 남자라는 것은 형상이 부드러우면 도리어 나약하고, 성품이 약하면 도리어 쇠약함이요;

女人者形反剛而勇, 性反雄而暴, 皆非得中正和平之美,
여 인 자 형 반 강 이 용 성 반 웅 이 폭 개 비 득 중 정 화 평 지 미

여자라는 것은 형상이 굳세면 도리어 용감하고 성품이 씩씩하면 도리어 사나우니, 모두 바르고 온화한 중에 갖추어진 아름다움을 얻음이 아니니,

是得差忒鬱勃之氣也.
시 득 차 특 울 발 지 기 야

이에 어긋나게 변하여 갑작스럽게 답답한 기운을 얻는다.

故女體性柔和, 儀貌秀美者, 富貴貞潔之良;
고 여 체 성 유 화 의 모 수 미 자 부 귀 정 결 지 량

고로 여자의 몸은 성품은 부드럽고 온화하니, 거동하는 모습이 빼어나게 아름다운 자는 부귀하고 정조가 깨끗하며 어질음이요;

心性剛暴, 形質雄惡者, 貧賤凶災之兆也.
심 성 강 폭 형 질 웅 악 자 빈 천 흉 재 지 조 야

심성이 굳세고 사나우며 형상의 바탕이 씩씩하고 악한 자는, 가난하고 천하며 흉한 재앙의 조짐이다.

略擧此見女人之大概也.
약 거 차 견 녀 인 지 대 개 야

간략하게 들어 이에 여인을 보면 대개 그렇다.

女人九善

여 인 구 선

頭圓額平爲一善. 骨細肉滑爲二善. 髮黑唇紅爲三善.
두 원 액 평 위 일 선　골 세 육 활 위 이 선　발 흑 순 홍 위 삼 선

머리가 둥글고 이마가 평평하면 첫 번째 좋은 것이 된다. 뼈가 가늘고 살이 매끄러우면 두 번째 좋은 것이 된다. 머리털이 검고 입술이 붉으면 세 번째 좋은 것이 된다.

眼大眉秀爲四善. 指纖掌軟, 紋如亂絲爲五善.
안 대 미 수 위 사 선　지 섬 장 연　문 여 란 사 위 오 선

눈이 크고 눈썹이 빼어난 것이 네 번째 좋은 것이 된다. 손가락이 섬세하고 손바닥이 부드러우며, 무늬가 명주실같이 어지러운 것 같으면 다섯 번째 좋은 것이 된다.

語聲小圓, 清如流泉爲六善.
어 성 소 원　청 여 류 천 위 육 선

말소리가 작고 둥글며 맑음이 흐르는 샘과 같으면 여섯 번째 좋은 것이다.

笑不見眼, 口不露齒爲七善.
소 불 견 안　구 불 로 치 위 칠 선

웃음에 눈이 보이지 않고 입에 치아가 드러나지 않은 것이 일곱 번째 좋은 것이다.

行步詳緩, 坐臥端雅爲八善.
행 보 상 완　좌 와 단 아 위 팔 선

다니는 걸음이 자세하고 느리며 앉고 누움이 바르고 우아하면 여덟 번째 좋은 것이 된다.

神氣清媚, 皮膚香潔爲九善. 女人有此九善爲邑封之貴也.
신 기 청 미　피 부 향 결 위 구 선　여 인 유 차 구 선 위 읍 봉 지 귀 야

신과 기가 맑고 아리따우며 피부가 향기롭고 깨끗하면 아홉 번째 좋은 것이 된다. 여인에게 있어 이에 아홉 가지 좋은 것이 있으면 고을에서 귀하게 봉해진다.

女人九惡

여 인 구 악

蠅面爲一惡, 主妨夫. 結喉爲二惡, 主招橫禍[10].

승 면 위 일 악　주 방 부　결 후 위 이 악　주 초 횡 화

파리 얼굴을 하면 첫 번째로 나쁜 것이 되어 주로 지아비를 방해한다. 결후는 두 번째로 나쁜 것이 되니 주로 뜻하지 않은 재난을 부른다.

蓬頭爲三惡, 主下賤. 蛇行雀步爲四惡, 主貧賤.

봉 두 위 삼 악　주 하 천　사 행 작 보 위 사 악　주 빈 천

쑥대머리는 세 번째 나쁜 것이 되어 주로 하천하다. 뱀처럼 다니거나 참새같이 걷는 게 네 번째로 나쁜 것이 되니 주로 가난하고 천하다.

眉逆而交爲五惡, 主窮下妨剋.

미 역 이 교 위 오 악　주 궁 하 방 극

눈썹이 거꾸로 교차하면 다섯 번째 나쁜 것이 되어 주로 궁함의 아래로 방해하여 이긴다.

鼻上生勾紋爲六惡, 主妨剋招厄.

비 상 생 구 문 위 육 악　주 방 극 초 액

코 위에 생긴 글귀의 주름이 여섯 번째 나쁜 것이 되니 주로 방해하고 극하여 재앙을 부른다.

目露四白爲七惡, 主毒害凶狡.

목 로 사 백 위 칠 악　주 독 해 흉 교

눈이 드러나 사백이면 일곱 번째 나쁜 것이 되어 주로 독하여 해하고 흉하며 교활하다.

---

10 뜻하지 아니한 재난(災難).

雄聲爲八惡, 主剛暴再嫁.
웅 성 위 팔 악 주 강 폭 재 가

씩씩한(수컷) 소리는 여덟 번째 나쁜 것이 되니 주로 굳세고 사나워 다시 시집간다.

旋毛生鬢爲九惡, 主頑賤剋子. 女人有此九惡, 不可同居矣.
선 모 생 빈 위 구 악 주 완 천 극 자 여 인 유 차 구 악 불 가 동 거 의

소용돌이와 같은 털이 귀밑머리에 생기면 아홉 번째 나쁜 것이 되어 주로 미련하고 천하여 자식을 이긴다. 여인에게 있어 이 아홉 가지 나쁜 것은 함께 살아감에 옳지 않다.

女人賢貴部

여 인 현 귀 부

龍角纖纖細起, 直入髮際者, 后妃. 天中、印堂有肉環者, 后妃;
용 각 섬 섬 세 기 직 입 발 제 자 후 비 천 중 인 당 유 육 환 자 후 비

용각이 아주 섬세하게 일어나고, 변두리의 머리카락이 가지런하게 들어간 자는 후비(제왕의 베필)이다. 천중·인당에 살이 고리처럼 있는 자는 후비요;

微者, 夫人. 伏犀隱隱[11]而起者, 郡主.
미 자 부 인 복 서 은 은 이 기 자 군 주

적은 자는 부인이다. 복서골이 은은하게 일어난 자는 군주이다.

牛角、虎角、輔角隱隱皆起涉入額者, 並主將帥夫人.
우 각 호 각 보 각 은 은 개 기 섭 입 액 자 병 주 장 수 부 인

우각·호각·보각이 은은하게 모두 일어나 이마로 건너 들어간 자는 아울러 주로 장수의 부인이다.

---

[11] 속엣 것이 흐릿하게 보임.

頭圓項短者, 主富. 額平而方者, 主貴. 眉長而秀者, 賢婦.
두원항단자 주부 액평이방자 주귀 미장이수자 현부

머리가 둥글고 목이 짧은 자는 주로 부유하다. 이마가 평평하면서 네모진 주로 귀하다. 눈썹이 길면서 빼어난 자는 어진 부인이다.

眼秀而淸者, 貴閤. 鼻直如削者, 貴而多壽.
안수이청자 귀합 비직여삭자 귀이다수

눈이 빼어나면서 맑은 자는 협문(대문이나 정문 옆에 있는 작은 문)에서 귀하다. 코가 곧아 깎인 것 같은 자는 귀하면서도 장수한다.

眉分八字者, 性和而福. 口細有棱者, 令婦.
미분팔자자 성화이복 구세유릉자 령부

눈썹이 여덟 팔자로 나뉜 자는 성품이 온화하고 복이 있다. 입이 가늘고 모서리가 있는 자는 영부(우두머리의 부인)이다.

舌如蓮花者, 淑質. 唇如朱砂者, 令妻.
설여연화자 숙질 순여주사자 령처

혀가 연꽃과 같은 자는 숙질(착하고 얌전한 성질)이다. 입술이 주사와 같은 자는 영처(관아의 우두머리 처)이다.

齒如石榴者, 命婦. 人中深又直者, 多子. 目下潤澤, 宜兒.
치여석류자 명부 인중심우직자 다자 목하윤택 의아

치아가 석류와 같은 자는 명부(봉작(封爵)을 받은 부인)이다. 인중이 깊고 또한 곧은 자는 자식이 많다. 눈 아래가 윤택하면 마땅히 아이가 있다.

耳紅而圓者, 貴婦. 耳成輪廓者, 賢富.
이홍이원자 귀부 이성윤곽자 현부

귀고 붉고 둥근 자는 귀한 부인이다. 귀가 윤곽이 이루어진 자는 어진 부자이다.

左耳厚者, 先生男. 右耳厚者, 先生女. 唇多紋理者, 多子.
좌이후자 선생남 우이후자 선생녀 진다문리자 다자

좌측 귀가 두터운 자는 먼저 아들을 낳는다. 우측 귀가 두터운 자는 먼저 딸을 낳는다. 입술에 주름이 많은 자는 자식이 많다.

頤生重頷者, 富豪. 髮青黑如細絲者, 貴婦.
이 생 중 함 자 부 호 발 청 흑 여 세 사 자 귀 부

턱이 아래턱과 겹쳐 난 자는 부유하며 호걸이다. 모발이 검푸르며 가는 명주실과 같은 자는 귀한 부인이다.

掌紅如綿者, 邑封. 骨細而肉膩者, 貴質. 肉潔體香者, 令相.
장 홍 여 면 자 읍 봉 골 세 이 육 니 자 귀 질 육 결 체 향 자 령 상

손바닥이 붉고 솜과 같은 자는 고을에서 봉해진다. 뼈가 가늘면서 살이 매끄러운 자는 귀한 바탕이다. 살이 깨끗하고 몸이 향기로운 자는 재상의 우두머리이다.

性緩氣柔者, 福壽. 神靜色安者, 貞潔[12]. 笑而閉目者, 和美,
성 완 기 유 자 복 수 신 정 색 안 자 정 결 소 이 폐 목 자 화 미

성품이 느리고 기가 부드러운 자는 복이 있고 장수한다. 신이 고요하고 색이 편안한 자는 정절이 깨끗하다. 웃을 때 눈이 닫히는 자는 온화하고 아름다우며,

行而詳緩者, 淑麗[13]. 掌中、足底生黑痣者, 貴而益夫.
행 이 상 완 자 숙 려 장 중 족 저 생 흑 지 자 귀 이 익 부

다니면서 골고루 마음을 써 느린 자는 맑고 아름답다. 손바닥 가운데와 발밑에 검은 사마귀가 생긴 자는 귀하며 지아비가 이롭다.

腋下、乳間生旋毛[14]者, 善生貴子矣.
액 하 유 간 생 선 모 자 선 생 귀 자 의

겨드랑이 아래와 젖 사이에 소용돌이 모양의 털이 있는 자는 귀한 아들을 잘 낳는다.

---

12 정조(貞操)가 굳고 행실(行實)이 결백(潔白)함.

13 여자의 자태가 조촐하고 아름다움.

14 소용돌이 모양(模樣)으로 난 머리털, 가마.

女人賤惡部

여 인 천 악 부

頭尖者下賤. 額狹者貧厄. 額角有旋毛 者再嫁惡死.
두 첨 자 하 천 액 협 자 빈 액 액 각 유 선 모 자 재 가 악 사

머리가 뾰족한 자는 하천하다. 이마가 좁은 자는 가난하고 재액이 있다. 액각에 소용돌이(가마)의 털이 있는 자는 거듭 시집가거나 나쁘게 죽는다.

額狹而髮垂者, 貧窮災禍. 髮捲攣及赤黃者, 窮下.
액 협 이 발 수 자 빈 궁 재 화 발 권 련 급 적 황 자 궁 하

이마가 좁으며 머리카락이 드리운 자는 가난하고 궁하며 화재의 재앙이 있다. 머리카락이 돌돌 말아 감아 걸리며 붉고 누렇게 미친 자는 궁함의 아래이다.

鬢蓬枯燥而麤硬者, 厄惡. 眉麤濃而逆生者, 妨夫、產阨.
빈 봉 고 조 이 추 경 자 액 악 미 추 농 이 역 생 자 방 부 산 액

귀밑머리가 쑥과 같이 시들고 마르면서 거칠고 강한 자는 나쁜 재앙이 있다. 눈썹이 거칠고 짙으면서 거꾸로 난 자는 지아비를 방해하고 출산에 막힘이 있다.

眉薄散而頭交者, 重嫁、害子.
미 박 산 이 두 교 자 중 가 해 자

눈썹이 엷고 흩어지고 눈썹 머리가 교차된 자는 거듭 시집가고 자식을 해한다.

目露而白者, 妨夫. 目深而偷視者, 奸私、剋害.
목 로 이 백 자 방 부 목 심 이 투 시 자 간 사 극 해

눈이 드러나고 흰자가 보이는 자는 지아비를 방해한다. 눈이 깊으며 훔쳐 엿보는 자는 사사로이 간통하고 극하여 해롭다.

目下有壅肉者, 死厄、剋兒. 赤縷貫睛者, 產難.
목 하 유 옹 육 자　사 액　극 아　적 루 관 정 자　산 난

눈 아래에 살이 막힌 자는 죽음의 재액이며 아이를 극한다. 붉은 실핏줄이 눈동자를 꿴 자는 출산이 어렵다.

目生三角者, 凶惡. 目大而平滿者, 淫邪.
목 생 삼 각 자　흉 악　목 대 이 평 만 자　음 사

삼각안으로 생긴 자는 흉악하다. 눈이 크고 고르게 가득찬 자는 음란하고 간사하다.

膽視不正、瞳子横者, 外情. 鼻陷孔露者, 貧下、剋夫.
담 시 부 정　동 자 횡 자　외 정　비 함 공 로 자　빈 하　극 부

담력을 보아 바르지 않고 눈동자가 가로인 자는 외정이 있다. 코가 낮고 콧구멍이 드러난 자는 가난함 아래로 지아비를 극한다.

鼻尖曲者, 狠毒、貧賤. 人中平狹者, 無子.
비 첨 곡 자　한 독　빈 천　인 중 평 협 자　무 자

코가 뾰족하고 굽은 자는 사납고 독하며 가난하고 천하다. 인중이 평평하고 좁은 자는 자식이 없다.

兩頭頰高危者, 凶暴. 口如吹火, 孤孀. 口如一撮[15]者, 貧賤.
양 두 협 고 위 자　흉 폭　구 여 취 화　고 상　구 여 일 촬　자　빈 천

양쪽 머리와 빰이 높아 위태로운 자는 흉하고 사납다. 입이 불을 부는 것과 같으면 외로운 과부이다. 입이 한 줌인 자는 가난하고 천하다.

口大而綽者, 窮當三嫁. 口薄而尖者, 心懷毁謗.
구 대 이 작 자　궁 당 삼 가　구 박 이 첨 자　심 회 훼 방

입이 크고 너그러운 자는 궁함을 당하여 세 번 시집간다. 입이 얇고 뾰족한 자는 훼방하는 마음을 품고 있다.

---

[15] 한 줌이라는 뜻으로, 극히 적은 양(量)을 이르는 말.

唇薄如一字者, 下賤毒性, 唇起如龍觜者, 剋夫、惡死.
순 박 여 일 자 자　하 천 독 성　순 기 여 용 취 자　극 부　악 사

입술이 얇어 한일자와 같은 자는 하천하고 성품이 독하며, 입술이 일어나 용의 부리와 같은 자는 지아비를 극하여 나쁘게 죽는다.

唇褰齒露者, 妨害壽夭. 唇青舌黑者, 淫穢下賤.
순 건 치 로 자　방 해 수 요　진 청 설 흑 자　음 예 하 천

입술이 걷혀 올라가 치아가 드러난 자는 방해하여 수명은 요절한다. 입술이 푸르고 혀가 검은자는 음란하고 더러워 하천하다.

耳反而垂者, 妨夫、害子. 目小黧黑者, 命短窮困.
이 반 이 수 자　방 부　해 자　목 소 려 흑 자　명 단 궁 곤

귀가 뒤집어지면서 드리워진 자는 지아비를 방해하고 아들을 해한다. 눈이 작고 얼룩지게 검은자는 명이 짧고 곤궁하다.

面橫生拳骨者, 不良、害夫. 蠅生麻點者, 孤窮、剋子.
면 횡 생 권 골 자　불 량　해 부　승 생 마 점 자　고 궁　극 자

얼굴이 가로로 생겨 주먹 뼈인 자는 어질지 못하고 지아비를 해친다. 참깨 같은 점이 파리처럼 생긴 자는 외롭고 궁하며 자식을 극한다.

面凸而額窄者, 貧下. 頦尖而鼻綽者, 賤苦.
면 철 이 액 착 자　빈 하　해 첨 이 비 작 자　천 고

얼굴이 볼록하면서 이마가 좁은 자는 가난한 하층이다. 턱이 뾰족하면서 코가 너그러운 자는 천하며 괴롭다.

項薄似馬面者, 妨夫. 項長結喉者, 自害.
항 박 사 마 면 자　방 부　항 장 결 후 자　자 해

목덜미가 얇어 말 얼굴 같은 자는 지아비를 방해한다. 목덜미가 길면서 결후가 있는 자는 스스로 해한다.

手短而指禿者, 下賤貧苦. 足闊而腳薄者, 窮寒奔波.
수 단 이 지 독 자　하 천 빈 고　족 활 이 각 박 자　궁 한 분 파

손이 짧고 손가락이 모자란 자는 하천하고 빈고하다. 발이 넓으면서 다리가 엷은 자는 궁함과 추위가 세찬 물결과 같다.

遍體生粗毛者, 性頑孤寡.
편 체 생 조 모 자 성 완 고 과

몸에 두루 털이 거칠게 난 자는 성품이 완고하여 외로운 과부이다.

兩腋下生硬毫者, 身賤而下. 肉粗骨硬者, 一生寒賤.
양 액 하 생 경 호 자 신 천 이 하 육 조 골 경 자 일 생 한 천

양쪽 겨드랑이 아래 강한 털이 있는 자는 몸이 천하여 하층이다. 살이 거칠고 뼈가 단단한 자는 한평생 춥고 천하다.

皮薄而氣臭者, 百年窮苦. 聲雄而大者, 妨夫不良.
피 박 이 기 취 자 백 년 궁 고 성 웅 이 대 자 방 부 불 량

피부가 엷고 기에 냄새가 나는 자는 100년 동안 궁하여 괴롭다. 소리가 씩씩하면서(남자소리) 큰 자는 지아비를 방해하고 어질지 못하다.

聲小而破者, 無財多破也. 掩口笑者, 外情.
성 소 이 파 자 무 재 다 파 야 엄 구 소 자 외 정

소리가 작으면서 깨지는 자는 재물이 없고 깨어짐이 많다. 입을 가리고 웃는 자는 외정이 있다.

搖膝坐者, 偷濫. 乳頭小狹者, 無子無財.
요 슬 좌 자 투 람 유 두 소 협 자 무 자 무 재

무릎을 흔들면서 앉는 자는 탐함이 넘친다. 유두가 작으면서 좁은 자는 자식이 없고 재물이 없다.

乳頭小白者, 絕子絕貴. 胸高臀凸者, 一生爲婢.
유 두 소 백 자 절 자 절 귀 흉 고 둔 철 자 일 생 위 비

유두가 작고 백색인 자는 아들이 끊어지고 귀함이 없다. 가슴이 높고 엉덩이가 볼록한 자는 한평생 첩에 이른다.

腰折而項癭者, 百年孤苦. 行如馬奔者, 妨夫、下賤.
요 절 이 항 영 자 백 년 고 고 행 여 마 분 자 방 부 하 천

허리가 꺾이고 목덜미에 혹이 있는 자는 100년 동안 외롭고 괴롭다. 가는 것이 달리는 말과 같은 자는 지아비를 방해하고 하천하다.

行如馬跳者, 奔波窮類. 色赤而燥者, 性暴妨害.
행 여 마 도 자　분 파 궁 류　색 적 이 조 자　성 폭 방 해

말이 뛰는 것과 같이 가는 자는 세찬 물결처럼 궁한 무리이다. 색이 붉으면서 거친 자는 성품이 사나워 방해한다.

氣濁而神昏者, 主多災死. 目下有羅紋者, 殺夫害子.
기 탁 이 신 혼 자　주 다 재 사　목 하 유 라 문 자　살 부 해 자

기가 탁하고 신이 어두운 자는 주로 많은 재앙으로 죽는다. 눈 아래 그물 주름이 있는 자는 지아비를 죽이고 자식을 해한다.

目下有立理, 孤孀無嗣. 額多横文者, 貧苦妨害.
목 하 유 립 리　고 상 무 사　액 다 횡 문 자　빈 고 방 해

눈 아래 서 있는 잔금은 외롭고 외로운 홀어미로 이을 곳(자손)이 없다. 이마에 많은 가로무늬가 있는 자는 가난하고 괴로우며 방해가 있다.

臂如横紋理者, 少寡無子. 目上斜交[16]者, 嫁必私逃.
비 여 횡 문 리 자　소 과 무 자　목 상 사 교　자　가 필 사 도

팔에 가로 주름과 잔금이 같은 것이 있는 자는 젊어서 과부로 자식이 없다. 눈 위에 비스듬히 교차하면 시집을 가도 반드시 사사로이 도망간다.

井竈有紋者, 娶必害夫; 有釣理者, 淫盜妨夫;
정 조 유 문 자　취 필 해 부　유 조 리 자　음 도 방 부

정조에 주름이 있는 자는 장가를 들어도 반드시 지아비가 해를 입음이요; 다스리는 것에 탐냄이 있는 자는 음란한 도둑질로 지아비를 방해함이요;

有立理者, 惡死. 人中有横紋者, 害殺夫十餘.
유 립 리 자　악 사　인 중 유 횡 문 자　해 살 부 십 여

세울 입자의 잔금이 있는 자는 나쁘게 죽는다. 인중에 가로무늬가 있는 자는 지아비를 해하여 죽임이 열에 남음이 있다.

16　두 직선이나 입체(立體) 따위가, 비스듬하게 교차함.

女人之相與男無遠, 更以前諸男子相一一推之, 貴賤吉凶可自明矣.
여 인 지 상 여 남 무 원 갱 이 전 제 남 자 상 일 일 추 지 귀 천 길 흉 가 자 명 의

여인의 상이 이와 같으면 남자와는 거리가 멀어 없으니, 다시 앞에서 모두 남자의 상으로서 하나하나 이를 옮겨 사용하여 귀천과 길흉을 가히 스스로 밝힌다.

女富貴

여 부 귀

鼻直如懸膽, 唇方口似胚. 眉疏并眼秀, 齒白更方頤.
비 직 여 현 담 진 방 구 사 배 미 소 병 안 수 치 백 갱 방 이

코가 곧고 쓸개를 매단 것 같으며 입술은 네모져 입이 아이를 밴 것과 같다. 눈썹이 성기고 아울러 눈이 빼어나며, 치아가 희고 다시 턱이 네모져 있다.

耳聳垂珠軟, 神和色又怡. 額方分日月, 體白潤香肌.
이 용 수 주 연 신 화 색 우 이 액 방 분 일 월 체 백 윤 향 기

귀가 솟아 있고 수주가 부드러우며, 신이 온화하고 색 또한 기쁘다. 이마가 네모지고 일월(양쪽 눈)이 분명하며, 몸이 희고 윤택하며 살이 향기롭다.

坐穩如山立, 神嚴不去卑. 莫言當自貴, 更生子孫奇.
좌 온 여 산 립 신 엄 불 거 비 막 언 당 자 귀 갱 생 자 손 기

앉음이 편안하여 산이 서 있는 것과 같고, 신이 엄하여 낮추어 가지 않는다. 말이 없으면 마땅히 스스로 귀하고 다시 뛰어난 자손을 낳는다.

女貧賤

여 빈 천

額窄又高眉, 唇掀口不齊. 面輕身鐵硬, 體薄更無威.
액 착 우 고 미 진 흔 구 부 제 면 경 신 철 경 체 박 경 무 위

이마가 좁고 또한 눈썹이 높으며, 입술이 치켜들려 입이 가지런하지 않다. 얼굴이 가볍고 몸이 쇠처럼 단단하며 몸이 엷고 다시 위엄이 없다.

耳小垂珠淺, 鬈毛鼻骨低. 哭形須再嫁, 鬼臉定無兒.
이 소 수 주 천 권 모 비 골 저 곡 형 수 재 가 귀 검 정 무 아

귀가 작고 수주가 얕으며 털이 곱슬곱슬하고 코의 뼈가 낮다. 곡하는 형상이면 모름지기 두 번 시집가고 귀신의 얼굴이면 아이가 없게 된다.

淫光生眼角, 嫉妒更姦欺. 莫言今受困, 晚歲更羈栖.
음 광 생 안 각 질 투 경 간 기 막 언 금 수 곤 만 세 갱 기 서

음란한 빛이 눈의 각에 생기면 질투하고 다시 간사하게 속인다. 말없이 지금 곤함을 받아들이면 늙어 다시 객지에서 머문다.

婦人孤獨

부 인 고 독

婦人眼下肉常無, 不殺三夫殺兩夫.
부 인 안 하 육 상 무 불 살 삼 부 살 양 부

부인의 눈 아래에 항상 살이 없으면 지아비 셋을 죽이지 않으면 두 지아비를 죽인다.

見人掩口笑不斷, 愛逐行人半夜逋.
견 인 엄 구 소 부 단　애 축 행 인 반 야 포

사람을 봄에 입을 가리고 웃음이 끊이지 않으면 사랑을 뒤쫓아 행인과 야밤에 도망간다.

〔 面部十三部位圖 〕

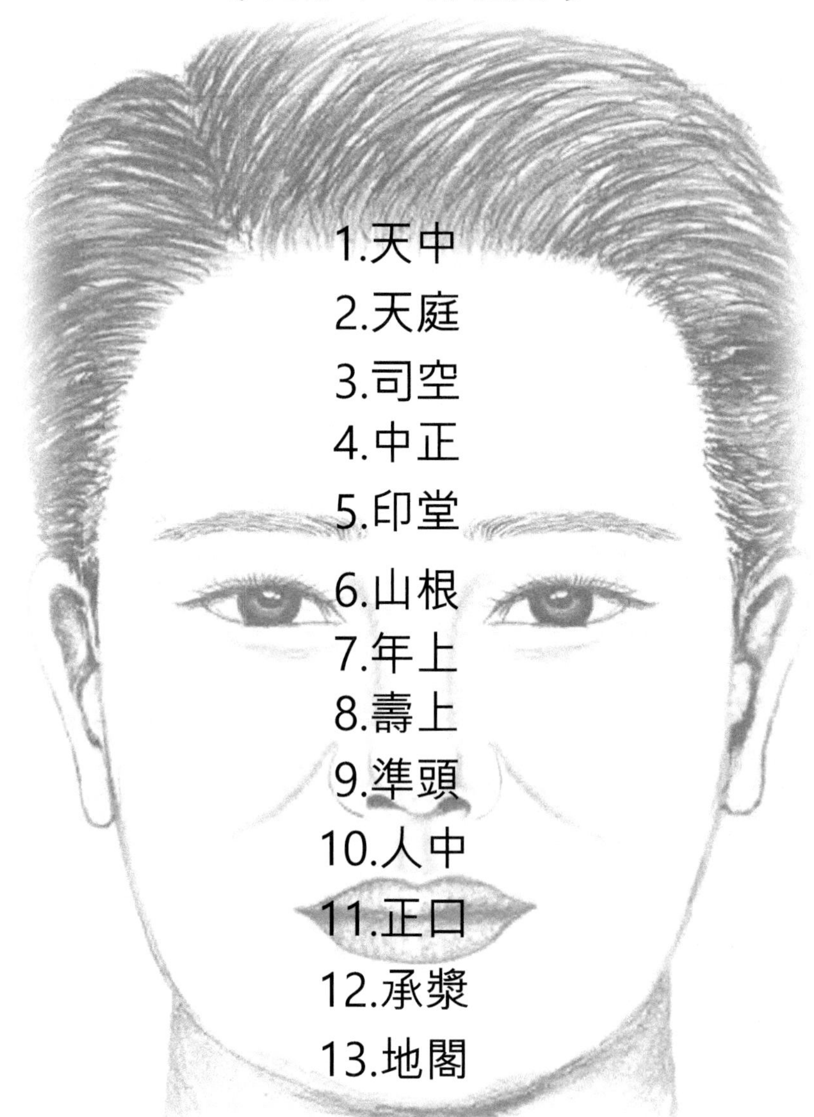

〔 面部一百二十位 〕

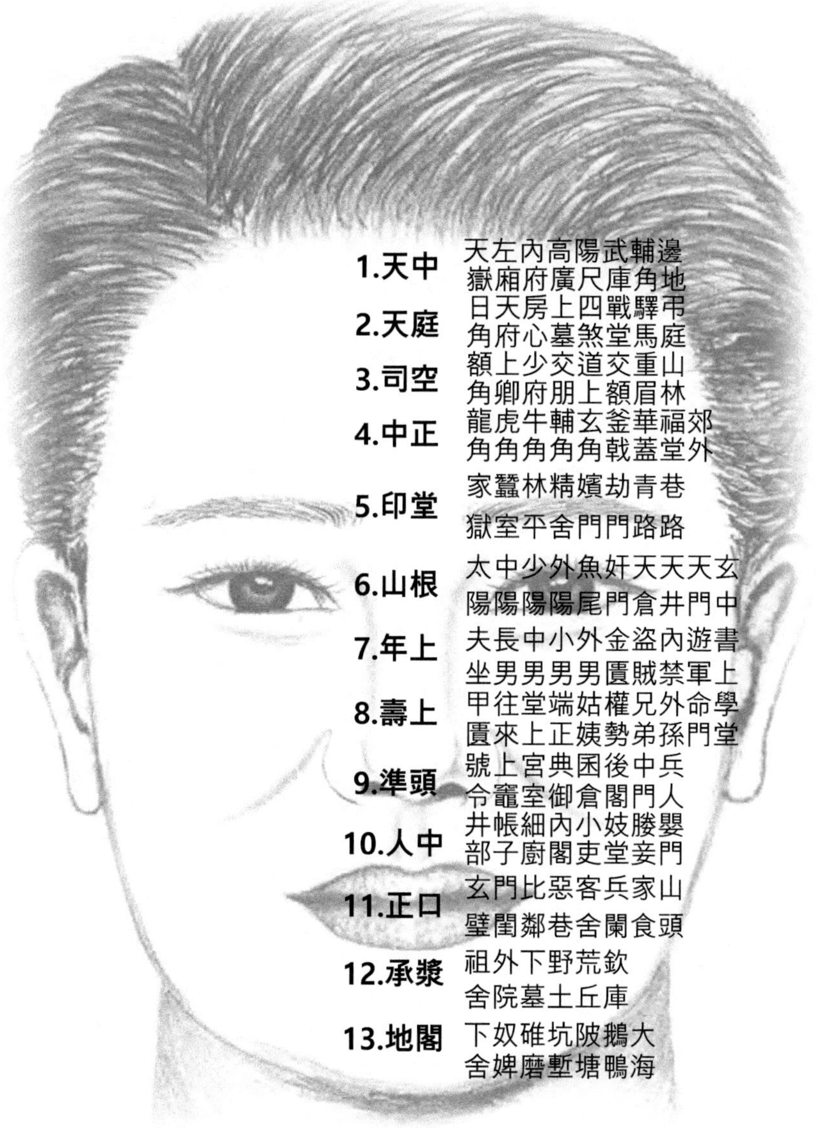

1.天中
天左內高陽武輔邊
嶽廂府廣尺庫角地

2.天庭
日天房上四戰驛弔
角府心墓煞堂馬庭

3.司空
額上少交道交重山
角卿府朋上額眉林

4.中正
龍虎牛輔玄釜華福郊
角角角角角戟蓋堂外

5.印堂
家蠶林精嬪劫青巷
獄室平舍門門路路

6.山根
太中少外魚奸天天天玄
陽陽陽陽尾門倉井門中

7.年上
夫長中小外金盜內遊書
坐男男男男匱賊禁軍上

8.壽上
甲往堂端姑權兄外命學
匱來上正姨勢弟孫門堂

9.準頭
號上宮典囷後中兵
令竈室御倉閣門人

10.人中
井帳細內小妓媵嬰
部子廚閣吏堂妾門

11.正口
玄門比惡客兵家山
壁閨鄰巷舍闌食頭

12.承漿
祖外下野荒欽
舍院墓土丘庫

13.地閣
下奴碓坑陂鵝大
舍婢磨塹塘鴨海

〔 三才 · 三停圖 〕

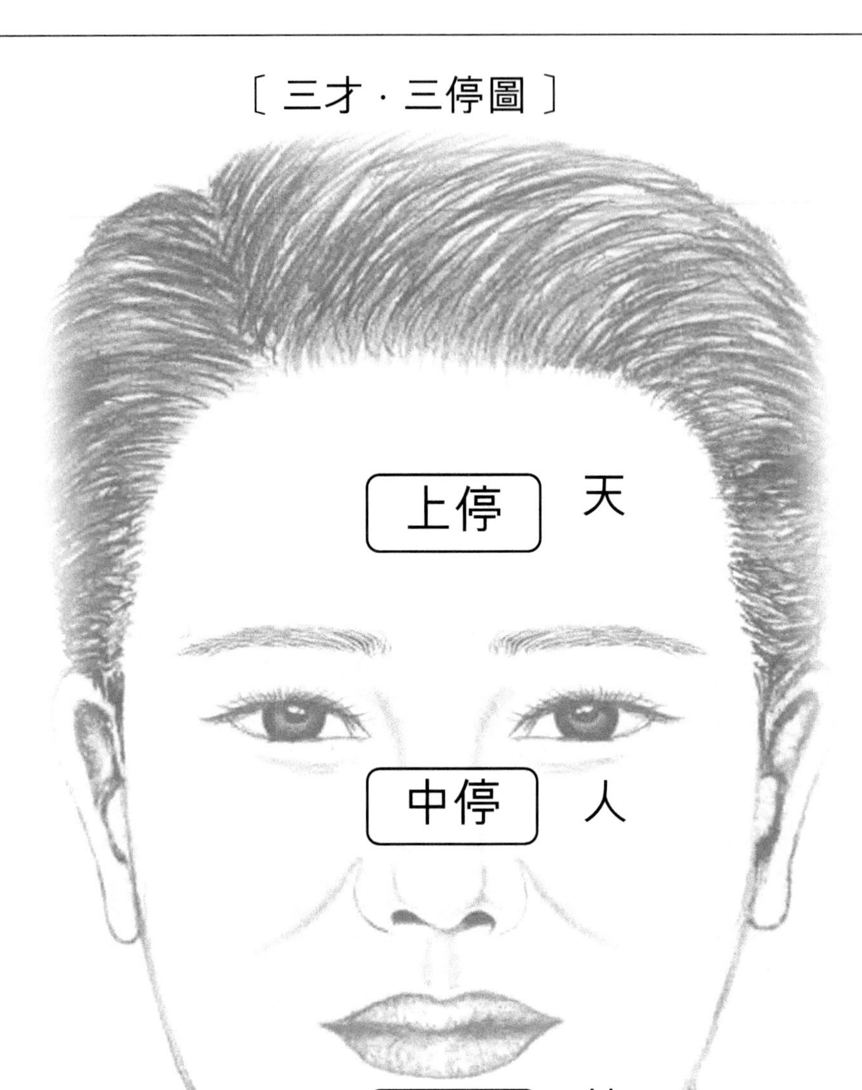

〔 六府圖 〕

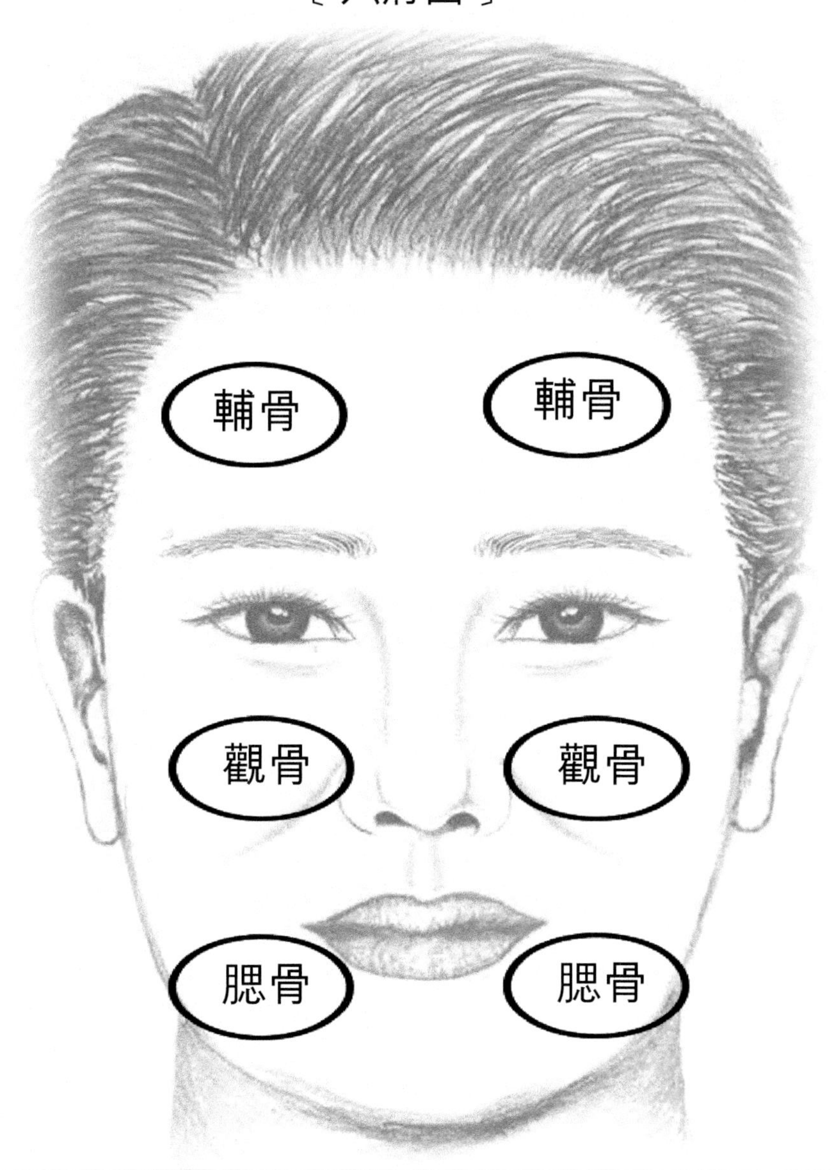

〔 五嶽圖 〕

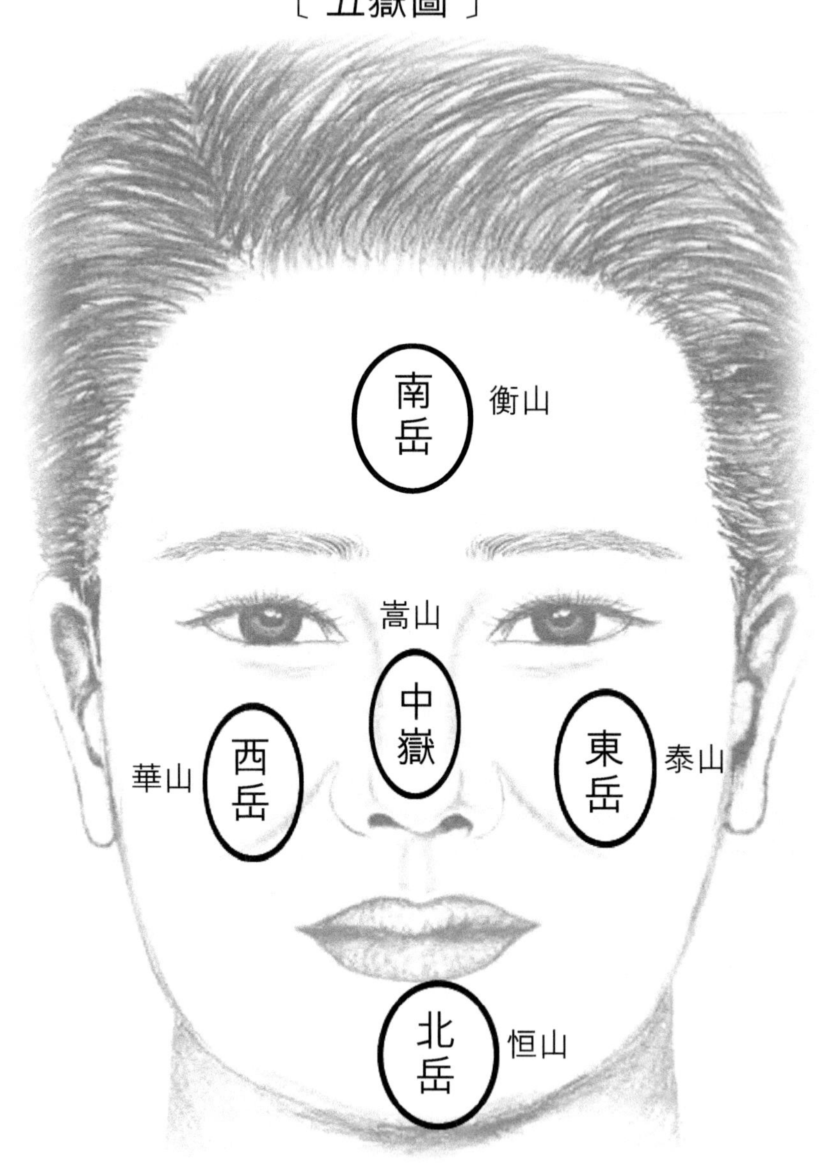
南岳
衡山
嵩山
中嶽
西岳
華山
東岳
泰山
北岳
恒山

〔 四讀圖 〕

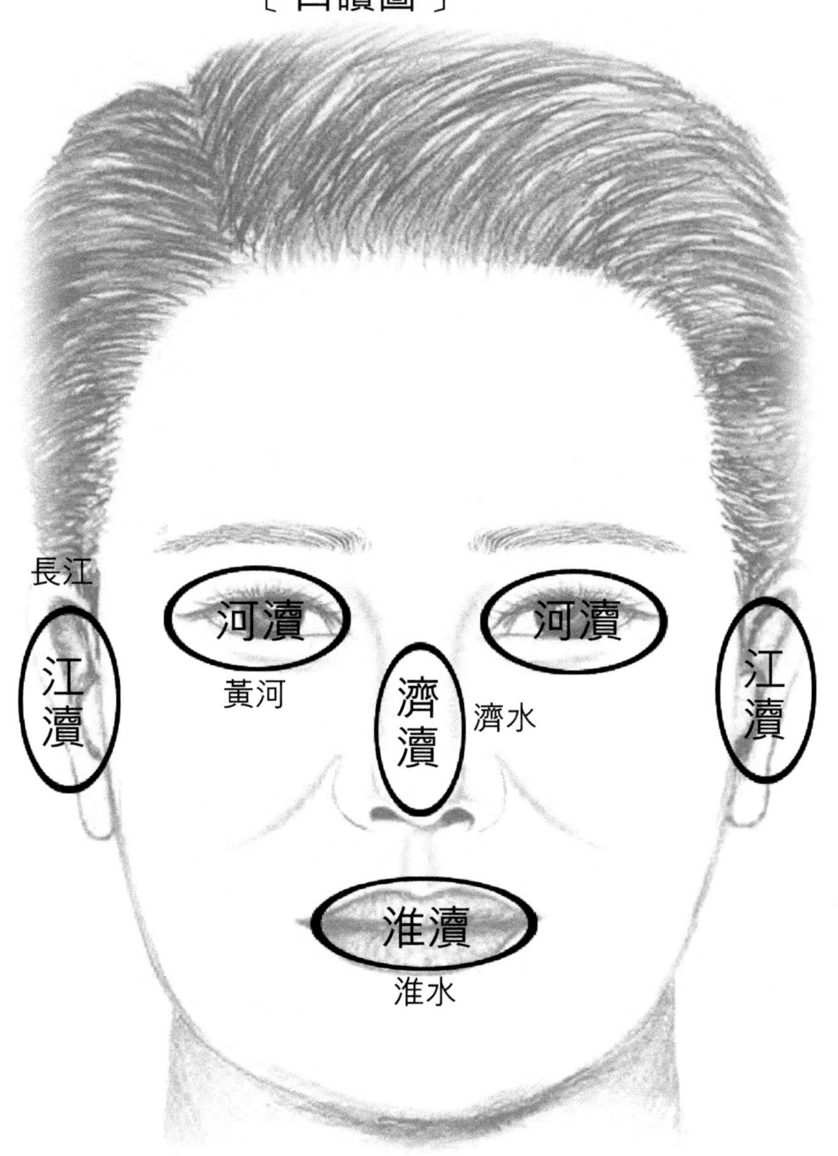

〔五官圖〕

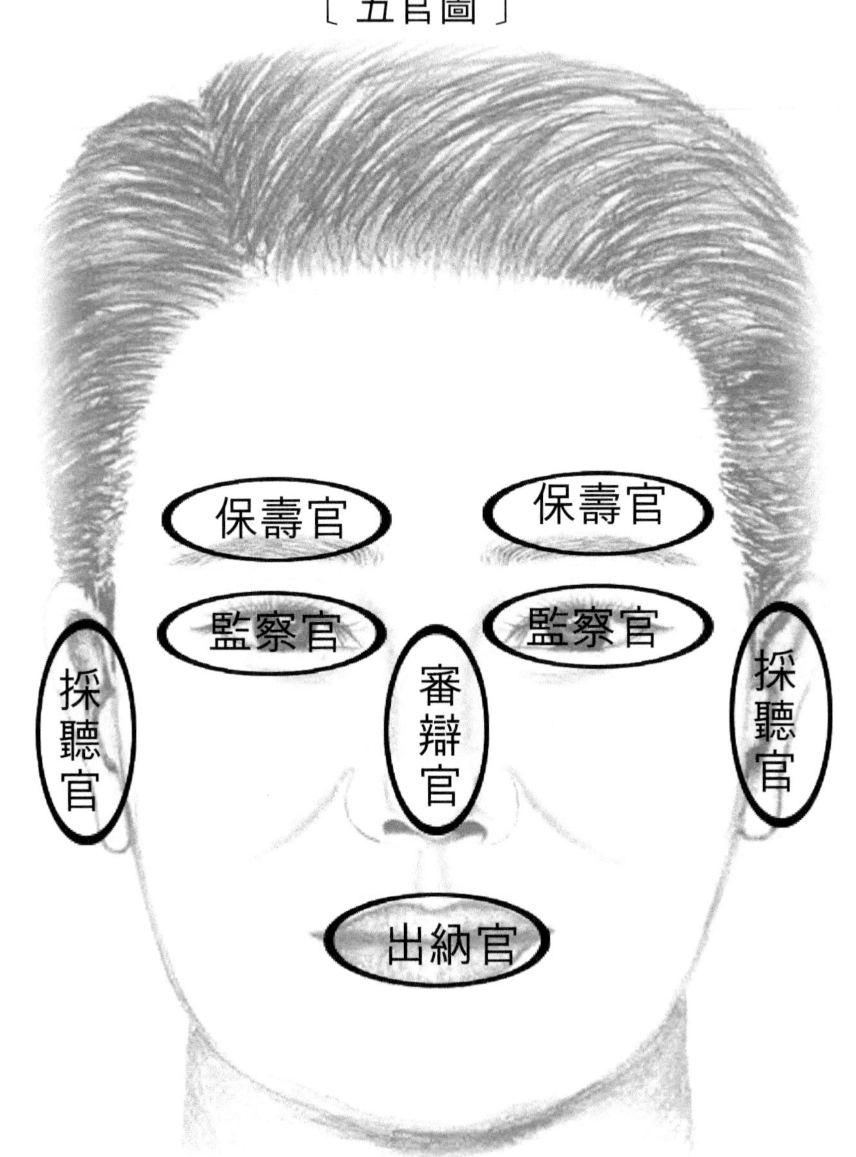
保壽官
保壽官
監察官
監察官
採聽官
審辯官
採聽官
出納官

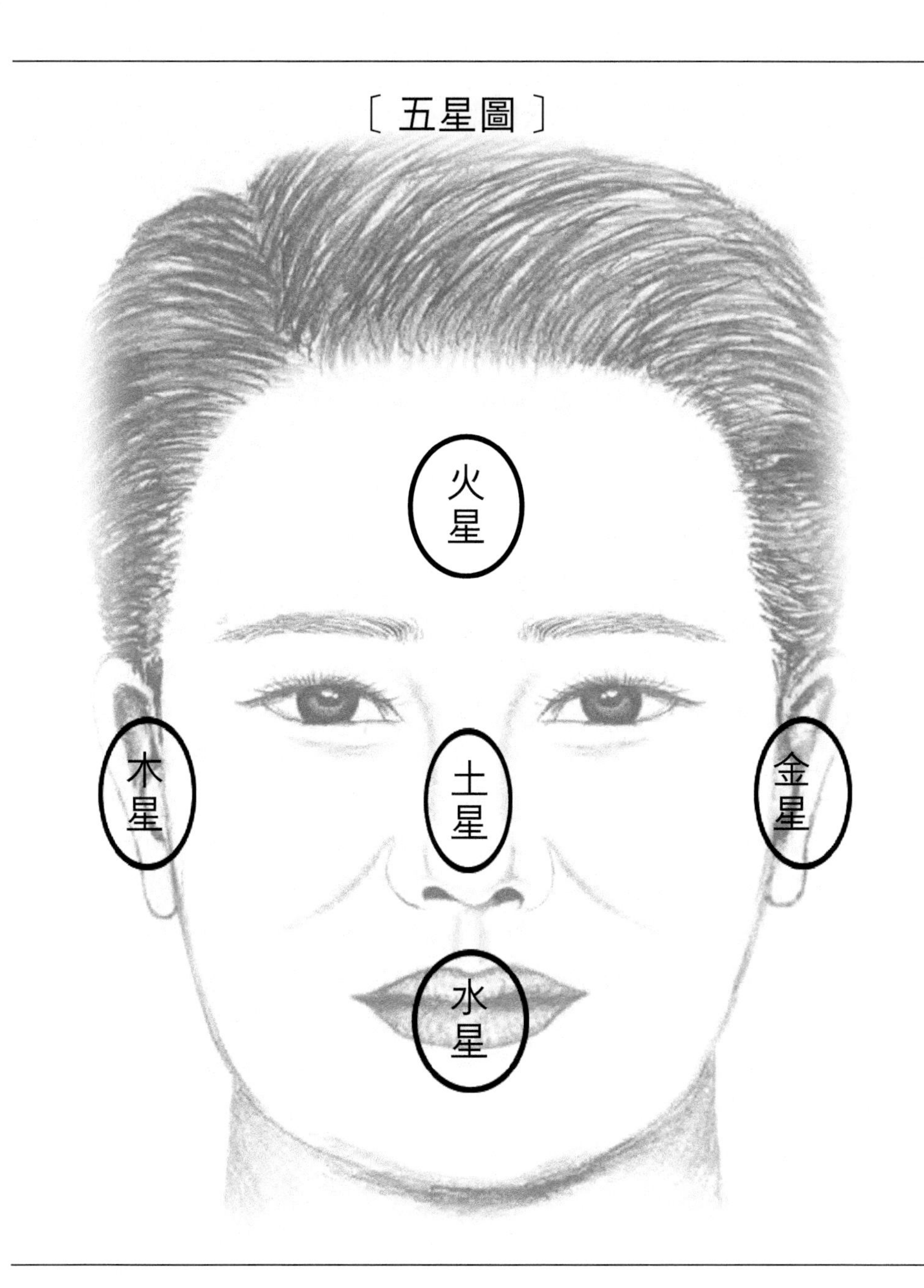

〔 五星圖 〕

〔 六曜圖 〕

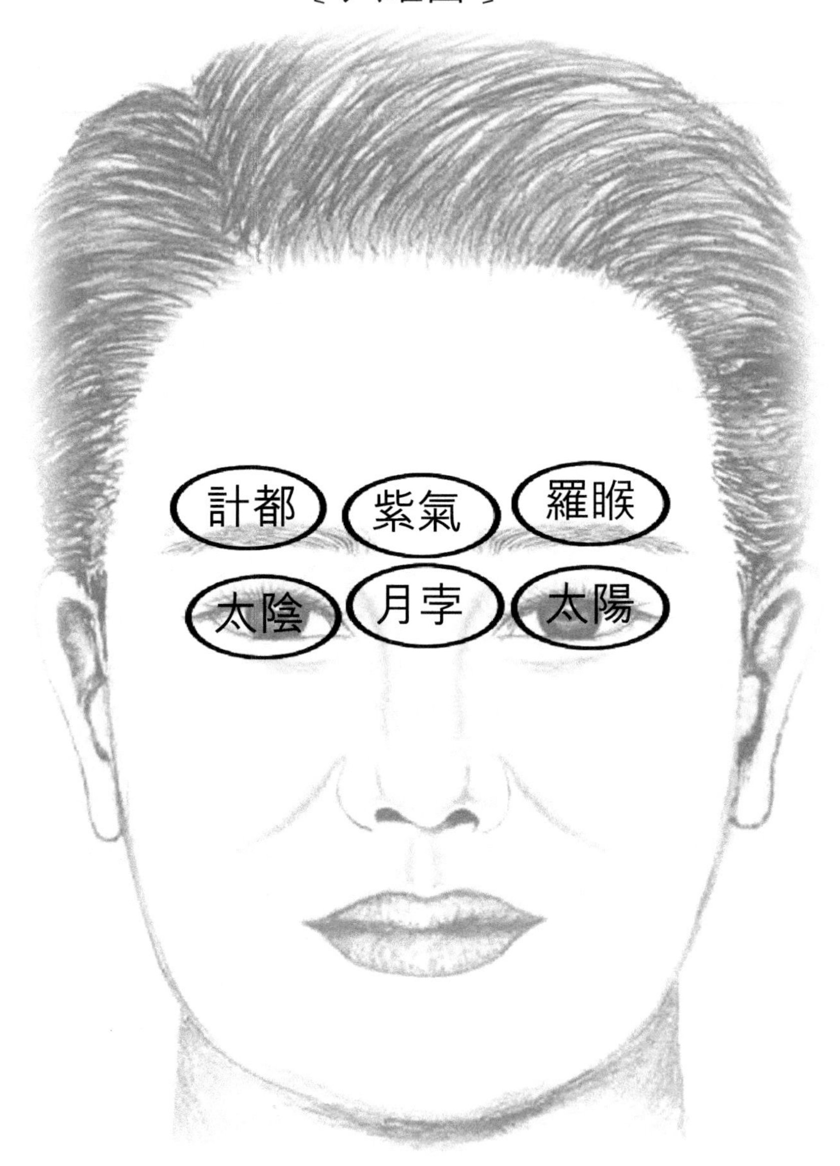

〔 流年運氣部位圖 (女) 〕

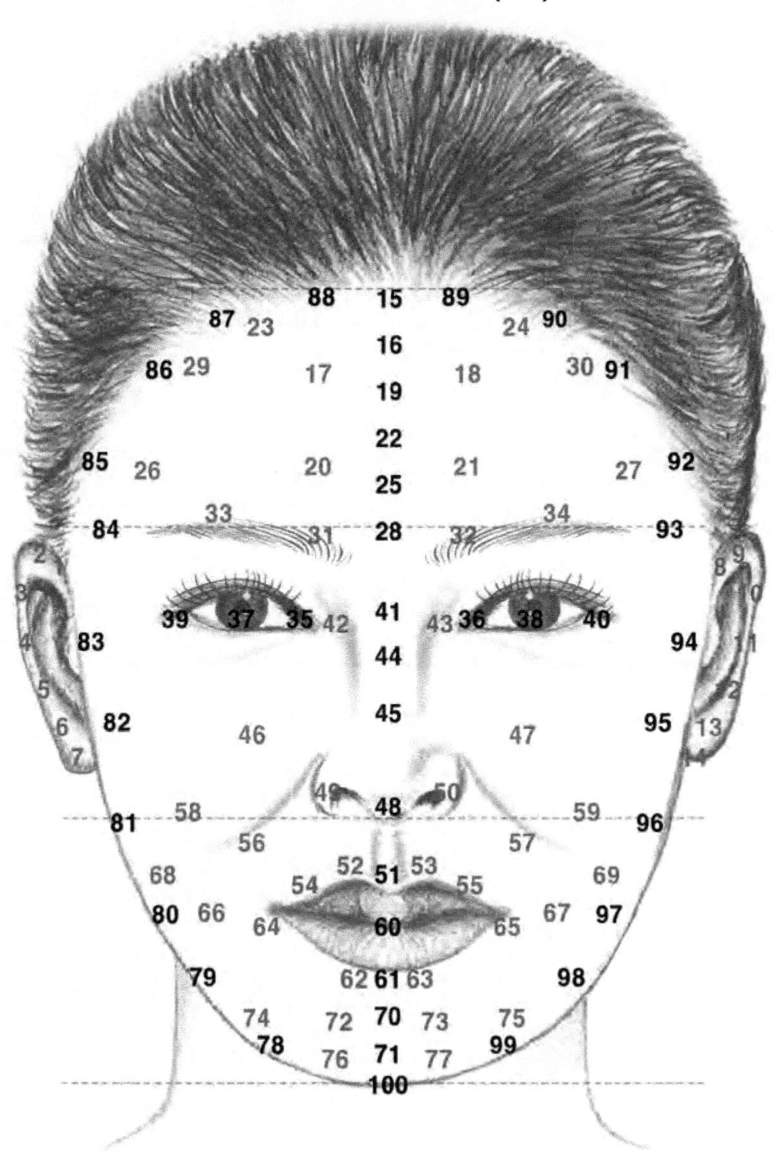
88 15 89
87 23 16 24 90
86 29 17 18 30 91
19
22
85 26 20 21 27 92
25
33 34
84 31 28 32 93
2 8 9
3
39 37 35 42 41 43 36 38 40
4 83 44 94
5
45
6 82 46 47 95 13
7
49 50
81 58 48 59 96
56 57
52 51 53
68 69
54 55
80 66 64 60 65 67 97
79 62 61 63 98
74 72 70 73 75
78 76 71 77 99
100

〔 流年運氣部位圖 (男) 〕

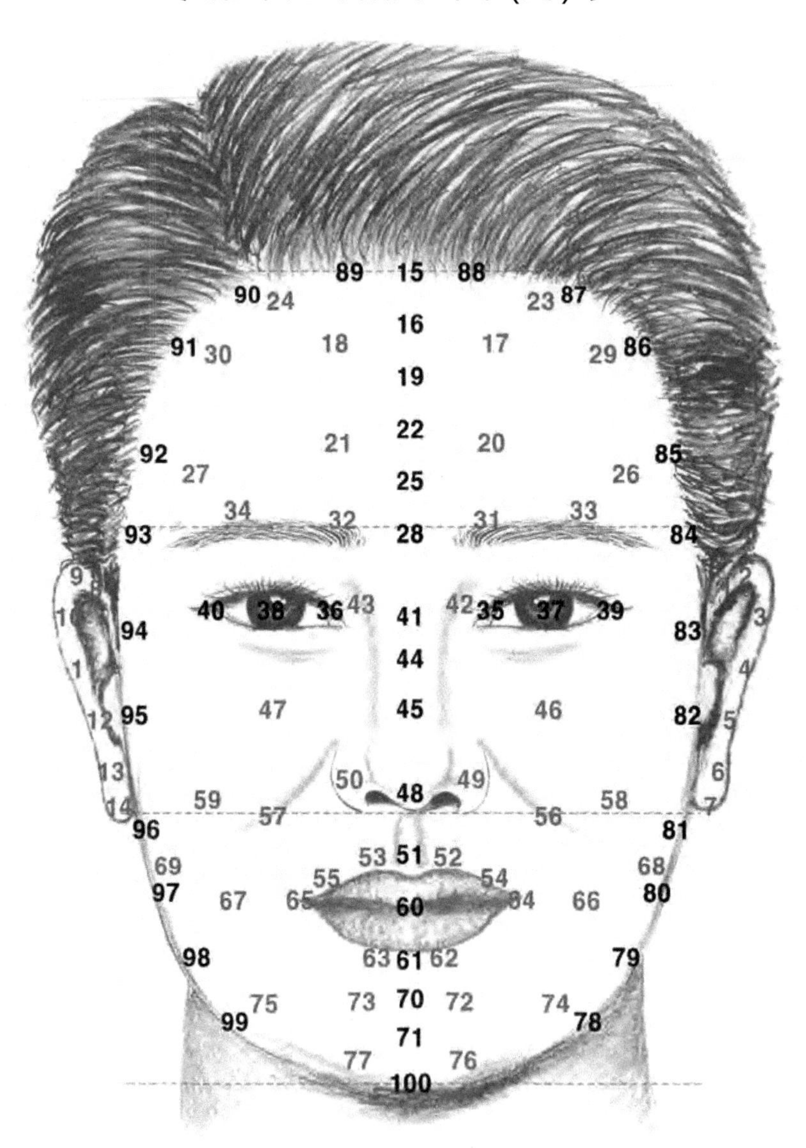

89 15 88
90 24 23 87
16
91 30 18 17 29 86
19
22
21 20
92 85
27 26
25
34 33
32 31
93 28 84
9 2
40 38 36 43 41 42 35 37 39
94 3 83
44
1 4
47 45 46
12 95 82
13 50 49 6
48
14 59 58 7
57 56
96 81
53 51 52
69 68
55 54
97 67 60 66 80
98 79
63 61 62
70
75 73 72 74
99 78
71
77 76
100

〔 四學堂圖 〕

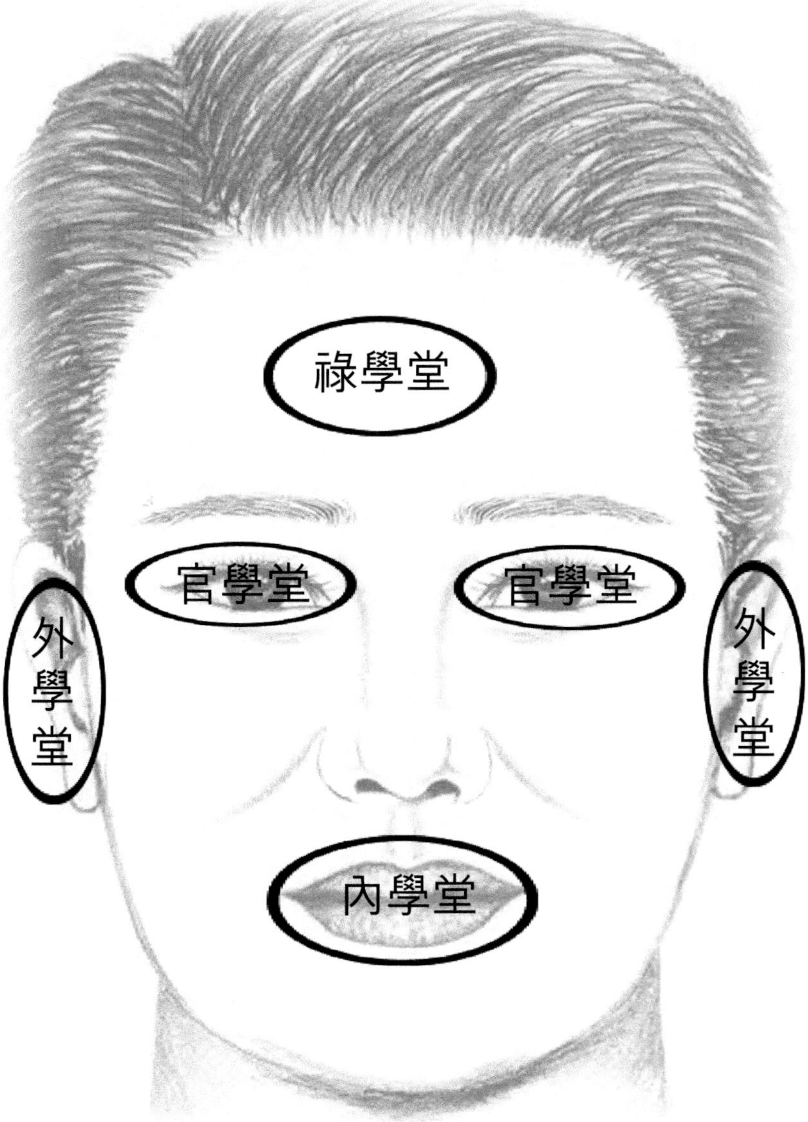

祿學堂

官學堂　官學堂

外學堂　外學堂

內學堂

〔八學堂圖〕

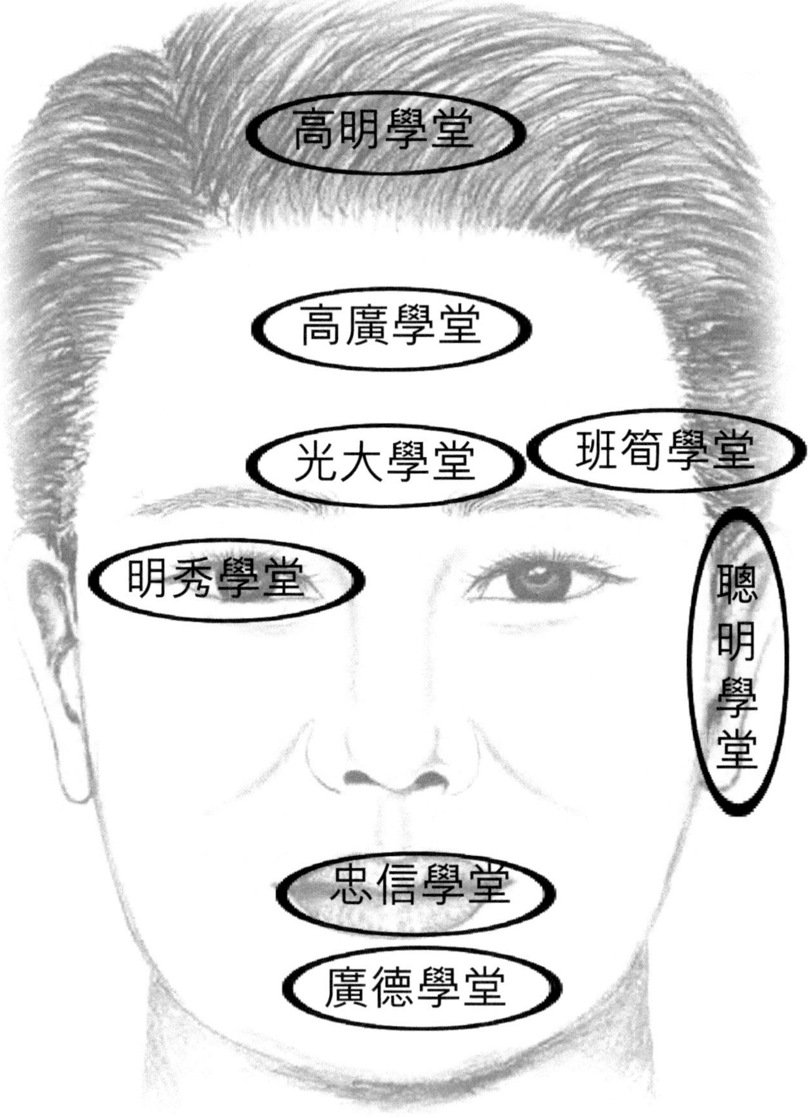

高明學堂
高廣學堂
光大學堂
班筍學堂
明秀學堂
聰明學堂
忠信學堂
廣德學堂

〔 天干地支圖 〕

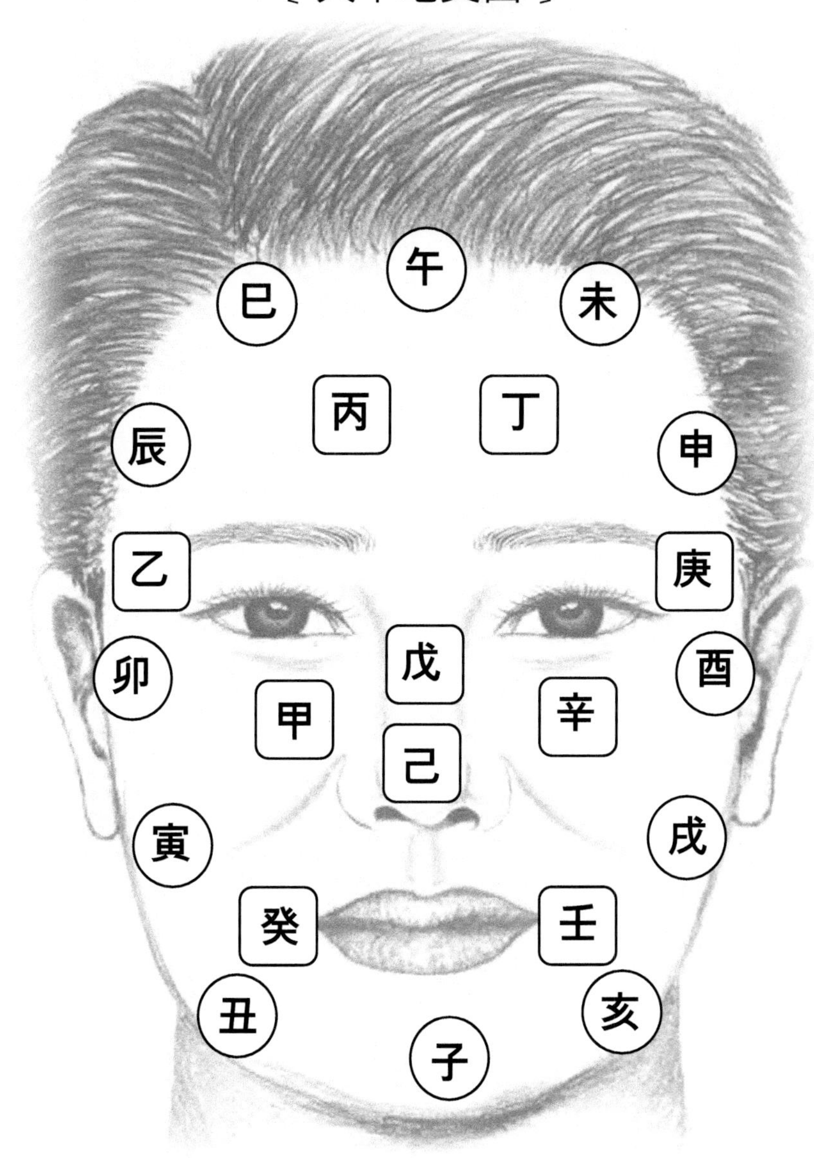

〔面相八卦圖〕

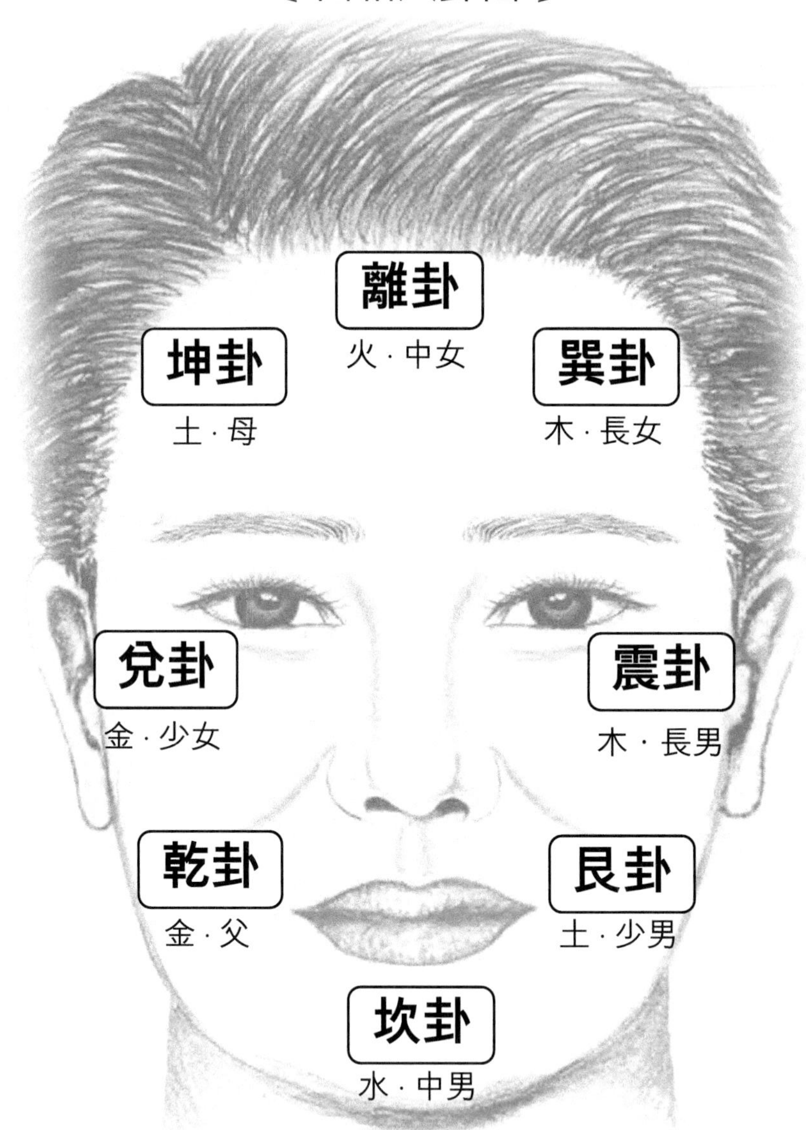

〔 顔面 十二宮 〕

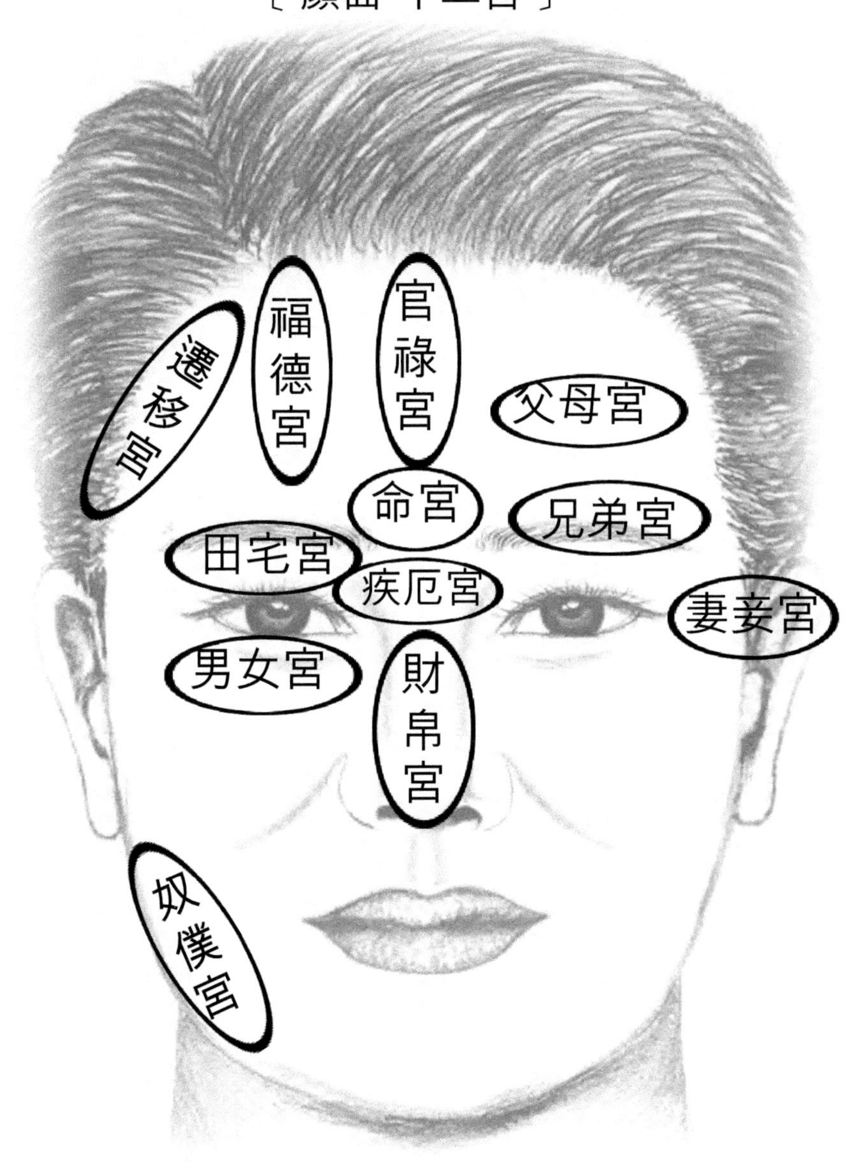

| 찬 撰 | 왕박(王朴)

王朴(?~959年)은 오대시대(五代時代 907~960) 후주(後周)의 학자이자 정치인이다. 동평(東平)사람으로 자(字)는 문백(文伯)이다. 주나라 세종(周世宗)때 추밀사(樞密使)로 직위 하였을 당시, 세종이 병사를 부려 승리를 구할 때마다 왕박의 계책에 의지한 바가 많았다. 왕박은 술수에 정통한 것으로 알려져 있으며, 관상서『태청신감』을 찬술하였다.

| 옮긴이 소개 | 윤영채(尹榮彩)

원광대학교대학원 한국문화학과에서 동양문화 전공, 「조선시대 어진과 상학적 연구」로 문학박사 취득, 현(現) 원광대학교 일반대학원 외래교수로 활동하고 있다.
학술논문으로는 「古典 相學의 현대적 의미 적용」이 있으며, 저서로는 『조선왕들의 관상분석』과 역서로는 『태청신감』이 있다.

| 감수자 소개 | 추육영(邹毓莹)

중국 산동대학교(山东大学) 한국어과 졸업, 한국 건국대학교 문학박사 취득, 한국 서울대학교 방문학자. 현(现) 중국청도농업대학교(中国青岛农业大学) 외국어대학에 조교수로 재직하고 있다. 저서로는 『중국인을 위한 한국어 유의어 연구』, 『한국어 연구의 새로운 모색』 등이 있다.

太清神鑑(태청신감)

초판 인쇄 2024년 4월 25일
초판 발행 2024년 5월 10일

찬撰 | 왕박王朴
옮 긴 이 | 윤 영 채
감 수 | 추 육 영
펴 낸 이 | 하 운 근
펴 낸 곳 | 學古房

주 소 | 경기도 고양시 덕양구 통일로 140 삼송테크노밸리 A동 B224
전 화 | (02)353-9908 편집부(02)356-9903
팩 스 | (02)6959-8234
홈페이지 | www.hakgobang.co.kr
전자우편 | www.hakgobang@naver.com, hakgobang@chol.com
등록번호 | 제311-1994-000001호

ISBN 979-11-6995-485-3 93180

값 40,000원